U0594669

"十二五"国家重点出版规划项目

现代舰船导航、控制及电气技术丛书
赵 琳 主编

舰船电力系统（第2版）

■ 兰 海 卢 芳 孟 杰 编著

国防工業出版社
National Defense Industry Press

内 容 简 介

本书全面介绍了舰船电力系统的各个组成部分的基本原理及设计方法，包括电站、配电装置、电网、负载等，针对有功无功运行特性进行了分析，对舰船电网的仿真计算方法，包括潮流计算、短路计算、继电保护、生命力、重构技术等进行了讨论，将最新的技术方法融入其中，并对目前船舶电站暂态稳定问题进行了分析和仿真验证，最后扼要地介绍了舰船电力系统综合仿真平台的简单实现。

本书既包含基本理论又涉及最新技术，适合舰船电力系统计算和分析领域的科研人员、研究生及本科生使用。

图书在版编目(CIP)数据

舰船电力系统 / 兰海，卢芳，孟杰编著. —2版.
—北京:国防工业出版社,2015.11
(现代舰船导航、控制及电气技术丛书 / 赵琳主编)
ISBN 978-7-118-10462-2

Ⅰ.①舰... Ⅱ.①兰... ②卢... ③孟... Ⅲ.①船舶-电力系统 Ⅳ.①U665

中国版本图书馆 CIP 数据核字(2015)第 308118 号

※

国防工業出版社 出版发行
(北京市海淀区紫竹院南路 23 号 邮政编码 100048)
三河市鼎鑫印务有限公司印刷
新华书店经售

*

开本 787×1092 1/16 **印张** 17¼ **字数** 388 千字
2015 年 11 月第 2 版第 1 次印刷 **印数** 1—2000 册 **定价** 78.00 元

(本书如有印装错误，我社负责调换)

国防书店:(010)88540777 发行邮购:(010)88540776
发行传真:(010)88540755 发行业务:(010)88540717

丛书编委会

主　编　赵　琳

副主编　刘　胜　兰　海

编　委　（按姓氏笔画排序）

王元慧　卢　芳　付明玉　边信黔

朱晓环　严浙平　苏　丽　杨　震

杨晓东　宋吉广　金鸿章　周佳加

孟　杰　梁燕华　程建华　傅荟璇

綦志刚　蔡成涛

PREFACE | 丛书序

随着海洋世纪的到来，海洋如今越来越成为人类新的希望，也越来越成为世界各国争夺的目标。当今世界强国，无一例外都是海洋大国，海洋战略已成为具有重要意义的国家战略。现代舰船是保卫国家海上安全、领土主权，维护海洋权益，防止岛屿被侵占、海域被分割和资源遭掠夺的重要工具。伴随着我国“海洋强国”战略目标的提出，现代舰船对操纵性、安全性、可靠性及航行成本，适应现代条件下的立体化海战，及与其他军种、兵种联合作战等提出了更高的需求，必然要求在核心领域出现一大批具有自主知识产权的现代舰船装备。

要提升我国舰船行业竞争力，实现由造船大国向造船强国的转变，首先要培养一大批具有国际视野和民族精神的创新人才，突破制约舰船装备性能的瓶颈技术，进而取得具有自主知识产权的研究成果，应用于船舶工程和海军装备。而创新人才的培养，一直是科技教育工作者的历史使命。

新形势下，我国海洋安全面临着前所未有的严峻威胁和挑战。确立“海洋国土”观念，树立海洋意识，提升海军装备水平，是捍卫我国国土安全必不可少的内容。为此，我们邀请业内知名专家，联合开展“现代舰船导航、控制及电气技术丛书”编撰工作，就舰船控制、舰船导航、舰船电气以及舰船特种装备的原理、应用及关键技术展开深入探讨。

本丛书已列入“十二五”国家重点出版规划项目。它的出版不仅能够完善和充实我国海洋工程人才培养的课程体系，促进高层次人才的培养，而且能为从事舰船装备设计研制的工业部门、舰船的操纵使用人员以及相关领域的科技人员提供重要的技术参考。这对于加速舰船装备发展，提升我国海洋国防实力，确立海洋强国地位将起到重要的推动作用。

FOREWORD | 前言

本书是在《舰船电力系统》(第1版)基础上的更新和修订,是作者近年来舰船设计研究与教学实践的总结,力求反映我国及世界舰船电力系统设计的最新技术和科研成果。本书主要面向从事舰船运行、控制和仿真的读者,使其对舰船电力系统有一个较全面的认识和理解。

舰船电力系统是舰船电站、舰船配电网络和舰船用电负载的总称。本书旨在全面地介绍舰船电力系统的组成和设计技术,力求概念清楚,层次分明。特别侧重舰船这一有特殊使命的舰船电力系统运行及控制方面出现的新问题,其内容除第1版中涵盖的内容外,还新增了舰船中压系统介绍、交直流混合短路电流计算方法,以及舰船电网电压及无功功率的自动调整、频率及有功功率的自动调整,更新了故障应对及舰船电力系统生命力的计算方法。

本书内容共分为15章,第1章是对舰船电力系统的总体概述,从中可以了解舰船电力系统的组成,以及钢质海船入级规范中对舰船电力系统的参数要求;第2~5章分别对舰船电力系统各组成部分进行了介绍,主要包括发电、配电装置、负荷及容量的计算;第6章和第7章主要介绍舰船电力系统的电压与频率的波动和调整;第8~12章阐明了舰船电力系统的基本计算方法,包括潮流计算、短路计算、继电保护原则、生命力计算、重构技术;第13章主要以单机电站舰船电力系统为例,给出一种暂态稳定分析方法;第14章详细介绍了世界各主要大国舰船动力系统的主要方向——舰船综合电力推进技术,从中可以了解到将电力和推进两大系统从统筹全船能源的高度实现全面融合的新型舰船电力系统;第15章介绍了仿真平台的简单实现。从书的整体结构来看,不仅有概述性的介绍,而且对舰船电力系统的暂态与稳态分析所需的一些高级应用算法给以具体的论述与研究,又由于陆上电力系统的仿真并不适应用于舰船电力系统,所以第15章针对这一特殊性,介绍了一种仿真平台,通过该平台可以对某一类型舰船电力系统进行拓扑分析、潮流计算和短路计算,生命力计算,具有很好的适用性。

本书篇幅较大,写作分工如下:兰海负责第1~7章、第12~15章,卢芳负责第8~11章,孟杰负责第13章。

哈尔滨工程大学李殿璞教授对书稿进行了认真的审阅,给出了很有价值的改进意见,在此深表感谢。本书在编写的过程中,参考及引用了国内外关于舰船电站方面的论文,在此一并致以诚挚谢意。

限于编者水平有限,书中难免有错误和不足之处,热诚希望读者及同仁批评指正。

CONTENTS | 目录

第1章 舰船电力系统概述

第2章 舰船电源

第3章 舰船配电装置

第4章 舰船电网

第5章 舰船电站容量的确定

第6章 舰船电网电压及无功功率调节

第13章　单机舰船电力系统的新型控制方法

第14章　综合全电力推进技术

第1章

舰船电力系统概述

现代舰船上都装备有一个供给电能的独立系统,这就是舰船电力系统。随着舰船日趋大型化和自动化,舰船电力系统的容量日益增大,复杂性日益提高。本章的任务是简明扼要地介绍舰船电力系统的基本组成、特点和要求,使读者对舰船电力系统有一个概括的了解。

1.1　舰船电力系统的组成和类型

1.1.1　舰船电力系统的组成

舰船电力系统包括以下 4 个组成部分。

(1) 发电部分,又称为电源装置。舰船上常用的电源装置是发电机组和蓄电池。发电机是由原动机拖动的,原动机的类型可分为蒸汽机、汽轮机和燃气轮机等。

(2) 配电部分,又称为配电装置。它的作用是对电源进行分配、切换、保护、监视、控制。舰船配电装置可以分为总配电板、应急配电板、动力分配电板、照明分配电板和蓄电池充放电配电板等。

(3) 输电部分,又称为电网。它是全船输电电缆和电线的总称。其作用是将电能传送给全船所有用电设备(负载)。舰船电网通常由动力电网、照明电网、应急电网、低压电网、弱电电网等部分构成。

(4) 用电部分,又称为负载。舰船负载可分成下面几类。

① 各种舰船机械的电力拖动设备

甲板机械——舵机、锚机、绞缆机、起货机等;

舱室机械——各类油泵、水泵、空压机、冷冻机、通风机、空调设备等;

电力推进——推进电机、螺旋桨等。

② 舰船电气照明:工作场所和生活舱室的各种照明灯具和航行信号灯具等。

③ 舰船通信和电航设备:

舰船通信设备——无线电收发报机、电话、广播、声光警报器、电车钟、舵角指示器等；电航设备——电罗经、雷达、无线电测向仪、电测深仪、电计程仪等。

④ 其他用电设备：电热器、电风扇、电视机等。

舰船电力系统各组成部分相互间的关系可用图1-1表示。

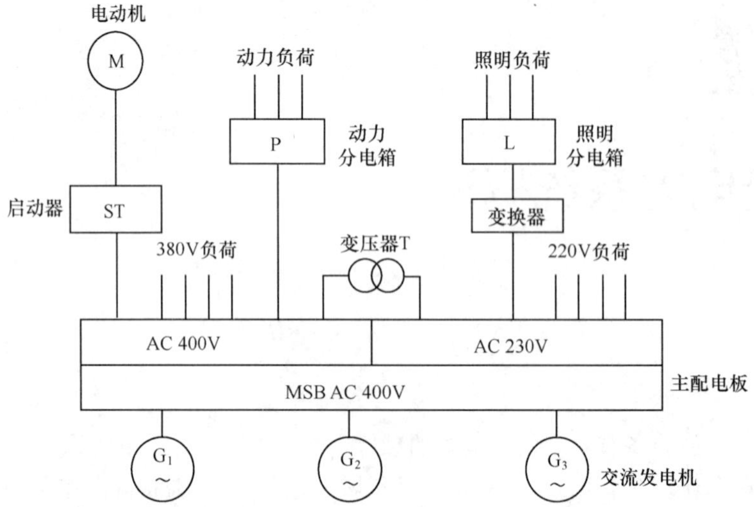

图1-1 舰船电力系统各组成部分相互间的关系

1.1.2 舰船电力系统形式的发展

对于不同用途、不同吨位的舰船，其电力系统有很大的差异。通常将舰船电力系统的发电机组和主配电板称为电站。按舰船包含电站的数量、电源种类和它与舰船能源系统的连接形式可以分为以下几个发展过程。

1. 单电站电力系统

单电站电力系统除了配备主电站、保证舰船正常运行工况下各种用电设备的供电外，还设置停泊电站或应急电站，用以保证舰船处于低负荷、应急或其他特殊工况下部分电气设备的供电。单电站电力系统中常设置两台以上的发电机组，以便在检修或一台发电机组发生故障时替换使用。单电站电力系统常用于各种民用船舶和军用辅助舰船。

图1-2所示为万吨级货轮单电站电力系统实例。电站的容量为1000~1200kW，发电机的台数为3~4台。每台机组通过电缆、自动空气开关和主配电板汇流排(母线)相连接。当两台机组同时供电时，发电机并联运行在共同的汇流排上。这种运行方式不但简化了供电网络，提高了电站备用容量的备用程度，还可以减小由于用电负荷的急剧变化(例如启动大电动机时)所引起的电网电压波动。图1-2中主配电板汇流排是采用分段汇流形式的连接方式，即通过隔离开关把汇流排分为两段或几段。它比单汇流排式的连接方式仅多了一只或几只自动开关，但具有一系列的优点。例如，同时工作的发电机可以单独运行，也可以并联运行；当汇流排的一段发生故障时，断开汇流排的分段开关，就可以通过另一台机组使未发生故障的一段汇流排仍保持正常供电；当某段馈线发生短路故障时，由于分段隔离开关的迅速跳开，切断了另一段汇流排上供给的短路电流，因而馈线上的短路电流就相应减小。

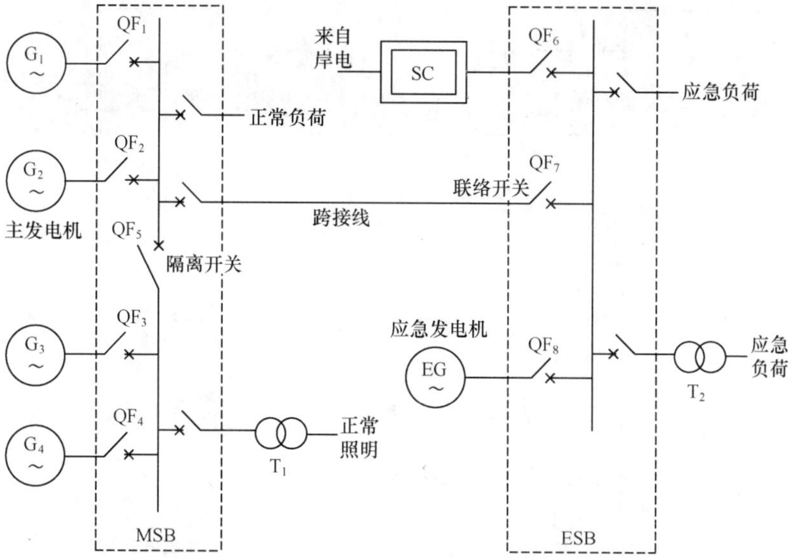

图1-2 万吨级货轮单电站电力系统

MSB—主配电板；G_1 ~ G_4—主发电机；T_1—照明变压器；SC—岸电箱；
ESB—应急配电板；EG—应急发电机；T_2—应急照明变压器；QF_1 ~ QF_8—自动空气开关。

在单主电站电力系统中，正常情况下是由主发电机供电给主配电板汇流排和应急配电板汇流排。在主发电机发生故障停止供电时，应急发电机可手动或自动启动投入工作，并通过联锁装置将连接主配电板和应急配电板的联络开关断开，既可防止应急发电机向主配电板供电而造成过载，也可避免当主发电机组恢复供电时出现两者同时向应急配电板供电的现象而发生事故。当舰船停靠码头时，还可以利用陆上的电网供电。岸电一般均接到应急配电板上，然后通过联络开关再送至主配电板。

2. 多主电站电力系统

多主电站电力系统系指舰船上设有两个以上主电站的电力系统，大型的航空母舰上有时甚至设置8个电站。这些电站分散布置在舰船比较安全的部位，保证电力系统具有较高的供电可靠性和较强的生命力。这种电力系统通常用于战斗舰艇、核动力船或其他对供电可靠性有较高要求的舰船上。

图1-3所示为某型舰艇的多主电站电力系统。舰上有两个发电站：一组为汽轮机电站（艉电站）；另一组为柴油机电站（艏电站）。每个电站各装有两组发电机组，同一电站发电机可长期并联运行。为了提高供电的可靠性，系统采用跨接线将艏艉两电站的主配电板连接起来。在非战斗时，全舰负载较轻，跨接线的自动开关（联络开关）接通，这时可只由一个电站向全舰供电。在战斗时，跨接线上的开关断开，两电站独立工作，分区供电。对重要的负载，可以由两个电站供电。当一条供电线路断电时，可以在负载处将转换开关接到另一电站的供电线路上，以提高供电可靠性。

3. 交流电力推进系统

随着计算机技术、电力电子技术，先进制造和新材料技术的跨越发展，使新型舰船采用电力推进技术具备了发展前提。交流电力推进系统采用电力推进代替原来的动力推进系统，是一种全新的系统，它包含了大量的高新技术，并不是供电和电力推进两个系统简

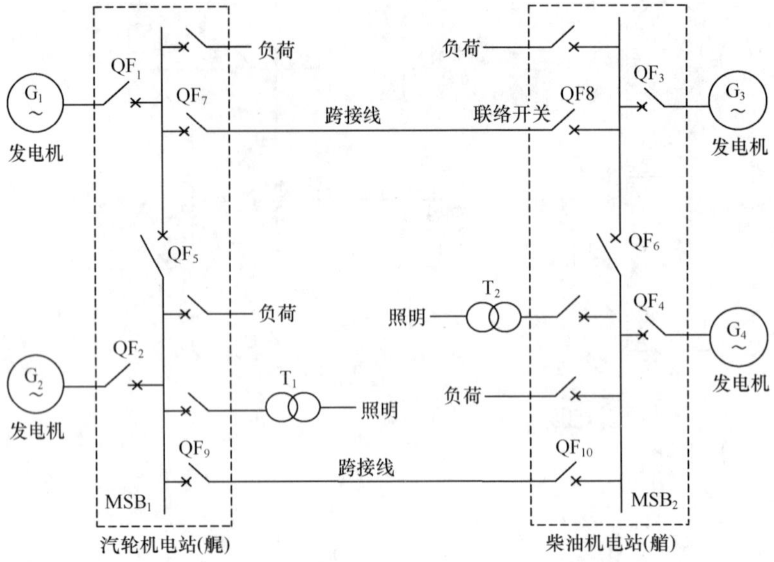

图1-3 某型舰艇的多主电站电力系统

G_1,G_2—汽轮发电机; QF_1~QF_4—发电机主开关; QF_5,QF_6—隔离开关;
G_3,G_4—柴油发电机; T_1,T_2—照明变压器; QF_7~QF_{10}—联络开关。

单地相加,而是从全舰船能源高度通盘考虑,真正地使电力和动力两大系统全面融合。该系统可以实施高度的模块化和通用化。因而,既能发扬电力推进的长处,又能提高电网供电的可靠性,为舰船作战使用带来很大的灵活性,使总体设计更能够满足未来舰船的各种需求。交流电力推进系统如图1-4所示。

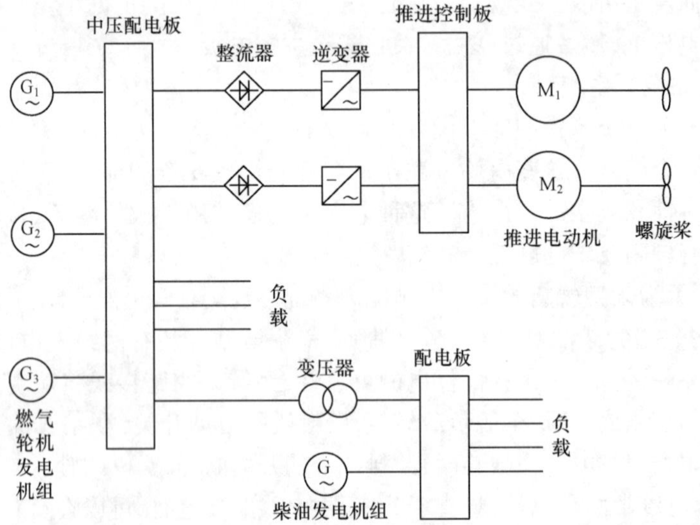

图1-4 交流电力推进系统

4. 交直流混合电力系统

直至目前,世界各国舰船电力系统多数都还是交流系统。在综合电力系统这一概念提出之初,舰船交流电力系统似乎是唯一的方案,然而随着交流电网技术的应用和发展，尤其是近年来舰船的大型化，对舰船供电系统的供电质量要求越来越高，它的一些劣势就慢慢暴露了出来。首先，要求接入电网的所有电机的阻尼都很大，用以减少谐波的干扰；同时，还要保证系统中的发电机都要严格同步，它们的特性也必须严格匹配。这就增加了控制系统的复杂程度。其次，无功功率的问题也不容小觑，因为它对电网的供电品质、电压和损耗都有直接影响。由于近年来大功率武器如激光炮、电磁轨道炮等高能武器的出现，未来舰船用电量将大规模提升，如今的交流电制由于其能量损失大，传输效率低，已不能满足未来舰载武器的高能要求。于是交直流混合系统方面的探索与研究逐步开展。随着电力电子技术的飞速发展，新型电力电子器件性能的不断改进、其控制方式也有突飞猛进的发展，交直流混合电力系统的优越性也越来越突出，尤其是在电能质量、效率、结构等方面。当系统为交直流混合系统时，之前提出的问题都可以得到很好的解决。目前直流区域配电技术已经成为国内外专家的重点研究对象，也是舰船综合电力系统今后的主要发展方向，国外舰船已经开始了舰船综合交直流混合系统的试验和应用。

交直流混合系统并不是向原始的直流系统倒退，也不仅仅是电制的改变，而是在交流发电的基础上，电能主要以直流的形式进行传输和分配，再按照用电设备的不同，转化成相应形式的电能。与交流系统相比，交直流混合系统有着更大的优势：第一，交直流混合系统将发电机和电动机隔离，可以彻底解决它们之间的转速耦合问题，这样使原动机和电动机位置在设计上没有拘束性，有益于优化设计；第二，电流变换用的电力电子器件比断路器更加敏捷，动作更为迅速，可提供有效的故障隔离和系统重构，系统保护性能增强，从而使舰船电力系统具有更强的稳定性，以增加生命力；第三，方便接入储能系统，为舰载高能武器的增加做准备。

除了以上几种电力系统外，还有一种利用主机余能发电的电力系统。这是近几年来发展起来的一种节能型电力系统。它除了有通常的柴油机发电机组外，还配备有利用主机（汽轮机等热力机）余能发电的轴带发电机或利用主机排出的废气发电的废气涡轮发电机。当主机持续工作时，主要依靠节能发电机组提供全船用电，运行十分经济，应用日趋广泛。新的电力系统形式还在不断涌现，舰船电力系统形式和内容是十分丰富且始终处在不断更新和发展变化中的。

1.2 舰船电力系统的工作环境

舰船的环境条件往往比陆地要恶劣得多，环境条件对电气设备的运行性能和工作寿命有严重的影响。

舰船电气设备的工作环境经归纳有下列几个主要特点。

（1）航行区域广（特别是远洋舰船），气温变化大，湿度高，空气中常常有盐雾、油雾及霉菌等腐蚀物，甚至还混合有爆炸性气体。此外，舰船还因受风浪的作用而产生幅度可能很大的倾斜和摇摆。

（2）主机及推进系统运行时会产生振动；舰艇在战斗过程中更会受到各种强烈的机械冲击和震动。

（3）舰船舱室容积小，空间狭窄，周围的船体和隔墙、管路都是导电体。

(4) 电气设备之间有较大的电磁干扰。

根据以上的舰船环境条件,舰船电力系统应满足下列几点基本要求。

(1) 工作可靠。主要是指电气设备在运行过程中不发生结构和性能上的故障,最大限度地保证不间断供电。

(2) 生命力强。主要是指舰船因故发生舱室破损进水或失火时,电力系统仍能保持不间断工作的能力。

(3) 应具有防盐雾、防油雾、防霉菌(通常称“三防”)、防水、防燃、防爆等性能和耐冲击、振动、摇摆的能力(长期横倾不超过15°,长期纵倾不超过10°,周期横摇幅值不超过22.5°)。

(4) 要求能在 -25 ~ +45℃的环境温度和最大相对湿度为95%的条件下正常工作。

(5) 保证工作人员的人身安全,防止发生触电事故。

(6) 电气设备的外壳结构要便于拆装和维修。

(7) 要有防止无线电干扰和电磁干扰的措施。

(8) 尽可能提高系统工作效率,减少燃料消耗和确保舰船应有的续航能力。

不同类型的舰船对上述各点要求是不尽相同的,应根据具体情况而有所侧重。某些特殊用途的舰船更有其特殊的要求。

1.3 舰船电力系统的主要电气参数

舰船电力系统的主要电气参数是指电流种类、额定电压和额定频率。

1.3.1 电流种类

舰船电源有交流和直流两种电制。与直流电制相比,交流电制具有以下几个优点。

(1) 交流电站电源装置采用同步发电机,通常配自励恒压装置,没有整流子,工作可靠;动力负荷选用三相交流异步电动机,也没有整流子,结构简单,工作可靠,维护量小,容量小,多直接启动,启动控制设备简单。

(2) 交流电站的动力网络与照明网络之间的联系可通过变压器,只有磁的联系。绝缘阻抗偏低的照明网络基本上不影响动力网络。而直流电站的动力网络则直接受到照明网络的影响,使绝缘电阻降低。

(3) 与直流电气设备相比,交流电气设备重量轻、尺寸小、价格便宜。

早期的舰船多采用直流电制。交流电制从20世纪30年代开始在军用舰船上应用,后来逐步推广到各种民用船舶。由于交流电制具有显著的优越性,50年代向交流电制的更替形成了高潮。我国舰船在60—70年代完成了向交流电制的过渡。近年来建造的舰船除少数小型或特种工程船仍考虑直流电制外,几乎所有舰船包括油轮、客轮、货轮、旅游船、工作船、调查船和军用舰船等都采用交流电制。前面已提到,随着舰船容量的不断增大,交流电制逐步暴露出了一些劣势,因此交直流混合电制作为一种新的供电形式被提出并在未来有望获得广泛应用。

1.3.2 额定电压

额定电压是电力系统的重要参数之一。舰船直流和交流配电系统的最高电压，我国舰船设计规范做了相应的规定。表1－1为钢质海船入级与建造规范关于舰船配电系统最高电压的规定。

表1－1 舰船配电系统的最高电压

序号	用途	最高电压/V	
		直流	交流
1	电力推进装置	1200	15000
2	固定安装、连接于固定布线、交流设备须是符合《钢质海船入级与建造规范》的交流高压电气装置特殊要求的电力设备	500	15000
3	(1) 固定安装并连接于固定布线的电力设备、电炊设备和除室内取暖器以外的电热设备； (2) 固定安装的电力设备和除室内取暖器以外的电热设备，由于使用上的原因需用软电缆连接的，如可移动的起重机等； (3) 以软电缆与插座连接，运行中不需手握持，并以截面积符合《钢质海船入级与建造规范》要求的连续接地导体可靠接地的可移动设备，如电焊变压器等	500	1000
4	(1) 居住舱室内的照明设备、取暖器； (2) 向下列设备供电的插座： ① 具有双重绝缘的设备； ② 以符合《钢质海船入级与建造规范》要求的连续接地导体接地的设备	250	250
5	人体特别容易触电的场所，如特别潮湿、狭窄处所中的插座： (1) 用或不用隔离变压器供电； (2) 由只供一个用电设备的安全隔离变压器供电，这些插座系统的两根导线均应对地绝缘	50 250	50 250

目前设计制造的舰船电力系统常用的电压等级是：50Hz电网为380V；60Hz电网为400V。我国舰船规范规定：一般交流电网采用50Hz，380V；固定安装的电气设备采用380V或220V；可携带电气设备选用24V。

特种舰船（包括电力推进或带有大功率电力传动装置的舰船）或普通舰船上的某些专用局部供电系统采用的电压原则上不做限制，但应参照舰船规范的有关规定。例如有些舰艇的武器系统就使用28V的直流电压。

舰船电气设备使用电源等级应尽量选用标准电压种类。对于50Hz三相对地绝缘系统，电气设备应选用三相额定电压380V。某些舰船上所采用直流电网电压的选择应注意电气设备的标准化，尽量选用舰船规范规定的220V额定电压。常规潜艇的直流电力推进系统的电压，除了220V外，还可选用440V。

下面讨论舰船电力系统额定电压选择的几个特殊问题。

1. 大型舰船采用的中压电力系统

随着舰船电站容量的增大，从20世纪60年代开始，一些大型舰船采用中压电力系统。其中，有的只有某些特定的大功率负载选用局部中压系统，有的则包括日常用电、大功率负荷在内甚至其电力推进装置均采用中压系统。目前中压系统较多应用在大型工程船、钻井平台以及工作性质特殊的大型舰船上。促使舰船采用中压电力系统的主要原因有以下几点。

(1) 舰船消耗的电力日益增长,要求电力系统的容量增大,这引起系统的故障短路电流增大,而目前低压空气断路器的最大分段能力不能满足断流要求,即保护装置的断流容量限制了舰船电力系统容量的增大。采用中压系统可以减少短路电流的绝对值,增大电力系统的极限容量,以缓和这个矛盾。

(2) 发电机和负载电动机的单机容量增大,如采用低压,则制造困难,而且不经济。美国造船和轮机工程协会认为,450V 低压发电机的实际单机容量极限为 2500kW,在超过这个极限时,则推荐采用 2300V(配电电压 2200V)。

(3) 配电系统容量增大,采用低压,电缆用铜量大,布线施工困难且不经济。

舰船电力系统是否采用中压,需要综合分析主发电机和大功率负载电动机的容量及电力设备能达到的实际容量水平。根据自动开关今后可能达到的分段能力,有人认为故障电力容量小于 10MV·A 采用 380~440V 电压系统较为合适;故障电力容量 10~15MV·A 应采用 3300V 电压系统;15~30MV·A 应采用 6600V 电压系统;容量超过 30MV·A 最好采用 11000V 电压系统。

2. 常规潜艇电力系统的直流幅压

常规动力潜艇以蓄电池组为主要电源。由于蓄电池组在放电和充电过程中电压不是恒定的,因此常规潜艇的直流电网出现一个额定电压值上下波动的变化范围,称为电网的幅压范围。以铅酸蓄电池为例,单块电池的标准电压是 2V,以 1h 放电率放电到终了,电压可能下跌到 1.65V,只占标称电压的 82.5%;而在蓄电池充电末尾时,每块电池的电压可上升到 2.7V 以上,为标称电压的 135%。采用铅酸蓄电池的常规潜艇电压的幅压范围可能达到额定电压的 80%~140%。

3. 发电机额定电压

由于网络上的电压降,通常电力系统的发电机额定电压应比相同电压等级的用电设备(如电动机)的额定电压高 5%。按照国家标准,在受电电压为 380V 时,发电机额定电压应为 400V。

4. 生活用电电压

近年来,陆上某些地区电网的生活用电采用对人身相对较为安全的 100~110V 电压。一些客船上也开始采用 110V 电压作为生活用电。这种发展趋势应该引起舰船电力系统设计人员的注意。除了安全之外,110V 电压的另一个优点是用于照明时有较高的发光效率。

1.3.3 额定频率

舰船交流电力系统现行的额定频率有 50Hz 和 60Hz 两种。使用 60Hz 电制具有较高的同步转速,50Hz 电制具有较低的电磁损耗,但在实际应用中并不能看出它们有任何显著的差别。因此,究竟应选取何种频率为舰船交流电力系统的标准频率,取决于各国所在地区电力工业的通用额定频率、技术经济发展的影响以及相互间开展贸易交往的需要。表 1-2 为世界部分国家舰船和陆用电力系统的额定频率的情况。英、美、日本等国采用

60Hz 的频率。

表1-2　世界部分家舰船和陆用电力系统的额定频率

国家	舰船电力系统频率/Hz	陆上电力系统频率/Hz
中国	50	50
美国	60	60
英国	60	60
日本	60	50(东京电力公司及以北的东部地区各公司) 60(中部电力公司及以西地区各公司)
德国	民船50,军船60	50

我国钢质海船入级与建造规范对船用电源的频率规定:交流配电系统的标准频率为50Hz或60Hz。新设计制造的舰船除出口舰船采用60Hz的频率外,国内舰船电源与陆用电源一律采用50Hz为标准频率。无线导航等弱电设备要求的特殊频率,通常由相应的变频器或变频机组来提供。

第2章

舰船电源

舰船电源是舰船电力系统的心脏。它发出电能供全船用电设备使用。由于各种用电设备对供电的要求不完全相同,因此舰船上往往需要设置多个不同用途的独立电源。根据它们各自的供电范围和供电时间的不同,舰船电源有主电源和应急电源之分。

2.1 舰船主电源

用以保证舰船在各种工况——正常航行、进出港、停泊以及应急(指海损或失火)情况下供电的电源称为舰船主电源。它通常由若干台发电机组组成。这些机组根据其用途的不同,分别称为主发电机组、备用发电机组和停泊发电机组。

主发电机组是指经常投入工作的发电机组,一般设置有2~3台,大型舰船上也有设置4台的。主发电机组通常都是可以并联运行的。

随着舰船用电量的日益增长,主发电机组的单机容量已由初期的数十千瓦逐渐增大到数百千瓦至数千千瓦。

主发电机组是舰船最基本的供电电源。为了确保舰船的安全,必须要求它能非常可靠地连续工作;同时它又是一个长期工作的电源,因此还必须具有较高的运行经济性。

为了确保舰船主电源能够连续可靠地供电,船上一般都需要配置一台具有足够容量的备用发电机组,其用途是当主发电机组中的某一台一旦因故不能正常工作时(如发电机组发生故障或做定期检修)作为替代机组而投入工作。由此可见,备用发电机组的容量必须与主发电机组中最大一台机组的容量相同。实际上,绝大部分舰船上的主发电机组和备用发电机组都是选用相同型号和相同规格的,所以一般都无须指定哪台机组作为备用机组用,而是互为备用、轮流工作的。这样既便于维修、减少备品,同时也延长了机组的使用寿命。

对于某些舰船(尤其是大型舰船),如果它在停泊无作业工况下的用电量小到这样的程度,即使开动一台主发电机组也感到极不经济时,就往往需要另设一台专门供停泊时用电的所谓停泊发电机组。这种停泊发电机组的容量较小,一般只需数十千瓦就够了。如果所设计的舰船在停泊时均可以接用岸电满足船上用电要求的话,就不必专设这种停泊发电机组了。

2.1.1 主电源发电机组的类别与选型

主电源的发电机组是由发电机和带动它的原动机所组成的。根据需要发电机可以是交流的也可以是直流的。原动机可以用往复式蒸汽机、柴油机、蒸汽轮机或燃气轮机。

1. 发电机的选型

发电机选型应注意发电机的绝缘材料、冷却方式、轴承形式及励磁方式等问题。

1) 绝缘材料

发电机的损坏通常是绕组的损坏,而定子绕组损坏又几乎占80%。绕组损坏的主要形式是绝缘破坏。因此,选用优质的发电机绝缘材料是提高发电机可靠性的有效措施。船用发电机较理想的绝缘是F级或不含有机硅树脂的H级材料。

2) 冷却方式

发电机的冷却有自通风和强制通风两种方式。近年来,对发电机的可靠性要求越来越高,发电机组采用封闭自冷的日益增多。如舱室条件许可,较小的发电机组也可考虑采用封闭自冷却的方式。

3) 轴承形式

船用发电机可采用双轴承支撑,也可采用单轴承支撑。当总体布置对机组长度无严格限制时,应采用双轴承电机。双轴承发电机组无论发电机还是原动机都是独立的一部分,机组装配方便,应用较多。单轴承支撑的发电机,其转子的另一端由与其连接的原动机轴承支撑。单轴承支撑的发电机的外形可缩短一个轴承的长度,但机组装配和维修都比较困难。

发电机的轴承有滚动和滑动两种形式。滑动轴承一般用在功率较大或要求低噪声的舰船发电机上(如潜艇主电机),其他大多数场合应推广采用滚动轴承。舰用电机应选择优质轴承,滚动轴承至少应有10000h的寿命,以减少舰船发电机更换轴承的次数。

4) 励磁方式

直流发电机的励磁均采用复励式,电压调整器比较简单。

舰船交流发电机几乎都采用三相同步发电机,交流发电机的励磁形式发展很快,励磁设备的种类也很多,目前舰船上应用的励磁方式主要有不可控相复励(不带电压校正器)、可控相复励(带电压校正器)、晶闸管整流励磁、三次谐波励磁、基波加三次谐波励磁和无刷励磁等方式。

不同的自励方式又各有自己的特点。例如可控相复励方式带有电压校正器,可提高调压精度,但却增加了线路的复杂性。晶闸管励磁方式结构精巧,调节性能好,并有一定的强励能力,但却需较复杂的线路才能达到较高的精度,这种励磁方式的缺点是易使发电机电压波形畸变,增加了干扰。无刷励磁方式取消了滑环和电刷,但仍需解决交流励磁机的励磁问题。选用的发电机励磁设备应满足以下基本要求。

(1) 励磁调节系统应有良好的静态和动态性能。在发电机所有运行工况下都应稳定工作。当发电机负荷、电压等参数发生变化时,能迅速做出反应,保持电压的静态精度和小的动态变化范围。

(2) 励磁设备应能保证发电机初始电压的建立。

(3) 结构简单,少用电刷,便于维修保养;尺寸小,重量轻,价格低廉。

(4) 励磁装置中的半导体元件应有过电压保护措施。

(5) 励磁装置不应对其他设备产生干扰,并有一定抗干扰能力。

(6) 励磁系统应保证发电机组并联运行的稳定性。

2. 原动机的选型

船用发电原动机应满足以下要求。

(1) 工作可靠、寿命长,第一次大修前的运行时间至少应为10000h。

(2) 具有优良的遥控和自动化性能。

(3) 尽可能低的燃油消耗率,可使用劣质燃油。

(4) 体积小,重量轻。

(5) 良好的变负荷工作性能,低负荷运行,不产生积炭现象。

(6) 操作简单,启动方便。

(7) 良好的自动保护功能。

(8) 工作噪声低,必要时机器本身应附有消音措施。

发电机的原动机可为柴油机、蒸汽轮机和燃气轮机。发电机的原动机应具有优良的性能指标,包括较低的油耗、较高的效率,并能和主动力装置协调一致。发电机的单机容量确定后,可按配套产品目录选出满足以上要求的原动机,其容量应计及发电机的效率和过载能力。

1) 柴油机

柴油机是目前舰船上应用最广泛的一种发电原动机。它的燃烧效率高,运行比较经济,安装无特殊要求,启动、使用均比较方便。通常把1000r/min以上的柴油机称为高速柴油机,300～1000r/min的称为中速柴油机,低于300r/min的低速柴油机很少用作发电原动机。高速柴油机有较小的体积和较轻的重量,但机器寿命相对短一些,噪声大一些。

选择柴油机作发电原动机时应注意以下几点。

(1) 各种厂家生产的柴油机性能有很大的差异,应选那些经过实践证明质量能保证舰船使用要求的产品作发电原动机。

(2) 军用舰或要求发电机组尺寸紧凑的舰可选用转速较高的柴油机。

(3) 柴油机和发电机的功率应合理匹配。柴油机选得过小,会减小机组的过载能力,而且柴油机长期过负荷工作会使燃烧恶化,热负荷和机械负荷增加,使用寿命下降,动态响应性能差。反之,如柴油机功率选得过大,会使柴油机功率不能充分利用。长期低负荷运行,耗油大,运行经济性差,而且会引起气缸积炭,增大磨损,同样会导致柴油机使用寿命的缩短。

2) 蒸汽轮机

蒸汽轮机是蒸汽动力舰船最常用的发电原动机。它的结构简单,工作可靠,控制方便,高速性能好,运行噪声低。蒸汽动力舰船上,利用推进动力锅炉作汽轮发电机组的主供汽源,可以简化机组的配套设备,提高运行经济性,故在蒸汽动力舰船上采用汽轮发电机组已成共识。在蒸汽动力装置的潜艇上,除了安装汽轮发电机组作为主发电机组之外,为了快速备航和提高生命力，还应配备一定数量的柴油机或其他动力的辅助发电机和应急发电机，以使各种工况的供电都能得到保证。

3）燃气轮机

燃气轮机具有质量轻、体积小、启动快，运行维护方便，便于集中控制，少用水甚至不用水，并可燃烧多种燃料和廉价等一系列优点，对舰船电力系统设计有很大吸引力。近年来已有不少舰船采用燃气轮机作发电原动机。它们配备了高度自动化的控制设备，能在各种工况下可靠工作。由于汽轮机具有许多显著的优点，所以不失为一种有前途的发电原动机。

燃气轮机的最大缺点是耗油率高，尤其在电网处于变负荷或低负荷工况时，其耗油率大大高于其他类型的机组。为了解决这一问题，有的舰船将发电燃气轮机排出的废气（一般为 350 ~ 500℃）引到专用锅炉，加入燃料进行混烧，然后利用它来产生蒸汽回收能量。燃气轮发电机与混烧式锅炉组合，可以使发电系统在 70% 以上的高效率下运行。燃气轮机另一缺点是高频噪声较强，通常需安装在防冲击和消音的机架上，并设置隔音罩。

2.1.2　主发电机组的并联运行

舰船主电源通常均有三台以上的发电机组。两台以上发电机同时工作时，通过公共母线供电给全船电力负荷，称为并联运行。根据各种运行工况所需用电量的不同，可以使用单台发电机运行，也可以使用两台或三台以上的发电机并联运行。例如对中小型船舶，在正常航行时可单机运行，进出港及装卸货时可采用多机并联运行。另外，为了使供电不致中断，在转换机组使用时也要先将新机组并车投入运行，并使其带上全部负荷，然后才能切除原来运行的机组。所以采用多台发电机组供电比单台发电机供电具有许多优点：提高主电源的可靠性和连续性；依靠选择不同发电机组数量，使每台机组都能在接近于经济运行的状态下运行，可减少燃料；使电能得到合理使用。

将发电机投入并联运行（又称为并车或同步）必须满足一定的条件，否则将会造成不允许的电流冲击。这种冲击电流可能导致发电机损坏（如使电枢绕组烧毁或松散，转轴弯曲等），或者引起发电机过载、短路等保护装置动作而使发电机不能投入并联工作。

两台直流发电机投入并联运行时应满足如下条件：

（1）待并发电机端电压相等；

（2）待并发电机端应按同极性连接，即正极与正极连接，负极与负极连接。

两台船用三相同步发电机并车时，待并发电机组与运行发电机组（或电网）之间必须满足以下条件：

（1）端电压相等；

（2）频率相等；

（3）相序一致；

（4）相位角相同。

并车就是要检测和调整待并发电机的参数，并在基本满足上述电压相等、频率相等和相序一致的瞬间合上主开关，使发电机投入电网运行。若满足以上三个条件，则待并机的电压矢量与运行机的电压矢量完全重合，冲击电流将最小，这是准确同步的理想情况。如果任一条件不满足，发电机必将产生冲击电流，本想使发电机拉入同步或使发电机端电压相等,可是过大的冲击电流将导致并车失败,供电中断,严重者甚至可能造成机组的损坏。冲击电流过大,即使不失步也会在电机绕组和电机弹性联轴器上产生强大的电动力,引起电机绕组变形和机轴损伤。同时,电网电压的瞬时大幅度跌落会影响负载的运行或使保护装置动作(例如:失压动作、负载接触器自动释放等)。实践中,由于舰船电站负载的频繁变化及并车操作人员的熟练程度不同,要做到完全满足上述三个条件,达到理想的同步是几乎不可能的。因此,通常的操作要求是只要电压差、频率差和相位差都在一定的允许范围之内即可合闸并车。

2.1.3 主电源容量的估算和发电机组的选择

要确定舰船电站的容量和发电机的数量与单机功率,首先就要计算出舰船在各种工况下电力负荷所需总功率,其中功率最大而负荷变化又不十分剧烈的工况所需总功率值常被用来作为选择主发电机组的依据,该工况最小所需总功率可用以检查主发电机组低负荷下的工作情况。以应急工况下所需总功率值作为选择应急发电机组的依据;以停泊工况下所需总功率值作为选择停泊发电机组的依据。这样确定的发电机容量,既能满足各种工况的供电要求,又能获得最经济和高效的运行。

在大型舰船上,其用电设备数以百计或千计,分布在全船的各个部位,为了便于进行负荷统计,通常把全船用电设备按不同的用途和系统进行分类。对小型舰船,由于用电设备较少,其分类可适当合并或不分类。

计算全船电力负荷时,应考虑不同舰船的各种运行工况。对于不同类型、不同用途的舰船,运行状态可能是不同的。在负荷表中应该包括哪几种运行状况,应根据实际情况来确定,但是一定要把可能出现的最大负荷状态和最小负荷状态包括进去,这是确定电站总功率和最小一台发电机功率所必需的。

舰船在航行状态下所需的电力负荷包括主机辅助设备、导航设备、舵机、通风机、机修设备等。这类负荷的大小常和推进主机的功率有关,但在运行过程中的变化是不大的。

当舰船处于进出港、离靠岸、备航等变工况状态时,各种装备(包括空压机、主动舵、侧推器、系缆绞盘、应急消防设备以及其他机动设备等)工作所需的电力负荷一般都比较大,而且工作还有较强的随机性。当舰船处于停泊状态时,各种装备(包括甲板机械、起货装置和日常生活设备等)工作所需的电力负荷,除了靠岸停泊需要开动起货机装卸货外,通常是比较低的。当靠岸停泊时,应尽可能由岸上电源来提供电力,以节省舰船上发电机组的工作时间。

当舰船执行战斗使命时,各种电子和武器特种设备工作所需的电力负荷(包括导弹、火炮、鱼雷、深弹以及雷达、声纳、电子对抗、消磁设备等)往往会构成舰船最大的电力负荷工况,而且各种设备也都有其特殊的负荷变化规律。

舰船日常生活所需的电力负荷,包括照明、烹调、空调、冷藏、通风设备等。这类负荷与舰船的性质和季节、气候有密切的关系。

由上列舰船各种工况下所需负荷的分析可以总结舰船电力负荷的几个基本特点。

(1) 负荷的大小与舰船所处的工况有密切关系。

(2) 舰船各种设备,尤其是电动机负荷一般均在低于或等于其额定功率的状态下工作。这是因为设备选用标准系列电机时,总会留有适当的裕量。因此,不要把设备的装置功率(所配备电动机的铭牌额定功率)和实际的电力负荷等同起来。负荷计算时常引入负荷系数来考虑这一因素。

(3) 不同类型的舰船,其电力负荷的性质有很大差别。这是因为担负不同使命的舰船,其配套的装备和运行工况是不同的。

(4) 舰船电力负荷的工作有很强的系统属性。所谓负荷的系统属性,是指负荷的变化情况与其所属的系统及其运行状态之间的依赖和约束关系。不属于同一系统的电气设备相互间一般没有运行的制约关系,而属于同一系统的电气设备就会因为系统协同动作的要求而相互间产生某种制约关系。例如,锚机的工作通常不会受到某台通风机工作的影响和限制,但同属于一个动力系统的两台辅助泵,却必须依据主机的要求协同工作。

(5) 舰船电力负荷具有随机性质。船上电力负荷虽然种类很多,但大体上可以分为两种。一种是运行功率基本维持不变,它们的随机性质仅仅表现在工作或不工作两种状态的随机交替上,如一些恒流量的泵、恒输出机械的电力拖动负荷等。另一种是运行功率大小有较大的波动,它们的随机性质不仅表现在工作状态的交替上,而且表现在负荷功率的数值变化上,如绞盘机、起货机、起锚机、导弹、火炮和冷藏装置等。这些电力负荷在舰船运行工况不断变化的条件下,在运行功率、启动次数或工作持续时间上都带有随机的性质。这些变化因素反映在供电发电机上,就使舰船发电机的负荷功率成为一个随机变量。

舰船电力负荷的这些特点给它的计算带来了很大的困难。要使电力负荷的计算结果能确切地反映舰船电力负荷的实际情况,就必须充分考虑这些特点带来的影响。具体的电力负荷计算方法在第 5 章会详细介绍,这里不再详述。

2.1.4　主发电机组的安装与试验

安装主发电机组的基本原则是:确保机组能安全可靠地工作,具有足够的生命力,使用维护方便等。更具体地说,应尽量满足下列几点要求:

(1) 原动机和发电机必须安装于同一机座上,并应采用适当的减振措施,避免机组发生共振;

(2) 发电机组的转轴应尽量与舰船的艏艉线平行;

(3) 机组周围必须留有足够的空间(离舱壁不小于 0.45m),以便观察机组的运行情况和进行定期检修工作;

(4) 应安装于通风良好和比较干燥的地方;

(5) 应远离磁罗经;

(6) 不允许安装在有易燃气体的舱室中;

(7) 尽量安装在全船用电设备的中心区域并按两舷对称布置。

一般情况下,主发电机组都安装在机舱内部的两侧或机舱平台上。有时为了提高主电源的生命力,也可分散安装于相邻近的舱室中。

主发电机组在船上安装好以后需要进行必要的试验,试验工作应该在舰船系泊试验阶段中完成。

2.2 舰船应急电源

当舰船主电源因故不能继续正常供电时,将会严重危及全船的安全,必须立即进入应急状态。因此,舰船上除了设置主电源以外,还必须配备一个在主电源不能供电时,可以向船上部分保证舰船安全的用电设备进行供电的独立电源,称为应急电源。我国《钢质海船建造及入级规范》规定,客船及1000t以上的货船在一般情况下都应该设有应急电源。

舰船应急电源可采用发电机组和蓄电池组或两者兼备。这要根据具体情况而定。

当采用独立发电机组作为应急电源时,考虑到一旦应急发电机组不能供电,或当主电网失电而应急发电机组尚未来得及供电的时间内,应由蓄电池向应急照明和无线电通信等重要设备供电。通常,称前者为大应急电源,后者为小应急电源。

应急电源与主电源之间应有一定的电气联锁关系。当主电源正常运行时,不允许应急电源工作;一旦主电源失电,应急电源必须立即投入运行。对于采用应急发电机组作为应急电源的情况,在主电源失电而应急发电机组尚待启动未能供电的那段时间内,小应急电源(蓄电池)必须迅速自动地投入运行,直至应急发电机组向电网供电时才自动退出工作。

为了确保应急电源安全工作,应急发电机组应该布置在防撞舱壁以后、舱壁甲板以上和机舱以外的专用舱室中。该舱室必须具有能够直接通往露天甲板的舱门。为确保应急发电机组能在应急状态时迅速投入工作,要求带动应急发电机组的原动机具有较好的独立性和机动性。由于柴油机或汽油机启动迅速、方便,机动性较好,因此应急发电机组一般采用柴油或汽油发电机组。

舰船上使用的应急蓄电池有酸性(铅)蓄电池和碱性(铁镍、镉镍)蓄电池两种。酸性蓄电池按用途可分为启动用、牵引车辆用、固定型和其他用4个系列。酸性蓄电池价格便宜、用途较广,目前被大多数舰船所采用。与酸性蓄电池相比,碱性蓄电池具有体积小、机械强度高,工作电压平稳,使用寿命长,易于携带等特点,在船上应用日益增多。

国产船用酸性蓄电池的常用产品是Q系列,碱性蓄电池的常用产品是TN系列(铁镍)和GN系列(镉镍)。蓄电池储存电能的能力称为容量,分为功率容量和安时容量两种。安时容量用充足电的蓄电池电压放电到规定终了电压(一般为额定电压的90%)时所放出来的电量来表示。容量的单位为安培·小时,等于放电电流 I 与放电时间 t 的乘积,即

$$Q = I \cdot t (\mathrm{A \cdot h})$$

酸性蓄电池通常以10h的放电电流为标准放电电流(经过10h使蓄电池放完电的放电电流)。因此,额定容量被定义为在电解液温度为25℃,以10h放电电流连续放电至终止电压时所输出的容量。例如,200A·h容量的酸性蓄电池能以20A的电流放电10h。由于蓄电池的容量与放电电流的大小及电解液的温度有关,因此,如果超过标准放电电流放电,不但容量会大大降低,而且放电电流太大会严重影响蓄电池的寿命。例如,前述酸性蓄电池1h放电率不再能给出200A·h的容量,而要小得多。碱性蓄电池通常以8h的放电电流作为标准放电电流。

第3章

舰船配电装置

3.1 舰船配电装置概述

舰船电源发出的电能需要经集中控制，然后分配给各用电设备使用，这种对电能进行集中控制和分配的装置称为配电装置。

船上的配电装置均做成金属结构箱体形式。箱体内根据需要装有各种开关设备、控制及保护电器、电气测量仪表和信号指示等。

1. 舰船配电装置的主要功能

舰船配电装置的主要功能有以下几点：

（1）正常情况下接通和开断电源至用电设备间的供电通路，指示开关的通断位置；

（2）测量和监视电力系统各电气参数（如电压、电流、功率、功率因数等）；

（3）控制电力系统的各电气参数，如电压、频率（发电机转速）等；

（4）接收舰船发电机输出的电能并对负载分配电能；

（5）当电力系统发生故障或不正常运行时，保护电器将自动切除故障电路或发出声光警报信号。

2. 舰船配电装置的用途分类

舰船配电装置按其用途的不同可分为下面几种。

（1）主配电板（或称总配电板）。用于控制和监视主电源的工作情况，并将主电源发出的电能合理地分配给主电网的各个供电区段。

（2）应急配电板。用于控制和监视应急电源的工作情况，并将应急电源发出的电能合理地分配给各应急用电设备。

（3）充放电板。用于控制和监视充电电源的工作情况与蓄电池组的充电和放电情况，并将蓄电池组的电能分配给船上的低压用电设备。

（4）岸电箱。舰船停靠码头或进坞修理时将岸电接入船上总配电板或应急配电板的开关保护和指示装置。

(5) 分配电箱。船上用电设备的数量是很多的,通常是将全船的用电设备依据一定的原则编成若干组,每一组用电设备各自通过一个分配电箱并共用一条电缆接至总配电板(或应急配电板)上。分配电箱的作用是将来自电源的电能分配给该组用电设备。分配电箱按其所接用电设备的性质类别不同又可分为以下几种:

① 电力分配电箱;

② 照明分配电箱;

③ 无线电分配电箱;

④ 助航分配电箱。

有些分配电箱将用电设备的控制、保护、仪表以及信号指示等都一齐安装在同一箱体中,这种分配电箱又称为控制箱。例如舵机控制箱、航行灯控制箱等。

3. 舰船配电装置的结构分类

舰船配电装置按结构类型可分为下面几种。

(1) 防护式。较大型配电板如总配电盘、应急配电盘等均采用此种结构,用钢板制成,板前有面板,板后敞开,以便于修理,不能防止水渗入,连接电缆一般从下部开孔引入。

(2) 防滴式。机舱和舵机舱中的电力分配电盘采用此种结构,用钢板制成外壳,能防止与垂直线成45°角的下落雨水侵入。电缆多从下面引入,也有从侧面通过套管引入的,两侧可开散热窗。

(3) 防水式。这种类型的配电盘适用于在露天或潮湿处所安装,如岸电箱。它能够经受4~10m水柱的集中水流从任意方向进行喷射15min而不致有水滴进入,连接电缆的引入要使用水密填料。

4. 舰船配电装置结构设计注意事项

舰船配电装置结构设计时应注意的事项有以下几点。

(1) 构成配电装置的骨架和箱体应有足够的强度。在振动和冲击情况下,装置不应发生有害的变形。一般箱体采用1~2mm平滑薄钢板。骨架采用25mm×25mm×3mm(小型配电盘)和40mm×40mm×4mm角钢(大型配电盘)。

(2) 配电装置应在保证电气性能的前提下,具有最小的尺寸和重量。

(3) 仪表、指示灯与转换开关等小型电器常安装于面板上,仪表和指示灯的布置应便于观看,大型开关和调节、控制设备常安装于底座上,操作手柄伸出面板,面板做成固定式,操作手柄的布置要便于操作。

(4) 配电装置内电器的布置应便于调整、检修和拆换,尤应注意应便于接触器、继电器触头的维护和熔断器的调换。

(5) 配电装置的结构附件一般均有标准件,可按具体使用要求进行选择。

3.2 主配电板

舰船主配电板和主发电机组相连,共同构成舰船主电站,主配电板主要有以下4项功能:

(1) 接收主发电机组电源和岸电电源供电;

(2) 对主发电机进行控制和显示主发电机运行的相关参数;

（3）对重要的负荷直接供电；

（4）对电力和照明设备进行配电。

3.2.1 主配电板功能

主配电板是舰船电力系统中的主要配电装置。它位于相距电源（发电机组）不远的地方。为了避免油水的玷污，总配电板一般都安装于机舱平台上。它由多个金属结构的落地式箱柜组装而成，每一个箱柜称为一个屏，屏与屏之间以螺钉固紧。每一屏的固板上装有各种必需的配电电器和测量电表。

主配电板主要由发电机控制屏和负载屏组成。在要求发电机作并联运行的交流舰船上还设有发电机并车屏。某些大型舰船的总配电板上还设有岸电屏以及其他的专用屏。

发电机控制屏是用来控制、调节、监视和保护发电机组的，每台发电机组均配备有单独的控制屏。发电机控制屏的面板常设计成上、中、下三部分。上面板安装有测量仪表转换开关及指示灯，一般均做成门式，以便进行维修；中间板上安装有主电源开关、指示灯等；下面板内安装有自动励磁装置或励磁变阻器。

负载（配电）屏的职能是对各馈电线路进行控制、监视和保护，并通过装在负载线路上的馈电开关将电能供给船上备用电设备或分电箱。供电给动力负载的负载屏称为动力负载屏，供电给照明负载的负载屏称为照明负载屏。

发电机并车屏是专供交流发电机并车操作和监视之用，屏内除装有监视仪表外，还有并车装置（如电抗器）和操作开关等电器。

岸电屏是舰船接用岸电时用来监视岸电电压的专用屏，它常布置在紧靠发电机控制屏的附近。

3.2.2 主配电板上配备的电器和仪表

1. 直流发电机控制屏

（1）电流表。测量发电机的电流。电流表通过分流器接至发电机（汇流排）的正极端上。

（2）电压表。测量发电机端电压。如果发电机需要并联运行，电压表应加接转换开关，以便能够分别测量发电机电压和汇流排的电压。

（3）万能式自动空气开关。发电机不要求并联运行时，自动开关可采用两极的；要求并联运行时，应采用三极的，其中一极为均压线，均压线不需设保护元件。

（4）发电机励磁变阻器。

（5）指示灯。用红灯指示发电机已运转，用绿灯指示自动开关已合闸。若发电机要求能并联运行，则控制屏上尚须装设逆流继电器和充磁按钮。

（6）逆流继电器。用作发电机运行时的逆电流保护，继电器的电流线圈接于发电机的正极端。

（7）充磁按钮。发电机剩磁消失时，作充磁之用。充磁电流可由蓄电池或汇流排经降压电阻供给，对于220V的直流电力系统，该降压电阻值为励磁绕组电阻的6～7倍。

2. 交流发电机控制屏

（1）电流表及转换开关。可分别测量发电机任意一相的负载电流。

(2) 电压表及转换开关。可分别测量发电机和汇流排任意两线间的电压。

(3) 频率表。测量发电机的频率。

(4) 功率表。测量发电机的有功功率。

(5) 功率因数表。测量发电机的功率因数。

若发电机要求并联运行,尚需装设逆功率继电器、原动机调速开关和万能式自动空气开关。

(6) 逆功率继电器。作发电机逆功率保护用。

(7) 原动机调速开关。并车时用以调节发电机的频率和并联运行时用以转移有功功率。

(8) 万能式自动空气开关。

并车屏装设有整步表及转换开关、两块频率表和两块电压表。

(9) 整步表及转换开关(或同步指示灯),指示并车时两台发电机的相位差和频率差。

(10) 两块频率表(或用一个双指针频率表),分别测量两台发电机的频率。

(11) 两块电压表(或用一个双指针电压表),分别测量两台发电机的电压。

3. 负载屏

负载屏上安装有装置式自动空气开关或盒式转换开关加熔断器。

负载屏上也常装有电流表并通过转换开关能够测量各馈电线路的负载电流,每一电流表的转换路数一般不超过6路。由于船上的三相负载基本上是对称的,所以各馈电线路仅测量一相电流即可。一般需要测量电流的负载有以下两项。

(1) 较大功率的电动辅机,如舱底水泵、救火泵、空气压缩机、起锚机、起货机等。

(2) 较重要的电动辅机,如主机滑油泵、主机海水泵、主机淡水泵、舵机等。

照明负载集中于一个照明负载屏上。在交流系统中,如照明负载需通过照明变压器供电,则变压器的开关也常装于照明负载屏上。交流电力系统,常装设一块电流表和转换开关(或直接用三块电流表),测量照明线路各相电流的大小。

对于对地绝缘的电力系统,其负载屏中的某一屏上还需装有指示电网对地绝缘状况的设备(如绝缘指示灯或兆欧表)。绝缘指示也可安装于发电机控制屏上,绝缘指示灯不需长期接于汇流排,测量时用按钮短时接通。

绝缘指示灯在配电板中的接线如图3-1和图3-2所示。

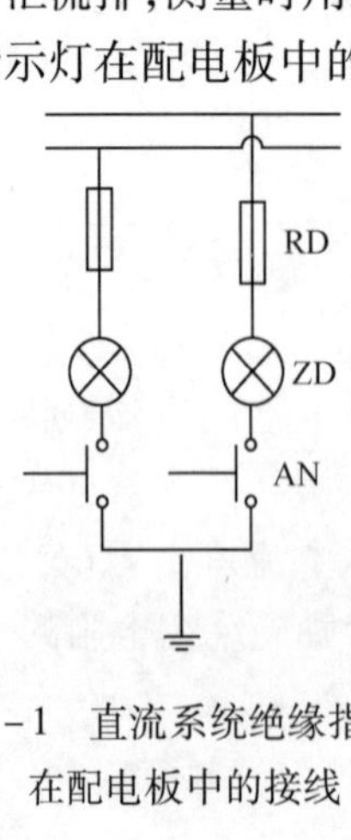

图3-1 直流系统绝缘指示灯在配电板中的接线

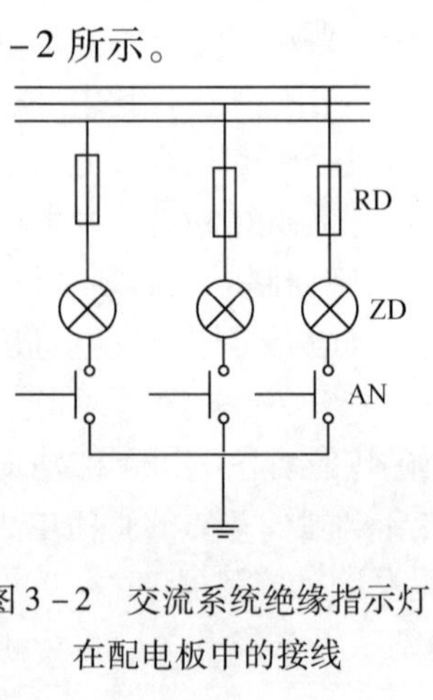

图3-2 交流系统绝缘指示灯在配电板中的接线

绝缘指示灯一般仅用来鉴别电网是否发生对地短路故障。如图 3－1 和图 3－2 所示，若某极（或某相）对地短路，按下接零一极（或另两相）的按钮，则指示灯发亮。

兆欧表是一块高电阻的电压表，其表面刻度是绝缘电阻值，由它可以直接测出直流电网各极对地的绝缘电阻或交流三相对地的总绝缘电阻。

总配电板内的汇流排上应接有滤波电容器，以防止电源对无线电设备的干扰。滤波电容器的电容量一般取 0.5μF 即可。

上述电器和仪表是主配电板中最基本的设备。除此之外，根据对发电机控制和配电的不同要求、主配电板上还可以设有其他的电器设备和自动装置，如警报信号装置、粗同步并车或自动准同步并车装置、自动调频调载装置、自动分级卸载装置等。

3.2.3　主配电板的面板布置和安装方面的要求

为了保证主配电板在操作、运行时的安全可靠和维护方便，面板布置设计和安装施工时应注意以下几点。

（1）板面布置应一目了然，电器仪表的安装位置要便于操作和观测。例如自动空气开关的操作手柄的高度一般不应超过 1.7m 为宜；测量仪表的表面中心位置高度尽量布置在 1.6～1.85m 范围内；配电负载开关的最低位置应超过 0.3m 等。

（2）屏数较多的主配电板，其负载屏要尽可能平均地分布在发电机控制屏的两侧。

（3）服务于同一系统（例如：甲板机械、空调装置、为主机服务的辅机等）的负载开关应尽量布置在同一负载屏上相近的位置。

（4）照明负载开关尽可能按同一供电区集中布置。

（5）主配电板的板面最好与舰船纵剖面相垂直。

（6）主配电板最好安装在机舱平台上。

（7）主配电板的前后应留有足够的位置以作通道与检修之用。板前通道宽度应不小于 0.8m，板后通道宽度应不小于 0.6m。通道上应铺有防滑和耐油的绝缘橡皮地毯或经绝缘处理的木格栅。

（8）主配电板的后通道出入处应设有带锁的侧门。

（9）主配电板应尽量避免安装在有压力的管路、油柜及液体容器的底下，以防止油水泄入配电板内。

交流船的配电方式一般分为三种，即三线绝缘系统、中性点接地的四线系统和采用船体作为中性线回路的三线系统，如图 3－3 所示。其中三线绝缘系统应用最为普遍。因为这种方式安全可靠，照明系统与动力系统相互影响小，并且单相接地并不形成短路，仍可维持电气设备的短时工作。中性点接地系统当发生单相接地时即形成短路故障，有使主要用电设备（如舵机电源、服务于

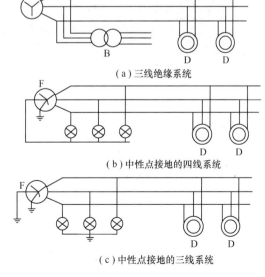

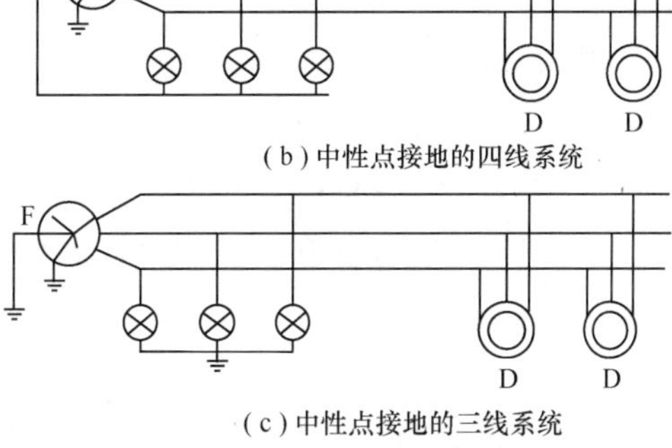

图 3－3　交流船的配电方式

主机构机舱辅机等)断电的严重危险,因而在船上较少采用。

3.3 配电装置中的开关电器

低压开关用来切断或关闭500V以下的交流或直流电路,广泛地用于各种舰船配电装置中,通常应用的有闸刀开关、接触器、磁力启动器和自动空气开关。

1. 闸刀开关

闸刀开关是最简单的低压切断电器,额定电流一般在1000A以下,如母线分段开关大部分用此种开关。

2. 接触器

作远距离控制时,如启动和停止电动机,需要逐步接入或切除启动变阻器或调节变阻器的电阻时,可应用接触器,如用在接通同步并车电抗器,遥控起停舵机电动机等。接触器可以用于频繁操作,不能在不正常状态(短路、过载)下保护电路,除非与熔断器配合。

接触器利用吸引线圈保持其闭合,触头上罩有石棉水泥的灭弧栅,触头及灭弧栅只能用来切断工作电流。接触器可以制成单极、双极、三极和多极的。它和其他电路配合起来,可用于自动控制电路。

3. 磁力启动器

加装热继电器(只装在两相上)的三相交流接触器称作磁力启动器,在过载时,热继电器动作,使接触器断开,自动停机。

热继电器由双金属元件、加热元件和接点构成。过载时加热元件受过载电流作用加热双金属元件,使其弯曲而接点随着分离、吸持线圈因停电而释放,吸持线圈在电压低于额定值的50%~60%时,不能再吸持,因此还起到欠压脱扣的作用。

磁力启动器不能保护短路,要用作短路保护时必须和熔断器串联。

4. 自动空气开关

自动空气开关有DW和DZ两种系列。这类电器能够在过载、短路、欠压或失压时自动切断电路。

3.4 互 感 器

采用电流互感器和电压互感器可将量测仪表、继电器和自动装置接入大电流或高电压系统中,这样可以达到以下几点。

(1)测量安全,便于仪表、继电器、自动装置的使用。

(2)仪表、继电器和自动装置标准化,其线路的额定电流可设计为5A、额定电压为100V。

(3)当线路上发生短路时,保护量测仪表的串联线圈,使它不受大电流的损害。

电流互感器也使用在低压装置上,这时安全因素已不是决定性的条件,使用它的目的是可利用较简单而经济的量测仪表,并使配电盘的接线简单。

互感器有规定的准确度，当原电压（电流）在规定范围内变动时，互感器的原电压（电流）与副电压（电流）之比及其相位差必须保持几乎不变。当互感器的二次电路的阻抗（仪表、导线的阻抗）不超过规定的范围时，互感器能保证其准确度。否则，如果我们任意给互感器增加负载将加大测量误差，甚至引起自动装置或保护装置误动作。

为了保证人在接触量测仪表和继电器时的安全，互感器的副线圈应接地，这样当互感器绝缘损坏时，可防止在仪表上出现高电压的危险。

1. 电压互感器

电压互感器的构造及其接线图与电力变压器相似，主要区别在于容量不同。它的用途主要是测量电压，供给继电器和自动装置的电压信号，它的原绕组并联在主电路中，副绕组的运行电压常为 100V。为了使测定尽可能准确：应限制电压互感器的负载令它的运行情况和普通变压器在空载状态下相同，使它的负载电流接近于磁化电流。

电压互感器的额定互感比，指原、副额定电压之比，即

$$K_U = \frac{U_{1C}}{U_{2C}} \tag{3-1}$$

式中：K_U 为互感器特性的参数，接在互感器二次电路的量测仪表，其刻度包含了此倍数。$U_{2C}K_U$ 的值即为被测量的原电压的近似值。由于电压互感器的原、副额定电压都已标准化，其互感比也就标准化了。

2. 电流互感器

电流互感器的原边仅有一匝或数匝，且和需测量电流线路串联，副绕组却由很多匝数绕成，且与量测仪表及继电器的电流线圈相串接。

从原边看，电流互感器电路的阻抗很小，在正常工作情况下，按近于短路状态，此为与电压互感器的主要不同之处。

电流互感器的额定互感比，指额定原、副电流之比值，即

$$K_I = \frac{I_{1C}}{I_{2C}} \tag{3-2}$$

式中：K_I 为电流互感器的参数之一；$I_{2C}K_I$ 的值为所要测定电流的近似值。

电流互感器副边的额定电流通常为 5A，它的运行情况和普通变压器在短路状态下相同，在把电流互感器接入或切除时，在任何情况下决不可将它的副绕组开路。这是因为在额定原电流和副绕组闭路时互感器铁芯中的磁通密度为 600 ~ 1000Gs。但当副绕组开路而同时原边电路有电流时，铁芯中的磁通密度剧烈上升。当原电流为额定值时，其值可达 14.000 ~ 18.000Gs，使铁芯饱和。这时在二次侧能感应出很高的电势，如图 3 – 4 所示，它的顶值可达很高的数值。此电压对设备绝缘和运行人员的安全都很危险。同时由于铁芯中磁通骤然增加，使铁芯剧烈发热。除此之外，在铁芯中还会产生剩磁，使互感器误差增大。由于以上原因，在原电路有电流时，互感器的副电路一般是绝不容许开路的。副线圈平时经仪表的线圈接成闭路，要拆除仪表时，必须先短接电流互感器的副线圈，以防止因副电路开路而造成的严重危害。

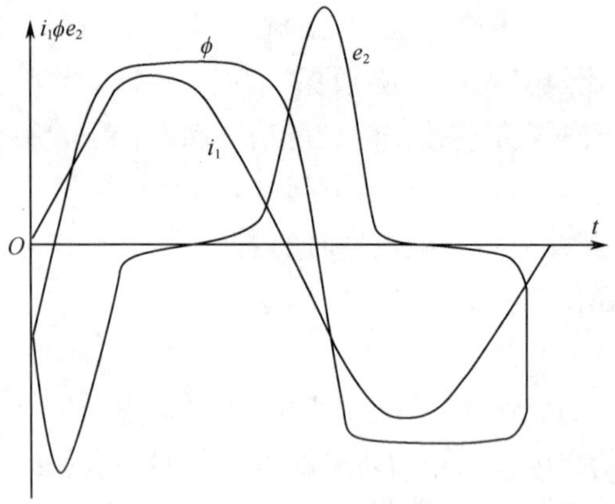

图3-4 在副电路开路时电流互感器的电流、电动势和磁通的波形

3.5 选择电器和载流导体的一般条件

各种电器和载流部分的具体选择条件并不一样,但对它们的基本要求都相同。要保证配电装置可靠地工作,必须按正常条件来选择电器,而按短路情形来校验热稳定和动稳定。

正常工作的选择条件是额定电压和额定电流。

1. 额定电压

电器的额定电压就是铭牌上标出的线电压。电器可以长期处在超过额定电压15%的电压下工作,称为电器的最大工作电压。制造厂对于电器、绝缘子、电缆等都规定了它们的额定电压和最大工作电压。

选择时,必须使电器装置点的电网额定电压不超过电器的额定电压,即

$$U_{dqe} \geqslant U_{ew} \tag{3-3}$$

式中:U_{dqe}为电器的额定电压;U_{ew}为电网额定电压。

2. 额定电流

电器的额定电流是指在一定周围空气温度下无限长时间内电器所能允许通过的电流。因此,选择时应满足条件:

$$I_{dqe} \geqslant I_{ew} \tag{3-4}$$

式中:I_{dqe}为电器的额定电流;I_{ew}为最大连续工作电流。

周围空气温度对容许连续电流有很大影响。我国目前生产的电器,设计时取周围介质计算温度为45℃(或40℃),如周围最高气温大于45℃,则由于工作温度更高,会降低电器的绝缘寿命,因此电器的连续允许电流应按下式校正:

$$I = I_{45}\sqrt{\frac{t_1 - t_0}{t_1 - 45}} \tag{3-5}$$

式中:t_0为周围实际温度;I为空气温度为t_0时的连续允许电流;I_{45}为空气温度45℃时电器的额定电流;t_1为电器某部位的最高允许温度(如断路器和隔离开关的触头为75℃,汇

流排为90℃)。

若周围实际温度小于45℃,则 t_0 每降低1℃,允许电流可增加0.5%,但增加总数不得大于20% I_{45}。

3. 短路热稳定校验

由于短路电流超过正常电流很多倍,因此虽然流过的时间很短,但温度上升仍然很高。导体在短路时的最高温度不应超过此类导体的短时发热允许温度。满足这个条件时认为对短路电流是热稳定的。因此热稳定的条件是

$$Q_{\text{yun}} \geqslant Q_d$$

式中:Q_{yun}为短路时允许发热量,制造厂常以 t 秒内允许通过电流 I_t 产生的热量 I_t^2Rt 来表示;Q_d 为短路时产生的热量,$Q_d = I_\infty^2 Rt_\phi$。

因此式(3-5)又可写成

$$I_t^2 t \geqslant I_\infty^2 t_\phi \tag{3-6}$$

式中:I_∞ 为稳态短路电流;t_ϕ 为短路持续时间。

式(3-6)即为热稳定校验条件。制造厂常将 t 定为1s,5s,10s。

4. 电动力稳定校验

配电装置电器的载流部分当有电流通过时受到机械力的作用。正常情况下工作电流不大,机械力也不大。短路时,特别是冲击电流通过时,此力可达很大数值,以致可能破坏电器。

电气设备必须能承受短路时引起的机械作用力,即具有足够的电动力稳定度,才能可靠地工作。电动力稳定校验目的是检查电器能否有承受短路电流机械效应的能力。电器的动稳定用短路电流的最大振幅数值来表示,即在此电流作用下电器能承受其产生的电动力。校验时是将制造厂规定的最大允许电流与短路全电流来比较,即

$$i_{\text{zd}} \geqslant i_{\text{dsh}} \tag{3-7}$$

或

$$I_{\text{zd}} \geqslant I_{\text{dsh}} \tag{3-8}$$

式中:i_{zd},I_{zd}为最大允许电流的幅值和有效值;i_{dsh},I_{dsh}为短路冲击电流及其有效值。

5. 母线的选择

母线(汇流排)的截面按其允许电流(安全载流量)进行选择,母线安全载流量见表3-1和表3-2。

表3-1 铜汇流排安全载流量(A)(环境温度45℃,允许温升45℃)(交流)

宽 h/mm	厚 b/mm									
	20	1	2	3	4	5	6	8	10	12	15
10	61	118	150	179	207	233					
15	118	171	214	255	290	326	394	456			
20	157	225	281	331	377	419	500	575	646		
25	194	278	348	407	462	513	610	696	783	931	

(续)

宽 h/mm	厚 b/mm										
30	232	332	413	482	544	603	714	814	931	1030	1248
40	307	439	541	632	714	786	923	1048	1170	1324	1580
50	382	548	674	780	875	956	1125	1273	1409	1590	1890
60	440	629	776	867	991	1083	1273	1429	1561	1771	2082
80	578	820	1003	1162	1293	1410	1630	1824	1970	2198	2510
100	724	1020	1248	1440	1590	1734	2060	2230	2416	2670	3140

表3-2　铝汇流排安全载流量(A)(环境温度45℃,允许温升45℃)(交流)

宽 h/mm	厚 b/mm					
	3	4	5	6	8	10
25	220					
30	253	303				
40		400	450			
50			552	615		
60			585	723	850	960
				755	900	1230
				1185	1350	1510
					1580	1720

如果周围环境不是45℃时,母线的允许电流应按式(3-6)予以校正。

如果没有另外的特别规定。母线及其连接件必须用紫铜制;所有连接件应尽可能做到防止电腐蚀;母线必须坚固耐用,能承受由于最严重短路而产生的热与电动力。

由于集肤效应和邻近效应的作用,同样的母线所允许通过的交流电流值比直流电流值相应小一些。

选择船用配电盘母线时,宽度不要小于15mm,同时不要大于100mm,厚度在2~8mm。如果一根母线的载流量不够,可采用几根叠成,俗称分裂母线,此时安全载流量应相应降低。交流系统中性线的截面积应与相线的相同。

3.6　应急配电板

应急配电板用来控制应急发电机或蓄电池组,并向船上的应急用电设备供电。它与应急发电机安装在同一舱室内。

当应急电源采用应急发电机组时(指大应急电源),应急电网平时可由主配电板供电,只是在应急情况下才由应急发电机组供电。因此,应急配电板的电源开关与主配电板上接向应急配电板的供电开关两者之间须设有电气联锁。有些舰船,应急发电机组是具有自动启动设备的,当主电源因故突然断电且在一定时间后还不能恢复供电时,应急发电机组即自行启动,并对应急电网供电。当主电源恢复了供电后,应急发电机组便自动脱离电网,并自动停车。

应急配电板通常只含两个屏面:一个是应急发电机控制屏,另一个是应急负载屏。如果应急电网是个独立电网而不是主电网的一部分,则应急电源各馈线在应急配电板上不允许装设开关,只允许装设熔断器作为馈电线路的保护,这主要是为了确保应急状态下应急电网的可靠供电。

应急配电板上需装设的仪表电器,其原则与总配电板基本一样,只是少了并车所需的设备而已,因为应急电源都采用单机组运行。

图3－5和图3－6所示为应急配电板电气线路原理图。

3.7　充放电板及蓄电池

船上安装的蓄电池组应设有充放电配电板,以便对蓄电池组进行充电和对负载配电。对于无线电系统专用的蓄电池组、其充放电板和船上其他用途蓄电池组的充放电配电板必须分开而独立装设在报务室内,以确保无线电系统不受其他系统的干扰而能正常工作。

设计充放电配电板时应注意以下几点:

(1) 电源回路中应设有切断总电源的开关、保护熔断器和指示灯;

(2) 应设有专用的调节充电发电机组电压用的励磁变阻器;

(3) 若充电发电机组因故导致电压突然跌落,则蓄电池组将会倒过来向充电发电机供电,为了防止这种情况发生,在每一充电回路上均应设有防止逆流的装置。这种装置通常是采用逆流继电器,若是用静止整流器作充电电源,则无须另加逆流继电器;

(4) 应设有用以测量每一蓄电池组的充放电电压的电压表和测量每一充电回路充放电电流的电流表;

(5) 为了确保应急照明、警铃等应急设备的供电可靠性,设计它们的蓄电池组充放电回路时,应使其即使在充电状态下,一旦发生应急情况仍能向这些应急设备立刻放电;

(6) 小应急照明回路设计时,应保证在主电网失电时,能自动地接通蓄电池的放电回路。

在舰船上,蓄电池组的充电电源采用独立的直流发电机组,或采用交流电网经静止整流器整流后供电,其充放电板原理图分别如图3－7和图3－8所示。

3.8　岸电箱及其他配电装置

1. 岸电箱

舰船在码头停泊或进坞修理时,一般都需要接用岸上的交流电源。该电源是通过岸电箱接至主配电板或应急配电板。岸电箱通常是设置在主甲板以上的露天处。

岸电箱内应设有能切断所有绝缘相的自动空气开关或带有熔断器的非自动开关。岸电箱面板上设有岸电指示灯,以指示岸电是否有电。在岸电箱上必须标出舰船电源系统的参数(如电压、频率和接线方式)。岸电箱上还应装有用以监视岸电相序的设备,只有当岸电接入相序与舰船电网的原来相序一致时方能允许合上岸电箱开关。在由中性线接地的三相交流岸电供电时,应设有一个接地端,将船体与岸上的接地装置连接。岸电箱与

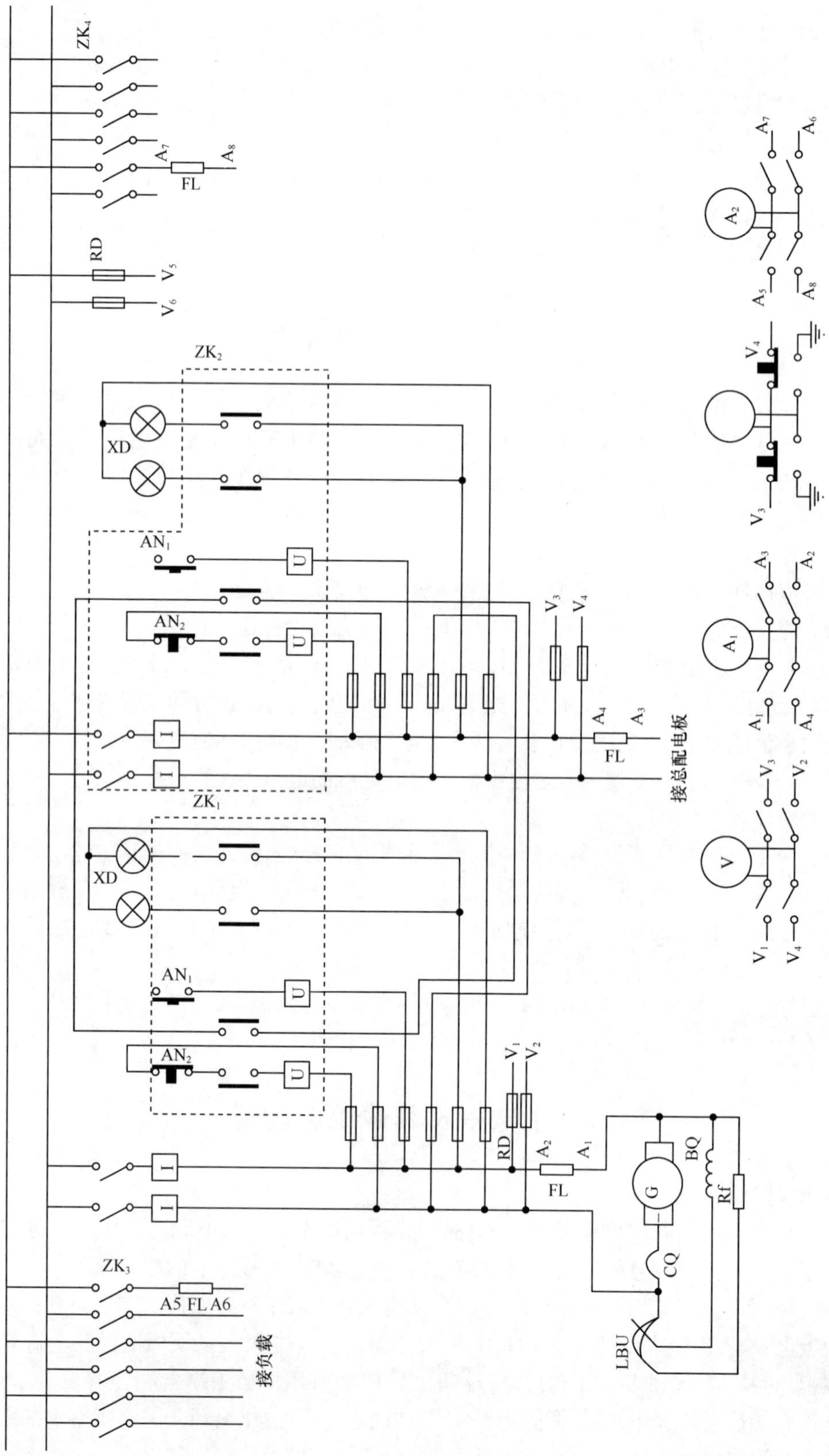

图3-5 直流应急配电板电气线路原理图

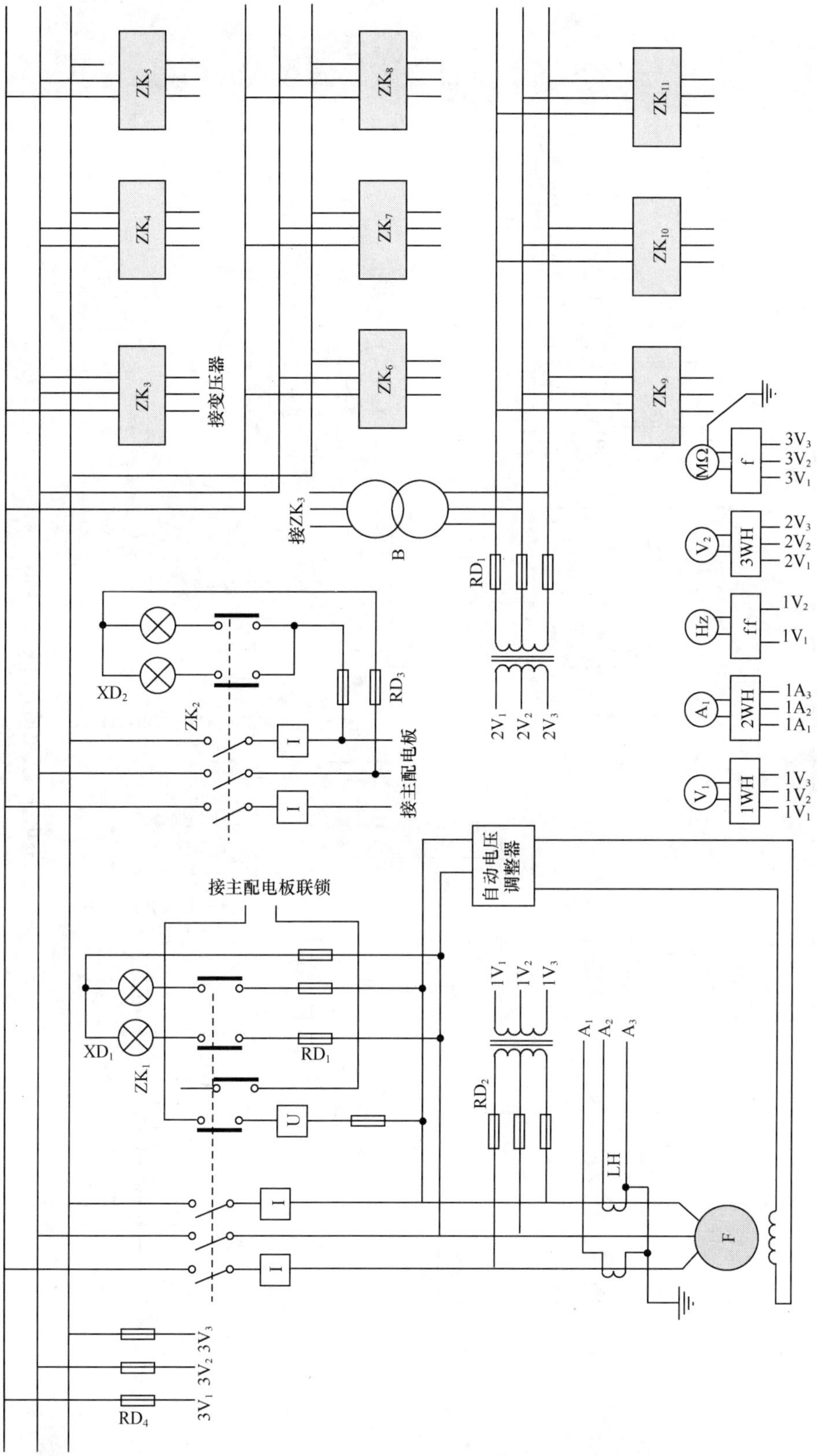

图3-6 交流应急配电板电气线路原理图

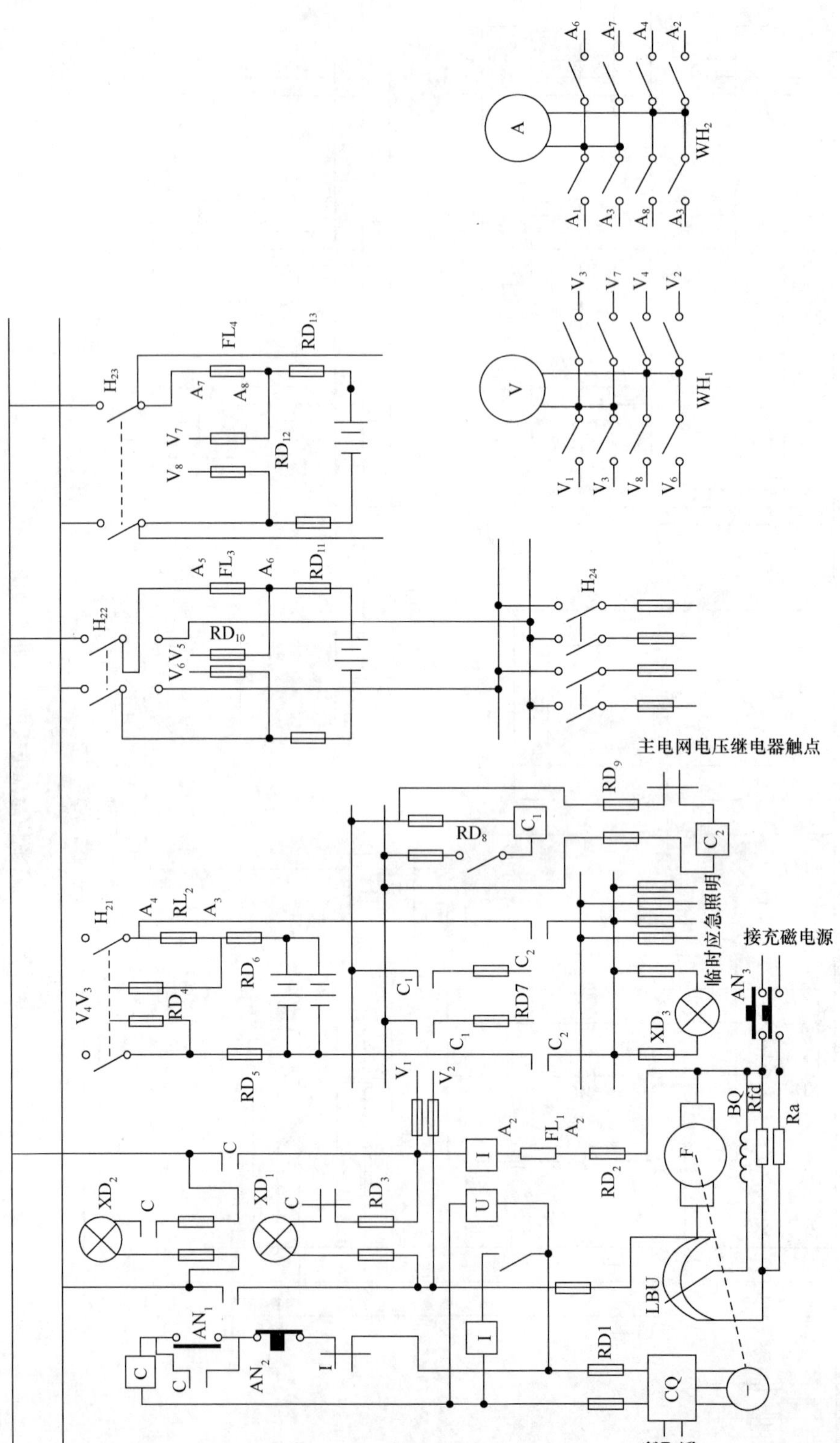

图3-7 用充电机组充电的充放电板原理图

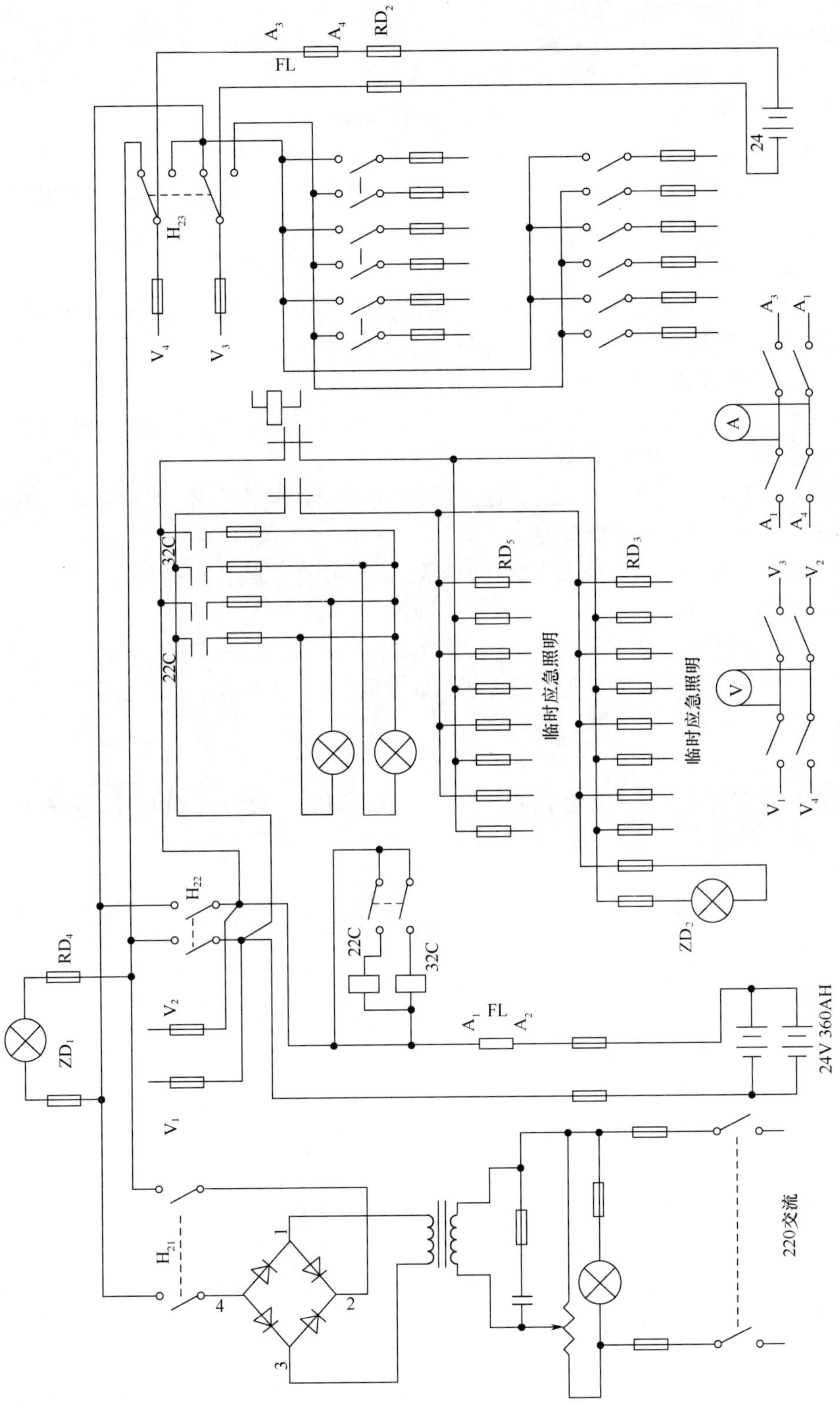

图3-8　用整流器充电的充放电板原理图

主配电板之间,应敷设有足够容量的固定电缆。应将拖引的电缆紧固在框架上,以使电缆端子不承受机械应力。

2. 分配电箱

各种用途的分配电箱分布在船上各用电较集中处。分配电箱箱体是由金属板制成的,箱内装有必要的开关、电器、仪表、指示灯和保护设备。

3. 无线电板

由于要保证无线电通信设备在任何情况下都有电源,为此专设这一配电板,其中装设有能迅速切换电源的开关及必要的仪表和指示灯。

4. 电工试验板

电工试验板安装在电工工作室里,作为试验船上电机、电器、自动装置等电气设备的电源,板上接有船上各种电源类型,装有各种灯座、插座及电源接线柱。

5. 区域配电板和分配电板

区域配电板是用来给其他区域配电板、分配电板或正常耗电大于16A的电器进行配电的开关板,它由总配电板、应急配电板或其他区域配电板供电。

分配电板是由一个或一个以上的过载保护电器组成的集合体,对额定电流不超过16A的最后分支线路进行电能分配。

以上两种配电板在我国尚没有统一的界限,因此习惯上通称分配电板。

1)分配电板的结构

(1)所有的连接应便于维护。更换部件时,不必移去外壳或拆下引出电线。

(2)如分配电板母线与其他分配电板串联,则母线的截面应足够承受供电电缆的满载电流。

2)分配电板的位置

分配电板应能使专门人员在任何时候都能进行维修,一般均应加以封闭,其安装位置应使其内部元件的最大温升不会超过允许值。

3)分配电板外壳

分配电板外壳应有足够的机械强度并应使用耐潮、不燃和绝热材料制成。只允许专门人员打开。

第4章

舰船电网

4.1 舰船电网概述

舰船电网是由船用电缆、导线和配电装置以一定的连接方式组成的整体。就像人体中血管输送血液到各器官中去,发电机所产生的电能就是通过电网输送到船上各个用电设备的。舰船电网包括供电网络和配电网络,供电网络是指主发电机与主配电板之间、应急发电机和应急配电板之间、主配电板之间以及主配电板与应急配电板、岸电箱之间的电气连接网络。配电网络是指主配电板、应急配电板到用电设备之间的电气连接网络。当船上的用电设备较多时,负荷不可能全部都由主配电板直接供电,而是将电能从主配电板经由分配电板或分配电箱再分到负载。为了分析方便,通常称主配电板与分配电板之间的网络以及由主配电板直接供电给负载的网络称为一次网络,而分配电箱到各用电设备之间的网络称为二次网络。

舰船电网设计的基本要求有以下几点:

(1) 电网生命力强,可靠性高,即要求电网在发电机组和线路发生故障或局部破损时仍能保证在最大范围内对负载连续供电,并限制故障的发展和将故障的影响限制在最小的范围之内;当电网严重破坏时,继续保持对最重要设备的连续供电。

(2) 电网设计应保证系统操作的灵活性,即电网运行的机动性和维修保养的方便性,包括控制部位操作的机动性、运行方案多样性、电源接口标准化、减少电气设备的型号规格、增加零部件的统一性。此外,电网设计应考虑舰船以后局部改装、增加新设备的需要,在某些部位设置一定数量的备用供电支路。

为了保证电站设计中确定的控制功能的发挥,电网设计应采取相应的措施是:一方面,从网络设施上保障控制部位的地位;另一方面保证实现控制部位的转换条件,即可以根据系统使用要求从一个部位转换到另一个部位,也可以从另一个部位转回到这个部位。例如,船上配备两个电站 A 和 B,通常既要求可从电站 A 向电站 B 做并联操作,又要求可从电站 B 向电站 A 做并联操作。为此,这两个电站之间的跨接线两端都应设置可带电合闸的空气断路器,以实现两个电站之间的双向操作。

(3) 电网设计应努力提高其技术经济指标。设计时应选用最经济的电网连接方案:力求减少中间环节,节省配电电器;适当限制电缆的储备截面;在满足要求的前提下,选用价格低廉的电器设备,降低电网建造成本。提高电网运行的自动化程度,减少操作管理人员;降低设备故障率,减少运行损失和维修工作量;合理调配负荷,保持电网高效率运行;控制运行功率因数,减少线路损耗;提高负荷设备的运行效率。

(4) 电网设计应周密考虑电网的保护措施。衡量舰船电网的设计是否成功,不仅要看它处于正常状态下的运行情况,而且更重要的是要观察它在故障状态下的行为,有没有控制故障的能力。

对于一些重要的电网参数异常应在故障动作发生前发出预警,以引起值班人员的警觉,提前采取必要的措施。

保护电器的动作应具有选择功能。选择功能包括以下两点:①对故障点的判别能力,进行区域性的选择保护、缩小故障的影响面;②对故障性质的判别能力,如区别瞬时过流、短时过载等,然后采取不同的保护措施。

选择保护电器动作值时应十分慎重。动作值选得太大,将失去安全保护的意义;动作值选得过低又会引起保护电器不必要的动作,影响电网的正常工作。因此,电网设计应确切掌握系统故障时各种参数变化的可能范围,合理地选择保护电器动作值的安全范围。

电网故障排除后,希望各级保护器械都能迅速恢复正常。不经常有人管理的保护器械就应选用具有自恢复功能的保护设备。

舰船电网的合理设计直接关系到电力系统供电的可靠性,因此电网的重要性并不亚于电站。没有优良的电网相配合,电站的性能再好,也不可能发挥作用。舰船设计实践表明,选择合适的供电方式和配电方式,对提高舰船电力系统的设计质量、增强电网的生命力具有重要意义。

4.2 舰船电网的结构形式

在电站设备确定的情况下,电网的类型选择对保证供电可靠性和生命力具有决定性的作用。因此,系统地分析现有舰船电网的运行情况,探索新的电网类型是舰船总体设计的一项重要内容。

4.2.1 舰船电网基本类型

舰船电网采用的连接方式多种多样,但是基本的有以下五种:馈线配电方式、干线配电方式、混合配电方式、环形配电方式和网形配电方式。

下面对这五种基本接线方式的结构和特点逐一进行分析。

1. 馈线配电方式

馈线配电方式的各个用电设备以及分配电箱由主配电板的单独馈线引出,如图4-1(a)所示;在具有两个电站时常采用以棋盘式的顺序给各个用电设备供电,如图4-1(b)所示。这种配电方式的所有用电设备均由主配电板供电。从形式上看,设备似乎能得到较高的供电可靠性,但由于这个方式的馈线电缆太多,任何一路的用电负载发生较大的变

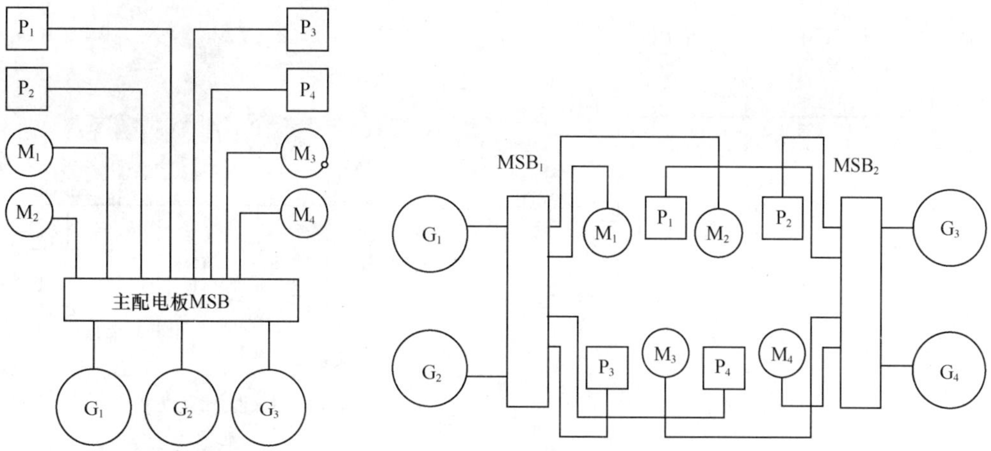

(a)一般式　　(b)棋盘式

图4-1　馈线配电方式

动或意外故障都会对主配电板产生很大的影响,从而降低电力系统的供电可靠性。这种方式适用于用电设备较少的小型舰船。主配电板向其所在舱室的负载供电也可能局部采用这种方式。

2. 干线配电方式

干线配电方式由主配电板引出几根叫作干线的电缆对分配电箱供电,用电设备再从分配电板上取得电源,如图4-2所示。

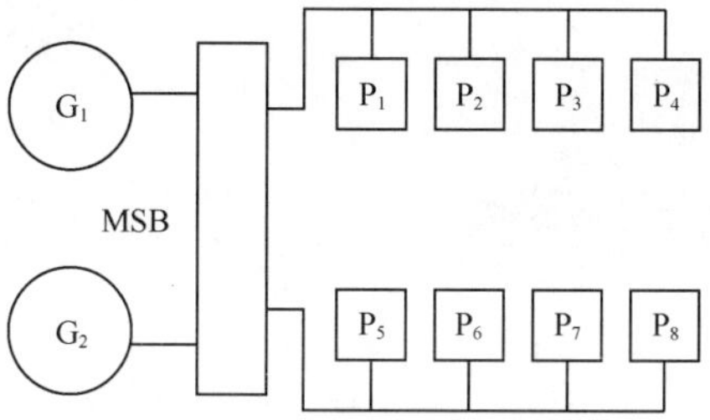

图4-2　干线配电方式

干线配电方式的优点是电网结构简单,可以大大减少舰船干线电缆的数量。这对希望尽量减少穿过水密隔墙电缆数量的潜艇电力系统是很合适的。这种配电方式的缺点是供电可靠性低,对电气装置不易进行集中控制。目前,单纯采用干线配电方式的电力系统已经很少了。

3. 混合配电方式

混合配电方式是馈线式和干线式混合的配电方式,即一部分分配电箱或负载采用馈线配电方式,另一部分则采用干线配电方式。通常,前者是功率较大或者比较重要的负载,后者是较次要或功率较小的负载,如图4-3所示。

混合配电方式的优点是局部线路发生故障不致影响整个电力系统,只要合理配置,可以保证重要设备的供电可靠性,因此是目前舰船上广泛采用的一种配电方式。

4. 环形配电方式

环形配电方式是将主配电板和负载的分配电板串接,再一起形成一个完整的环形向

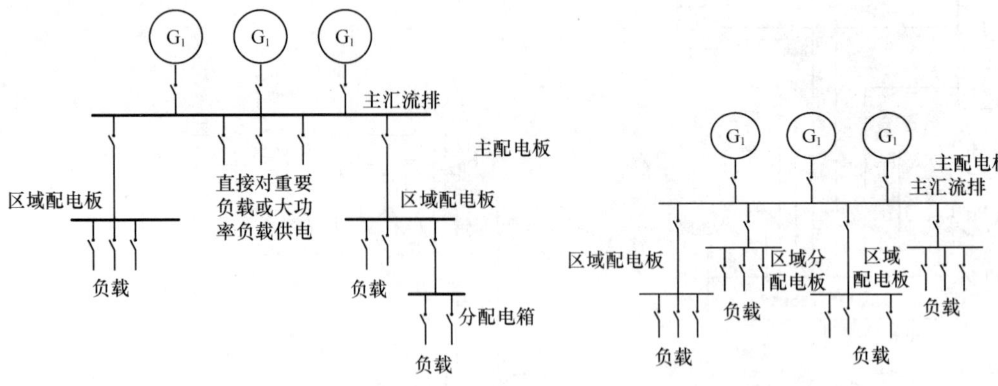

(a) 一般混合式　　(b) 分区混合配电方式

图4-3　混合配电方式

用电设备供电。根据连接线形成的电网闭环的情况,环形配电方式可以分为全闭环、电源环和负载环。图4-4表示的就是一个全闭环。在两个电站的主配电板之间加上两根跨接线就可以形成一个电源环。环形配电方式的优点是可以构成较多的电源到负载的通路,可以有较高的供电可靠性。但这种方式在管理和保护上比较复杂,故要求较高的技术水平。

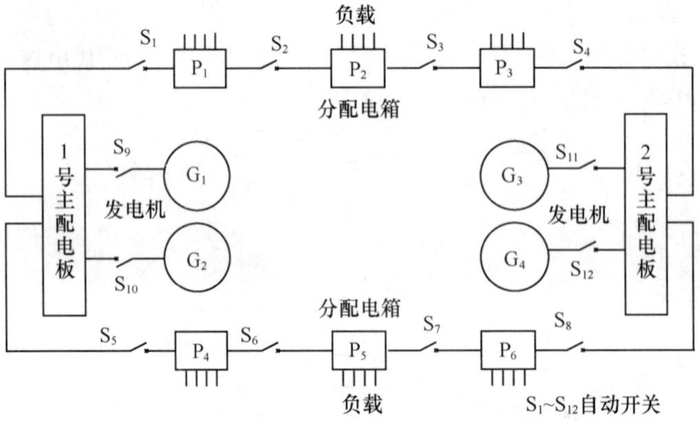

图4-4　环形配电方式

在电网的连接方式中,发电机与负载之间的连接线可以称为纵向连线,而发电机之间或电动机之间的连线称为横向连线。由以上电网的基本类型可以看出,在某些情况下,横向连线有使负载电源通路数成倍增长的作用。如果纵横连线形成了闭合环,则可以显著地提高电网供电的生命力和可靠性,这就是电网设计中的环形原理。设计时应根据实际情况巧妙地加以运用。

5. 网形配电方式

如图4-5所示,网形配电方式是在舰船发电机组和负载较多的情况下,由环形配电方式发展而形成的一种配电方式。这种电网至少形成了两个以上组合的全闭环,与环形配电方式没有本质上的区别,只是把环形配电方式推向更高的一层,因而网形配电方式也是环形配电方式发展的必然趋势。

上述五种电网的基本配电方式,各有不同的特点和适用范围,前两种现在已较少单独

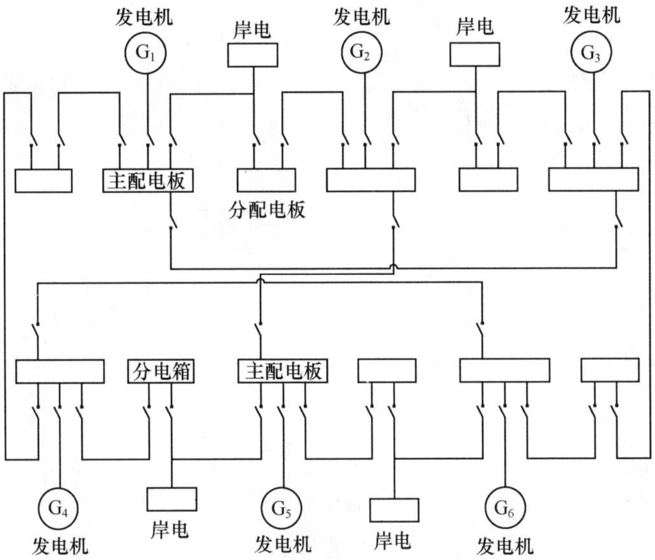

图4－5 网形配电方式

使用,最后一种则是发展中的形式,只出现在某些吨位很大的舰船上。因此,目前世界各国舰船上实际应用的主要是干馈混合配电方式和环形配电方式两种。这两种基本的电网类型究竟何种更为优越,一直是舰船电力系统发展问题讨论的焦点。各国舰船电网的类型也和它们陆上电力系统所采用的传统类型有关。一般来说,电力系统传统采用环形电网的国家,其舰船采用环形电网也多。还有一些舰船电网采用开环的形式,即电网的构成虽是闭环形,但在运行中却故意将闭环的某个环节切断,形成开环;电力系统运行有需要时再合上切断部分形成闭环。这样做可以简化线路的管理和保护,并减少闭环的某些不良影响。这种做法对于技术水平还不能达到完全闭环运行的舰船也是一种折中处理的办法。

从环形配电基本连接方式可以看出,只要留有适当的裕度,运行得当,可期望得到高度可靠的供电,但必须解决线路保护、系统监视、调整等一系列技术关键问题。因此,环形配电方式能否替代干馈混合配电方式主要取决于电网技术的发展。近年来,由于电子计算机在电力系统监视控制技术上的应用和电力系统稳定性研究的进展,环形配电方式已被认为是今后舰船电网发展的一种很有前途的配电方式,尤其是对于军用舰船,更有其特殊的价值。因此,认真开展环形电网的探索研究工作,对于造船事业的发展是很有意义的。

4.2.2 世界舰船电网实例分析

上面讨论了舰船电网的基本形式,下面我们选择一部分具有代表性的世界典型舰船电网进行分析。

1. 日本护卫舰电力系统

如图4－6所示,这是一种很典型的馈线配电方式。在这个设计中,主配电板和应急配电板是完全独立的。依靠跨接线,沟通了主配电板之间、主配电板与应急配电板之间的联系。这些跨接线构成了电源部分的环形。由于主发电机一般不和应急发电机并联运

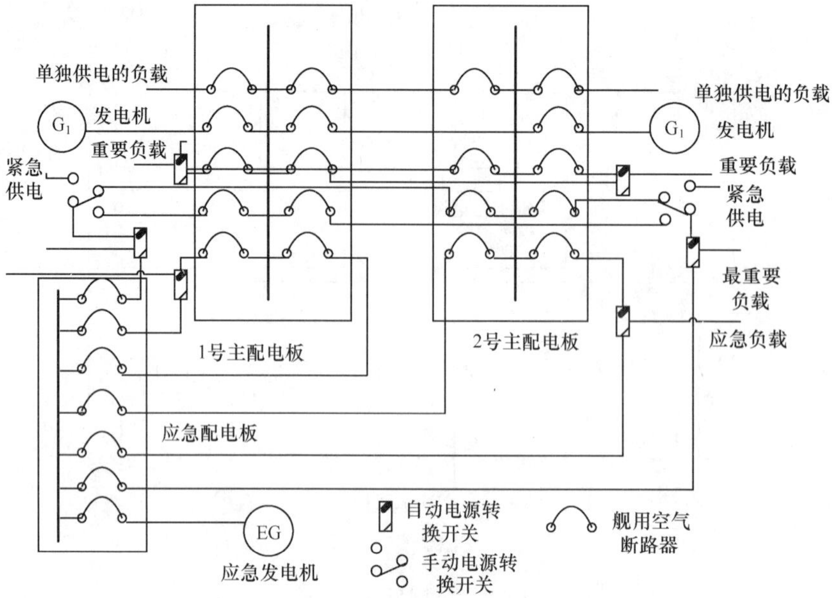

图4-6 日本护卫舰配电原理图

行,这些跨接线不会同时接通,所以跨接线所形成的是前面说过的开环形式。开环连接保证了发电机之间相互支援的机动性,但又不必考虑环形制的各种特殊问题,故其本质上还是馈线制的配电方式。

这个线路在设备配电方面也是有其特色的。由图4-6可见,全舰用电负载分为以下四种类型。

第一类:由任何一台主配电板、应急配电板和事故紧急配电板供电给舰船最重要的负载。例如通信设备、火炮水雷配电板、舵机配电板、应急照明等。因为供电路数多,故不是靠手动转换选择由哪一台主配电板供电,而靠自动转换选择由主配电板还是应急配电板供电,再用手动选择是否用事故应急供电端子供电。

第二类:由主配电板和应急配电板转换供电的应急负载。例如消防海水泵、电子设备配电板、航行识别灯、信号灯、主机的重要辅机等。这些设备在正常状态下,由某台主配电板供电,而在应急情况下,则自动转换由应急配电板供电。当主电网失电时,应急发电机通常能自行启动投入,故这类负荷可以保证很短的停电间隔。

第三类:由两台主配电板交替供电的重要负载。这类负载基本上和第一、二类负载性质相同,只是重要性稍低或容量比较大,以致应急发电机不能满足其供电要求的负载。

第四类:直接由主配电板单独供电的负载,主要是由主配电板供电比较方便的一般负载。

日本舰船设计主张多路供电,原则上采用自动转换方式,只有在以下两种情况下采用手动转换方式。

(1) 允许短时停电的两路供电负载,且在舰船处于封舱状态下,可以接近和操作转换开关的场合,如一些通风机等。

(2) 为了保证某些状态的优先地位,避免引起不必要的混乱,而采用手操转换如上述第一、二类中,第三或第四类中重要供电的设备,但也应保证舰船处于封舱状态下可以接近和操作这些开关。

这个线路的优点是在主配电板和应急配电板之间连有跨接线,提高了供电可靠性。电网中最重要的设备和应急设备的供电可靠性实质上是依赖应急发电机组来保证的。一般应急机组的容量不大,这种保证也就受到限制。此外,大量负载集中在主配电板也会使整个电网的线路复杂化,引起主干电缆数量增多,这对于舰船的总体布置和电网的抗损能力都是很不利的。因此,这样的线路配置通常只能用于护卫舰之类较小的舰艇上。

2. 英国某驱逐舰的典型配电系统

如图 4－7 所示,这是欧洲国家舰船电网的一种典型配电方式。这种方式的第一个特点是采用两个对等的电站,可以互为备用。两个电站各设两台发电机,它们的主配电板用双重电缆连接起来,形成电源环形供电方式。可以看出,这种供电方式有较高的可靠性和生命力。每个电站的主配电板上都设有发电机之间的隔离开关,必要时所有发电机组均可以单独工作,实行分区供电,形成更多的独立供电源,具有很高的灵活性。因此,英国人认为这是驱逐舰电站的一种典型方案。

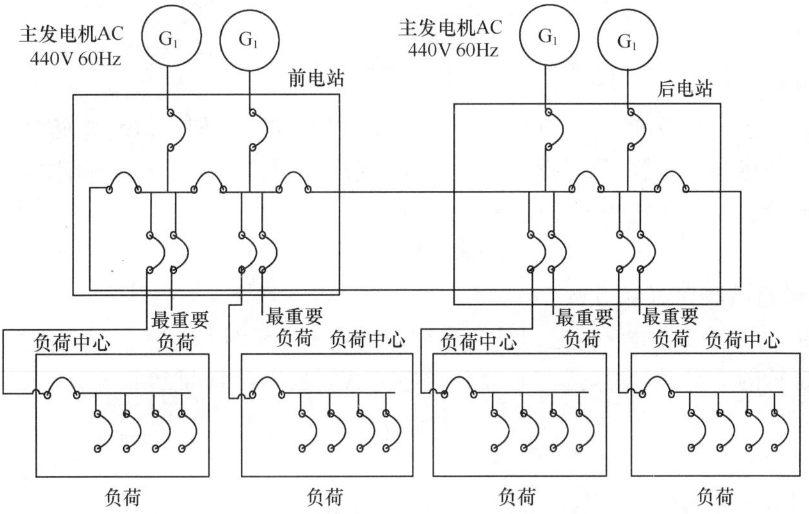

图 4－7　英国某驱逐舰的典型配电系统

这种配电系统的第二个特点是采用"配电中心"(区域配电板)的供电方式。这在欧美一些舰船电网中也是常见的。除了少数最重要的负载外,全舰大部分设备都由"配电中心"供电,减少了各种设备故障时对主配电板的干扰,从而保证了主配电板工作的可靠性和供电品质。对于重要设备,可以由不同船舷侧的"配电中心"双重供电。

第三个特点是两个电站可以实行并联运行,以便最大程度地保持供电的不间断性。这就对发电机组及其控制电器提出了较高的要求,必须设置电力系统的控制中心,实行全舰性的供电监视和控制。

3. 美国舰船典型电力系统

如图 4－8 所示,美国舰船电力系统的特点是经常采用单台发电机组作为一个独立单元,表明对于自己发电机组的可靠性具有较强的信心。该电力系统选用了两台应急发电机组,它们的运行也是完全独立的,4 个主配电板两两相连,同时通过它们与应急配电板的跨接线形成两个闭合的供电环。这样就大大地提高了系统供电的可靠性。舰上的重要

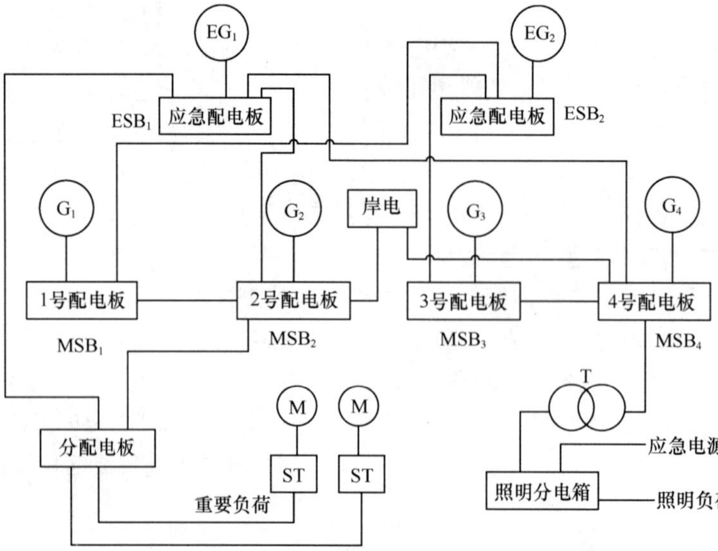

图4-8 美国舰船典型电力系统

负荷保证是由主配电板和应急配电板两路供电,在失电时,它们可以自动转换,按照美国舰船设计的观点,两路供电已经能够满足重要设备的供电要求,因为各种配电板之间还有其他固定连接线。有些设备如照明等,在主配电板失电时,还可以自动转换到其他备用电源上去。

4. 美国核潜艇交流电力系统

如图4-9所示,核潜艇的电力系统采用了交流发电机组与另一种储电能源经电能变换后联合运行的方案,经常采用并联储备供电方式。艇上反应堆等重要负荷是兼由交流

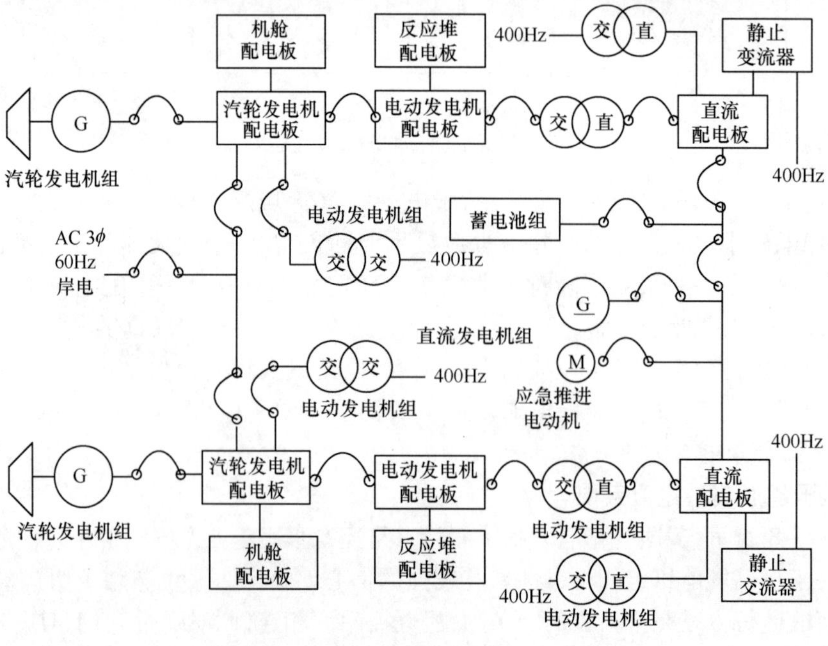

图4-9 美国核潜艇交流电力系统

发电机组和直流－交流发电机组来供电的。交流机组的能源来自蓄电池组。因为蓄电池组失电的可能性很小，而且当潜艇处于水下状态时仍可以供给电能，因而大大提高了供电的可靠性和生命力。此外，为了保证400Hz用电设备的供电，系统通过三种方式产生400Hz交流电：①从交流电网通过交交流变流机产生；②从直流电网通过直交流变流机产生；③从直流电网通过静止逆变器产生。这样可以满足不同精度要求设备的供电，同时又可增强变流设备本身的可靠性。

5. 美国航空母舰电力系统

如图4－10所示，这个电力系统采用网形的供电方式，它是多电站系统中应用环形供电发展起来的。由图4－10可见，系统形成了多个闭环，这种网络的形状犹如车轮，美国人称为辐形电网，它的供电生命力较高，在电站数量较多的场合下，采用这种供电方式可避免多个电站之间错综复杂的母线跨接线。但是这种形式要求多电站并联运行，并联运行的发电机台数较多时，电网的短路电流很大，由于自动开关断流容量有限，故必须采取限流保护措施。

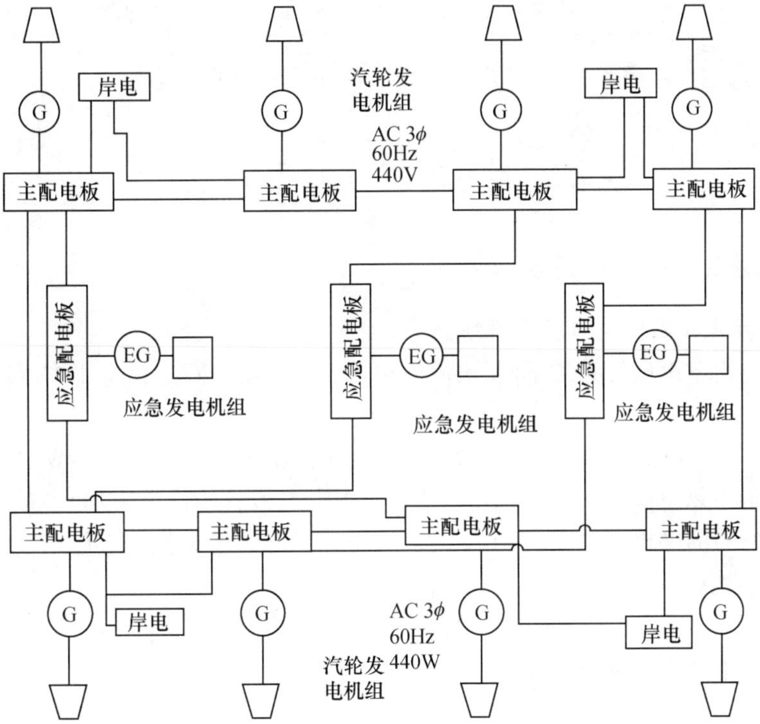

图4－10　美国航空母舰电力系统

6. 法国戴高乐号核动力航空母舰电力系统

如图4－11所示，法国戴高乐号核动力航空母舰的电力系统设计也有其特色。这艘航空母舰设置有两个主电站，每个电站包含两台汽轮发电机组，完全对称地布置在两舷；两个应急电站，每个应急电站包含三台柴油发电机组；此外还设置了两个安全电站，每个安全电站包含两台燃气轮机发电机。反应堆等重要负荷分两舷由三种类型电站交叉供电，最多的设备可以得到五路供电，保证最重要的设备有较高的供电可靠性。

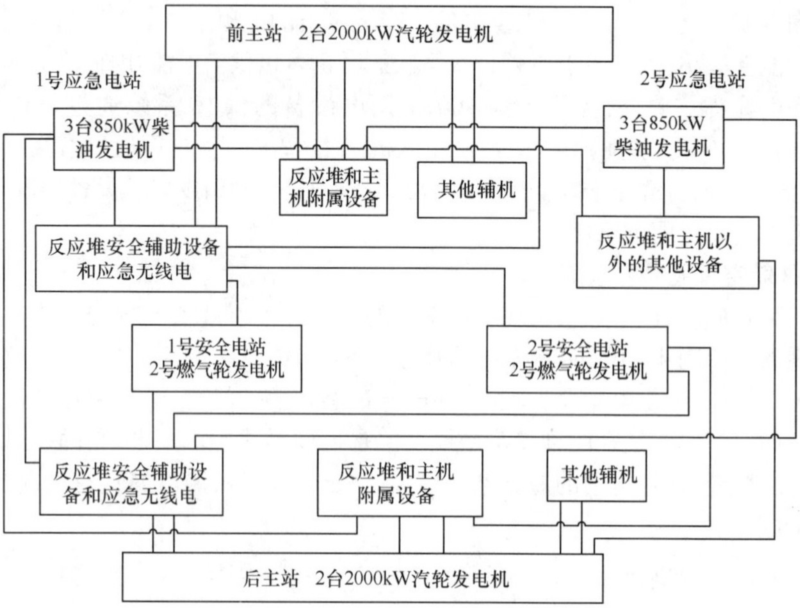

图4-11 法国戴高乐号核动力航空母舰电力系统

4.3 舰船电网分类及其选择

4.3.1 舰船供电网络的分类

1. 根据用电设备使用电压等级划分

根据用电设备电压等级的不同,供电网络可以分为动力网络、照明网络和低压网络。

1) 动力网络

380V 网络,供电给电动机和600kW 以上的电热装置及功率大于1kW 的照明灯。动力网络用电量占总负荷的70% 左右,它可以由主配电板直接供电,也允许把安装在附近的各种相同性质的辅机合并成组,由主配电板单独馈电的分配电板供电。

2) 照明网络

220V 网络,通常连接到主配电板汇流排上的变压器副边,供电给各照明分配电箱,再由各照明分配电箱供电给照明灯具。机舱中的照明须交叉分布,并至少含有两个独立供电线路,以保证一条线路有故障时仍可以保持50% 的照明。室外照明线路应能在驾驶室集中控制其开断。

3) 低压网络

50V 以下的网络,供电给使用电压为50V 以下的用电设备。一般由直流24V 蓄电池电源,供给公共场所的应急照明、主机操作台、主配电板前后、锅炉仪表、应急出入口、艇甲板等处的最低照明;供电给设备控制系统的用电;以及供给无线电、通信导航设备的应急用电。

2. 根据电源装置的不同划分

根据电源装置的不同,供电网络可以分为主电网、应急电网、临时应急电网、弱电电网和事故电网。

1) 主电网

由主发电机通过主配电板供电的网络。用电设备可直接由主配电板供电,或由主配电板供电至分配电箱再供电。主电网必须对下列动力、照明及通信导航等设备直接供电。

(1) 舵机必须有两路独立馈电线供电(如左右舷敷设),若舰船设有应急发电机时,其中一路可以由应急配电板供电。

(2) 锚机、起锚绞盘机。

(3) 消防泵的电源和线路布置应保证任何一舱失火时,至少有一台发电机可以使用。

(4) 总用泵、多级泵。

(5) 为推进装置服务的电动辅机的分配电箱。

(6) 油船货油泵、起货机。

(7) 冷藏船的冷藏电动机。

(8) 主照明变压器。

(9) 航行信号灯控制箱、探照灯、舱室照明分配电箱。

(10) 驾驶室集中控制板。驾驶室内电气设备,如助航设备分配电箱、航行信号灯控制箱、工作灯和探照灯、室外照明分配电箱等集中设置在驾驶室集中控制板内时,若采用集中供电,应由主配电板设两路单独馈电线对其供电。当设有应急电源时,其中一路可由主配电板经由应急配电板供电。每路馈电线的电流定额均应满足驾驶室控制板内电气设备满负载时的用电,并应保证其中一路馈电线故障时,另一路能通过自动或手动转换使驾驶室控制板得到供电。

2) 应急电网

由应急发电机或应急蓄电池供电的电网。在主电网失电的情况下,应急电网应能向舰船最重要设备和具有要害功能的设备及一些重要的必不可少的控制设备自动供电。应急电网应该保持相对的独立性,在安装和布线上都应尽量与主电网分开,而且有较高的安全可靠性要求;但在特殊情况下,允许适当降低应急电网的运行指标。

我国舰船规范规定,航行于海上的客船,应急电网必须保证在主电网失效时,向应急动力负载和应急照明负载及无线电通信、导航等应急负载连续供电36h(货船18h)。航行于内河的客船,应急电网必须保证在主电网失效时,向应急动力负载和应急照明负载及无线电通信、导航等应急负载连续供电1h。

在正常工作情况下,应急电网可通过联络开关由主配电板供电。当主电网失电时能自动接通应急电源,供电给特别重要的辅机(如舵机、消防泵等)、应急照明、各种信号灯以及通信助航设备。应急电网必须供电给下列负载。

(1) 应急动力负载。包括:①操舵装置的动力及控制设备;②通信导航设备、应急照明负载等的变流机组;③主机电遥控装置及电传令钟;④电动消防泵(设有应急发电机组时)。

当以应急发电机组作为应急电源时,在主电源失效状态下,对电动或电动液压操舵装置的两套互为备用的动力设备和控制装置,应由应急配电板至少设一路单独供电线对其供电。供电线的电流定额应能满足操舵装置同时工作的要求。

(2) 应急照明负载。包括:①主机操纵台的上方、主配电板及应急配电板的前后方;

②舵机舱、机舱集中控制处所及机舱集中监视处所;③广播室、无线电室、海图室及驾驶室、灭火控制室;④机炉舱及其出入口处、应急逃生出口处、通道、扶梯口、救生艇停放处;⑤公共场所以及超过16人的客舱。

除驾驶室外,在应急照明线路上不应设置开关。

(3) 各种信号灯及通信助航设备。包括:①信号灯、磁罗经;②机械传令钟;③灭火剂释放预告信号装置;④紧急集合报警装置、火警系统。

3) 临时应急电网

由临时应急蓄电池供电的电网。临时应急电网应能在主电网失效时自动供电。在以应急发电机作为应急电源而又无自动启动装置的舰船,必须安装临时应急电网,蓄电池的容量应能满足连续供电30min。临时应急电网应对下列设备供电。

(1) 临时应急照明,扩音机。

(2) 失火报警和探火系统。

(3) 机电设备故障检测报警系统。

(4) 船内通信系统。

(5) 操舵控制系统。

(6) 信号灯。

4) 弱电电网

弱电电网包括助航、通信、无线电设备中各种不同电压、不同电流、不同频率的电网。也就是向船上无线电收发报机、各种助航设备(如雷达、测向仪、定位仪、测深仪等)、船内通信设备(如电话、广播等)以及信号报警系统供电的网络。这类用电设备的特点是耗电量不大,但使用电源与主电源不尽相同,对供电电源的电压、频率、稳压稳频的性能有特殊要求。因此,船上往往需要配置专门的变流机组或变频器向全船弱电设备供电。

5) 事故电网

对于护卫舰以上的军用舰船还应该配置事故电网,这是一种用一些固定敷设的干线以及可以移动的电缆段和快速接头联合组成,可以在紧急状态下临时拉敷的辅助性电网。事故电网自身通常不包括电源,平时它和主电网是分开的,只有在事故状态下,才能通过专用的开关和插头,插接至某些特殊部位,组成新的紧急电源电路,使一些重要设备得到供电。

为了保证事故电网实施临时供电,要在发电机部位设置事故电网的电源接头,还要在许多重要用电设备部位设置事故电网的供电接头。事故电网是全船电网的后备手段,它兼顾应急和故障状态的特殊需要,故其供电范围将大于应急电网。通常装有事故供电接头的设备和部位有以下几处。

(1) 消防设备的配电板。

(2) 照明系统的变压器。

(3) 内部通信设备的配电板。

(4) 电子设备的配电板。

(5) 舰船最重要机械和武器装置。

(6) 通用区域配电板(其所处的地位及负载有特殊意义的)。

由于在事故情况下,舰船水密隔舱的密封门必须关闭,因此在这种状态下就需要依赖固定敷设的电缆段来保证水密舱之间的电气连接。而临时拉敷的可移动电缆段则主要在水密舱或甲板上做短距离的电力传输。

4.3.2　电力负荷的分级

电源的波动会给负载设备带来影响,而设备的运行反过来会对电源产生影响,这是显而易见的。因此电网设计不仅要注意电源的配备,而且还要注意负载的合理安排。系统设计不可能以保证全船所有设备的不间断供电作为目标(事实上这是难以办到的),而只能以保证与舰船运行有关的重要设备的供电作为主要的目标。这就是舰船电力系统设计必须区别对待各种用电设备这条重要原则的依据。电网设计首先对全船电力负荷进行分析并加以适当的分级是这一条原则的具体实施。

划分负荷等级仅仅是一种区别对待的办法,而不是提高各种电力负荷供电可靠性的途径。所以,应该适当控制一级负荷所占全船负荷的比例,否则分级就失去意义了。一般情况下,一级负荷不应超过30%,三级负荷也居少数,大部分负荷应属于二级负荷。在电力系统设计中,应该采取各种有效措施来提高全船电力负荷供电的可靠性和生命力,而二级负荷应该列为重点,它是改进电力网供电性能的主要对象。它们的供电可靠性能否得到保证是电力网设计成功与否的一个极重要的标志。

不同类型或不同使命的舰船电网,电力负荷的分级也是不同的,不能强求一律。对民用船舶而言,所谓一级负荷,与其应急负荷没有本质上的区别。钢船建造规范已有了较明确的规定,可遵照执行。

舰船的特殊设备,其供电不间断性或供电指标具有完全不同于一般负荷的要求时,也可不列入以上按重要性划分的三级负荷范围之内,电网设计时应另做特殊的处理。

依据以上所述的指导思想,根据我国舰船设计的实践,电力负荷按其对舰船运行的影响(重要性)可划分为以下三个等级。

1. 一级负荷

一级负荷直接关系到舰船生命安全,属于极重要的用电设备。即设备供电不能中断且供电品质不能受到其他电路直接干扰,否则可能影响或威胁舰船安全的负荷。它包括以下几种类型。

(1) 影响舰船航行操纵的负荷,如操舵装置及其辅助设备。

(2) 关系人员安全的通风装置、舰船动力装置冷启动和机械保护所必需的设备。

(3) 属于舰船最后防卫手段的负荷,如快速防空武备、电子干扰设备。

(4) 应急照明和航行信号识别灯、应急通信设备。

(5) 应急发电机原动机的辅助保障设备等。

2. 二级负荷

二级负荷关系到舰船的使命任务,属于重要的用电设备。它们的供电中断或受其他电路干扰,将影响舰船使命任务的完成。其包括以下几项。

(1) 动力辅助设备。

(2) 舰船重要的管路系统。

(3) 观察、通信、导航电子设备。

(4) 医疗设备。

(5) 消磁设备。

(6) 工作舱室的通风和空调设备。

(7) 重要武器及其控制系统。

对于装有导弹武器、飞机和负有特殊使命的舰船,还包括:中频电网的变流设备;飞机维护辅助设备、飞机着陆保障设备;航空系统电子设备;作战数据系统;综合情报系统;导弹及其控制系统,导弹系统电力变换设备;弹药舱空调及通风设备;其他为完成舰船使命而配备的特殊装置。

3. 三级负荷

三级负荷指工作时间较短、对供电指标要求不高的一般设备负荷。例如电池充电设备、生活空调设备、锚机系缆设备、金加工设备等。

不同级别的设备对舰船的运行有不同的作用和影响,网络供电处理也应有所不同。通常,一级和二级设备应该保证由两个独立电源的双舷供电;三级设备则可以仅由一个电源单路供电。如果舰船设置应急发电机和应急电网,则应首先保证一级设备的供电;应急发电机容量有富裕时,再依次向二级设备供电。电网分级时应保证一级设备连接在更靠近电源的位置上。

4.3.3 分配电箱设置原则

为了减少主配电板上的开关设备和节省主馈电缆,同时为了对用电设备能进行分区控制,除了必须由主配电板直接供电的用电设备及大容量设备外,其余大量用电设备均通过分配电箱进行供电。分配电箱的设置原则如下。

(1) 为方便控制管理,可将船上同一系统或同时投入工作的多个用电设备设置一个分配电箱。例如,同为主机燃油系统的燃油输送泵、驳运泵、油水分离机等可由一个分配电箱供电。类似的还有滑油系统、冷却系统、锅炉设备、空调系统、起货设备、防摇装置、航行灯及助航设备等。

(2) 安装位置相近的各个用电设备往往可单独设置一个分配电箱,尤其对于远离主配电板的非重要用电设备常按此原则考虑。例如:照明系统常常按甲板来分别设置照明分配电箱。但在走道、机舱、炉舱、舵机舱以及客船上公共场所与超过16人的客舱等处照明,应至少有两个独立分路供电。当其中一路不能供电时,另一路仍可保持上述场所必要的照明。机炉舱内各路灯点应交叉设置。

(3) 每一分配电箱的供电点数不宜过多,以防止因该线路故障导致很多设备停电。例如规定220V的照明分配电箱每一分路的灯点数(包括风扇、电钻及容量不大于100W的小型日用电器、插座等)应不超过24点,110V应不超过14点,低于24V应不超过10点。

4.3.4 提高供电网络的可靠性和生命力

舰船电网的供电网络应具有高度的可靠性和生命力。这里所说的供电可靠性和生命力系指电网以下几方面的能力:发电机组和线路局部损坏时,电网继续在最大范围内维持供电的能力;在电网严重破坏时,继续保持最重要设备不间断供电的能力;将电力系统设备故障的影响面缩小和限制在最小范围的能力等。为了提高电网的可靠性和生命力,电网设计往往在供电方面采取以下措施。

(1) 选择可靠性较高的电网类型。电网各种类型的性能分析比较已在前面讨论过。

(2) 重要负载由主配电板直接供电而不经分配电箱供电。例如:舵机、锚机、消防泵、消防自动喷水系统、航行灯控制箱、电罗经、探照灯、无线电台及助航仪电源等均须由主配电板直接供电,以保证对舰船航行最重要设备的供电。

(3) 对于某些特别重要负载多路供电。这是一种多重供电措施,它保证重要设备能够从两个或两个以上完全独立的电源得到供电,从而提高了供电可靠性。通常,舰船的电缆是分两舷敷设的,只有沿两舷的电源线才不易同时被摧毁。例如,舵机电动机和航行灯控制箱等应由两路供电,并尽量远离。通常可分别由主配电板在左、右舷馈线供电或由主配电板及应急配电板分别供电,这样在有一条馈线发生故障的情况下,仍能保证负载的供电。同时,舰船各种配电板相互又是有联系的,通过这些联系,两路供电就能形成许多从电源到用电设备的供电通路来保证供电可靠性。因此,两舷制的双重供电被认为是舰船最常用、最基本的供电方式。重要设备由来自不同电站的两舷供电,当正常供电电源中断时,可立即转换到另一舷"交替"供电的电源上去。图 4-12 所示为应急供电转换示意图。正常情况下自动转换开关(ATS)置于主母线侧,应急母线由主发电机侧供电。当主母线失电时,应急发电机自行启动投入运行,应急母线转由应急发电机供电。

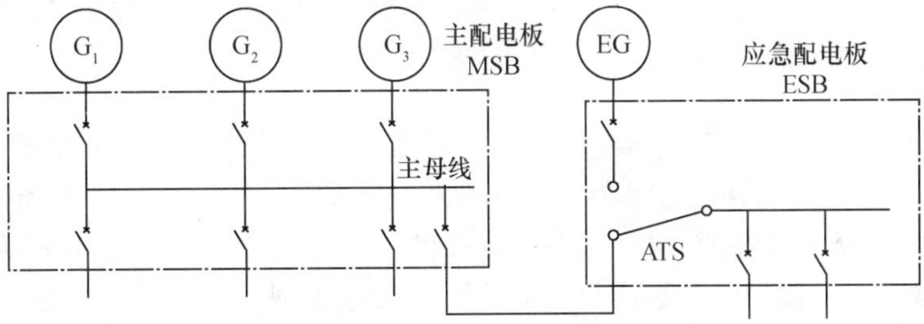

图 4-12　应急供电转换示意图

(4) 按用电设备的重要性实行分级供电。这是区别对待的供电措施,其目的在于优先保证重要设备供电可靠性。当高峰负荷引起发电机过载时,将次要用电设备从电网上自动切除,即自动卸载,以使发电机恢复到正常运行。图 4-13 所示为电网分级供电。通常选择靠相应发电源最近的配电板(如主配电板)作为一级配电板,向最重要的负荷供电,其余依次编级号。

分级供电时,由于开关的保护作用,低级配电的负荷发生故障时,一般不会影响它上一级的供电。

(5) 采用分段母线方式供电。国际海上人命安全公约规定,超过 3000kW 的主配电板应采取分段母线的结构。这种配电板可以实行控制隔离的供电措施,即在特殊情况下,舰船操作人员可以根据需要将电网分割成几个独立供电区,从而把故障限制在一个小范围内,使其他区域的负载供电不受影响。图 4-14 所示为两台发电机组采用的分段母线方式。

分区供电后,每台发电机组都形成一个独立电源。设计处理得当,可以提高电力系统的生命力,所以海军舰船常要求电力系统实行分区供电。

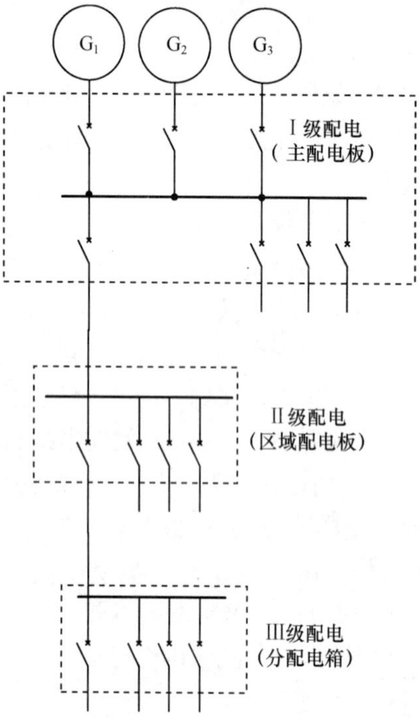

图4-13　电网分级供电

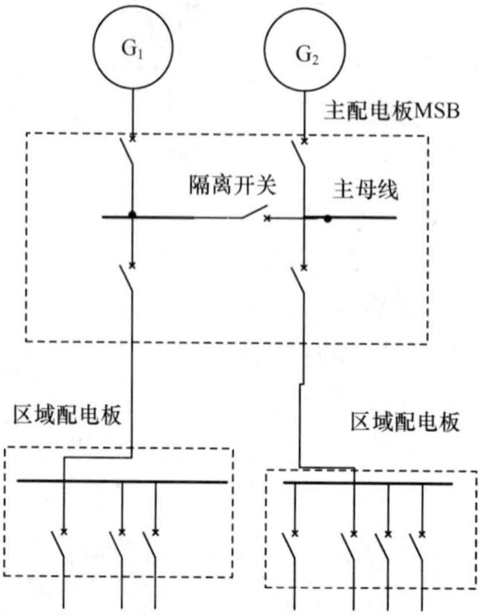

图4-14　两台发电机组采用的分段母线方式

(6) 电网安装和主干电缆布置上的保证措施。舰船电网包含着大量的电线和电缆,这是电网的一个薄弱环节。电线和电缆受到意外机械损伤(包括战斗破损)会发生断裂或绝缘破坏,它们的电气绝缘降低又会引起线间或线地短路。这些都可能对电网造成严重后果。因此,电网设计除了选用符合舰船要求的电线、电缆外,还应从电网的安装布置上采取相应措施。也即保证供电条件下,尽可能减少隔舱供电线(主干电缆)的根数和长度,同时将主干电缆安装敷设在不易受到损害、安全可靠的位置上。必要时,还应在电缆外部配备适当保护。凡由不同电源引出的供电电源线都应该分开,并尽可能远离敷设,以免意外情况下同时受到损伤,以保持电源的独立性。减小电缆根数和长度可采用区域配电板的办法,即在舰船上划分若干个供电区,找出每个区内用电负荷的中心位置,然后在这个位置上设立区域配电板,向该区域的用电设备供电。欧美一些军用舰船上广泛采用的电能分配中心就是这样的一种配电方式。除了极端重要的设备由配电板直接供电外,全舰所有设备都由分布在各个区域的配电中心供电。当然,配电中心自身和通向它的电缆也有生命力的问题,这就要靠合理划分供电区域和配备适当数量的配电中心来解决。

(7) 设置事故供电系统。这是军用舰船为对付网络损坏的紧急情况,用临时拉敷电缆的办法向重要负载供电的极端措施。各国的军舰大多配备这种设备。

4.4　舰船中压电力系统简介

4.4.1　采用中压电力系统的原因

近年来,随着舰船电气化水平的不断提高,船上用电设备日益增多,用电负荷快速上升,特别是随着电力推进系统的逐步发展,使得舰船发电机的功率逐渐增大。对于传统舰船低压电力系统(500V 以下)来说,会出现以下诸多问题。

(1) 随着系统容量的逐渐增大,在发生故障时,系统的短路电流也逐步增加,对传统断路器与保护装置的分断能力的要求越来越高,实现难度也越来越大。

(2) 低压发电机组在设计制造 2.5MW 以上的发电机时,不仅技术上很难实现,而且经济上也不合理。而现代大型舰船的容量很多已超过 10MW,目前国内船用低压发电机的单机容量一般不会超过 1.5MW(特殊舰船除外),在一艘船上安装七八套甚至更多的发电机组显然是不合理的。

(3) 当舰船电力系统容量不断增加时,低压系统的机组数量也会不断增加,网络结构也会日趋复杂。要对大容量、多机组和复杂结构的系统进行有效的保护和控制也比较困难。

(4) 由于船上空间有限,可供设备安装的空间非常狭小。而低压系统由于容量的增大,系统电流也会不断增加,这样,不仅电缆的发热量大,线路损耗严重,而且供电线路需要几根或几十根电缆并联,这对电缆的进出接线提出了很高的要求,不仅占用空间多,而且会给安装及使用维护都带来极大的困难。

因此,提高舰船供电系统的电压等级已成为电站向大容量方向发展所必须考虑的问题。

有关中压电力系统的定义,世界各处以及在不同领域的标准不完全一致。IEEE 标准规定的中压交流电力系统的定义是指额定电压大于 1000V、小于 10000V 的电力系统。而按照 IEC 标准及国际船级社协会(IACS)的定义,船舶中压系统电压范围是 1～15kV。在此之上,还有高压和超高压。其中常用的有 3300V,6600V,11000V/60Hz 或 3000V,6300V,10000V/50Hz 三种额定电压。从电缆的可选性以及设备供应商的成熟程度等方面考虑,现代船舶通常选择三相 6.6kV 的中压系统。

4.4.2 中压电力系统的优缺点

1. 中压电力系统的优点

中压电力系统的优点如下:

(1) 中压系统的开关设备和控制设备维修量较少;

(2) 在舰船整个期望寿命内,中压系统的真空断路器(VCB)不需要周期性的更换,而低压系统中空气断路器(ACB)大约每 10 年就要更换一次;

(3) 安全性能得到了提高。当经受电击危险时,比低压开关设备和控制设备具有更高的防护等级;

(4) 电缆线径相比低压系统有大幅度的缩小,减少了线路的电能损耗,同时也方便了系统的安装。

2. 中压电力系统的缺点

中压电力系统的缺点如下:

(1) 中压开关设备和发电机比较贵;

(2) 至少须有两台降压变压器提供低压电源;

(3)占地面积大。要有专门的空间安放中压配电板、中压馈电板、中压变压器等;

(4)要提供专用的电缆支架和接线端子;

(5)考虑到工作人员的安全,必要时须对中压设备的电磁场进行屏蔽。

4.4.3 中压电力系统的选取

由于大容量的电站,采用中压配电系统较之低压配电系统有着明显的优势。那么,能否通过定量分析来确定何种情况下采用中压系统比较合理呢?实际上,到底采用中压还是低压配电系统,定量分析是较难的,要综合多种因素(如电站容量、建造成本、维护人员的技术水平等)加以考虑。目前,一种普遍的方法是根据舰船电站的总装机容量来决定。有一个比较公认的基于电站总装机容量决定低中压供电系统的临界值,如图4-15所示。

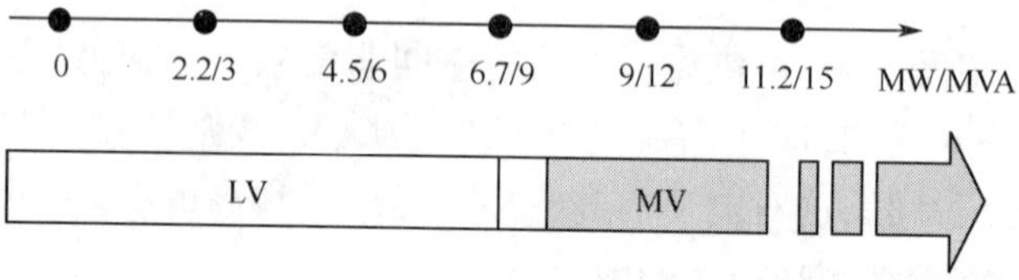

图4-15 基于电站总装机容量决定低中压供电系统的临界值

从图4-15可知,按电站总容量考虑,一般地说,对于小于10MV·A的舰船,大多采用低压系统;10~11MV·A的舰船,处于两可的状态;超过11MV·A的舰船,一般认为以采用中压系统为宜。

4.4.4 电力推进舰船中压系统的结构

某半潜式船舶电力推进船中压电力系统由三层次组成:一是6.6kV的中压主系统,二是450V的应急系统。其电力系统的单线原理图如图4-16所示。

1. 6.6kV中压主电力系统的组成

中压主电力系统由3台5200kV·A,720r/min,60Hz的主发电机组组成,可以单独或者并联向中压电网供电。其中No.1主发电机在装载需要50Hz中压电源供应的货物时,可以切换为2030kV·A,600r/min,50Hz的模式运转,来单独为50Hz的货物负载电源供电,此时,图中用于中压汇流连接的断路器KS_1应处于分闸状态。

2. 450V/60Hz低压辅助电力系统

低压辅助电力系统的电源有三个途径提供:航行时,电源是来自中压系统的旋转变流器(机组),此时图4-16中旋转变流机组两端的断路器KS_3~KS_6都处于合闸位置;当旋转变流机组发生故障或检修时,以及在码头没有载货物时,电源是来自1台1125kV·A,900r/min,60Hz的辅助发电机组,此时图4-16中旋转变流机组两端的断路器KS_3~KS_6都处于分闸位置;另外,在港内还可以连接岸电。

3. 450V/60Hz应急电力系统

应急电力系统的电源有两个途径提供:通常,电源是来自450V的辅助供配电系统,此时,图4-16中连接辅助电力系统和应急电力系统的断路器KS_7和KS_8都处于合闸位置;应急时,电源是来自1台250kVA,900r/min,60Hz应急发电机组。

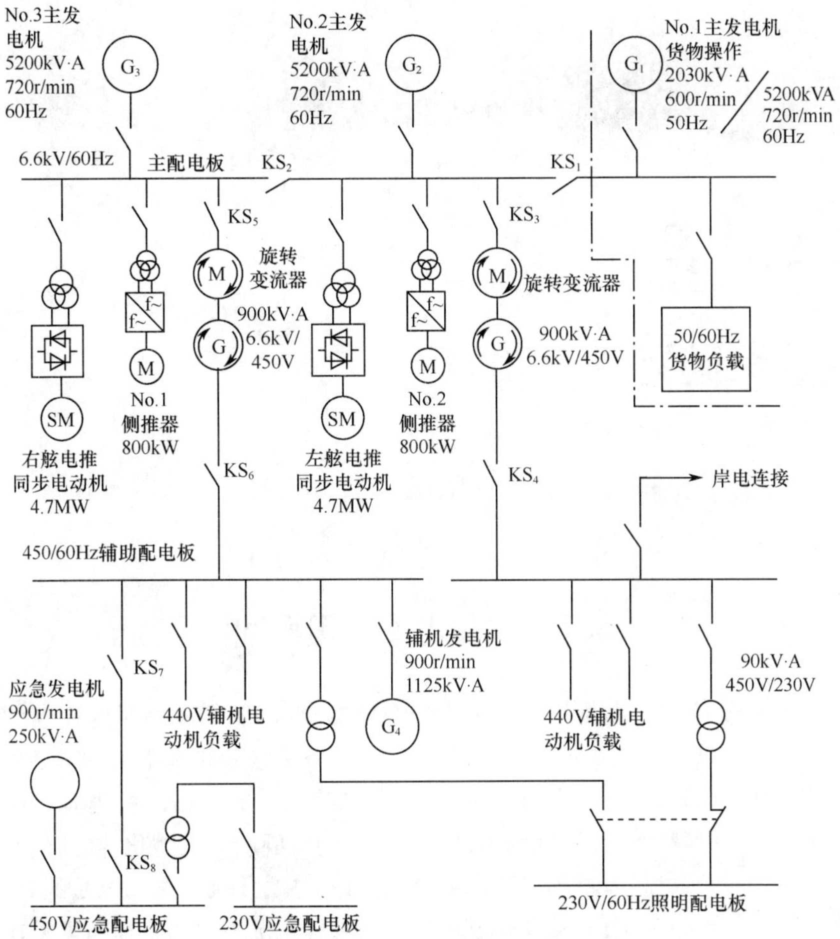

图4-16 半潜式船舶电力推进船中压系统的单线原理图

4.4.5 中压电力系统的隔离开关和接地开关

中压电器设备,如变压器、电流互感器、电压互感器、断路器都安装在完全封闭的开关柜中。输电电缆采用的是绝缘性能极高的材料制成的。

中压电力系统为了保证在维修时操作人员的人身安全,系统在中压主发电机断路器与中压汇流排连接点之间、在中压汇流排连接断路器的两端以及在旋转变流机组的断路器与中压汇流排连接点之间,都串联了隔离开关。隔离开关是具有可见断开点的开关,但是没有灭弧装置,因此不能带负荷分合闸。在使用时,和断路器的分合闸操作顺序有先后规定,有时也与断路器有机械或者电气的联锁。

为了确保维修人员正在接触的线路无电,中压供配电线路上还安装了多处接地开关。接地开关(三相)的一端与母线相连,另一端与接地点可靠相连,与隔离开关相同,接地开关也没有灭弧装置,不可以带负载分合闸。在停电装修某一段线路或设备时,合上相应的接地开关,能保证被维修线路和设备可靠接地,防止线路上电荷积累,或者在断路器意外合闸时,由于线路三相接地,短路电流会使断路器立即跳闸。

第5章 舰船电站容量的确定

5.1 舰船电站容量概述

电站是舰船的重要组成部分，是舰船电力系统的核心，舰船电站对保证舰船安全、经济航行具有重要意义。根据舰船负荷的供电需求来确定舰船电站容量和电站的组成方案，并进行电源设备的选型和布置，这是舰船电力系统设计的一项重要内容，也是满足舰船用电的需求和保证舰船安全性和经济性的基础。随着舰船向大型化、高速化、自动化方向发展，舰船电站的容量显著增加。在舰船电站的设计中，要确定舰船电站的总容量和发电机组的数量与单机功率，首先就要计算出舰船在各种工况下电力负荷所需总功率，其中最大工况下所需总功率常用来作为选择主发电机组的依据；而最小工况下所需总功率值，则用以确定主发电机组在低负荷条件下的最少台数；以应急工况下的所需总功率值，作为选择应急发电机组的依据；以停泊工况下所需总功率值作为选择停泊发电机组的依据。由此确定的发电机容量，既能满足各种工况的供电要求，又能获得最经济和高效率的运行效果。

为了确定舰船电站的总功率和发电机组的台数，就要知道全船电力负载所需的总功率。这个总功率中不是简单地将备用电设备的额定功率相加，而是要通过负荷计算才能得到，当然舰船在不同工况下，其计算负荷也不会相等。根据各工况下计算所得的总功率，还需考虑诸如电网损耗、同时系数等因素的影响，最后才能确定发电机组的功率和数量。

电力负荷计算在舰船电气中是一项重要的工作，如果计算不准确，选择发电机组不恰当，将直接影响全船用电设备的正常运行和电站运行的经济性、可靠性。由于电站负荷取决于用电设备的实际负荷和具体使用状况，以及全船用电设备同时使用的多少，而这些因素的影响随机性大、动态多变、因素较多，难以精确地确定，所以电力负荷的计算又是一件比较困难的工作。因此，负荷计算时应该全盘考虑，与轮机、顺装等专业密切配合，对各个用电设备的实际负荷及具体使用情况，做周密细致的调查研究，科学地分析和合理地预测，才能得到比较准确的计算结果。

电站容量的负荷计算方法有许多种,一般常用的是概率法,昼夜航行图表法和负荷系数法。概率法对于同类型舰船适用,其是根据统计规律得出的。通过找出发电机功率与舰船吨位和主机功率之间的关系,利用回归分析法,推导公式,这样可以在用电设备还未确定时,预先确定发电机的容量。昼夜航行图表法适用于小船或电动辅机不多的舰船。目前用得较多的仍然是负荷系数法。负荷系数法又分为两种,即需要系数法和三类负荷法。

5.2 舰船电站容量的计算

电站容量以实际用电量最大的运行工况为基础来确定,应从以下两方面来考虑。

(1) 电站容量应能满足舰船在各种运行工况下的用电量并留有一定的裕量,以保证连续可靠地供电。

(2) 为了保证其经济性,裕量功率也不能太大。

舰船电站容量的确定,必须经过舰船电力负荷计算,以其结果作为选择发电机容量的依据,计算结果直接影响发电机的选择。发电机容量选择不合适,势必直接影响全船的运行,导致舰船航行不安全,也有可能由于舰船电站容量过大,造成电站低负荷,运行效率较低,柴油发电机组功率得不到充分的利用,导致配套电气设备主开关、仪表、电缆等容量增大,降低了舰船运行的经济性。

一般来说,舰船电力系统有以下几个特点。

(1) 舰船电站与陆地电站相比较,具有容量小的特点。

(2) 由于舰船电站只供给一艘船上的负载需求,所以它的单机容量要比陆地上的小得多。

(3) 某些大负载电动机容量与电站容量几乎可以相比拟。

(4) 负载对电网参数的影响较大,负载工作时相互影响较大(电动机启动电流引起的电网电压降落大,发电机组的转速和频率波动很大)。

(5) 舰船电气设备工作环境比陆地的恶劣,严重时将影响设备工作的可靠性、正确性和使用寿命。

具体地说,舰船电力系统还具有以下几个特点。

(1) 舰船电力系统是一个独立的电力系统,舰船电站一般有 2 ~ 4 台同容量、同型号的发电机组,通常仅有一台或两台发电机向电网供电,因此发电机的转速和电压的变化直接影响电网的频率和电压,特别是突加和突卸负载时会引起电网和频率的较大波动。

(2) 舰船电网的传输线很短,线路阻抗低,各处短路电流所产生的电磁机械应力和热效应会使开关、汇流排等设备遭受损伤和破坏。

(3) 对电气设备而言,舰船是一个工作环境恶劣的场所。因此要求舰船电气设备一定要符合船用条件。

因为能否正确合理地计算舰船电站的容量将直接影响到舰船运行和经济指标,并且影响着舰船的生命力,所以是一项很重要的工作。

5.2.1 舰船电站容量计算遵循原则

对电站容量和数量的确定,通过对舰船各种运行工况电力负荷的计算,得到了各工况下全船电力负荷所需总功率,取得了舰船电站应该提供的全船最低限度的电力需要量。这是确定舰船发电能力的基础。电站容量的确定和发电机台数的选择要遵循以下原则:

(1) 电站机组在最长的工况下,航行和停泊无装卸的负载应该不少于电站总容量的70% ~75% ;

(2) 保证停泊装卸作业的发电机功率,储备量最好不要超过10% ;

(3) 不能过多地分散电站功率,虽然分散功率能增加每台机组的利用率和调用方便,但会使整个装置复杂化;

(4) 在选择电站时,应尽量考虑到发电机组与主机的寿命比,避免大的相差;

(5) 尽量选用同容量同型号的机组;

(6) 对备用机组的功率应保证在船上最大发电机故障后,仍能充分满足舰船航行状态用电的需求。

将电站容量计算好后,就可以查对产品目录,根据发电机组标准和配套情况,选用发电机。

5.2.2 舰船用电设备安全准则及分类

1. 舰船用电设备和安全用电的原则

由于船上的特殊环境条件,陆用电气设备不能直接用在船上。为了保证舰船航行的安全,各国船级社对船用电器设备的条件和监督都有明确的规定。本节主要介绍船用电气设备和安全用电的一些原则与条件以及用电设备的分类。

船上电气设备必须符合的船用环境技术条件有以下几点。

1) 振动和冲击条件

由于振动可使电气设备的固定连接部件松脱,造成部件结构损坏或失灵,因此这些部件要有防松脱的措施;对受振动影响较大的设备应有减振或隔振措施,应具有坚固的耐振动和抗冲击的机械结构。

2) 倾斜和摇摆条件

持续的倾斜和摇摆,破坏了正常静止位置时的力的平衡,会对运动部件产生附加力,导致设备故障或损坏。例如,电机转子对轴承产生轴向推力或出现轴锤现象,使轴承受到损害以及使滑动油承的油环不能正常润滑运动,使继电接触器的衔铁部件不能正常动作等。因此,要求船用电气设备在结构上、技术条件上和安装方式上要都能适应这种条件,如表5-1所列。例如,电机轴承游隙要小些,应采用轴向直立安装或沿舰船纵向卧式安装。电磁接触器要有足够的电磁吸引力和弹簧释放力等。

3) 环境温度条件

环境温度对电气设备性能和使用寿命有着十分重要的影响,船用电气设备应能在表5-2所给出的海水温度和标准温度下正常工作。

表5-1 倾斜和摇摆的条件 单位:(°)

设备构成	横倾	横摇	纵倾	纵摇
应急设备、开关设备、电气设备及电子设备	22.5	22.5	10	10
除上述以外的设备	15	22.5	5	7.5

表5-2 环境温度

介质温度	空气温度/℃			海水温度/℃
电气设备安装处所	封闭处所内	高于45℃、低于0℃处所	开敞甲板	热交换器入口
无限航区	0~45	按该处所温度	-25~45	32
除热带海域的有限航区	0~40	按该处所温度	-25~40	25

4）适用潮湿、盐雾、油雾和霉菌的环境条件

(1) 对电气设备最突出、最广泛的影响是绝缘性能下降。

(2) 电气设备若没有船用产品,采用经防湿热、防盐雾、防霉菌处理的陆用产品,须有关船级社认可。

(3) 绝缘材料(电机中最薄弱、决定使用寿命的材料)。

① 电气设备额定值:在规定工作条件下,保证正常运行所容许使用的电压、电流、功率、频率、温升等;最基本的额定值是电压和电流;额定电流决定于绝缘材料最高允许温度,热损坏是超额定电流。

② 绝缘等级(标在电机等铭牌上):依据最高允许温度(非电机外壳温度)分的耐热等级。耐热等级:Y,A,E,B,F,H,C;对应极限温度:90℃,105℃,120℃,130℃,155℃,180℃,>180℃;船用电机大多为E,B,F(120~155℃)。Y级材料:未浸渍的棉纱、丝、纸及其组合物,经高强绝缘漆或环氧树脂处理后绝缘等级可提高。E级材料:高强绝缘漆、环氧树脂、合成有机薄膜、青壳纸等。

各种工作制电机的正确使用:不超过绝缘材料最高允许温度。

5）适用舰船电网电压和频率的变化

一般设备稳态电压变化率为-6% ~ +10%,频率稳态变化率为±5%(50Hz为47.5~52.5Hz)。蓄电池半导体变流器供电稳态电压变化率为±20%。

6）防护要求

标志“IP××”第一位数字×表示防固体侵入等级,第二位数字×表示防水液侵入等级。

安全用电原则有以下几点。

(1) 工作接地:将电力系统的中性点与地连接即工作接地。不载流工作接地电截面为载流电截面的1/2。应将甲板上的斜拉索具、活动吊杆、金属舱口盖和输油管接地来消除静电。

(2) 保护接地:为防止因绝缘损坏而遭受触电的危险,将与电气设备带电部分绝缘的金属外壳或构架同地连接即保护接地。适应于中性点不接地的三相绝缘系统(船上主要采用)。

(3) 保护接零:为防止因绝缘损坏而遭受触电的危险,将与电气设备带电部分绝缘的

金属外壳或构架与零线连接即保护接零。适应于中性点接地的三相四线系统(陆上主要采用)。

(4) 中性点接地的三相三线系统,保护接地就是保护接零,但两种保护方式不同。

(5) 航行灯应保护接地和具有安全防护罩。

只有认真遵守安全用电原则,才能保证舰船安全稳定地运行,保障工作人员的安全。

2. 舰船用电设备的分类

在大型舰船上,其用电设备数以百计或千计,分布在全船的各个部位,按不同用电设备的用途和系统进行分类,一般包括以下几种。

(1) 电力装置用辅机:包括为主机和锅炉服务的辅机,如燃油泵、润滑泵、淡水冷却泵、分油机等;

(2) 甲板机械:包括舵机、锚机、绞盘机、起货机等;

(3) 机舱辅机:包括生活用水泵、消防泵等;

(4) 冷藏通风机械:包括冷藏货舱、伙食冷库、通风机和空调装置等;

(5) 机修机械:包括车床、钻床、电焊机等;

(6) 无线电通信设备:包括观察、通信和导航设备;

(7) 照明及生活设备:包括照明、航行信号灯、强光灯、风扇、电热器、电炉等;

(8) 其他特种船需要的设备和电力推进等。

有上述分类可以得出,舰船电气设备一般可分为各种舰船机械的电力拖动设备、舰船电气照明设备(普通照明灯、大面积投光灯、手提行灯和探照灯)、舰船通信导航设备(前/后桅灯、左/右舷灯、尾灯)、其他设备等。

5.2.3 舰船运行工况

由于船上各用电设备的工作情况与舰船的运行工况有关,不论用什么方法计算,电站容量都是按照舰船不同的工况分别进行的。研究舰船各种典型工况的目的是要找出最大用电量、最小用电量和经常地用电量,从而找出用电规律。

舰船整个运行周期大体可以划分几个典型工况,在每一个工况中负荷的变化相对说来是不大的。以下是具体说明民用船舶和水面舰艇的运行工况。

1. 民用船舶的运行状态分类

(1) 航行状态:满载全速的航行状态。

(2) 进出港状态:港内低速航行状态。

(3) 离靠码头状态:包括起锚到主机启动为止的整个备航阶段。

(4) 停泊状态:停泊码头无客、货状态。

(5) 装卸货状态:货轮的装卸货状态。

(6) 水上作业状态:船在挖泥、拖网或拖缆等状态。

(7) 应急状态:船体发生火灾或船壳穿漏时的状态。

(8) 应急发电机工作状态:在海损情况下,主电站失效,为保证必须的联系、照明等状态。

2. 水面舰艇的运行状态

(1) 战斗状态:保证战斗活动时所有电气设备投入工作。

(2) 起锚防空状态:起锚完毕到主机启动的整个备航阶段,同时可能会使用对空武器。

(3) 巡航状态:以经济航速在海区正常航行。

(4) 备战备航状态:在编队航行中做经济航行而处于备战状态。

(5) 停泊状态:指舰船停泊或靠岸时,但包括停泊日常训练所需用电。

(6) 应急状态:火灾或舰船船体穿漏时的状态。

舰船在航行时的电力负荷一般包括主机辅助设备、导航设备等,这类负荷的大小常和推进主机的功率有关,而且在运行过程中的变化是不大的。舰船在进出、离靠码头、备航时等变工况状态时,各种装置的电力负荷一般都比较大,而且工作还有较强的随机性。

舰船在停泊状态时,各种装置(甲板机械、起货装置和日常生活设备等)除了靠岸或停泊需要开动起货机装卸货物外,这类负荷通常是比较低的。而且靠岸停泊时,应尽可能由岸上电源来提供电力。

舰船在战斗时,通过使用武器和电子设备所需的电力负荷(包括导弹、火炮、鱼雷等)往往会构成舰船最大的电力负荷工况,见表5-3。

表5-3　几种舰船各工况的电力负荷的比较(kW)

工况 舰船类型	战斗	全速航行	巡航	锚泊	停泊
C70 导弹驱逐舰(法国)	1124(冬) 1194(夏)	856(冬) 783(夏)	—	690(冬) 546(夏)	—
D963 导弹驱逐舰(美)	1910	—	1700	—	940
柴油机货轮	—	315	—	—	110.7

综上所述可以得出舰船的负荷与各个工况下的关系:负荷的大小与舰船的工况是密切相关的;舰船各种设备一般是低于或者等于其额定功率下的状态工作;不同工作性质的舰船其电力负荷的性质是不同的。

5.3　负荷的计算

舰船电力负荷的计算有三类负荷法、需要系数法等。这些计算方法的共同特点如下:

(1) 以一定的理论为依据,充分考虑舰船电力系统负荷工作的随机性;

(2) 计算结果是客观的,避免了计算人员的主观因素的影响;

(3) 计算步骤比较简便,符合工程应用的要求,而且便于计算机进行计算处理。

本节仅讨论三类负荷法的使用,下一节重点学习需要系数法的计算过程,这两种方法的基本原理相同,只是前者将负荷分为连续的、短时的或重复短时、偶然短时的使用三类,充分考虑了系统的工作特性。当电气设备有较充分的数据时,大多采用三类负荷法进行全船电力负荷的计算,数据充分时能较准确地求得各用电设备的负荷系数;同时,各用电设备按其使用情况分类,并按类考虑其同时系数可以得到比较精确的计算结果。

目前一般舰船电站负荷计算普遍采用的是三类负荷法,三类负荷法是根据各用电设备按其使用情况分类,确定其负荷类别及负荷系数,最后按分类及负荷系数汇总负荷来确定总的电站容量。三类负荷计算法用来确定大中型舰船电站是较为准确的,其计算结果选择发电机容量也是合适的。在使用三类负荷法进行电站负荷计算时,要注意重视与轮机、舾装等专业的密切配合,仔细地分析各个用电设备的实际负荷及具体使用情况。

5.3.1 负荷分类

计算全船电力负荷时,可将负荷按使用情况分为以下三类。

(1) 第Ⅰ类负荷:连续使用的负荷。舰船在某一运行状态下连续使用的负荷,如航行时的主机冷却水泵等。

(2) 第Ⅱ类负荷:短时或重复短时使用的负荷。在某一运行状态下的使用负荷,如航行状态时的燃油输送泵、滑油输送泵等。

(3) 第Ⅲ类负荷:偶然短时使用的负荷以及按操作规程可以在电站尖峰负荷时间以外使用的负荷,如航行状态下的机修机械等。

三类负荷的分法与舰船的运行工况有关,如在航行中连续使用的负荷属于第Ⅰ类负荷;使用若干小时,停止使用若干小时的负荷算作第Ⅱ类负荷。在靠离码头工况中,虽然起锚机的工作时间较短(例如只有30min左右),但在此工况时,因此也算作第Ⅰ类负荷。

5.3.2 电动机负荷系数的确定

一般舰船的大部分电能被电动辅助机所消耗,因此在计算全船电力负荷时,对电动机负荷应加以特别注意。

1. 电动机利用系数 K_1

对电动机来说,电动机的输出额定功率不一定恰好和机械轴上所需的额定功率相符,为了保证启动力矩和短时发出最大力矩,电动机的额定功率往往选得较大,因此电动机未能充分利用,而它长期需要电网供给的最大功率也小于额定需求功率。在负荷表中用电动机利用系数来表示。电动机利用系数为

$$K_1 = \frac{P_2}{P_1} \tag{5-1}$$

式中:P_2 为机械轴上的额定功率;P_1 为电动机额定功率。

2. 机械负荷系数 K_2

每一台辅机,都有一实际使用功率 P_3,在某一运行状态时,机械并不一定满负荷,可用机械负荷系数 K_2 来反映它的影响。

$$K_2 = \frac{P_3}{P_2} \tag{5-2}$$

式中:P_3 为某一状态下机械轴上实际需要功率;P_2 为机械轴上的额定功率。

3. 电动机负荷系数 K_3

用 K_1 与 K_2 的乘积来反映电动机的负荷系数情况

$$K_3 = K_1 K_2 \tag{5-3}$$

4 同时使用系数 K_0

在某一运行情况下,同类机械不一定都同时使用,因此我们用一组同功率的用电设备的同时使用系数 K_0 来计及它的影响。

$$K_0 = \frac{n}{m} \tag{5-4}$$

式中：n 为该组同时工作的用电设备数目；m 为该组用电设备的总数。

5. 一类、二类负荷同时使用系数的确定

舰船在某运行工况状态下，不可能所有用电设备都一直处于工作状态。例如：润油分离机随着润滑油的脏污程度大概每隔 5h 工作一次，工作时间为 0.5 ~ 2h。某状态总同时使用系数可定义为该类负荷同时使用的总功率与该类负荷总功率之比。之前很多人也将它看为负荷使用时间多少与工作周期之比。

对第Ⅰ类负荷来说，考虑到各辅机和用电设备最大负荷的不同时性，同时系数可选为 0.8 ~ 0.9。

$$K_{0\,\mathrm{I}} = 0.8 \sim 0.9$$

对第Ⅱ类负荷来说，也可按该负荷平均使用时间与工作周期之比来估算，其大概范围为 0.3 ~ 1.0

$$K_{0\,\mathrm{II}} = \frac{\text{用电设备在一个工作周期内的平均工作时间}}{\text{用电设备一个工作周期}}$$

表 5-4 给出了第Ⅱ类负荷的同时系数，见表 5-4。

表 5-4 第Ⅱ类负荷的同时系数

名称	航行	进出港	离靠码头	停泊	海上停泊	应急
轻柴油驳运泵	0.3	0.3	0.2	—	0.2	—
重柴油驳运泵	0.3	0.3	0.2	—	0.2	—
滑油驳运泵	0.2	0.2	0.2	—	0.2	—
滑油离心分离器	0.3	0.3	—	—	0.3	—
燃油离心分离器	0.3	0.3	—	—	0.3	—
主空气压缩机	—	0.4	0.4	—	—	—
辅锅炉给水泵	0.3	0.3	0.3	0.3	0.3	—
蒸发器给水泵	0.3	0.3	—	—	0.3	—
舱底泵	—	—	0.5	—	—	0.3
舱底压缩泵	—	—	0.5	—	—	0.3
污水泵	0.2	—	—	0.2	—	—
卫生水泵	0.5	—	—	0.2	—	—
淡水泵	0.5	—	—	0.5	—	—
热水循环泵	0.5	—	—	0.5	—	—
冷藏机	0.3	0.2	0.2	0.3	0.2	—
空调冷却水泵	0.3	0.2	0.2	0.3	0.2	—
厨房用电	0.4	0.4	0.4	0.4	0.4	0.2
回转起货机	—	—	—	0.5	0.5	—
回转起货机	—	—	—	0.3	0.3	—
回转起货机	—	—	—	0.3	0.3	—
绞车	—	—	—	0.4	0.4	—

一般在大型舰船上负荷数量较多,同时工作的可能性要小些,因此同时工作系数比负荷少的舰船可取小些;对于工作状态在战斗状态或者活动较多的舰船同时工作的可能性大些。

6. 所需有功功率

电动机以额定功率运转时从电网所吸收的功率 P_4,在额定工作状态下,一台电动机需要电网供给的额定功率为

$$P_4 = \frac{P_1}{\eta} \tag{5-5}$$

式中:P_1 为电动机额定功率,在确定电动机需要电网供给的所需有功功率时,需要考虑到电动机的效率 η。

一组同类电动机额定所需总功率为

$$P_5 = m \times P_4 \tag{5-6}$$

式中:m 为同类电动机数目。

对于照明及弱电设备来说,P_5 就是其装置功率。

P_5 计算所得的结果就是运行状态需要发电机供给的总功率,这个总功率是该状态下选择发电机功率和台数的依据。根据最大负荷的总的有功功率,再考虑 10% ~20% 的储备容量,即可确定舰船电站的容量。

由于在某一运行状态时,设备不一定都同时使用,电动机实际消耗的功率为

$$P = m \times K_1 \times K_2 \times K_0 \times P_4 \tag{5-7}$$

7. 无功功率的计算 Q_5

对于交流电动机,计算出 P_5 后还应求出无功功率

$$Q_5 = P_5 \times \tan\varphi \tag{5-8}$$

式中:φ 为用电设备实际功率因数角。

一般舰船在航行状态等主要运行工况,总的功率因数不小于 0.7,因此在电站容量选择时,无功功率影响不大,为简化计算,可不计无功功率。

8. 某运行状态下发电机供给的总功率

在计算完各组用电设备所需的有功功率和无功功率后,便可确定各运行状态下发电机应供给用电设备的总功率。

$$总有功功率 \quad P_\Sigma = (K_{0\text{I}} \times P_\text{I} + K_{0\text{II}} \times P_\text{II}) \times 1.05$$

$$总无功功率 \quad Q_\Sigma = (K_{0\text{I}} \times Q_\text{I} + K_{0\text{II}} \times Q_\text{II}) \times 1.05$$

式中:P_I,P_II 为该状态下第Ⅰ类、第Ⅱ类负荷的总的有功功率;Q_I,Q_II 为该状态下第Ⅰ类、第Ⅱ类负荷的总的无功功率。

5.3.3 三类负荷法的计算步骤

下面具体介绍三类负荷法的计算步骤。

(1) 确定全船机械,照明及生活等设备情况下,查出机械配套电机的额定参数,计算照明等其他用电设备的装置功率,并按设备工作性质进行分类,甲板机械、舵室辅机机械、冷藏通风、弱电设配、照明设配、生活设配、通信导航等。

(2) 对于不同类型用途的舰船划分为几种舰船运行工况,如航行状态、进出港、靠离码头、停泊、装卸货、应急状态等。

(3) 按确定各工况下所需使用的电机电气设备以及它们使用情况进行负荷分类，即第Ⅰ类负荷为连续使用额的负载，第Ⅱ类负荷为短时或重复短时使用的负荷，第Ⅲ类负荷为偶然短时使用的负荷以及按操作规程规定可以在电站尖峰负荷时间外使用的负荷。

(4) 计算各用电设备实际消耗的功率。在计算电动辅机电机所消耗的功率时，首先确定各种系数，如机械负荷系数、电动机负荷系数等，最后确定电动机以额定功率运转时从电网所吸收的功率。按以上公式计算各电动机实际所消耗功率。若有两台及两台以上同类型机械设配额定电机，还需根据实际使用台数进行计算。

(5) 计算每一台工况下各类负荷的总功率，必须按其同时系数计算总负荷。对于第Ⅰ类负荷，因考虑到全船用电量设备最大负荷的不同实性，同时系数可取 0.8 ~ 0.9，对于第Ⅱ类负荷，同时系数指该负荷平均使用时间与工作周期之比来估算，但在计算时常不考虑每台辅机的同时系数，而将第Ⅱ类负荷总加起来后再乘以同时系数，一般可在 0.3 ~ 0.5 的范围中选择。对于第Ⅲ类计算时通常可不计。

5.3.4　负荷表的编制

负荷表的编制可按以下步骤进行。

(1) 收集全船用电设备的原始数据，包括各项负荷的名称、用途、同类负荷的数量；负荷的额定数据，即机械轴上的额定功率；机械轴上所配电动机的额定数据，包括电动机的额定功率、额定转速、额定效率、额定功率因素等。

(2) 根据舰船类型选择所需计算工况，确定各工况下所需使用的电动机、电气设备和使用情况，并进行分类。

(3) 根据舰船类型及用途选定计算，并计算各用电设备的实际使用功率。

(4) 计算每一工况下各类负荷的总功率，按其同时系数计算总负荷，在交流电制中，计算无功功率和平均功率因数。

(5) 考虑 5% 的网络损耗，得出发电机的功率。

(6) 根据上述计算，选择发电机组，并核算各工况下发电机的负荷百分率，一般来说发电机有 10% ~20% 的储备功率。

(7) 验证发电机的过载能力是否满足要求。

在计算过程中，会遇到一些问题，如原始数据不全，这样给计算带来了不便。当舰船辅机电动机最大轴功率实在无法查到时，利用系数统一选取的做法，现在看来是不太合适的。设备在选配电机时，由于系列产品中，电动机功率不一定恰好和设备轴上功率相符，有时为了保证启动转矩，电动机功率可能会选得大些，这样电动机未能充分利用，因此利用系数就是一个小于 1 的数值，那么应该取多少较合适呢？是否考虑每台电动机利用系数取的范围内，也有些可能在一定范围内，甚至左右的都有。把所有利用系数都取 0.9 (即选平均值)，这样算出来的结果相对要准确些，但仍然偏高。

5.4　需要系数法

需要系数是用电设备实际所需要的功率与额定负荷时所需要的功率的比值，用公式表示为

$$K=\frac{P_{sh}}{P_e} \tag{5-9}$$

式中:P_{sh}为实际消耗功率;P_e 为额定所需总功率。

需要系数的大小综合考虑了该用电设备的负荷状态、工作制(连续、短时、重复段式工作)和该类设备的同时工作概率等方面因素,一般是根据多年的实际经验统计后取平均值。表5-5给出了一些用电设备的需要系数,可供参考使用。

表5-5 一些用电设备的需要系数

负荷名称		需要系数	负荷名称		需要系数
柴油机船用辅机	淡水冷却泵	0.85	生活用泵和设备	热水循环泵	0.7
	海水类却泵	0.85		冷水循环泵	0.7
	滑油泵	0.65		卫生水泵	0.4
	燃油阀冷却水泵	0.85		淡水泵	0.4
	燃油阀冷却油泵	0.70		污水泵	0.2
	燃油离心分离器	0.65		引用喷泉	0.3
	增压泵	0.65		蒸馏器海水给水泵	0.75
	辅锅炉鼓风机	0.85		蒸馏器凝水泵	0.6
	辅锅炉给水泵	0.85		蒸馏器淡水输送泵	0.6
	辅锅炉燃油喷射泵	0.65		蒸馏器化学给水泵	0.2
	废气锅炉循环水泵	0.85		盐水排出泵	0.75
	空气压缩机	0.85		管群疏水泵	0.6
	发电机用冷却水泵	0.85		厨房及餐室设备	0.3
	舱底救火总用泵	0.65		洗衣设备	0.2
	舱底压载泵	0.2		电热水设备	0.5
	潜水舱底泵	0.1		房舱电热器	0.4
	潜水真空泵	0.1			
	压载泵	0.2			
	洗舱泵	0.85			
甲板机械	舵机	0.2	照明设备	机舱照明	0.9
	起锚机	0.4		舱室照明	0.6
	起艇机	0.8		货舱灯	0.8
	舷梯绞车	0.8		探照灯	0.8
	绞盘、系泊绞车	0.4		航行灯	0.9
	货油泵	0.8		信号灯	0.8
				电风扇	0.8
冷藏通风	机舱通风机	0.85	弱电设备	舱内通信	0.4
	舱室通风机	0.80		航海仪器	0.4
	舱室泵舱通风机	0.80		电罗经	0.4
	货舱干燥装置	0.5		雷达	0.4
	全船用冷藏压缩机	0.4		无线电设备	0.45
	全船用冷藏给水泵	0.4		蓄电池充电	0.2
	货舱用压缩机	0.6		电工实验板	0.2
	空调用压缩机	0.75			
	空调用送风机	0.75			
	空调冷水泵	0.75			
	空调热水泵	0.75			
	空调凝水循环泵	0.75			

1. 计算方法

计算步骤如下：

(1) 计算各类负荷的额定所需功率，照明设备和弱点设备的额定所需功率，即采用安装总功率；

(2) 根据表5-5选择各类负荷的需要系数；

(3) 起货机等负荷的需要系数，随着起货机的电气控制方式和台数而不同，需要跟据具体情况而定；

(4) 将各类负荷的额定所需功率乘以需要系数，然后加起来，便得到了全船的所需总功率。

2. 功率的确定

1) 功率计算

(1) 额定所需功率的计算。如式(5-5)和式(5-6)所示，在额定工作状态下，一台电动机需要的电网供给的额定功率，$P_4=\frac{P_1}{\eta}$。一组同类电动机额定所需总功率为$P_5=m\times P_4$。照明设备和弱电设备的额定所需功率，采用其安装总功率。

(2) 实际消耗功率的计算。用电设备额定所需功率和需要系数的乘积就是实际消耗功率，即

$$P_6=K\times P_5 \tag{5-10}$$

式中：K为需要系数。

(3) 各类负荷的实际消耗功率总和，便得到了全船所需总功率

$$P_\Sigma=\sum K\times P_5 \tag{5-11}$$

考虑5%的网络损失，所需总功率为

$$P=1.05\ P_\Sigma \tag{5-12}$$

2) 负荷表的编制及计算步骤

(1) 根据舰船的运行状态需要，选择计算工况，并确定各工况下所需使用的电气设备；

(2) 估算各辅机和电气设备实际使用功率及了解使用情况，并而确定需要系数K；

(3) 将全船用电设备的名称、数量、电动机额定数据及功率填入相关的负荷表中；

(4) 计算舰船运行中各电气设备的所需功率P_4，并计算出舰船额定所需总功率P_5；

(5) 计算舰船各运行工况下各用电设备实际消耗功率P_6，以及实际消耗总功率；

(6) 考虑到5%的网络损耗，计算所需总功率；

(7) 选择发电机组，计算舰船各种工况下发电机的负荷百分率。一般，使发电机组应有10%~20%的功率余量，因此发电机组的负荷率不应超过80%~90%。

通过上述三类负荷法和需要系数法的计算方法及过程，可以得出这样的结论。任何类型舰船以及任何用途的舰船都必须经过电力负荷计算，确定舰船主电源装置。而电力负荷计算方法对任何舰船都是适用的，只不过在根据计算结果选择发电机容量时，就必须考虑不同类型及用途舰船特殊性，其中原则是看船上电气设备功率相对容量的大小，以及它们的工作情况，是长期稳定工作还是频繁重复工作。

对于一般小型运输舰船,设备功率差别相对不大,选择发电机容量大小只要基于计算结果的基础上,留有一部分的数量就可以了。如果是工程船或特殊舰船,其船上没有较大功率的电力拖动机械,并且该机械需频繁反复起停工作,此时在选择发电机容量时,必须考虑所选用发电机的额定电流在一定的过载能力下能否承受此种工作制的最大启动电流,通常在计算结果的基础上,按最大启动电流对发电机容量进行核算,以保证舰船机械安全可靠地工作。也就是说,舰船电站容量的确定除了按电力负荷计算外,还必须根据船上用电设备的使用情况综合考虑。

长期实践证明电力负荷计算特别是利用三类负荷法是确定舰船电站容量既可行有效,也是较为成熟的一种方法,负荷的计算是在舰船电气设计时一项非常重要的工作。为了使计算更接近于实际,应深入实践,积极参与舰船试车试航,通过测试,获得原始数据,积累经验,提高负荷计算的准确度。

对每一个电气设计人员来说舰船电力负荷计算,似乎不是一项很困难的工作,但要想得到一个精确的结果,并非是一件容易的事。这是因为电站负荷取决于各用电设备的实际负荷和具体使用权情况,以及全船用电设备同时使用情况,而这些情况受到了多种因素的影响又难以确定,所以说电力负荷计算是舰船电气设计中一项比较困难的工作。

第6章

舰船电网电压及无功功率调节

目前，绝大多数舰船电站采用交流系统，而用电设备多为感性负载，滞后的负载电流会对同步发电机产生去磁作用，因此电流的大小和无功功率的变化都会引起同步发电机端电压的变化，而维持同步发电机电压的恒定是保证舰船电力系统供电品质的重要指标之一。尤其舰船电站容量较之陆用电站要小得多，电压波动更为严重，因此同步发电机电压及无功功率的自动调节显得尤为重要。

6.1 电压波动及调节的基本原理

6.1.1 同步发电机的电压波动

1. 同步发电机电压波动的原因

同步发电机电势与端电压关系相量图如图6－1所示，其电压表达式为

$$\dot{U}=\dot{E}_0-\mathrm{j}\,\dot{I}_aX_s \tag{6-1}$$

式中：$\dot{U}$为发电机的端电压；$\dot{E}_0$为发电机的空载电势；$\dot{I}_a$为发电机的定子电流；X_s为发电机的同步电抗。

由图6－1及式(6－1)可见，如果空载电势$\dot{E}_0$不变，当发电机负载电流的大小或性质变化时，端电压$\dot{U}$将随之改变。

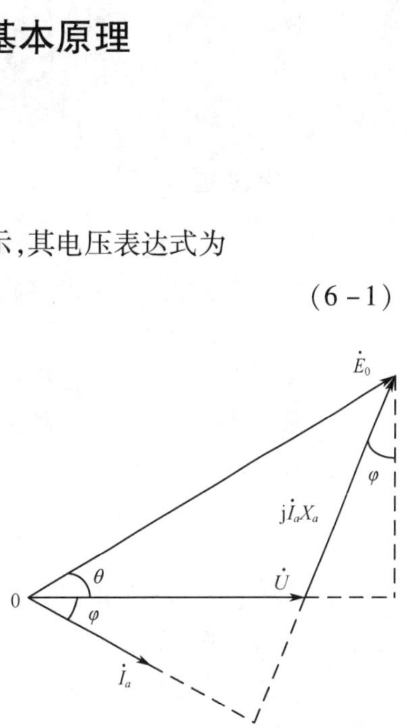

图6－1 同步发电机电势与端电压关系相量图

2. 电压波动的危害

当作为供电源头的舰船电站电压偏离额定值时，轻则用电设备的效率降低；重则导致电气设备的损坏。例如，当电动机的端电压下降到额定值的90%时，其转矩与端电压平方成正比，将下降到额定转矩的81%，而负荷电流将增大5%～10%以上时，温升相应增高，绝

缘老化程度变快,这将明显地缩短电动机的使用寿命。如果电动机端电压较其额定电压偏高时,负荷电流和温升也将增加,绝缘相应也会受损,对电动机不利,也会缩短其使用寿命。发电机电压波动给全船用电带来的危害是致命的。当舰船电网的电压下降时,有可能导致保护电器动作,造成发电机解列、电网崩溃,进而导致全船停电的严重事故。但保证电压决定的恒定是不可能的,因此舰船电网的电压必须在其规定范围内变化。

3. 同步发电机电压调整的基本原理

根据同步发电机原理,当同步发电机绕组砸数 n、工作频率 f 为恒定时,电动势 E_0 与磁通 Φ_0 成正比,即 $E_0 \propto \Phi_0$。而 Φ_0 是由励磁电流 I_L 产生的,在磁路未饱和时磁通与励磁电流成正比,即 $\Phi_0 \propto I_L$。由上述关系可知,改变励磁电流 I_L 的大小就可以改变同步发电机的空载电动势 E_0。当发电机电流 I 变动时,要保持同步发电机端电压 U 恒定,调整同步发电机的励磁电流 I_L 即可。

由式(6-1)可画出用 $U=f(I)$ 表示的同步发电机的外特性曲线,如图6-2所示。式(6-1)说明图6-2的外特性曲线在感性负载时必然是下倾的,即 I_L 一定时,同步发电机端电压随无功电流的增大而下降。由图6-2可见,当无功电流由 I_{Q1} 增大到 I_{Q2} 时,则同步发电机端电压 U 由额定值 U_N 下降到 U_2。而要保持同步发电机端电压为额定值,就必须将特性曲线向上平移,即增大励磁电流 I_L,以提高 E_0;反之亦然。由此可见,引起同步发电机端电压 U 变化的主要原因是无功电流 I_Q 的变化,由此也可看出,通过调整励磁电流来对同步发电机的电压进行调整,也就是对同步发电机的无功功率进行调整,可以使无功功率保持平衡。因此,同步发电机的励磁电流是舰船无功功率的来源。

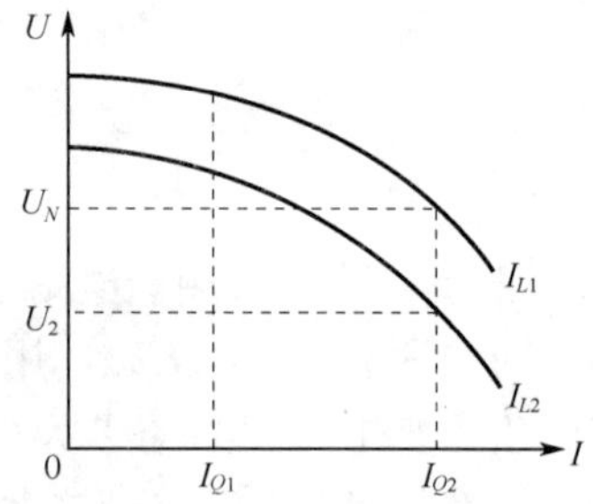

图6-2 同步发电机的外特性曲线

6.1.2 自励恒压装置的作用

为了维持发电机的端电压基本不变,必须对发电机的励磁电流实时进行相应的调整。这一任务由自励恒压装置来完成。

为了保障发电机组并联运行的稳定,对于各发电机间的无功功率就必须进行合理的分配。这一任务也由自励恒压装置来完成。

在舰船电网发生短路故障时,也需要用自励恒压装置适时地进行强行励磁。

自励恒压装置的任务及功能可归纳为以下几点:

(1) 自励起压;

(2) 在舰船电力系统正常运行工况下,维持电网电压在允许范围内;

(3) 在舰船同步发电机并联运行时,使同步发电机间的无功功率合理分配;提高舰船电力系统同步发电机并联运行的静态稳定性;

(4) 在事故情况下,实行强行励磁,以快速励磁方法提高同步发电机并联工作的动态稳定性;

(5) 加速电网短路后的电压恢复,以提高电动机运行的稳定性和改善电动机的自启动条件;

(6) 提高故障时具有时限的继电保护装置动作的正确性;

(7) 当并联运行中的一台同步发电机失磁时,可使其在短时间内异步运行;

(8) 使并车操作易于进行,速度加快等。

6.1.3　自励恒压装置的主要技术指标

静态电压调整率和动态电压调整率是衡量自励恒压装置的主要技术指标。

1. 静态和动态特性

1) 对静态电压调整的要求

当负荷在一定的范围内变化或由于其他原因引起发电机端电压发生波动时,自励恒压装置应能及时而又恰当地调节励磁电流,以保证发电机电压的波动在允许的范围之内。可用静态电压调整率 $\Delta U\%$ 来衡量,即

$$\Delta U\% = \frac{U_{max}(\text{或}\ U_{min}) - U_n}{U_n} \times 100\% \qquad (6-2)$$

式中:U_{max} 为发电机端电压出现的最大电压;U_{min} 为发电机端电压出现的最小电压;U_n 为额定电压。

我国《钢质海船入级与建造规范》规定:发电机从空载至满载,功率因数应保持为额定值,主发电机的静态电压调整率 $\Delta U\%$ 应在 ±2.5% 范围内,应急发电机的静态调整变化率 $\Delta U\%$ 应在 ±3.5% 范围内。

2) 对动态电压调整的要求

当大负荷突变时,电网的瞬时电压变化很大,自励恒压装置应能保证发电机的瞬时电压波动最大值及恢复时间都在允许的范围内,电压调整的动态过程可用图 6-3 表示,电压恢复时间 t_h 表示。可用瞬时电压调整率 $\Delta U_s\%$ 来表示动态变化,即

$$\Delta U_s\% = \frac{U_{maxs}(\text{或}\ U_{mins}) - U_n}{U_n} \times 100\% \qquad (6-3)$$

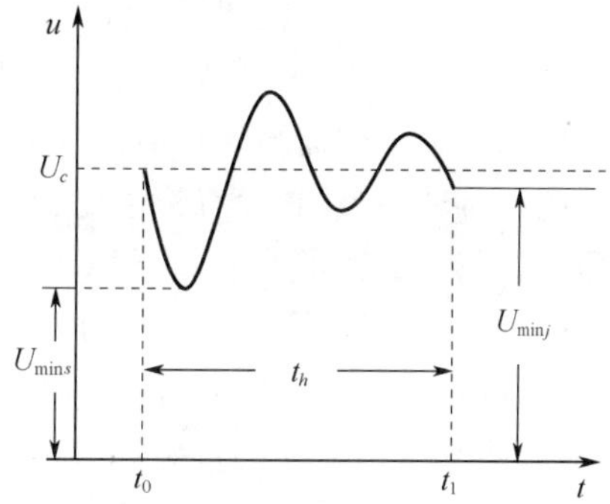

图 6-3　电压调整的动态过程

式中:U_{maxs} 为发电机电压瞬时最高值;U_{mins} 为发电机电压瞬时最低值。

我国《钢质海船入级与建造规范》规定:发电机突加或突减 50% 的额定电流及功率因数不超过 0.4(滞后)的对称负荷时,$\Delta U_s\%$ 应在 ±15% 以内,t_h 不超过 1.5s。

2. 强行励磁

舰船电站与陆用电站相比容量小得多,而单个负荷所占容量比例较大,因此过渡过程非常快,当负荷突然大幅度增加或出现短路时,电压将会大幅度下降,解决上述问题的有效方法之一是实行强行励磁。即自励恒压装置迅速做出反应,在最短的时间内把励磁电流升高至最大值,以提高电压的上升速度,使发电机的电压迅速得到恢复;强行励磁能力通常用强行励磁倍数和发电机电压上升速度来描述。强行励磁倍数 K_p 是励磁系统在强行励磁中可能提供的最高输出电压 U_{LP} 与发电机额定电压下的励磁电压 U_{Ln} 之比,即

$$K_p = \frac{U_{LP}}{U_{Ln}} \qquad (6-4)$$

式中:K_p 值一般约为2,有时会更高些。在实际舰船中,励磁电压达到95%顶峰电压的时间为0.1~0.5s。

3. 无功功率的分配

当发电机处于并联运行状态时,自励恒压装置可保证无功功率按发电机各自的容量呈比例进行分配,防止个别机组出现过载的现象,从而维护了舰船电网运行的稳定性和经济性。

我国《钢质海船入级与建造规范》规定,并联运行的交流发电机组,当负荷在额定功率的20%~100%范围内变化时,各发电机实际承担的无功功率与按发电机各自的容量比例计算的值之差不应超过下列数值中的较小者:

(1)最大机组额定无功功率的±10%;

(2)最小机组额定无功功率的±25%。

4. 自励恒压装置的分类

同步发电机自励恒压装置的种类较多,其发展大致经历了带励磁机的励磁系统、不带励磁机的相复励恒压励磁系统、晶闸管励磁及具有同轴交流励磁机的无刷励磁系统等几个阶段。

按照被检测量,自励恒压装置可分为以下三大类。

1)按发电机电压偏差 ΔU 调节

自励恒压装置根据电压偏差 ΔU 的大小和极性输出校正信号,对发电机励磁电流进行调节。由于被检测量和被调量都是发电机端电压,自励恒压装置与发电机便构成了一个闭环调节系统,其稳态特性比较好,静态电压调整率一般在±1%以内。晶闸管自励恒压装置属于这种类型。

2)按负载电流 I 和功率因数 $\cos\varphi$ 调节

发电机电压的波动是由于电流的变化引起的。测量发电机的负荷电流 I 及功率因数 $\cos\varphi$,并经自励恒压装置去调节励磁电流,这时的被测量和被调量不同,因此构成了一个开环调节系统,其静态特性比较差,但动态特性较好。不可控相复励自励恒压装置属于这种类型。

3)按 I 和 $\cos\varphi$ 及 ΔU_f 调节

将上述两种调压方式相结合,是在按负载调节的基础上采用自动电压调节器来实现的。其静态和动态特性都比较好,是一种较理想的励磁调节方法。可控相复励自励恒压装置属于这种类型。

6.2 同步发电机的自励起压和相复励原理

6.2.1 同步发电机的自励起压

1. 自励起压原理

同步发电机按其励磁方式不同可划分为他励和自励两类。

由单独电源提供励磁电流的方式成为他励同步发电机，励磁电源通常为一个小容量的同轴励磁机。由于带直流励磁机的励磁方式在可靠性和使用上都存在固有的缺陷，所以现在已经很少采用。

自励同步发电机是目前舰船上广泛使用的交流发电机。这种方式的励磁电流取自于发电机本身输出功率的一部分，经过一定的整流变换后供给，因此称为自励同步发电机。根据负载电流的大小及相位共同对发电机励磁进行调整的同步发电机称为相复励自励恒压同步发电机。相复励自励恒压同步发电机自励回路的单相原理如图 6－4(a)所示。由于用静止的整流元件代替了旋转的直流励磁机，增加了可靠性，简便了维护管理，所以该方式在舰船上得到了广泛的应用。

同步发电机(在转速达到额定值、输出端断开的情况下)利用自身的剩磁，通过磁电作用而建立起电压的过程称为同步发电机的自励起压。由于磁滞现象，所以该过程会在转子磁极上留有剩磁。当发电机组启动时，发电机定子绕组将感生剩磁电压 U_r，U_r 加在自励回路上，经过整流在发电机励磁绕组 L 中产生一定的励磁电流 I_{L1}，I_{L1} 将在转子中产生对应的磁通，这一磁通在发电机定子绕组中感生出电压 U_1，通过自励回路又在 L 中产生 I_{L2}，I_{L2} 又感生出更高的电压 U_2。如此循环，构成正反馈，逐渐提高发电机的空载电压，最后到达稳定点 A，此时的发电机电压即为空载电压 U_0，如图 6－4(b)所示。

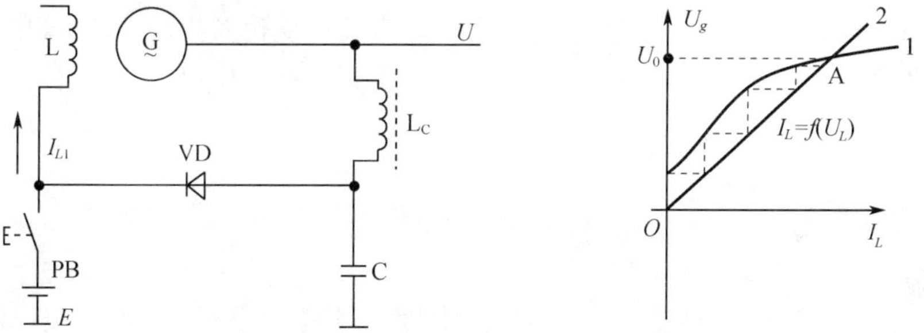

(a) 相复励自励恒压同步发电机自励回路的单相原理　　(b) 自励起压特性曲线

图 6－4　自励起压原理

2. 自励起压条件

同步发电机的自励起压过程是一种正反馈过程，整个过程并无外来输入量。因此，要想完成自励起压，必须具备下列条件。

(1) 同步发电机必须有足够的剩磁，这是自励的必要条件。新造的同步发电机无剩磁，长期不运行的同步发电机剩磁也会消失，这时可用其他直流电源进行充磁。

(2) 要使自励过程构成正反馈，由剩磁电势产生的电流建立的励磁磁势必须与剩磁电势方向相同。因此，整流装置直流侧的极性与励磁绕组所要求的极性必须一致。

(3) 同步发电机的空载特性曲线与励磁特性曲线必须有确定的交点，并使正反馈稳定在这一点上，这个交点的纵坐标就是同步发电机的空载电压值。

3. 自励起压存在的实际问题及措施

对于同步发电机而言，上述自励起压过程只是一种理想状况。实际励磁起压时，由于初始电压不够高，可能无法克服高阻状态，则励磁电流得不到提高，同步发电机不能起压。可通过提高同步发电机的剩磁电压，即对励磁回路充磁或降低励磁回路的电阻或利用复励电流帮助起压。

6.2.2 相复励恒压原理

设同步发电机磁路未饱和,则空载电势与励磁电流成正比,即 $E_0 \propto I_L$,式(6-1)可改写成

$$K\dot{I}_L = \dot{E}_0 = \dot{U} + jX_a\dot{I}_a \tag{6-5}$$

可得到交流同步发电机的励磁电流如下:

$$\dot{I}_L = \frac{\dot{U}}{K} + \frac{jX_a\dot{I}_a}{K} \tag{6-6}$$

由式(6-6)可以看出,当励磁电流 I_L 不变时,电压将随负载电流相量 $\dot{I}_a$ 而变化。为了保持电压恒定,必须使励磁电流 I_L 按式的关系随 $\dot{I}_a$ 的变化而变化,即励磁电流应由正比于电压和电流的两个向量按式(6-6)求向量和得到。前面已提到这种按负载电流及它们的相位关系来进行调整的自励磁方式称为相复励。励磁电流的第一部分与端电压有关,称为电压分量,当 U 恒定时,该分量是定值。励磁电流的第二部分与负载电流有关,称为电流分量,由于负载电流经常变动,显然电流分量也将随之而变。相复励装置就是按这个规律设计的励磁装置。根据负载电流的幅值大小变化做出的调整作用称为复励作用;根据负载电流的相位变化做出的调整作用称为相位补偿作用;两者综合起来称为相复励作用。

6.3 相复励恒压装置

带有电压校正器的励磁装置称为可控相复励恒压装置,而不带电压校正器的励磁装置称为不可控相复励恒压装置。

6.3.1 不可控相复励恒压装置

不可控相复励恒压装置具有结构简单,管理方便,价格便宜,动态特性优良,并能在恶劣的环境下可靠工作等优点。该装置利用发电机本身的剩磁电压进行自励起压,根据负荷电流幅值的大小进行复励,以及根据负荷电流与电压的相位关系进行相位调整,以调整励磁电流,稳定发电机的端电压。根据电压和电流叠加方式的不同,不可控相复励自励恒压装置又可分为电流叠加型、电势叠加型和电磁叠加型三种形式,如图6-5所示。

以电流叠加型相复励自励恒压装置为例,其详细原理图如图6-6所示,它在习惯上又称为二绕组相复励变压器。图中,TA为电流互感器,测量发电机负载电流的大小和相位,以进行相复励调压;L_R 为移相电抗器,将发电机电压产生的电流移相90°,作为电压分量 I_{Lu},以进行自励起压;VD为三相桥式二极管整流器,将交流侧叠加得到的励磁电流 $\dot{I}_L$ 整流成直流励磁电流 I_L。

发电机励磁电流 $\dot{I}_L$ 是由发电机端电压经移相电抗器 L_R 提供的分量 $\dot{I}_{Lu}$ 与电流互感器提供的电流分量 $\dot{I}_{Li}$ 叠加所组成的。其相量分析与相复励装置恒压原理分析类似。

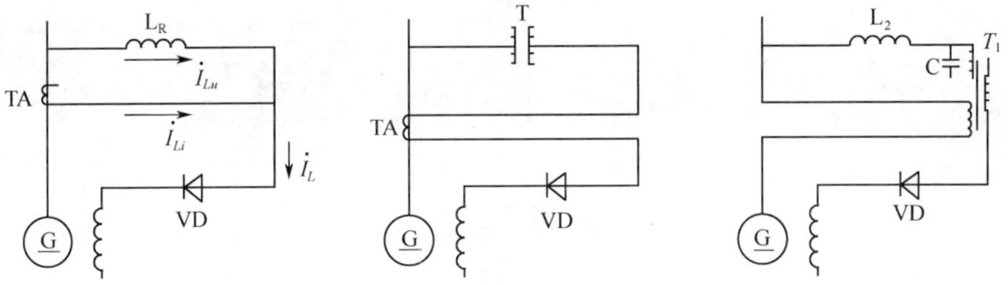

(a) 电流叠加型　　(b) 电势叠加型　　(c) 电磁叠加型

图 6－5　不可控相复励自励恒压装置的原理图

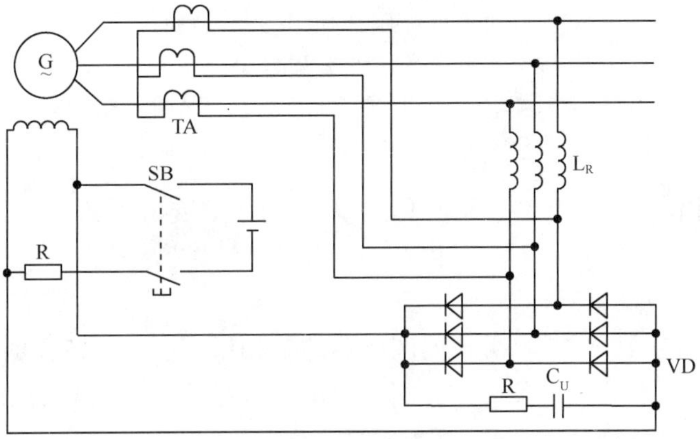

图 6－6　电流叠加型相复励自励恒压装置的原理图

另外，移相电抗器 L_R 还起着频率补偿作用，可简单表述如下：

$$f\uparrow \longrightarrow \dot{U}\uparrow$$

$$\hookrightarrow 2\pi fL = X_L\uparrow \rightarrow \frac{\dot{U}}{jX_L} = \dot{I}_{Lu}\downarrow \rightarrow \dot{I}_{Lu} + \dot{I}_{Li} = \dot{I}_L\downarrow \rightarrow \dot{U}\downarrow$$

可以看出，$\dot{U}$的变化被励磁电流的减小所平衡，实际上，$\dot{U}$在频率变化时基本保持不变。

6.3.2　可控相复励恒压装置

不可控相复励恒压装置，虽然具有动态性能好，励磁能力强等特点，但其调压精度不高，调压特性的线性度差。为此在按 I_L 进行不可控相复励调压的基础上，加上了一个按 ΔU 进行微调的电压校正器 AVR，即可控相复励自励恒压励磁装置，如图 6－7 所示。该可控相复励自励恒压励磁装置包括两大部分：相复励自励恒压装置和晶闸管分流的电压校正器。相复励自励恒压装置的作用是实现自励起压，这是因为其动态特性很好，可负责动态电压的调整；电压校正器 AVR 的作用是负责静态电压调整，进一步提高电压的调节精度。可控相复励自励恒压励磁装置根据电压调节器的不同而分类较多，下面介绍几种常用的调压器形式。

1. 可控移相电抗器式调压器

可控移相电抗器式调压器的原理图如图 6－8 所示。图中的 AVR 按电压偏差输出相

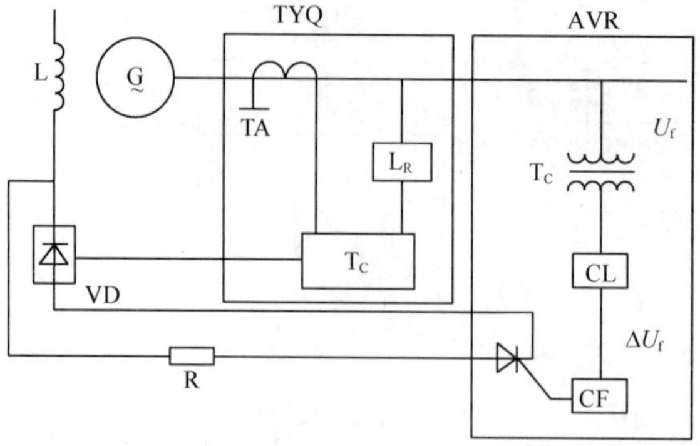

图 6－7　可控相复励自励恒压励磁装置的原理图

TYQ—相复励调压装置;TA—电流绕组;L_R—移相电抗器;

T_C—相复励变压器;AVR—电压校正器;U_f—发电机端电压;

CL—整流滤波电路;CF—移相触发电路;VD—全波桥式整流电路;L—励磁电路。

应的直流来控制饱和电抗器的饱和程度,以调节调压器交流侧的电流,从而消除电压的偏差。

2. 可控电抗分流的调压器

图 6－9 所示为可控电抗器分流的调压器的单相原理图。整流器的交流侧并联一个三相饱和电抗器,进行交流侧的分流控制。当出现电压偏差时,AVR 的电流 I_T 控制饱和电抗器的饱和程度,从而改变分流,以达到调压的目的。

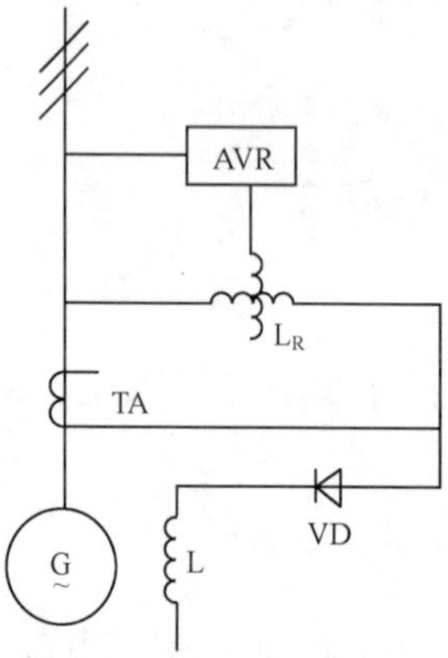

图 6－8　可控移相电抗器式调压器的原理图

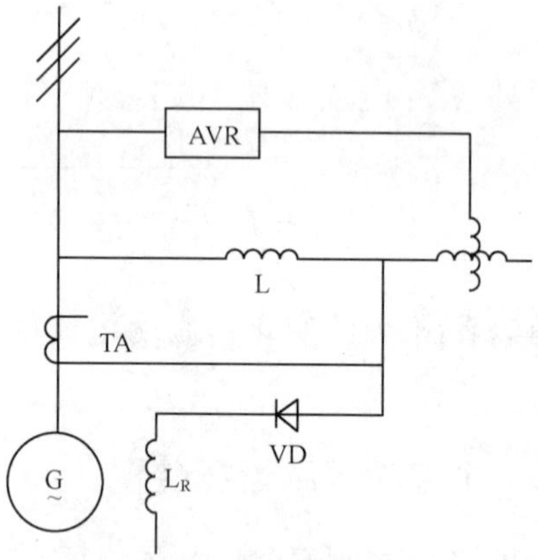

图 6－9　可控电抗器分流的调压器的单相原理图

3. 交流侧晶闸管分流的调压器

图 6－10 所示为交流侧晶闸管分流的调压器原理图。晶闸管并联在调压器的交流侧,当电压出现偏差时,AVR 输出与电压偏差相应的触发电流,改变晶闸管的导通角进行分流。通常在晶闸管电路中串联一个适当的阻抗,以限制晶闸管导通时的分流电流。

除此之外还有直流侧晶闸管分流的调压器,以及变压器式相复励装置。可控相复励自励恒压励磁装置具有调压精度高,无功功率分配均匀,起励可靠,强励倍数高,动态性能好等特点,因而获得了广泛的应用。

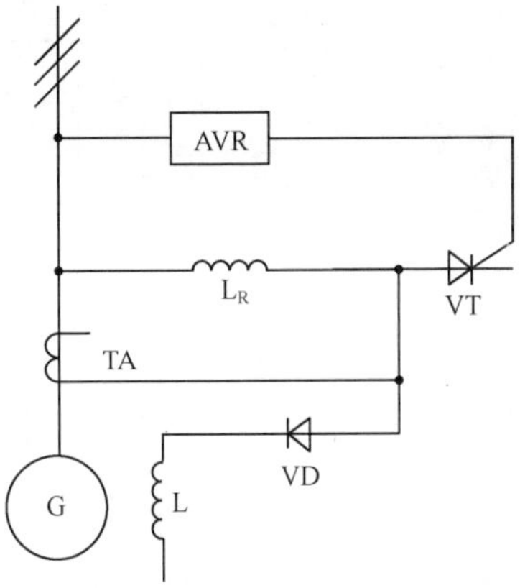

图6-10　交流侧晶闸管分流的调压器原理图

6.4　无刷发电机励磁系统

自励恒压同步发电机的励磁电流,需经过电刷装置(包括碳刷与滑环)流入发电机励磁绕组。碳刷与滑环磨损出的碳粉容易导致发电机的绝缘下降,因此需要经常进行清理维护工作;此外电刷装置产生的电火花易影响无线电通信,是导致自动化机舱发生误报警、误动作。因此无刷励磁系统应运而生,即发电机的励磁电流由交流励磁机提供,即属于他励形式。

通常同步发电机采用旋转磁极式,交流励磁机采用旋转电枢式。交流励磁机的转子和旋转整流器与发电机转子在同一根轴上,这样交流励磁机发出的中频交流电经同轴的旋转整流器整流成直流电,再送至同轴的发电机励磁绕组,所以替代了碳刷与滑环。

无刷发电机的不足之处是励磁系统的电磁惯性大,因而其动态特性相对较差。为了提高动态特性,采取的措施是交流励磁机采用中频频率。由于受发电机体积尺寸与所需励磁功率的制约,大多数舰船用无刷发电机的交流励磁机的频率为100~150Hz。另外,无刷发电机对旋转整流器的制造和安装工艺要求较高。

无刷励磁方式,一般是指交流励磁机的励磁形式。目前,舰船用无刷发电机所采用的无刷励磁方式主要有以下两种。

1. 直接可控励磁

直接可控励磁方式如图6-11(a)所示。由图所知,交流励磁机的励磁功率直接来自发电机的出线端。发电机起压时,由转子主磁极的剩磁在发电机定子4中产生剩磁电压,这一剩磁电压通过自动电压调整器6对交流励磁机的定子绕组5进行励磁,这样在交流励磁机转子3中感生出中频的交流电,经旋转整流器2整流成直流,作为发电机磁场的励磁电流。这种励磁方式简单方便,但动态性能稍差。

2. 可控复励励磁

可控复励励磁方式如图6-11(b)所示。它的特点是交流励磁机有两套励磁绕组 WE_1 与 WE_2。电流互感提供的二次电流,经整流桥向 WE_1 绕组提供适量的励磁功率;发电机出线端经过自动电压调整器AVR向另一个绕组 WE_2 提供一定的励磁功率。励磁绕

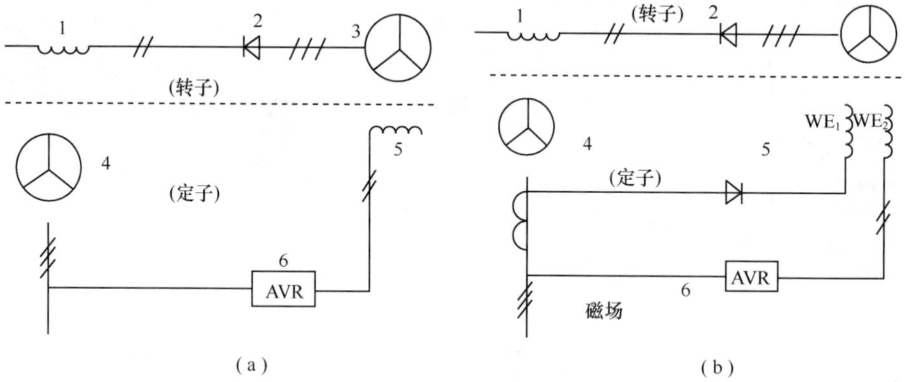

图 6-11 无刷励磁方式

1—发电机转子磁场；2—旋转整流器；3—励磁机转子(电枢)；4—发电机定子；5—交流励磁机的定子绕组；6—自动电压调整器(AVR)。

组 WE_1 的励磁电流与负载电流的变化成正比，即具有电流复励的作用，因此其动态性能优良，由于增设了电力电流互感器，所以其相应成本和体积都有所增加。

6.5 电网无功自动补偿

在舰船电力系统中，单由发电机励磁电流作为系统无功功率的唯一来源，尚有许多不足之处。舰船电力系统容量有限，由于有存在大量的感应电动机及气体放电灯等感性负荷，因此只由发电机励磁电流提供无功会导致舰船电力系统的功率因数很低，使舰船电力系统的设备利用率很低，电能损耗很大，供电质量不高。

因此，应提高舰船电力系统的功率因数，行之有效的方法就是进行无功功率补偿，使电力系统的功率因数始终维持在一个较高水平上，这样可充分发挥设备的潜力，改善设备的运行性能，以达到优质和经济运行的目的。

加装静电电容器是舰船电力系统常用的补偿方法。图 6-12 所示为功率因数的提高与无功功率及视在功率变化的关系。若负载有功功率不变，功率因数由 $\cos\varphi$ 提高到 $\cos\varphi'$，则无功功率将由 Q 减小到 Q'，视在功率将由 S 减小到 S'，相应地系统负荷电流也得以减小。这将使系统的电能损耗和电压损耗随之降低，既节约电能，又提高电能质量。

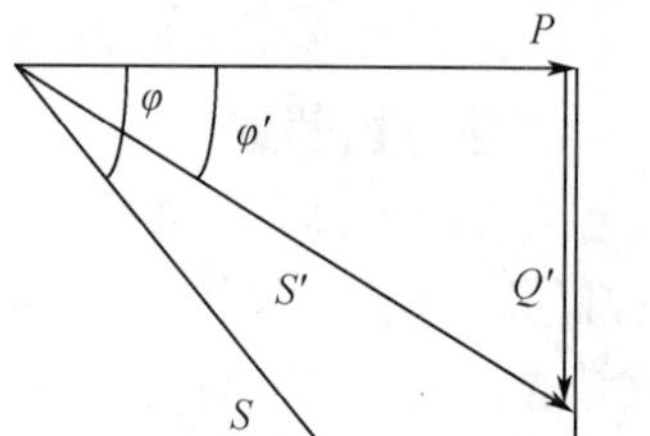

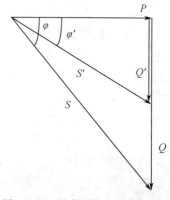

图 6-12 功率因数的提高与无功功率及视在功率变化的关系

由图 6-12 可知，要使功率因数由 $\cos\varphi$ 提高到 $\cos\varphi'$，必须装设的无功补偿电容器的容量为

$$Q_C = Q - Q' = P(\tan\varphi - \tan\varphi') \qquad (6-7)$$

静电电容器的补偿方式可分为个别补偿、分组补偿和集中补偿三种。

1. 个别补偿

电容器直接装设在用电设备的电源进线端，如与大型电动机并联。其优点是无功负荷得到最大补偿，可减少线路电能损耗，其缺点是电容器利用率低。舰船电力系统中一般不采纳。

2. 分组补偿

电容器装设在分配电板上，如安装在起货机控制屏上。电容器利用率提高了，但不能减少自动控制屏到电动机线路上的电能损耗。

3. 集中补偿

电容器装设在发电机母线上。电容器利用率最高，方便控制，但线路电能损耗增大。

对于舰船电力系统，最好能采用集中和分组结合的补偿方式。为保证补偿电容器的经济运行，一般采用自动补偿装置，以调节补偿电容器的容量。

自动无功补偿调节装置按控制方式，可分为按电压水平、功率因数和按无功电流三种方式进行控制。舰船电网线路较短，发电机具有良好性能的调压器，因此电压水平的控制方式一般不采纳。若主要为了节能和提高设备利用率以及为了提高电力系统的动态特性，则应采用按无功电流变化的控制方式，同时要求自动无功调节具有快速性。

目前，船用自动快速无功补偿装置已有各种类型，如 QKBA－1 型，KBH－5 型和 KBHZ－3C 型等。

第7章

舰船电网频率及有功功率自动调整

频率是舰船电力系统基本参数中的重要指标之一,通常要求舰船电力系统中的所有电气设备都工作在额定频率上。频率的偏离将给舰船电力系统带来严重危害:当电网频率低于额定值时,异步电动机转速会下降,轴上输出功率和效率都将降低,若电压不变,则磁化电流会增加并引起铁芯和绕组发热。当电网频率高于额定值时,异步电动机的转速会升高,其输出功率会增加,使电动机过载。众所周知,舰船电网中含有大量的异步发电机,因此频率偏移所引起的危害将非常严重。此外发电机组在额定转速下的效率最高,当转速变化时,就会使原动机效率降低并使其零件磨损加剧。当几台发电机并联运行时,频率偏移会造成各机组的有功分配不合理,严重时还会使运行稳定性受到破坏。由于舰船电力系统发电机与某些负载容量相当,负载变化对电网频率的影响较之陆上电力系统更为突出。因此,频率及有功功率的调整显得尤为重要。

7.1 舰船电力系统频率波动的基本原理

在系统稳定运行情况下,原动机输入的机械功率应与发电机输出的负荷功率相等,当系统负荷突然变化时,电磁功率随之改变,而由于惯性原因,机械功率来不及变化,导致功率的不平衡。式(7-1)表明发电机机械角速度与不平衡转矩之间的关系,而机械角速度与电磁角速度之间的关系如式(7-2)所示,功率与转矩之间的关系如式(7-3)所示,电网频率与发电机角速度之间的关系如式(7-4)所示,由此可见,功率的不平衡导致发电机转速发生变化,从而使电网频率发生变化。

$$J\frac{\mathrm{d}\Omega}{\mathrm{d}t}=\Delta M=M_T-M_E \tag{7-1}$$

$$\Omega=\frac{\omega}{p} \tag{7-2}$$

$$P=M\omega \tag{7-3}$$

$$\omega = 2\pi f \tag{7-4}$$

式中:Ω 为转子机械角速度;J 为转子的转动惯量;ΔM 为作用在转子轴上的不平衡转矩(发电机机械转矩与电磁转矩之差);ω 为电磁角速度;p 为极对数;P 为功率;M 为转矩。

由此可见,功率的不平衡将导致发电机转速发生变化,从而使电网频率发生变化。

由于舰船电力系统频率的变化,是由于发电机的负荷功率与原动机输入机械功率之间失去平衡所致的。此时若不相应增加或减少原动机的输入量,则频率的变化将会使舰船电力系统不能正常运行。《钢质海船入级与建造规范》规定,带动发电机的原动机(包括柴油机和汽轮机)必须装有调速器,其调速特性应符合下列规定:当突然卸去额定负载时,其瞬时调速率不大于额定转速的 10%,稳定调速率不大于额定转速的 5%,即频率的变化率不大于 5%,稳定时间(转速恢复到规定的波动率范围的时间)不超过 5s。

7.2　舰船电力系统的负荷调节效应

负荷的突变能够导致舰船电力系统的频率发生变化,而频率的变化又进一步地影响负荷功率的大小,即

$$P_F = F(f) \tag{7-5}$$

这种负荷功率随频率而改变的特性称为负荷的功率频率特性,属于负荷的静态频率特性。依据舰船电力系统中的各种有功负荷与频率的关系,可将负荷分为如下几种类型。

(1) 功率与频率无直接关系的负荷,如白炽照明、电热、整流器等。

(2) 功率与频率成正比的负荷,如机床、压缩机、卷扬机等,其转矩基本恒矩。

(3) 功率与频率的二次方成正比的负荷,如吸风机、通风机、水泵等。

由于第(2)、(3)类负荷在舰船电力系统中占的比例较大,所以整个舰船电力系统的有功负荷与频率有密切的关系。

由式(7-5)可知,当因某种原因使得 $P_m < P_e$ 而造成电网频率下降时,负载从电网吸收的有功功率将随之下降;同理当频率上升时,负荷吸收的有功功率也将随之上升,这就意味着原动机提供的机械功率小于(或大于)电网的负荷功率,引起频率的下降(或上升),又将使总负荷从电网吸收的功率相应减少(或增加)。由此可见,当舰船电力系统中的功率平衡被破坏,引起频率变化时,负载吸收功率的变化起着补偿作用,使该系统能在另一个频率值下达到新的平衡,这种现象称为负荷调节效应。负荷调节效应对于限制系统频率变化是有利的,但仅仅依靠这个效应是不够的。为了保证舰船电力系统的频率变化在一定的允许范围内,发电机组必须配置调速器。

7.3　调速器特性

调速器的工作原理是根据测出的偏差大小和极性去调节原动机,以在负载从零到额定值范围内变化时,将原动机的转速维持在合理的范围内。其是反映实际转速与给定值之间的偏差,从而对转速进行调整的自动调节器。

7.3.1 调速器的有差调节特性

现在以单台发电机的运行为例,讨论机械离心式调速器的自动调节作用及调速器的特性。

当柴油机输出的功率与发电机组的负载功率平衡时(不计损耗),机组将进行匀速运转,频率稳定在某一值上。设此时已将调速器的弹簧预紧力整定在使机组的转速正好等于额定转速(由调速器进行自动调节),若负载突然增加,由于油门还来不及改变,则原动机发出的机械功率将低于负载实际的功率,机组减速,频率逐渐下降。由于转速下降,调速器的机械结构设计使得飞铁离心力减少,在弹簧"预紧"力的作用下,滑套下移,使油门加大,柴油机发出的功率逐渐增加,以阻止其转速进一步下降。当原动机功率增加到与负载功率重新平衡时,自动调节完毕后会进入匀速运转,但新平衡状态的转速比原来的转速降低了。同样,若负载减小时,调节完成后的新转速将比原来的转速要高些。

在调速器自动调节时,机组的转速 n(或频率 f)与输出有功功率 P 之间的关系称为调速器的静态调速特性,如图7-1所示。

图7-1中的曲线1为调速器的调速特性,由于转速 n(或频率 f)是随负荷有功功率 P 的增加而下降的,所以称为下倾的有差调速特性。如果转速不随负荷的有功功率而变化,则称为无差调速特性,如图中的曲线2所示。上述机械式的调速器不能得到无差特性,只有用液压或电子调速器才可以获得无差特性。实际上为了使发电机组能稳定地并联运行,舰船用发电机组调速器一般均采用有差特性。上述调速器在负载突加情况下的转速变化过程如图7-2所示,此过程用来描述调速器的动态调速特性。经过时间 T 稳定后的转速低于原来的转速,这说明负载增加后,经过有差调速后有速度降存在。

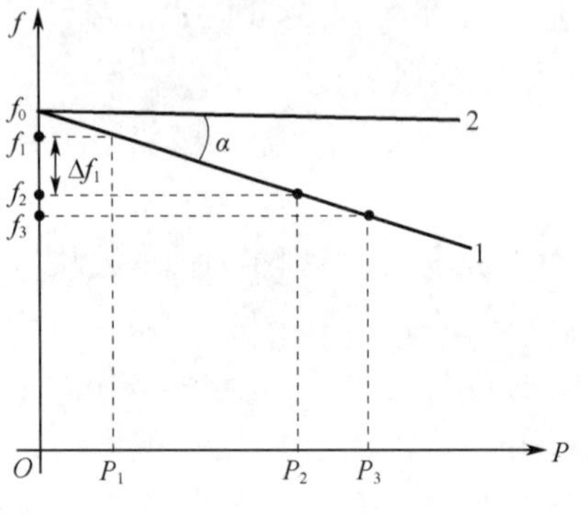

图7-1 静态调速特性

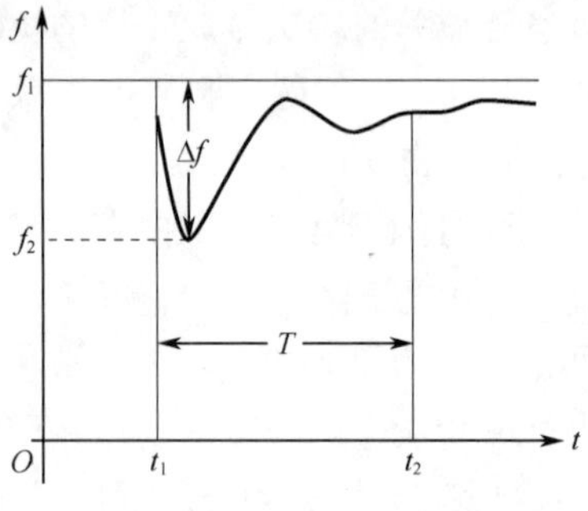

图7-2 动态调速特性

对于有差调节特性,其倾斜度可用调差系数 K 来表示,有

$$K = -\frac{f_2 - f_1}{P_2 - P_1} = -\frac{\Delta f}{\Delta P} \tag{7-6}$$

式中:负号表示发电机输出功率的变化和频率变化符号相反。例如,调速器的调差系数为5%,则当有功负荷改变 $\Delta P = 10\%$ 时,则相应的频率变化为

$$\Delta f = -k \times \Delta P = -5\% \times 10\% = -0.5\% \tag{7-7}$$

也就是说,频率降低为 $50 \times 0.5\% = 0.25\text{Hz}$。

以上所述仅指调整完毕后的稳定情况，是调速器的静态特性，当负荷突变时，机组转速随时间变化的规律称为原动机的动态特性，它包括瞬时调速率 J、转速恢复到稳定值所需时间 T、调速特性的失灵区三方面的指标。

1. 瞬时调速率 J

$$J=\frac{n_2-n_1}{n_e}\times 100\% \tag{7-8}$$

式中：n_1 为突变前的转速；n_2 为突变瞬间的转速；n_e 为额定转速。规范要求：$J < \pm 10\%$ 。

2. 转速恢复到稳定值所需时间 T

转速恢复过程应当没有振荡。转速恢复过程仍如图 7－2 所示，要求：$t<5s$。

3. 调速特性的失灵区

以上的讨论，都假定调速器的调速特性是一条理想的直线。但实际上由于调速器机构中的间隙，所以它对微小的转速变化不能产生反应（机械离心式调速器尤为明显），即调速器存在一定的失灵区。因此，实际的调速特性是一条具有一定不灵敏范围的带子，如图 7－3 所示。

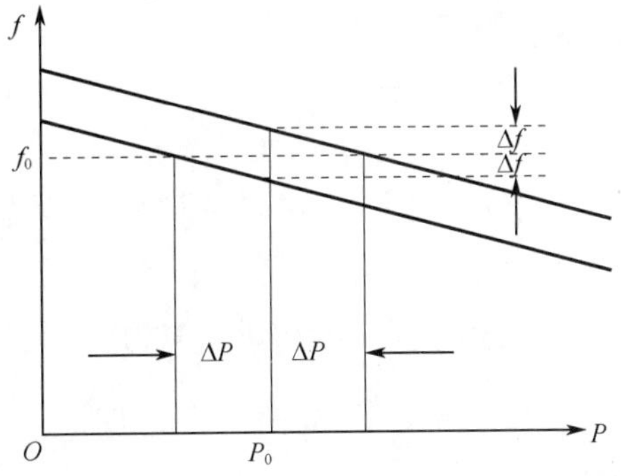

图 7－3　调速器的不灵敏区

调速特性的不灵敏区的存在既会导致频率产生误差，也会导致并联运行的发电机组间的有功功率分配产生误差，但是如果不灵敏区太小或完全没有，那么舰船电力系统频率的微小波动就会引起调节器过分频繁的调节，从而不利于使用。

7.3.2　频率的调整——调速特性的平移

当发电机的负荷功率变化时，由于调速器的作用，能自动地调节油门的大小，从而维持发电机的转速（频率）在一定范围内，但由于是有差特性，所以频率并不是恒定的。若希望维持额定频率，还需适当地手动调节调速器，从而改变油门的大小。反映在坐标平面上，就是人为地将调速特性曲线进行上、下平移，如图 7－4 所示。

在图 7－4（a）中，假设发电机运行于特性曲线 1，对应负载 P_1 时的频率为 f_e（如图中的 A 点所示），若负载增加到 P_2，则在调速器的作用下发电机组将沿特性曲线 1 上的 A 点下降到 B 点。此时频率 $f_1<f_e$，为了保持频率为 f_e，就要增加弹簧的“预紧”力、加大油门，以将特性曲线 1 抬高到特性曲线 2。当发电机组转速还来不及改变时，其频率仍为 f_1，这时它已运行到特性曲线 2 上的 C 点，对应的功率为 P_3，而 $P_3>P_2$，剩余功率将使发电机组

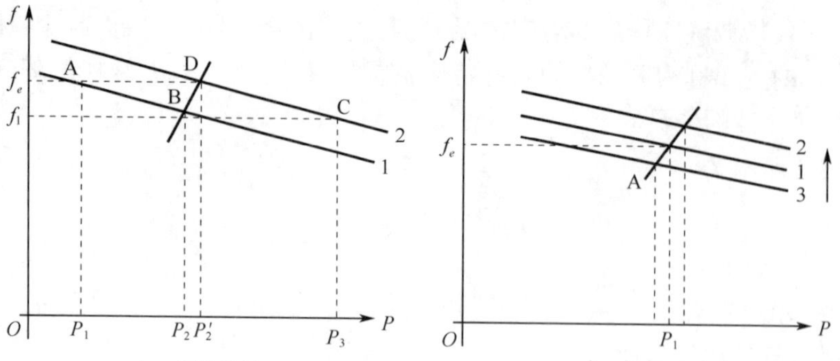

(a) 调整情况一　　(b) 调整情况二

图7－4　频率的再调整

沿特性曲线2加速,频率由f_1上升到f_e,当在特性曲线2上对应的输出功率正好等于负载所需功率P_2'时,便达到了功率平衡,发电机组运行在特性曲线2上的D点。上述过程实现了频率的再调整。

综上所述,在同一负载下欲使频率升高,则应加大弹簧的“预紧”力,将油门加大,此时整个曲线1将向上平移到曲线2,如图7－4(b)所示;若减小弹簧的“预紧”力,则特性向下平移,如图7－4(b)中的曲线3所示。

7.4　并联运行发电机组间的有功功率转移与分配

7.4.1　不同调速特性并联运行发电机组间有功功率的分配

并联运行发电机组间有功功率的分配,与两台发电机所具有的频率功率特性有关,如图7－5所示。

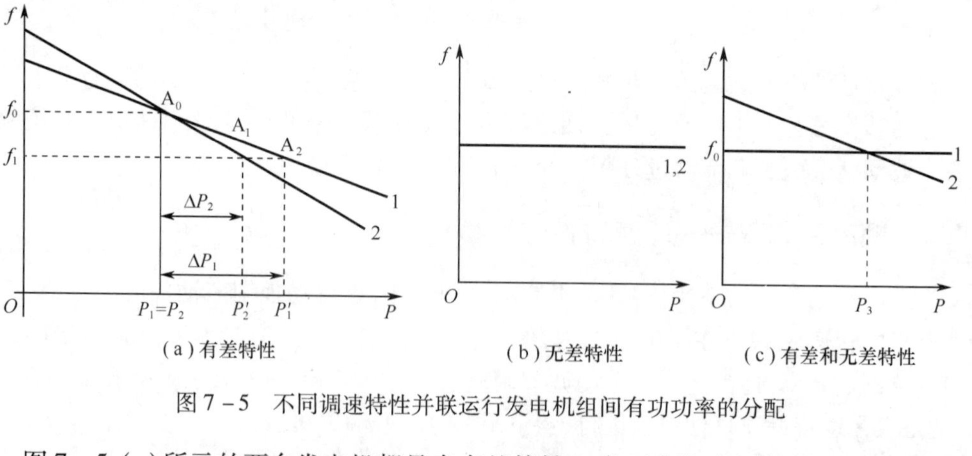

(a) 有差特性　　(b) 无差特性　　(c) 有差和无差特性

图7－5　不同调速特性并联运行发电机组间有功功率的分配

图7－5(a)所示的两台发电机都具有有差特性。当两台发电机并联运行时,两条特性曲线有稳定的交点A_0,此时所对应的频率为额定频率f_0,1号发电机和2号发电机承担的有功功率分别为P_1和P_2,并且$P_1=P_2$。当舰船电力系统的有功功率增加ΔP时,频率下降为f_1,两台发电机分别运行在A_1和A_2点,各自承担功率为P_1'和P_2'。因此有有差特性的发电动并联运行时,随电网负荷的变化能够自动、稳定地分配有功功率,使两台发电

机稳定地并联运行。但由于特性曲线的斜率不一致,所以功率不能按容量成比例分配。若适当手动或自动调节两台发电机的油门,则可将特性曲线 1 和 2 分别适度地向上平移,使负荷均匀分配,此时的频率 $f=f_e$。

图 7－5(b)所示为具有无差调节特性的情况,尽管在图上可以看出在任何情况下,电网的频率均保持不变,但因为这两台并联运行的发电机有无数个交点,所以只要稍有扰动,就会使一台发电机功率增加,油门加大,另一台发电机则功率减少,油门减小,这种无法逆转的趋势将很快使一台发电机过载,而另一台发电机成为电动机运行,因此不能稳定地并联运行。

图 7－5(c)所示为一台具有有差特性与一台具有无差特性的发电机并联运行的情况,从图中可见系统的频率能保持不变。但当负荷变化时,具有有差特性的发电机所承担的有功功率不变,而负荷的变化量将全部由具有无差特性的发电机来承担。

7.4.2　有功功率的转移操作

假设电网上已有一台发电机带负载 P 在运行,频率为 f_e。第二台发电机并入后,还处于空载状态。现需要将负荷的一半转移给第二台发电机。若没有自动负荷分配装置,就必须由手动来调节。在转移过程中,设电压和无功分配已由调压器来保证。这里只讨论如何实现有功功率的转移和保持频率不变。

图 7－6 所示,开始时设 1 号发电机运行于特性曲线 1′的 A 点,对应于 f_e 和 P_1,2 号发电机为并入发电机,处于空载状态,运行于特性曲线 2′的 B 点,对应于 f_e 和 $P_2=0$。两台发电机的频率－功率特性曲线分别为 1′和 2′。

转移过程:为保持电网的频率稳定,在转移负载时,必须同时向相反方向调节两台发电机的调速控制开关。对于上述情况,需增大 2 号发电机的油门,使特性曲线 2′向上平移到特性曲线 2;同时减少 1 号发电机的油门,使特性曲线 1′向下平移到特性曲线 1,并与曲线 2 交于 C 点。两特性曲线 1 和 2 的交点 C 说明两台发电机的频率均为 f_e,而两台发电机各自承担的功率均为 $P_1/2$。以后在负荷变动时,由调速器自动稳定功率分配,并调节电网频率。

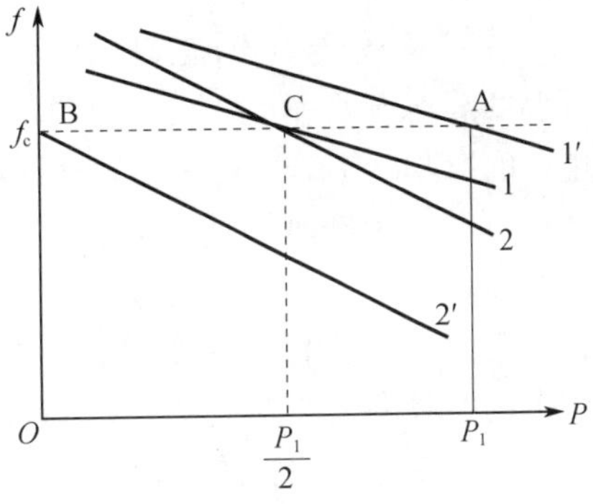

图 7－6　负荷转移图

当两台发电机并联运行,需解列一台时,也应同时反向调节原动机的调速控制开关。在电网的频率保持不变的情况下,应将负荷全部转移至运行的发电机。当需解列的发电机的有功功率接近为零时,应将该发电机的主开关断开。在并联运行中,若出现功率分配偏差较大时,也要按上述操作将功率按发电机容量呈比例地均匀分配。如果出现电网频率偏差额定值的情况,可同时向同方向操作两台发电机的调速开关,使频率上升或下降。

7.4.3　调差系数与功率分配间的关系

并联运行发电机组间有功功率的分配与发电机的调速特性有关。要想保证并联运行的稳定,必须要求有功功率分配稳定,而且两台并联发电机的调整特性必须是有差特性。

要使并联发电机在任意负载下都能稳定地按容量比例自动分配功率,则调速特性不仅是有差特性,而且其调差系数(特性曲线的下降斜率)也要一致。由于调速器特性总是存在一 定的差别,所以为了使电网频率不至于随负载变化过大,又使功率稳定分配,特性曲线的下降率应在3%左右,不超过5%,以保证有功分配偏差在10%以内。

当n台发电机并联运行时,各发电机具有相同的频率。此时有功功率的分配取决于各发电机的调速特性。设发电机运行的频率为f_1,承担的功率为P_1,当系统总功率增加ΔP到P_2时,系统频率下降至f_2,可以得到

$$\Delta f = K_n \Delta P \tag{7-9}$$

式中:K_n为第n台发电机调速特性的调差系数;Δf为频率的变化量。

根据上述分析,可得出以下结论:多台发电机并联运行时,为保证频率稳定,发电机之间的有功负载与各自的调差系数K_n成反比关系。

下面的情形在舰船上应用最多。由于舰船电站多采用同型号、同容量的两台发电机,所以希望配置特性相同的调速器,若调速器具有相同的调差系数,则两台发电机能均分系统的负载增量。实际上,当调速器的调差系数不可调时,很难满足K_n完全一致。另外,由于调速器结构中的间隙,使调速器有失灵区,其调速特性并不是一条理想的直线,而是一条宽带,此时功率分配仍可能不均匀,所以两台具有相同调速特性的发电机并联运行,功率分配不可能做到完全均匀。因此,功率分配也就存在着一定的偏差。

从功率分配的角度来看,调速特性的调差系数K_n越大,其分配的误差越小,舰船电力系统负载波动越大,频率的波动越大。而从频率稳定的角度来看,要求调速特性的斜率越小越好,两者存在着矛盾。一般调速器的调差系数以3%~5%为宜。

一般来说,若调速器选配恰当,在调速器的一次调节作用下,功率分配的静态误差和频率的静态误差都不会太大,但由于两台发电机的调速特性不可能做到完全一致,两台发电机的有功功率分配也不均匀,所以要想维持频率恒定和有功功率分配均匀,必须进行再次调节。采用自动调频调载装置能较理想地提高频率和负载的调节精度,并且有较好的实时性。

舰船同步发电机并联运行时,其调速特性为有差特性,当负荷变化时,虽然有调速器,但电网的频率仍会发生变化。自动调频调载装置是协助原动机调速器对电网电压的频率和有功功率进行调整的装置。其功能是:在并联运行时使系统总的有功功率按并联运行发电机容量成比例分配,而保持电网频率恒定;在接到解列指令时,能自动进行负荷转移,然后使解列的发电机脱离电网。自动调频调载装置是舰船电力系统自动化不可缺少的一部分。

自动调频调载装置需要根据转速(频率)和负载(功率)的信号,来实现频率和有功功率的调节。其基本原理就是通过频率检测环节和有功功率检测环节,把汇流排的频率和各机组承担的有功功率转换成易于控制的电信号(电压或电流)后送到运算环节进行运算处理,再根据频率偏差和有功功率分配的偏差向调整器发出相应的调节信号,以控制执行机构,自动调节原动机油门,使电网频率维持在额定值和各发电机的有功功率按其容量比例进行分配。

第8章

舰船电网潮流计算方法

8.1 舰船电网潮流计算概述

所谓电网的潮流，是指电力系统中所有运行参数的总体，包括各个母线电压的大小和相位、各个发电机和负荷的功率及电流，以及各个变压器和线路等元件所通过的功率、电流和其中的损耗。潮流计算是电力系统分析中一种最基本的计算，它的任务是在已知（或给定）某些运行参数的情况下，计算出系统中全部的运行参数。

舰船电网中潮流计算的方法是由陆地电网的潮流计算发展而来的，但由于舰船电网的特点，它与陆地电网的潮流计算方法有一定的区别。陆地电力系统的潮流计算方法是建立在高压输电网基础上的，一般采用供、配电网络分别计算的方法，并且计算方法已比较成熟。然而，舰船电力系统为低电压等级的独立供配电统一网络，配电网有其独特的特点，因此舰船电力系统需要一套适用于自身的潮流算法。

8.2 电力网络的数学模型

电力网络的数学模型指的是将网络的有关参数和变量及其相互关系归纳起来所组成的可反映网络性能的数学方程式组。以下仅介绍潮流计算中使用普遍而又方便的节点电压方程。

8.2.1 节点电压方程

在电路理论课程中，已导出了运用节点导纳矩阵的节点电压方程：

$$\boldsymbol{I}_B = \boldsymbol{Y}_B \boldsymbol{U}_B \tag{8-1}$$

其展开形式为

$$\begin{bmatrix}\dot{I}_1\\\dot{I}_2\\\dot{I}_3\\\vdots\\\dot{I}_n\end{bmatrix}=\begin{bmatrix}Y_{11}&Y_{12}&Y_{13}&\cdots&Y_{1n}\\Y_{21}&Y_{22}&Y_{23}&\cdots&Y_{2n}\\Y_{31}&Y_{32}&Y_{33}&\cdots&Y_{3n}\\\vdots&\vdots&\vdots&&\vdots\\Y_{n1}&Y_{n2}&Y_{n3}&\cdots&Y_{nn}\end{bmatrix}\begin{bmatrix}\dot{U}_1\\\dot{U}_2\\\dot{U}_3\\\vdots\\\dot{U}_n\end{bmatrix}\tag{8-2}$$

在这些方程式中,$\boldsymbol{I}_B$ 是节点注入电流列向量。在电力系统计算中,节点注入电流可理解为各节点电源电流与负荷电流的代数和,并规定电源流向网络的注入电流为正,从而表示负荷电流的节点注入电流为负。某些仅起联络作用的联络节点,如图 8-1 中节点 3,注入电流为零。$\boldsymbol{U}_B$ 是节点电压的列向量。网络中有接地支路时,通常以船体作为参考节点,节点电压就指各该节点的对地电压。网络中没有接地支路时,各节点电压是指各该节点与某一被选定的参考节点之间的电压差。参考节点编号为零。$\boldsymbol{Y}_B$ 是一个 $n \times n$ 阶节点导纳短阵,其 n 阶数就等于网络中除参考节点外的独立节点数。例如,在图 8-1 中,$n=3$。

节点导纳对角阵中的对角元 $Y_{ii}(i=1,2,\cdots,n)$ 称自导纳。由式(8-2)可见,自导纳 $\boldsymbol{Y}_{ii}$ 在数值上就等于在节点 i 施加单位电压,其他节点全部接地时,经节点 i 注入网络的电流。因此,可以定义为

$$Y_{ii}=(\dot{I}_i/\dot{U}_i)\mid_{(\dot{U}_j=0,j\neq i)}\tag{8-3}$$

以图 8-2 所示网络为例,取 $i=2$,在节点 2 接电压源 $\dot{\boldsymbol{U}}_2$,节点 1、3 直接与地短接,按上述定义,可得

$$Y_{22}=(\dot{I}_2/\dot{U}_2)\mid_{(\dot{U}_1=\dot{U}_3=0)}$$

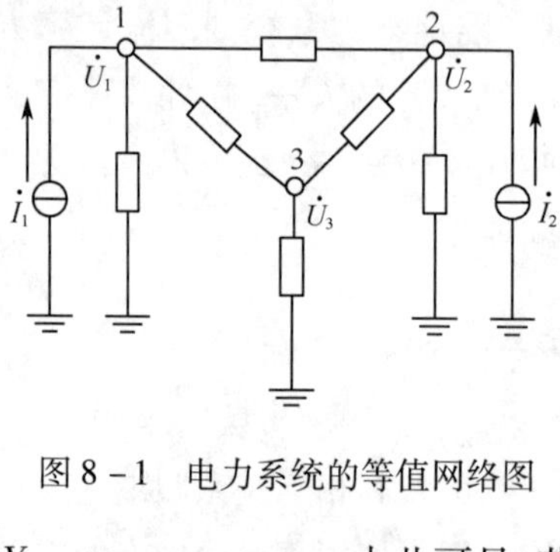

图 8-1 电力系统的等值网络图

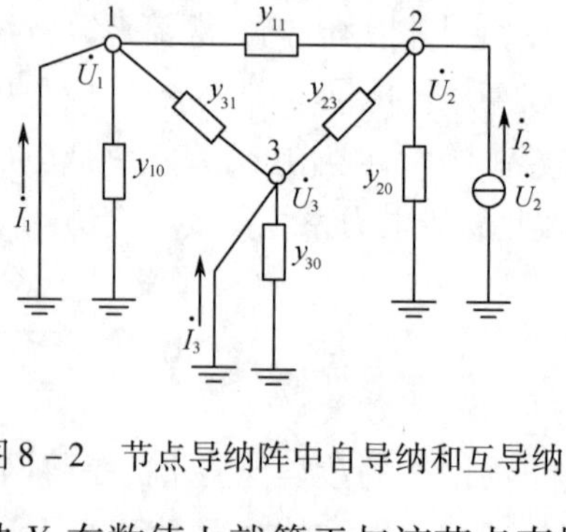

图 8-2 节点导纳阵中自导纳和互导纳

从而 $Y_{22}=y_{20}+y_{21}+y_{23}$。由此可见,节点 i 的自导纳 Y_{ii} 在数值上就等于与该节点直接连接的所有支路导纳的总和。

节点导纳阵中的非对角元 $Y_{ji}(j=1,2,\cdots,n;i=1,2,\cdots,n;j\neq i)$ 称互导纳。而由式(8-2)可见,互导纳 Y_{ij} 数值上就等于在节点 i 施加单位电压,其他节点全部接地时,经节点 j 注入网络的电流。因此,它可定义为

$$Y_{ji}=(\dot{I}_j/\dot{U}_i)\mid_{(\dot{U}_j=0,j\neq i)}\tag{8-4}$$

仍以图 8-2 所示的网络为例,仍取 $i=2$,在节点 2 接电压源 $\dot{U}_2$,节点 1、3 直接与地短接,

按如上的定义，可得

$$Y_{12} = (\dot{I}_1/\dot{U}_2)\big|_{(\dot{U}_1=\dot{U}_3=0)}$$

$$Y_{32} = (\dot{I}_3/\dot{U}_2)\big|_{(\dot{U}_1=\dot{U}_3=0)}$$

从而，$Y_{12} = -y_{12} = -y_{21}$，$Y_{32} = -y_{32} = -y_{23}$，由此可见，节点 j、i 之间的导纳 Y_{ji}数值上就等于连接节点 j、i 支路导纳的负值。显然，Y_{ji}恒等于 Y_{ij}。而且，如节点 j、i 之间无直接联系，也不计两支路之间的互感时，$Y_{ji} = Y_{ij} = 0$。

互导纳的这些性质决定了节点导纳矩阵是一个对称的稀疏矩阵。而且，由于每个节点所连接的支路数总有一定限度，随着网络中节点数的增加，非零元素相对越来越少，节点导纳矩阵的稀疏度，即零元素数与非零元素数的比值也就越来越大。将式(8－1)等号两侧前都乘以 $\boldsymbol{Y}_B^{-1}$，可得

$$\boldsymbol{Y}_B^{-1}\boldsymbol{I}_B = \boldsymbol{U}_B$$

如令 $\boldsymbol{Y}_B^{-1} = \boldsymbol{Z}_B$，上式可改写为

$$\boldsymbol{Z}_B\boldsymbol{I}_B = \boldsymbol{U}_B \tag{8-5}$$

其展开式为

$$\begin{bmatrix} Z_{11} & Z_{12} & Z_{13} & \cdots & Z_{1n} \\ Z_{21} & Z_{22} & Z_{23} & \cdots & Z_{2n} \\ Z_{31} & Z_{32} & Z_{33} & \cdots & Z_{3n} \\ \vdots & \vdots & \vdots & & \vdots \\ Z_{n1} & Z_{n2} & Z_{n3} & \cdots & Z_{nn} \end{bmatrix} \begin{bmatrix} \dot{I}_1 \\ \dot{I}_2 \\ \dot{I}_3 \\ \vdots \\ \dot{I}_n \end{bmatrix} = \begin{bmatrix} \dot{U}_1 \\ \dot{U}_2 \\ \dot{U}_3 \\ \vdots \\ \dot{U}_n \end{bmatrix} \tag{8-6}$$

对应电力系统的等值网络图如图8－1所示，则为

$$\begin{bmatrix} Z_{11} & Z_{12} & Z_{13} \\ Z_{21} & Z_{22} & Z_{23} \\ Z_{31} & Z_{32} & Z_{33} \end{bmatrix} \begin{bmatrix} \dot{I}_1 \\ \dot{I}_2 \\ 0 \end{bmatrix} = \begin{bmatrix} \dot{U}_1 \\ \dot{U}_2 \\ \dot{U}_3 \end{bmatrix}$$

这些方程式中的 $\boldsymbol{Z}_B = \boldsymbol{Y}_B^{-1}$ 称节点阻抗矩阵。显然，$\boldsymbol{Z}_B$ 也是 $n \times n$ 阶对称矩阵。

节点阻抗矩阵的对角元 $Z_{ii}(i=1,2,\cdots,n)$称自阻抗。由式(8－6)可见，自阻抗数值上就等于经节点 i 注入单位电流，其他节点都不注入电流时，节点 i 的电压。因此，它也可定义为

$$Z_{ii} = (\dot{U}_i/\dot{I}_i)\big|_{(\dot{I}_j=0,j\neq i)} \tag{8-7}$$

以图8－3所示网络为例，取 $i=2$，在节点2接电流源 $\dot{I}_2$，节点1、3的电流源开路，按如上定义，可得

$$Z_{22} = (\dot{U}_2/\dot{I}_2)\big|_{(\dot{I}_1=\dot{I}_3=0)}$$

节点阻抗矩阵的非对角元 $Z_{ji}(j=1,2,\cdots,n;i=1,2,\cdots,n;j\neq i)$称互阻抗。而由式(8－6)可见，互阻抗 Z_{ji}在数值上就等于经节点 i 注入单位电流，其他节点

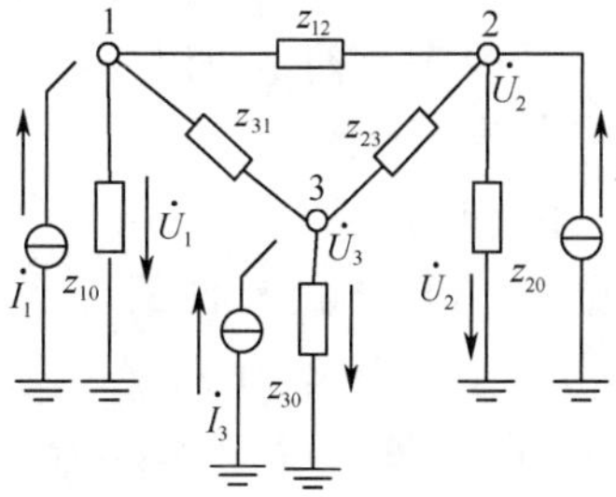

图8－3　节点阻抗矩阵中自阻抗和互阻抗

都不注入电流时,节点j的电压。因此,它也可定义为

$$Z_{ji} = (\dot{U}_j / \dot{I}_i) \mid_{(\dot{I}_j = 0, j \neq i)} \tag{8-8}$$

仍以图8-3所示网络为例,取$i=2$,在节点2接电流源$\dot{I}_2$,节点1、3的电流源开路,按如上定义,可得

$$Z_{12} = (\dot{U}_1 / \dot{I}_2) \mid_{(\dot{I}_1 = \dot{I}_3 = 0)}$$

$$Z_{32} = (\dot{U}_3 / \dot{I}_2) \mid_{(\dot{I}_1 = \dot{I}_3 = 0)}$$

也显然Z_{ji}恒等于Z_{ij}。

互阻抗的这些性质决定了节点阻抗矩阵也是对称矩阵,但不是稀疏矩阵而是满矩阵。因网络中各节点相互间有直接、间接的联系,当节点i有注入电流而其他各节点注入电流都为零时,网络中除参考节点外,其他节点电压都不为零。

8.2.2 节点导纳矩阵的形成和修改

1. 节点导纳矩阵的形成

节点导纳矩阵可根据自导纳和互导纳的定义直接求取。求取时,仅注意以下几点。

(1) 节点导纳矩阵是方阵,其阶数就等于网络中除参考节点外的节点数n。

(2) 节点导纳矩阵是稀疏矩阵,其各行非零非对角元素数就等于与该行相对应节点所连接的不接地支路数。如图8-2中,与节点2对应的第二行非零非对角元数为2。

(3) 节点导纳矩阵的非对角元Y_{ij}等于连接i、j节点支路导纳的负值。如图8-2中,$Y_{21} = -y_{21}$,$Y_{23} = -y_{23}$。因此,在一般情况下,节点导纳矩阵的对角元往往大于非对角元的负值。

(4) 节点导纳矩阵的对角元就等于各该节点所连接导纳的总和,如图8-2中,与节点2对应的对角元$Y_{22} = y_{20} + y_{21} + y_{23}$。因此,与没有接地支路的节点对应的行或列中,对角元为非对角元之和的负值。

(5) 节点导纳矩阵一般是对称矩阵,只要求取这个矩阵的上三角或下三角部分。

(6) 网络中的变压器可运用变压器的Π型等值电路表示,仍可按上述原则计算。

2. 节点导纳矩阵的修改

舰船电力系统计算中,往往要计算不同运行工况下(接线方式发生变化)以及某些元件参数发生变化的运行状况。由于改变一个支路的参数或它的投入、退出状态只影响该支路两端节点的自导纳和它们之间的互导纳,可不必重新形成与新运行状况相对应的节点导纳矩阵,仅需就原有的矩阵做某些修改。以下介绍几种典型的修改方法。

(1) 从原有网络引出一支路,同时增加一节点,如图8-4(a)所示。

设i为原有网络中的节点,j为新增加节点,新增加支路导纳为y_{ij}。因新增一节点,节点导纳矩阵将增加一阶。新增的对角元$Y_{jj} = y_{ij}$;新增的非对角元单$Y_{ij} = Y_{ji} = -y_{ij}$;原有矩阵中的对角元$Y_{ii}$将增加$\Delta Y_{ii} = y_{ij}$。

(2) 在原有网络的节点i、j之间增加一条支路,如图8-4(b)所示。

由于仅增加支路未增加节点,节点导纳矩阵的阶数不变,但与节点i、j有关的元素应做如下修改:

$$\Delta Y_{ii} = \Delta Y_{jj} = y_{ij};\Delta Y_{ij} = \Delta Y_{ji} = -y_{ij}$$

(3) 在原有网络的节点 i、j 之间切除一支路,如图 8 -4(c)所示。

切除—导纳为 y_{ij} 的支路,相当于增加一导纳为($-y_{ij}$)的支路。从而与节点 i、j 有关的元素做如下修改:

$$\Delta Y_{ii} = \Delta Y_{jj} = -y_{ij}$$

$$\Delta Y_{ij} = \Delta Y_{ji} = y_{ij}$$

(4) 原有网络节点 i、j 之间的导纳由 y_{ij} 改变为 y'_{ij},如图 8 -4(d)所示。这情况相当于切除一导纳为 y_{ij} 的支路并增加一导纳为 y'_{ij} 的支路,从而与节点 i、j 有关元素应做如下修改:

$$\Delta Y_{ii} = \Delta Y_{jj} = y'_{ij} - y_{ij};\Delta Y_{ij} = \Delta Y_{ji} = y_{ij} - y'_{ij}$$

(5) 原有网络节点 i、j 之间变压器的变比由 K_* 改变为 K'_*。节点 i、j 之间变压器的变比 k_* 变为 k'_* 时,图 8 -4(e)中变压器 Π 型等值电路中的各支路的参数要相应变化。与节点 i、j 有关元素需做如下修改,即相当于切除变比为 k_* 的变压器并投入变比为 k'_* 的变压器。

$$\Delta Y_{ii} = \left(\frac{1}{k'^2_*} - \frac{1}{k^2_*}\right)y_T$$

$$\Delta Y_{jj} = 0$$

$$\Delta Y_{ij} = \Delta Y_{ji} = -\left(\frac{1}{k'_*} - \frac{1}{k_*}\right)y_T$$

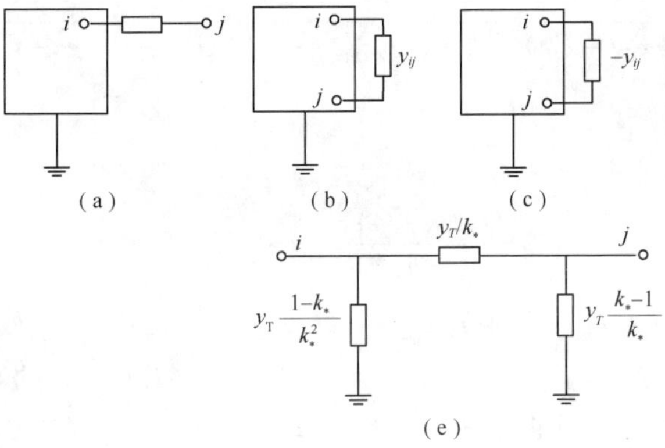

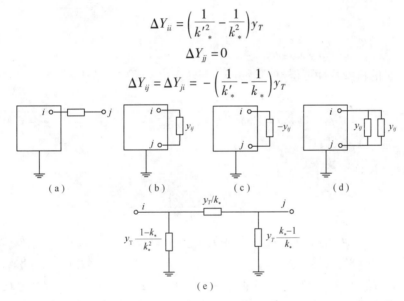

图 8 -4　电力网络接线的改变

8.2.3　异步电动机的建模

舰船上电力系统中含有大量的异步电动机动态负载,潮流计算时必需考虑其动态特性。为保证结果的精确性,异步电动机采用标准 T 型等效电路模型,如图 8 -5 所示。

由图 8 -5 所示 T 型等效电路模型,得出异步电动机的等效电阻 R_m 和电抗 X_m 为

$$R_m = \frac{ac + bd}{c^2 + d^2} \tag{8-9}$$

$$X_m = \frac{bc - ad}{c^2 + d^2} \tag{8-10}$$

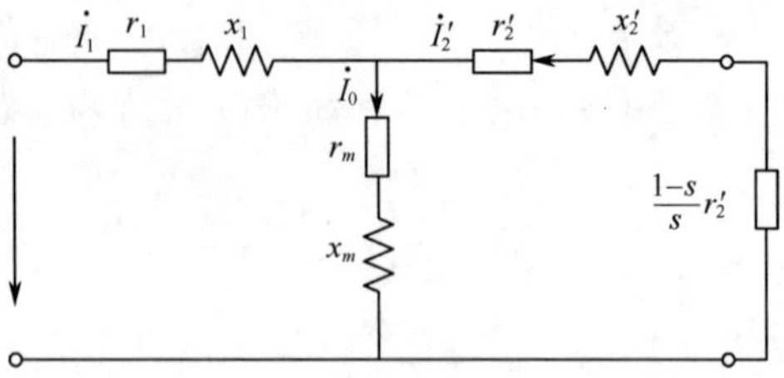

图8-5 异步电动机的T型等效电路

r_1—折算后定子电阻；r_2'—折算后转子电阻；r_m—折算后的励磁电阻；x_1—折算后的定子漏抗；x_2'—折算后的转子漏抗；x_m—折算后的励磁电抗；s—转差率；u_1—定子端相电压。

式中：a,b,c,d 与异步电动机的参数在这里做以下的等价关系：

$$a=(r_1+r_m)\frac{r_2'}{s}-x_m(x_1+x_2')+r_1r_m-x_1x_2'$$

$$b=(x_1+x_m)\frac{r_2'}{s}+r_m(x_1+x_2')+r_1x_m+r_1x_2'$$

$$c=r_m+\frac{r_2'}{s}$$

$$d=x_m+x_2'$$

由异步电动机的机械特性可得电磁转矩 T_m 与转差率 s 函数关系式为

$$T_m=\frac{u^2g^2r_2's}{[(r_1g-x_2'f)^2+(x_1g+x_2'e)^2]s^2+(2r_2'x_1gf+2r_2'r_1ge)s+r_2'^2(e^2+f^2)} \tag{8-11}$$

式中：$e=r_1g-x_2'f$；$f=x_1g+x_2'e$；$g=e^2+f^2$。

由式(8-11)可求得

$$s=\frac{r_2'(q-\sqrt{p})}{2h} \tag{8-12}$$

式中：$h=T_mr_1^2g^2-2T_mr_1gx_2'f+T_mx_2^2f^2+T_mx_1^2g^2+2T_mx_1gx_2e+T_mx_2^2e^2$；$q=-2T_megr_1-2T_mfgx_1+u^2g^2$；$p=8T_m^2eg^2r_1x_1f-4T_meg^3r_1u^2-4T_mg^3x_1u^2f+u^4g^4-4T_m^2r_1^2g^2f^2+8T_m^2r_1gx_2'e^2f+8T_m^2r_1gx_2'f^3-8T_m^2x_2'^2e^2f^2-4T_m^2x_2'^2f^4-4T_m^2x_1^2g^2e^2-8T_m^2x_1gx_2'e^3-8T_m^2x_1gx_2'ef^2-4T_m^2x_2'^2e^4$。

在一般情况下，认为电动机的输出转矩就等于其电磁转矩，而稳态运行时电磁转矩与转子轴上的负载转矩相等，由此得出以下等式：

$$T_m=T_L=T_0+K_Tn_1^2\cdot(1-s)^2 \tag{8-13}$$

式中：T_L 为负载转矩；T_0 为空载转矩；K_T 为转矩系数；n_1 为同步转速；s 为转差率。

8.3 陆上和舰船电力系统潮流计算方法的区别

目前陆上复杂电力系统潮流计算发展得较快，通常采用输电和配电分开计算的方法，对于高压的输电网络常采用牛顿-拉夫逊法、快速解耦等方法。与输电网相比，配电网的网络结构有着明显的差异，主要表现在：① 配电网一般采用闭环设计、开环运行，其结构呈辐射状；② 配电线的半径比输电线的小，导致配电网的 R/X 较大。配电网潮流计算的方法大致分为两类:一是利用输电网潮流计算方法,如牛顿－拉夫逊法、$P-Q$ 分解法等。由于配电线路的 R/X 较大,使得在输电网中常用的这些算法在配电网的潮流计算中应用时其收敛性难以保证。二是针对配电网的网络结构特殊性而开发的相应计算方法,以直接求解法和前推回代法为典型代表。这些算法都具有编程简单、收敛可靠的特点。

对于复杂的舰船电力网络来说,虽与陆上配电网络有许多相似之处,但它有其独特之处,不能完全照搬陆上配电系统的方法。舰船电力系统由发电设备、变配电装置、输电网络、用电设备等组成。舰船电力系统的电站容量、联结方式、电压等级、输配电装置等部分与陆地上的电力系统有很大差别,主要在以下几个方面。

1. 舰船电站容量较小

由于舰船电站只供给一艘舰船上负载,其单机容量和电站的总容量与陆地相比都要小得多。单机容量与某些大负载可相比拟,当这样的大负载启动时,对电网将造成较大的冲击,可能造成很大的电压、频率波动,同时对舰船电力系统的稳定性提出了高要求。比如对舰船用发电机调压器的动态特性有较高的指标要求,有强行励磁的能力,发电机要有较大的过载能力。另外,由于舰船工况变动较频繁,对自动控制装置的可靠性也提出了较高的要求。

2. 舰船电网输电线路短

由于舰船尺寸和容积的限制,电气设备比较集中,发电设备和用电设备之间的距离较短。这样的小容量、短距离输电,而且舰船舱室、管线都是导电体的系统,通常采用低电压等级的发电设备和各种类型的电缆供电给负载。

3. 舰船电气设备的工作环境恶劣

舰船电气设备的工作环境往往比陆地恶劣,电气设备的工作环境对电气设备的运行性能和工作寿命有很大影响。例如环境温度高,会降低电机的出力,加速绝缘老化。相对湿度高则会使电气设备,绝缘性能降低,加速金属部件的腐蚀。烟雾、油雾和霉菌的存在和灰尘的黏结都能加速金属的腐蚀作用、电气设备绝缘下降、电器的接触不良。此外,舰船的倾斜与摇摆以及舰船受到冲击和振动时,也会造成电气设备损坏、接触不良或误动作。

因为舰船电力系统有这些特殊性,所以不能照搬陆上电力系统的模型。现有参考文献中能够应用于舰船电力系统中的方法主要有三种:前推回代法、回路阻抗法、节点电势法。

1）前推回代法

前推回代法适用于辐射状或有少量环的网络拓扑结构,其算法是将网络看作“树”,将树分层,按照层次推算各节点电压。若有环,将环打开用电流注入来补偿。这种方法迭代次数少,收敛速度也快。当网络中环较多时,此种方法就较为麻烦了。

2）回路阻抗法

回路阻抗法是将节点负荷用恒定阻抗表示。由于不考虑馈线段的对地电容,则从馈线根节点到每一个负荷节点将形成一条回路,因此可根据基尔霍夫电压定律,列出回路方程组 $V=ZI$,采用分解方法对此式进行求解。可求出回路电流。也就得到各个负荷节点的负荷电流,然后可求出各条支路上的电压降,进而可求得各节点的电压和负荷节点的功率。

3）节点电势法

节点电势法中考虑了电动机等非线性负载的建模及线路压降的影响，将负载作为电流源进行处理，建立节点支路关联矩阵，以形成的节点导纳阵进行迭代求解。另外，节点电势法中建立了扩展的节点支路关联矩阵，节点及支路编号有一定的顺序，网络结构改变时，不需重新生成连接矩阵进行计算，发生故障后只需去掉相应的行列，系统计算可继续进行。节点电势法计算速度较快。

下面对节点电势法和前推回代法做以具体介绍。

8.4 节点电势法潮流计算

节点电势法适用于任何复杂网络的舰船电力系统的潮流计算。由于舰船网络电压等级低、供配电很接近。此算法考虑了线路压降的影响，将发电机和异步电动机作为功率源，建立节点－支路关联矩阵，以形成的节点导纳阵进行迭代求解。

1. 节点－支路关联矩阵的形成

任意结构的电力系统的电网可用节点－支路关联矩阵$[\boldsymbol{A}]_{n\times l}$（$n$ 为节点总数，l 为支路总数）和支路导纳对角阵$[\dot{\boldsymbol{Y}}_b]_{l\times l}$来描述：

$$[\boldsymbol{A}]=\begin{bmatrix} A_{11} & A_{12} & \cdots & \cdots & A_{1l} \\ A_{21} & \ddots & & & \vdots \\ \vdots & & A_{ij} & & \vdots \\ \vdots & & & \ddots & \vdots \\ A_{n1} & \cdots & \cdots & \cdots & A_{nl} \end{bmatrix}_{n\times l} \qquad [\dot{\boldsymbol{Y}}_b]=\begin{bmatrix} \dot{y}_{b11} & 0 & \cdots & \cdots & 0 \\ 0 & \ddots & & & \vdots \\ \vdots & & \dot{y}_{bij} & & \vdots \\ \vdots & & & \ddots & 0 \\ 0 & \cdots & \cdots & 0 & \dot{y}_{bll} \end{bmatrix}_{l\times l}$$

对于矩阵$[\boldsymbol{A}]$而言，假定流入节点的电流为正，流出节点电流为负。则当第 j 条支路的电流从节点 i 流出，并流入节点 3 时，有 $A_{1j}=-1$，$A_{3j}=-1$，而当 $i\neq1$，$i\neq3$ 时 $A_{ij}=0$；对于矩阵$[\dot{\boldsymbol{Y}}]$而言，当 $j=i$ 时$\dot{\boldsymbol{y}}_{ij}$为第 i 条支路（或馈线、跨接线）的导纳向量，而当 $j\neq i$ 时 $\dot{\boldsymbol{y}}_{ij}=0$。为了进一步说明，图 8－6 给出了一个简单的电力系统，它包括发电机 G_1，G_2，电动机负载 M_1，M_2，M_3，静态负载 C_1，C_2，配电板（粗线）Y_1，Y_2，分电箱（粗线）Y_3，Y_4 网络跨接和馈线电缆（虚线）B_1，B_2，B_3，其导纳分别为$\dot{y}_1$，$\dot{y}_2$，$\dot{y}_3$。另外，这里忽略其他馈线电阻，并假定所有开关闭合。将图 8－6 所示的电力系统转化成图 8－7 所示的由 4 个节点、3 条支路（其电流正方向如图中箭头所示）和电流源（发电机形成的电流源方向为流入节点，电动机形成的电流源方向为流出节点）组成的网络图。图 8－7 对应的节点－支路矩阵$[\boldsymbol{A}]$和支路导纳矩阵分别为

$$[\boldsymbol{A}]=\begin{bmatrix} -1 & -1 & 0 \\ +1 & 0 & -1 \\ 0 & +1 & 0 \\ 0 & 0 & +1 \end{bmatrix}_{4\times 3} \qquad [\dot{\boldsymbol{Y}}]=\begin{bmatrix} \dot{y}_1 & 0 & 0 \\ 0 & \dot{y}_2 & 0 \\ 0 & 0 & \dot{y}_3 \end{bmatrix}_{3\times 3}$$

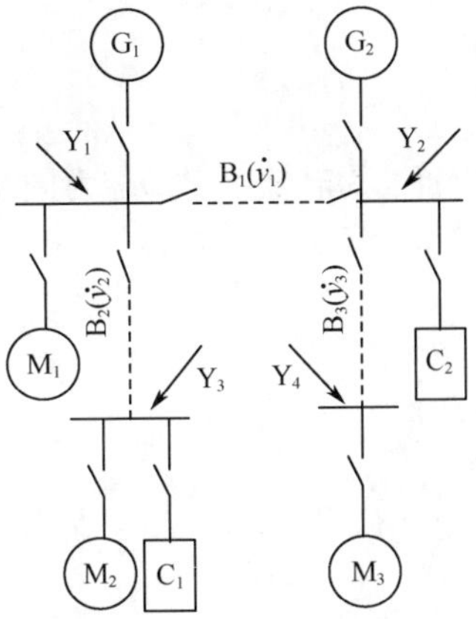

图 8-6　简单的电力系统

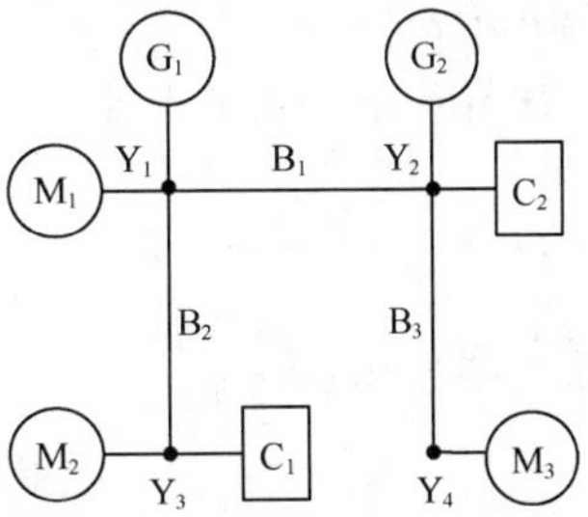

图 8-7　电力系统等效网络

矩阵$[\boldsymbol{A}]_{n\times l}$即节点-支路关联矩阵；对于矩阵$[\dot{\boldsymbol{Y}}_b]_{l\times l}$而言，当$j=i$时$\dot{\boldsymbol{y}}_{ij}$为第$i$条支路的导纳向量，而当$j\neq i$时$\dot{\boldsymbol{y}}_{ij}=0$。在此基础上可求得节点导纳矩阵$[\dot{\boldsymbol{Y}}]$，即

$$[\dot{\boldsymbol{Y}}]=[\boldsymbol{A}][\dot{\boldsymbol{Y}}_b][\boldsymbol{A}]^{\mathrm{T}} \tag{8-14}$$

式中：$[\boldsymbol{A}]^{\mathrm{T}}$为$[\boldsymbol{A}]$的转置矩阵。

2. 节点电势潮流计算法

在节点电势法中，综合考虑异步电动机、变压器等非线性负载的建模及线路压降的影响，将整个舰船电力系统看作是由节点（母线、配电板、配电箱等）和支路（馈线、跨接线、静态负载等）组成的，将发电机和异步电动机作为电流源来处理，而把变压器等静态负载作为单独的支路添加到节点-支路关联矩阵。假设条件有如下几点。

(1) 认为系统中某一点的电势不变，通常取某一台发电机的电压，这一假设条件可由自动电压调节装置保证。

(2) 发电机间的有功及无功功率分配关系确定，这一条件可由自动调频调载装置保证。

(3) 发电机的转差率近似为零。

节点电势法具体步骤如下。

1）计算各支路的潮流分布

$$[\dot{U}_b]=[B][\dot{U}] \tag{8-15}$$

式中：$\dot{U}_b$为各支路电压；$\dot{U}$为各节点电压；B为节点-支路关联阵的转置。

$$[\dot{I}_b]=[\dot{Y}]\ [\dot{U}_b] \tag{8-16}$$

式中：$\dot{I}_b$为各支路电流；$\dot{\boldsymbol{Y}}$为节点导纳阵。

$$\dot{S}_b=[\dot{\boldsymbol{U}}_b]^{\mathrm{T}}\times[\dot{\boldsymbol{I}}_b]^{*} \tag{8-17}$$

式中：$\dot{S}_b$为各支路的功率损耗之和；$[\dot{\boldsymbol{I}}_b]^{*}$为$[\dot{\boldsymbol{I}}_b]$的共轭阵。

2）计算异步电动机的潮流分布

为保证计算精度，要考虑异步电动机所带的大多数负载特性，对各种泵及风机类负载

建模为

$$T_m^{(k+1)} = T_L^{(k)} = T_0 + K_T \cdot n_1^2 \cdot [1 - s^{(k)}]^2 \tag{8-18}$$

式中:$T_L^{(k)}$ 为负载转矩第 k 步迭代值;T_0 为空载转矩;K_T 为转矩系数;n_1 为同步转速;$s^{(k)}$ 为转差率第 k 步迭代值。

从而得出异步电动机的电流 $\dot{I}_m$ 为

$$\dot{I}_m^{(k)} = \frac{\dot{U}_m^{(k)}}{R_m + jX_m} \tag{8-19}$$

异步电动机所消耗的复功率为

$$\dot{S}_m^{(k)} = \dot{U}_m^{(k)} \times [\dot{I}_m^{(k)}]^* \tag{8-20}$$

3)计算各台发电机的输出电流

整个电网消耗的总功率为

$$\dot{S}_{\text{sum}} = \sum_{i=0}^{L-1} \dot{S}_{bi}^{(k)} + \sum_{i=1}^{M-1} \dot{S}_{mi}^{(k)} \tag{8-21}$$

由发动机组间的功率分配关系,得到发电机的输出电流为

$$\dot{I}_{gi}^{(k)} = \frac{(k_{pi} \cdot R_e[\dot{S}_{\text{sum}}] + k_{qi} \cdot I_m[\dot{S}_{\text{sum}}])^*}{[\dot{U}_{gi}^{(k)}]^*} \tag{8-22}$$

式中:k_{pi},k_{qi}为发电机组间的有功功率和无功功率的分配系数;$\dot{I}_{gi}$为第 i 台发电机的输出电流。

4)计算各节点电压

(1)各节点注入电流为

$$\dot{I}_i^{(k)} = \sum \dot{I}_{gi}^{(k)} - \sum \dot{I}_{mi}^{(k)} \tag{8-23}$$

式中:$\dot{I}_{gi}^{(k)}$ 为与第 i 个节点相连所有发电机电流总和的第 k 次迭代值;$\dot{I}_{mi}^{(k)}$ 为与第 i 个节点相连的所有异步电动机电流总和的第 k 次迭代值。

(2)各节点电压的迭代公式为

$$\dot{U}_i^{(k+1)} = \dot{Y}^{-1} \cdot \dot{I}_i^{(k)} \tag{8-24}$$

为了避免对节点导纳阵$\dot{Y}$求逆,同时为提高迭代过程中的收敛速度,这里采用高斯-塞德尔法求解节点电势的代数形式为

$$\dot{U}_i^{(k+1)} = \frac{1}{\dot{Y}_{i,i}} \cdot \left[\dot{I}_i^{(k)} - \sum_{j=0}^{i-1} \dot{Y}_{i,j} \cdot \dot{U}_j^{(k+1)} - \sum_{j=i+1}^{n-1} \dot{Y}_{i,j} \cdot \dot{U}_j^{(k)} \right] \tag{8-25}$$

式中:$Y_{i,j}$为节点导纳阵$\dot{Y}$中第 i 行第 j 列的元素。

5)计算迭代结束条件

根据基尔霍夫电流定律(KCL)选定

$$\max |\dot{I}_{ij}^{(k)}| \leqslant \varepsilon_1 \tag{8-26}$$

式中:$\dot{I}_{ij}^{(k)}$ 为节点 i 所连接的所有发电机、电动机、静态负载及馈线电流之和;ε_1 为预先设

定的误差值。

3. 潮流计算的流程图

系统计算流程图如图 8－8 所示。

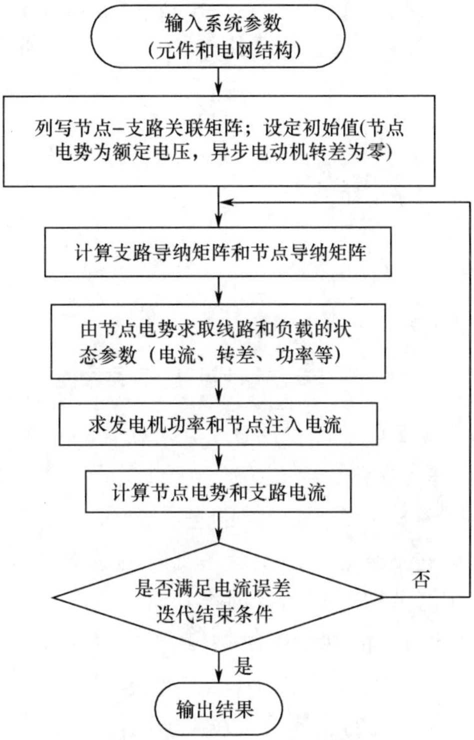

图 8－8　系统计算流程图

8.5　前推回代法潮流计算

前推回代法潮流计算主要有两种:一种是功率型的前推回代算法,另一种是电流型的前推回代算法。功率型的前推回代算法主要思想是先假定末端电压,根据末端功率推算始端功率,然后根据始端功率和电压推算末端各节点的电压,反复进行,直到满足条件为止。电流型的前推回代算法主要是将所有的负荷转化为等值的注入电流,再进行前推回代迭代。基于舰船电网网络常有的辐射型层次结构特性,采用分层的前推回代算法较为适宜。该算法将网络支路按层次进行分类,并分层并行计算各层次的支路功率损耗和电压损耗,因而可大幅度提高舰船电网潮流的计算速度。

1. 网络层次分析

对于辐射型网络,前推回代法的基本原理是:①假定节点电压不变,已知网络末端功率,由网络末端向首端计算支路功率损耗和支路功率,得到根节点注入功率;②假定支路功率不变,已知根节点电压,由网络首端向末端计算支路电压损耗和节点电压。前推时,每条支路的功率都由该支路的下一层支路功率决定,回代时,节点电压都由上一层节点决定。这种特点一方面限制了不同层次间的功率前推和电压回代不能同时进行,另一方面也说明同一层次的支路功率之间没有前后关联,因此同一层次内完全可以实现功率或电压的并行计算。尤其对于大规模辐射型网络,由于分层数显著少于支路总数,所以分层后能够充分发挥并行计算的优势,提高计算速度。

以一个简单的11节点树状网为例,其节点和支路编号采用与网络结构无关的自然编号(从1开始的自然数顺序编号),其具体网络结构如图8-9所示。

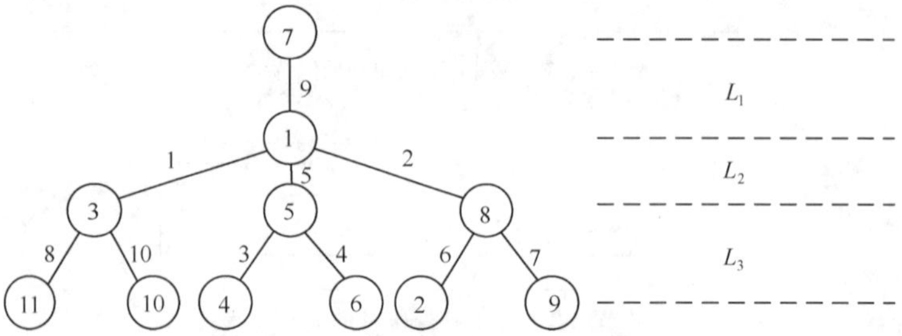

图8-9 11节点的辐射型网络结构

在这个网络中,支路1,2,5属于同一层次,当计算支路功率损耗和电压损耗时,彼此不相关,可以并行计算。同样,支路3,4,6,7,8,10也属同一层,其功率损耗和电压损耗也可以并行计算。这样,根据图8-9所示网络的拓扑结构,可以直观地看到网络支路共分为3层,且可以知道每一层的支路情况以及每一支路的送端节点和受端节点情况。显然,只要了解了这些信息,就能够分层实现功率前推和电压回代的并行计算,而且无须对节点和支路重新编号。为了描述以上的网络层次信息,做如下定义。

(1) 网络层次矩阵$\boldsymbol{L}$。设网络分为L_i层,每层包含的支路数最多为M,则网络层次矩阵$\boldsymbol{L}$是1个$(L_i \times M)$矩阵,第i行的非零元素就是网络第i层包含的支路编号,非零元素的个数就是该层包含的支路数。从L_1层到L_i层代表了功率流动的方向,前推时从L_i层到L_1层,回代时从L_1层到L_i层。

(2) 支路送端节点矩阵$\boldsymbol{f}$和受端节点矩阵$\boldsymbol{t}$。由于原始数据中支路的首节点到末节点的方向不一定就是功率流向,因此必须根据功率方向来确定支路的送端节点和受端节点。每条支路上的功率都由该支路的送端流向受端,支路送端节点矩阵和受端节点矩阵都是一维矩阵,元素个数等于支路数,第i个元素就是支路i的送端(受端)节点编号。

(3) 支路层次关联矩阵$\boldsymbol{C}$。设网络支路数为N,支路层次关联矩阵为1个$(N \times N)$的矩阵。矩阵第i行j列元素为1,表示支路i与支路j为上下层关系,它们直接相连,且支路i的上层支路是支路j,支路j的下层支路是支路i。当支路间没有这种直接的上下层次关系时,对应的元素为0。

在上述几个矩阵中,以网络层次矩阵描述整个网络的支路分层情况。支路送端节点矩阵和受端节点矩阵反映每条支路与送端、受端节点的关联关系。支路层次关联矩阵反映的是支路之间的直接上下层次关系。

下面介绍如何分析网络结构,以形成这几个矩阵。

(1) 形成网络层次矩阵$\boldsymbol{L}$、支路送端节点矩阵$\boldsymbol{f}$和受端节点矩阵$\boldsymbol{t}$。进行网络层次分析时,首先形成节点-支路关联矩阵。若节点数为N,则辐射型网络的支路数必定为$N-1$,节点-支路关联矩阵是1个$N \times N-1$矩阵。当节点i与支路j相连时,则关联矩阵的i行j列元素为1,不相连时,则该元素为0。由此形成的节点-支路关联矩阵,每一列有两个非零元素，其对应的行号就是该列支路的两端节点编号；每一行的非零元素对应的列号就是与该行节点相连的支路编号。图 8－9 所示网络的节点－支路关联矩阵 $\boldsymbol{A}$ 为式中行表示节点 1～11；列表示支路 1～10。

$$\boldsymbol{A}=\begin{bmatrix} 1 & 1 & 0 & 0 & 1 & 0 & 0 & 0 & 1 & 0 \\ 0 & 0 & 0 & 0 & 0 & 1 & 0 & 0 & 0 & 0 \\ 1 & 0 & 0 & 0 & 0 & 0 & 0 & 1 & 0 & 1 \\ 0 & 0 & 1 & 0 & 0 & 0 & 0 & 0 & 0 & 0 \\ 0 & 0 & 1 & 1 & 1 & 0 & 0 & 0 & 0 & 0 \\ 0 & 0 & 0 & 1 & 0 & 0 & 0 & 0 & 0 & 0 \\ 0 & 0 & 0 & 0 & 0 & 0 & 0 & 0 & 1 & 0 \\ 0 & 1 & 0 & 0 & 0 & 1 & 1 & 0 & 0 & 0 \\ 0 & 0 & 0 & 0 & 0 & 0 & 1 & 0 & 0 & 0 \\ 0 & 0 & 0 & 0 & 0 & 0 & 0 & 0 & 0 & 1 \\ 0 & 0 & 0 & 0 & 0 & 0 & 0 & 1 & 0 & 0 \end{bmatrix}$$

从根节点 7，即矩阵 $\boldsymbol{A}$ 的第 7 行出发，仅找到第 9 列的元素为 1，即节点 7 仅与支路 9 相连。与根节点相连的所有支路都属于第 1 层支路，且根节点为送端节点，所以第 1 层支路为支路 9，支路 9 的送端节点为 7，受端节点为支路 9 的另一端节点，即矩阵第 9 列上另一个非零元素对应的节点 1，这就是网络的第 1 层分析。

从网络第 1 层支路的所有受端节点出发，与它们相连的其他所有支路属于第 2 层支路，第 2 层支路的送端节点为第 1 层支路的受端节点。从节点 1 出发，查找矩阵 $\boldsymbol{A}$ 第 1 行的元素，找到第 1，2，5 列元素为 1，故第 2 层支路为支路 1，2，5，它们的送端节点为节点 1，受端节点分别为相应列上另一个非零元素对应的节点。依次查找下去，沿着矩阵 $\boldsymbol{A}$ 中的轨迹可以整理出整个网络的层次结构和每条支路的送端、受端节点，其中实线表示第 1 层分析轨迹，虚线表示第 2 层分析轨迹，点划线表示第 3 层分析轨迹。网络层次分析以后，形成的网络层次矩阵 $\boldsymbol{L}$（行表示 $L_1 \sim L_3$ 层）、支路送端节点矩阵 $\boldsymbol{f}$ 和受端节点矩阵 $\boldsymbol{t}$（列表示支路 1～10）为

$$\boldsymbol{L}=\begin{bmatrix} 9 & 0 & 0 & 0 & 0 & 0 \\ 1 & 2 & 5 & 0 & 0 & 0 \\ 3 & 4 & 6 & 7 & 8 & 10 \end{bmatrix}$$

$$\boldsymbol{f}=\begin{bmatrix} 1 & 1 & 5 & 5 & 1 & 8 & 8 & 3 & 7 & 3 \end{bmatrix}$$

$$\boldsymbol{t}=\begin{bmatrix} 3 & 8 & 4 & 6 & 5 & 2 & 9 & 11 & 1 & 10 \end{bmatrix}$$

（2）形成支路层次关联矩阵 $\boldsymbol{C}$。除了第 1 层支路没有上层支路外，任意 1 条支路只有 1 条直接相连的上层支路，而且始终遵循这样的原则：该支路的送端节点就是与其直接相连的上层支路的受端节点。通过支路送端节点和受端节点矩阵，可以很容易地找到任意一条支路的直接上层支路，比如由支路送端节点矩阵 $\boldsymbol{f}$ 找到任意支路 i 的送端节点 b_i，然后由支路受端节点矩阵 $\boldsymbol{t}$ 找到受端节点为 b_i 的支路 j，这就意味着支路 i 的上一层支路为支路 j，即矩阵的 i 行 j 列元素为 1。

查找每条支路的直接上层支路,可形成支路层次关联矩阵,图 8 - 9 网络的支路层次关联矩阵 $\boldsymbol{C}$ 为

$$\boldsymbol{C}=\begin{bmatrix}0&0&0&0&0&0&0&0&1&0\\0&0&0&0&0&0&0&1&0\\0&0&0&0&1&0&0&0&0&0\\0&0&0&0&1&0&0&0&0&0\\0&0&0&0&0&0&0&1&0\\0&1&0&0&0&0&0&0&0&0\\0&1&0&0&0&0&0&0&0&0\\1&0&0&0&0&0&0&0&0&0\\0&0&0&0&0&0&0&0&0&0\\1&0&0&0&0&0&0&0&0&0\end{bmatrix}$$

式中:行表示节点 1 ~ 10;列表示支路 1 ~ 10。

从支路层次关联矩阵可以查找任意支路的上层支路和下层支路。如果需要查找支路 j 的上一层支路,只需要知道矩阵 $\boldsymbol{C}$ 的第 j 行为 1 的元素所在的列就可以了;同样,如果需要查找支路 j 的下一层支路,只需要知道矩阵 $\boldsymbol{C}$ 的第 j 列为 1 的元素所在的行就可以了。例如,从矩阵 $\boldsymbol{C}$ 的第 1 行可知支路 1 的上一层支路为支路 9,从矩阵第 2 列可知支路 2 的下一层支路为支路 6,7,等等。

2. 分层前推回代算法

分层前推回代算法步骤如下。

1)功率前推

设支路受端计算电压 V 为

$$\begin{cases}V=V_t/k, & \text{如果是升压变压器}\\ V=V_t, & \text{其余支路}\end{cases}\tag{8-27}$$

支路受端功率为

$$S'=\sum_{j\in\phi}S_j+V^2\cdot Y^*+S_0\tag{8-28}$$

式中:ϕ 为与该支路相连的下层支路集合。

支路送端功率为

$$S=S'+(S'/V)^2\cdot Z\tag{8-29}$$

根据网络层次矩阵,从网络的第 L 层前推到第 1 层,逐层更新支路送端功率,由支路层次矩阵得到各支路的 ϕ 集合。

2)电压回代

设支路送端计算电压 V 为

$$\begin{cases}V=V_f/k, & \text{如果是降压变压器}\\ V=V_f, & \text{其余支路}\end{cases}\tag{8-30}$$

支路电压损耗为

$$V_{\text{loss}} = (S/V)^* \cdot Z \tag{8-31}$$

$$\begin{cases} V_t = (V - V_{\text{loss}}) \cdot k, & \text{如果是降压变压器} \\ V_t = V - V_{\text{loss}}, & \text{其余支路} \end{cases} \tag{8-32}$$

根据网络层次矩阵，从网络的第 1 层回代到第 L 层，逐层更新支路受端节点的电压，也即更新了下一层支路的送端节点电压。式(8－27)～式(8－32)中，V_f 为支路送端节点电压；V_t 为支路受端节点电压；由支路送端节点矩阵和受端节点矩阵可以容易得到；Y 为支路受端节点对地导纳；S_0 为支路受端节点负荷；Z 为支路阻抗；S'为支路受端功率；S 为支路送端功率；k 为变压器支路变比；* 表示共轭。

随着舰船容量的逐渐增大以及综合全电力推进技术的发展，舰船中压电力系统以及交直流混合电力系统将逐步得到广泛应用，因此舰船交直流混合系统潮流算法是值得研究的内容。

第9章

舰船电网短路计算方法

9.1 短路电流概述

通常所说的舰船电力系统的短路，是指因电机、电器和电缆的绝缘老化，或受机械损伤，或带电部分发生异常接触等原因造成的短路。短路时故障点通过很大的电流，这是与正常状态下产生的过载完全不同的危险状态。电力系统在发生短路故障时，系统的总阻抗减小，各支路的电流也比正常情况下增大很多倍，而系统内各点的电压也将下降很多，在故障点附近更为严重。

在舰船电力系统实际运行中，短路故障是难以避免的，对于战斗的舰艇尤其如此，因此短路电流计算是舰船电力系统设计的重要内容之一，很多国家的舰船规范明确提出，需要提交短路电流计算书。

舰船电力系统电网独立运行，功率储备不大、线路比较短、升压和降压环节较少或没有，因而同等容量的舰船电力系统与陆上电力系统相比，短路电流显得偏大。究其原因，包括以下几个方面。

(1) 舰船电力系统电压等级较低，绝大多数负载开关都是直接由发电机供电，供电线路中缺少能有效抑制短路电流的变压器。

(2) 发电机与各配电板和各配电开关距离比较近，线路阻抗小，对短路电流抑制能力较差。

(3) 电网功率不大，相对发电机容量而言，某些电动机的容量比较大，甚至接近于单台发电机的容量，为了追求良好的动态性能，在船用发电机的设计中，必须进一步强化阻尼绕组的作用，但这样做将使发电机馈送短路电流的能力进一步增强。

在舰船电力网络设计中，设计师非常关注短路电流的大小以及开关设备的分断能力。舰船科技进步日新月异，自动化程度越来越高，所使用的电气设备也越来越多，舰船电站的容量也随之不断增大，舰船电站容量与舰船吨位之比不断上升，某些大型舰船的电站总容量甚至达到数万千瓦。舰船电力网中的短路电流也随舰船电站的容量不断上升。很多比较大的舰船电力系统的短路电流已经超过了75kA,甚至还有一些特殊舰船的短路电流已经超过了100kA。当短路电流超过75kA后,舰船电力系统对于配电开关的分断能力要求已经相当高了,设计师不得不寻找一些具有高分断能力的舰船用开关进行配电设计;当短路电流超过100kA后,寻找高分断能力船用开关也变得相当困难。这是由于船用开关的体积不可能太大,让自动开关可靠地分断很大的短路电流必然需要更加复杂的机构,使开关尺寸和重量上升,价格升高,大量使用高分断能力的自动开关的费用是相当可观的,而开关的分断能力不可能无限地提高,短路电流过大时可能找不到合适的开关,只能改变舰船电力网的结构,牺牲某些性能。

综上所述,舰船工业在不断发展,舰船的吨位也不断地上升,随之而来不断增大的短路电流给舰船设计、使用带来很大的压力和影响。减小舰船电力系统的短路电流成为目前舰船电气设计中必须面临的课题,那么该如何降低舰船电力系统的短路电流呢?

降低舰船短路电流最简单的办法是使各电源不并联工作,或增加变压器阻抗,这样可以增大短路电路的阻抗从而减小短路电流。具体地说,有以下几种常用的方法。

(1) 提高舰船电力网的电压。在功率不变的情况下,提高舰船电力网的电压可以有效地减小电流,进而在短路故障时可以降低短路电流。升高舰船电力系统的电压等级还可以一定程度地提高发电机的容量,减少发电机数量。但是,随着电压的升高必须加强导电部分的绝缘和消弧措施,大多数船用设备都采用标准电压,采用中、高压系统必须增设降压变压器,提高了成本,也给电力系统设计带来了新的压力。

(2) 在电力线路上使用串联感应电抗。这种方法的原理是人为增加短路电路阻抗来降低、限制短路电流。其缺点是设备体积庞大,投资费用和操作费用较高。通常为一个或少数几个断路器的经济性而加装电抗器来限制短路电流是不恰当的。因为加装电抗器所增加的投资往往比一个或少数几个断路器改用高短路分断能力所耗的投资还要大。

(3) 多电站分区供电。舰船采用多电站分区供电的方法,将电力网分为相互独立的几个部分,每个部分都由相应的发电机供电。虽然这种方法是切实有效的,但是同时大大降低了电力网的可靠性,而且日常使用也相当不方便,必须增加一些冗余线路和联锁设备。对于追求经济性和可靠性的舰船来说,这种方法也不可取。

(4) 使用高阻抗发电机。所谓高阻抗发电机就是指发电机的直轴电抗、直轴瞬变电抗和直轴超瞬变电抗比较大,也就是发电机阻尼绕组的作用比较弱。这样的发电机短路电流将显著降低,但同时也导致发电机的动态稳定性降低,抗突加或突减负载的能力下降。由于小型舰船电网的单个负载容量相对于电网的容量来说往往比较大,必须有较好的动态稳定性,而一般的中大型舰船电网中,单个负载容量相对于电网的容量来说并不大,冲击负载对电网的影响已不再像小电网那样突出,因此可以通过适当减弱阻尼绕组的作用来牺牲一些单台发电机的动态稳定性能,从而降低整个电网的短路电流。

此外,还有在电力线路上使用串联有常闭和并联有旁路开关的限流电阻和采用快速熔断的熔断器等方法,这里不再详述。

由于舰船电力系统与陆上高压电力系统电压等级及环境条件不同,两者有很大差别,这决定了舰船电力系统的短路电流计算具有某些特点。舰船电站与陆上电站相比,前者可以看作是一个流动的电站,一般都以发电机作为主电源。电网内负载的种类很多,但其主要负载是感应电动机,且在舰船电力系统中,电动机的容量与发电机容量可相比拟,这与陆上电站大不相同。当舰船电力系统短路时,虽然电源不再供电给感应电动机,但旋转机械并没有立即停止,由于惯性的作用,感应电动机继续旋转,此时与转子导体交链的磁通不能立即消失,就出现感应电动机产生感应电势向短路系统供电的情况。所以在计算短路电流时,不能忽视感应电动机的影响,也可以说感应电动机也是短路电流的供给源。

舰船电力系统的另一特点是:与陆上高压系统相比,其电压低得很多,故外电路的阻抗对短路电流影响很大。因此,在计算短路电流时,对外电路的阻抗应予以适当的重视。在舰船电力系统设计时,精确地推算电网中各点的短路电流值大小,可以合理地选择配电方式和保护装置,以保证电力系统发生短路时,能快速有效地切断短路故障,使系统与短路故障点断开,防止故障处发生火灾和避免损坏设备,把短路破坏限制在最小的限度。

对舰船电力系统设计而言,计算短路电流主要有两个目的:一个是在舰船电力系统设计初期,估算出短路电流,提供数据作为电气设备选型的重要依据,也给电网设计提供重要数据;另一个是电力系统确定之后,计算短路电流可以校验所选电力设备的热稳定性和电动力稳定性以及开关的通断能力。由此看来,合理地计算出舰船电力系统的短路电流确实具有十分重大的意义。

9.2 短路电流计算基础知识

舰船电网运行可分为两个状态,即稳定工作状态和瞬态工作状态。当电网中的负载保持恒定不变时,我们认为系统处于稳定状态,此时,电压、电流等值均保持不变,其值与负载阻抗有关。当电网总负载发生突变时,其他如电压、电流等值均随之发生变化,当负载中含有感性负载和容性负载时,这些参数要经过一段时间之后才能达到新的稳定值,这时系统便又处于新的稳定工作状态。系统从一个稳定状态过渡到另一个新的稳定工作状态的中间过程,便称为过渡过程或瞬态过程。

舰船电力系统发生短路时,同步发电机在瞬态时产生的过渡过程十分复杂。需给出一个研究问题的前提假设,确保能比较简单地对这个过程进行研究,假设内容如下:为了对短路时的一些概念有一个比较明确的了解,我们假定发电机的功率非常大,以致在电网中发生短路电流时,其端电压不变。

假设舰船电站的负载主要是感性负载,则舰船电力系统可以看作简单的三相交流电路来研究。为了了解简单三相交流电路的瞬态过程的有关概念,可以假设电力系统单相交流电路是对称的,而且暂时不考虑发电机内部的瞬态过程。有了这个假设,则短路后的三相电路仍然可以看作是对称的。由于电力系统中三相交流电路的相电流可以视为对称的,任意两相之间仅差120°相位角,所以其中一相的瞬态过程的电流、电压的变化规律就可以说明三相交流电流的电流、电压的变化规律。研究从最简单的正弦交流 R－L 电路开始,如图 9－1 所示。

由图 9－1 中可见,这是一个由电感、电阻和电动势组成的简单的电路,其瞬态过程可以用方程式表示如下:

$$e(t)=Ri(t)+L\frac{\mathrm{d}i(t)}{\mathrm{d}t} \tag{9-1}$$

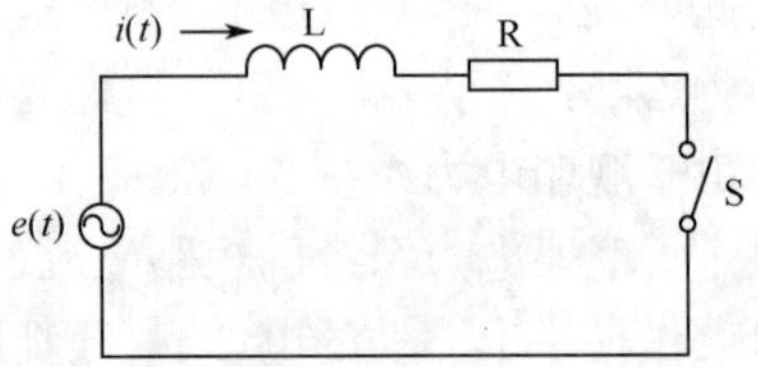

图 9－1 R－L 串联的简单正弦交流电路

因为 $e(t)=\sqrt{2}E\sin(\omega t+\theta)$，所以可以求出式(9－1)的通解，再根据初始条件 $t=0$ 时，$i(t)=0$，则可以求得 $i(t)$ 的特解为

$$i(t)=\sqrt{2}I\sin(\omega t+\theta-\phi)-\sqrt{2}I\sin(\theta-\phi)\mathrm{e}^{-\frac{t}{T}} \tag{9-2}$$

式中：θ 为短路瞬时的电压相位角；ϕ 为短路电路的功率因数；$(\theta-\phi)$ 为短路瞬时的电流相位角。

从式(9－2)中可以看出，短路电流由两部分组成，即周期分量和非周期分量。周期分量随时间而衰减，周期分量与非周期分量的合成电流就是非对称短路电流。在计算短路电流的时候，一般分别计算短路电流的周期分量（交流分量）和非周期分量（直流分量），再将两者合成为总的短路电流。

一般在计算舰船电力系统中某一点的短路电流时，把该点的短路电流分为两部分：同步发电机馈送的短路电流和电动机作为发电机运行时馈送的短路电流。对短路点的最大短路电流影响较大的还是同步发电机馈送的短路电流。

1. 交流发电机提供的短路电流

发电机是舰船电力系统的短路电流的主要供给源，发电机定子、转子的饱和以及整流器的非线性等诸多原因使发电机的短路电流计算变得十分复杂，无法简单地给出准确的解析式，常用的计算式都是经过某些假设的近似解析计算。根据有关的试验数据，在发电机发生线间短路时，其冲击短路电流比三相短路时冲击短路电流小10%～15%，线间稳态短路电流近似为三相稳态短路电流的90%～110%。发电机中点接地时单相接地短路电流可以近似地认为等于三相短路电流。可见，当计算发电机的短路电流只为了选择合适的保护装置时，仅求得三相短路电流就足够了。因此，我们将重点研究三相短路的有关问题。

在发电机出线端发生三相突然短路时，在短路的瞬间，直流补偿瞬态电流限制磁场的急剧变化，因此仅是漏抗限制短路电流，超瞬态电流非常大。随着直流补偿电流的衰减，短路电流逐渐减小，最后变成稳态短路电流。由于发电机的电枢电阻比漏抗小得多，所以计算阻抗时，一般忽略电枢电阻，仅考虑表示直流补偿电流衰减程度的电枢时间常数。发电机在负载情况下发生短路与空载情况下发生短路其短路电流大小是不一样的，因为在负载状态下发生短路时，负载电流 I_L 的存在使励磁电流变大，比空载时大出来的这部分励磁电流 I_d 用来补偿短路时电枢内产生的电枢反应电压降和漏电抗压降 $I_L\cdot X_d$，换种说法就是，多出来的这部分励磁电流 I_d 产生内部感应电动势 E_d 而补偿了内阻抗 Z_d 产生的电压降。十分明显，E_d 在负载时是不存在的，仅在短路时起作用，所以负载时的励磁电流为 $(I_{d0}+I_d)$，导致负载时感应的相电压比空载时大。

2. 电动机提供的电流

当舰船电力系统发生短路时，不仅发电机是短路电流的供给源，正在运行中的电动机也是短路电流很大的供给源。因为在短路发生瞬间，电动机由于惯性作用仍然保持转动，同时和转子导体相交链的磁通也没有立即消失，这样转子在内部做切割磁力线运动，将产生三相电势。我们可以认为是由于三相电势的存在而在向短路系统供电。利用已有的公式来描述感应电动机馈送的短路电流的大小和特性是十分复杂的，在长期的工程试验和理论研究后，国际上已经产生了很多实用的计算公式，当然这些公式都是一定程度的近似计算，目前采用的计算公式大都是将馈电线阻抗作为简单串联电路，这种计算不够精确，

必然导致一定误差。

常用传统的计算舰船交流电力系统中感应电动机的短路电流的计算方法有以下三种。

1）根据感应电动机额定电流计算短路电流

IEC 算法计算电动机部分短路电流就用这种算法，详细内容待后面介绍。

2）根据感应电动机阻抗计算短路电流

这种计算方法的要点是：先求出感应电动机的堵转阻抗和馈电线阻抗的合成值，然后利用该阻抗计算短路电流。因此，在已知电动机阻抗的条件下，采用这种方法比较简单。且该方法把短路后 1/2 周期内的短路电流看作是不衰减的。堵转阻抗可以用感应电动机堵转试验得到的漏抗和绕组电阻求得。

3）考虑短路电流衰减的计算公式

短路电流的周期分量和非周期分量都是随时间衰减的，该算法就是在计算电动机馈送的短路电流时也考虑其周期分量和非周期分量的衰减。

9.3 短路点选择原则

短路点的选择原则有就近原则、最大原则和优先原则。

1. 就近原则

图 9－2 中 F_1，F_5 点处主汇流排附近发生短路时，短路对于发电机的冲击和可能的损坏是首先要关心的问题。故把短路点选择在 F_1 和 F_5 两点，而非 F_1' 和 F_5' 点处。短路点选择 F_1 点是因为此时流经开关 1CB 处的是其他两台发电机提供的电流，反之，如选择 F_1' 点

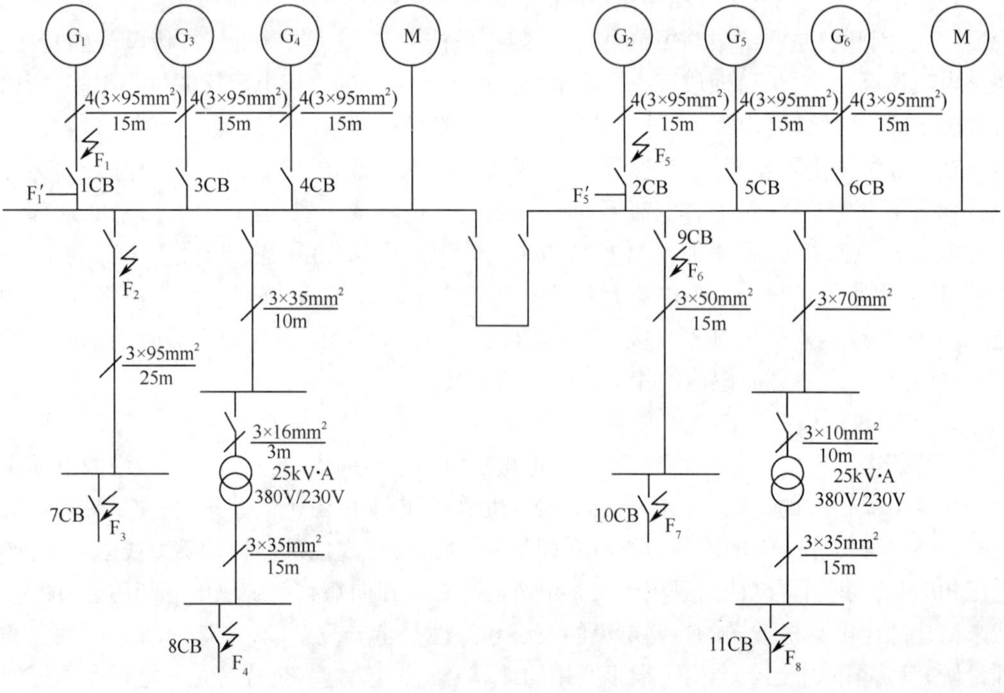

图 9－2 典型船电系统网络图

则不能对短路电流对电路的影响做出有意义的分析。因为要选择尽可能靠近 G_1 发电机的短路点,所以常被称为就近原则。

2. 最大原则

短路故障对电力系统所产生的损害可能是很大的,必须做最坏的打算。比如图 9－2 中 F_2,F_6 点,当考虑由主汇流排引出线路上的电气设备发生短路时,应选择距汇流排最近的点处设置短路点,这是因为此处电阻最小,故电流最大,对系统及设备可能造成的冲击也最大。

3. 优先原则

各用电设备也是最值得关注的地方之一。用电设备,特别是在特殊工况下,比如战斗工况下的正常使用显得尤为重要。将用电设备附近作为短路点是不容忽视的选择。比如图 9－2 中 F_4,F_8 点。不但要更大限度地计算出短路电流,而且要估计出其对其他用电设备的影响。

短路点选择时要综合考虑各方面因素,合理选择短路点对于电力系统相关参数的获取及电气设备的校验都有很大帮助。

9.4　舰船电力系统短路电流常用算法

9.4.1　各种常用方法比较

短路电流计算结果的准确性直接影响到开关的选型和继电保护仿真结果的合理性等。因为舰船电力系统的短路电流计算方法有很多种,不同算法的计算目的不同,因此存在着一个计算方法的选择和使用的问题。目前常用的故障电流计算方法包括 IEC 计算法、美国海军标准计算法、劳氏船级社简易计算法、日本电气协同研究会精密计算法、等效发电机计算法、阻抗百分比计算法、图解计算法、国内比较广泛采用的国标(GB 3321)计算法和国军标(GJB 173)计算法等。这些计算方法可以用来计算舰船电力系统中各处的短路电流,其计算目的主要是获得短路电流的有效值和峰值数据,而不要求计算短路电流的波形曲线,因此每种计算方法都做了一些忽略次要因素的假设,计算结果也不尽相同。

表 9－1 和表 9－2 列出的是不同计算方法间的一个比较。

表 9－1　短路电流计算方法比较表(一)

方法	发电机交流分量的衰减	发电机内阻	发电机有负载时处理	外阻抗对时间常数的影响
IEC 法	考虑次瞬态衰减,不考虑瞬态衰减	不考虑	交流分量增加 10%	考虑发电机
GB 3321 法	考虑次瞬态衰减,不考虑瞬态衰减	考虑	交流分量增加 10%	考虑发电机和电动机
GJB 173 法	不考虑衰减	考虑	不考虑	—
图解法	考虑次瞬态衰减,不考虑瞬态衰减	考虑	交流分量增加 10%	考虑发电机

(续)

方法	发电机交流分量的衰减	发电机内阻	发电机有负载时处理	外阻抗对时间常数的影响
网络计算法(适合远距离,大容量电站)	断开电流只考虑瞬态衰减,衰减时间以50ms左右计算,接通电流只考虑次瞬态衰减,衰减时间以$T/2$计算	不考虑	不考虑	不考虑
IEC扩展法	与IEC法基本相似,所不同的是IEC法只计入与短路点同电压级的电动机的反馈电流(舰船电力系统有不同的电压系统时——6.6kV/3.3kV),忽略其他电压等级的电动机反馈电流。而IEC扩展法考虑计入所有电压等级电动机的馈送电流			

表9-2 短路电流计算方法比较表(二)

方法	电动机短路电流的计算	从母线至短路点电缆阻抗	总短路电流计算
IEC法	电动机的额定电流乘以一定的倍数	与各发电机的阻抗串联计算	发电机和电动机馈送短路电流代数和
GB 3321法	根据电动机的参数计算	与等效发电机的阻抗串联计算	汇流排处为各分量代数和,在馈电线处为1台等效发电机短路计算
GJB 173法	汇流排处将额定电流乘以一定电流的倍数,馈电线处将馈电线的阻抗考虑进去	与发电机和电动机分别串联计算	发电机和电动机馈送短路电流代数和
图解法	汇流排处将电动机的额定电流乘以一定的倍数	与等效发电机的阻抗串联计算	汇流排处为各分量代数和,在馈电线处为1台等效发电机短路计算
网络计算法(适合远距离,大容量电站)	考虑计入所有电压等级电动机的馈送电流	不考虑	根据发电机和电动机综合出I''和I'。断开电流考虑I'。接通电流考虑$1.414 \times K \times I''$。其中:$K = e^{-t/\delta} + e^{-t/T}dct = T/2$
IEC扩展法	与IEC法基本相似,所不同的是IEC法只计入与短路点同电压级的电动机的反馈电流(舰船电力系统有不同的电压系统时——6.6kV/3.3kV),忽略其他电压等级的电动机反馈电流。而IEC扩展法考虑计入所有电压等级电动机的馈送电流		

除以上计算方法外也有学者在讨论舰船电力系统同步发电机参数与短路电流的关系时,为了避免过大的误差,直接分析单台发电机接线端的三相突然短路。这是因为,在舰船电力系统发生短路时,发电机的参数和电力网的结构对短路点的最大短路电流起决定作用。计算舰船电力系统任意短路点时,发电机馈送的短路电流的大小,与发电机接线端的短路电流的大小关系紧密,两者的区别仅在于前者还包含了电力系统线路阻抗的影响,两者的变化规律基本相同。分析单台发电机接线端的三相突然短路具有代表性。

下面具体介绍应用较多的IEC方法和GJB 173算法。

9.4.2 IEC法

在IEC第363号出版物中,详细说明了计算舰船电力系统短路电流的方法,该出版物规定：对于交流系统的最大短路电流的计算，在故障点极为接近主配电板汇流排的情况下，短路阻抗一般可以假定与接入系统的运行电机的电抗相同，而将其电阻忽略不计。但是，当计算短路功率因数时，必须计入故障影响所及的电路的电阻。也就是说，必须计入电机以及串接的任何电路元件的电阻。

1. 发电机短路电流

发电机空载短路时，次瞬态短路电流为

$$I''_{g0}=\frac{V_{Ng}}{X''_d} \tag{9-3}$$

式中：V_{Ng}为发电机额定相电压；X''_d为发电机纵轴超瞬态电抗。

当发电机在负载状态下短路时，其超瞬态短路电流 I''_g可以由 I''_{g0}乘以适当的系数求得。该系数取决于电机的特性，在没有确切的资料情况下，可取1.1。

短路电流的周期分量有效值为

$$I_g=(I''_g-I'_g)\mathrm{e}^{-\frac{t}{T''_d}}+I'_g \tag{9-4}$$

式中：T''_d为发电机周期分量超瞬态衰减时间常数。

IEC第363出版物中假定发电机短路电流的最大值出现在短路后1/2周期时，所用公式如下：

$$I_{Pg}=\sqrt{2}[(I''_g-I'_g)\mathrm{e}^{-\frac{T}{2}\cdot\frac{1}{T''_d}}+I'_g]+\sqrt{2}I''_g\mathrm{e}^{-\frac{T}{2}\cdot\frac{1}{T_a}} \tag{9-5}$$

式中：T_a 为发电机非周期分量衰减时间常数。

2. 电动机的短路电流

对电动机的短路电流，规定在短路时把所有运行的电动机看作一台等效电动机，其额定功率为可能同时运行的电动机额定功率之和，根据等效电动机额定电流之和进行计算。根据等效电动机的额定输出乘以一定的系数求得短路电流。计算公式如下：

$$I_{acM}=4.0I_{NM} \tag{9-6}$$

$$i_{PM}=8.0I_{NM} \tag{9-7}$$

$$I_{NM}=\frac{P}{\cos\phi\times\sqrt{3}\times U} \tag{9-8}$$

式中：I_{acM}为等效电动机短路电流交流分量有效值；i_{PM}为等效电动机不对称短路电流最大峰值。

3. 总的短路电流

总的短路电流等于各发电机和电动机馈送的短路电流的代数和。

本计算法特征分析如下。

（1）发电机和电动机的各短路电流的代数和作为总短路电流。

（2）考虑按次瞬态时间常数衰减。

（3）在负载状态，仅考虑发电机对称交流短路电流增加10%，而最大峰值不考虑增加相应分量。

（4）在计算电动机提供的短路电流时，汇流排短路和馈电线端短路计算方法完全相同，都是将可能同时运行的电动机的额定电流之和乘以一个系数求得。因此，在馈电线端短路计算时,由于计算方法中忽略了电动机短路电流直流分量的大幅度衰减,所以此时计算值将比实际短路电流值大。但其计算较简便。

(5) 由于将汇流排至馈电线故障点之间的阻抗考虑为分别与各发电机串联进行计算,所以计算求得的短路电流值将比实际值大。

(6) 根据馈电线阻抗修正了时间常数,所以近似于实际衰减。

9.4.3 GJB 173 算法

我国海军目前使用的是1986年颁布实行的中国国家军用标准方法(GJB 173),也是一种短路电流的近似算法。该方法计算过程中为求计算简便而采取较多近似,其算法处理上主要考虑了以下几个问题。

(1) 在舰船电力系统中,负载中大部分是异步电动机,在发生短路故障时,异步电动机将转变为发电机运行状态,向短路点馈送对称分量和非周期分量电流。为了方便计算,在算法中分别计算发电机和异步电动机各自馈送的短路电流,总的电流等于这两部分电流代数和。

(2) 在计算最大短路电流时,按照舰船电力系统短路最严重的工况进行计算。即最大可能并联运行的发电机(包括短时转移负载的发电机)额定总功率,电动机总容量取可能并联运行发电机额定总功率的2/3。

(3) 在计算最小短路电流时,只考虑容量最小的一台机组在运行,异步电动机的影响可忽略不计。二相短路电流的初始值为三相短路电流初始值的0.866倍。

(4) 在短路计算时,仅计及发电机、电动机、变压器及电缆阻抗,忽略了主汇流排和主配电板的阻抗。

(5) 根据所选用开关的要求,计算不对称短路电流最大有效值和不对称短路电流平均有效值或短路电流最大峰值和对称分量初始有效值,来校核开关的短路接通能力和分断能力。

(6) 计算中出现短路功率因数低于所选用自动开关的给定值时,根据 GJB 173 算法标准中《自动开关短路分断能力的换算》所提供的方法对短路电流进行了折算。

下面分别给出发电机和电动机提供的短路电流计算公式。

1. 发电机馈送的短路电流

GJB 173 在这部分的计算当中与 IEC 算法相似,都考虑了超瞬态短路电流,都考虑了非周期分量的衰减。同时这两种算法也存在一定差异,首先表达形式是不同的,国军标算法的表达形式是一个经验公式的形式,不像 IEC 算法那样将计算的思路和原理直接表现出来,另外最大的不同点是,GJB 173 算法中没考虑周期分量的超瞬态衰减,这是因为当时国内大多数舰船上装备的主发电机的超瞬态短路时间常数较大,在短路后半个周期处,发电机短路电流周期分量的超瞬态衰减较小,忽略此项衰减对整个短路电流计算影响不大。而目前广泛应用于我国海军舰船的电力系统发电机的超瞬态短路时间常数较小,一般仅为几毫秒,不能忽略。

发电机对称短路电流初始有效值为

$$I''_g = \frac{V_{Ng}}{Z''_d} \tag{9-9}$$

式中：$Z''_d=\sqrt{(R_a+R_c)^2+(X''_d+X_c)^2}$；$R_a$ 为发电机电枢电阻；R_c 为表示发电机到汇流排间线路阻抗。

发电机馈送的不对称短路电流最大有效值为

$$I_{\max g}=\sqrt{1+2\alpha^2}\cdot I''_g \tag{9-10}$$

发电机馈送的不对称短路电流平均有效值为

$$I_{\mathrm{avg}\,g}=\frac{\sqrt{1+2\alpha^2}+2\sqrt{1+\frac{1}{2}\alpha^2}}{3}\cdot I''_g \tag{9-11}$$

发电机馈送的短路电流最大峰值为

$$I_{Pg}=\sqrt{2}\cdot(1+\alpha)\cdot I''_g \tag{9-12}$$

式中：$\alpha=\mathrm{e}^{-\frac{\pi(R_a+R_c)}{X''_d+X_c}}$。

在多台机组并联运行时：

等效发电机对称短路电流初始有效值为

$$I''_G=\frac{V_{Ng}}{Z''_D} \tag{9-13}$$

式中：$Z''_D=\sqrt{R_A^2+X''^2_D}$，$R_A+\mathrm{j}X''_D=\dfrac{1}{\sum\limits_{i=1}^{n}\dfrac{1}{(R_{ai}+R_{ci})+\mathrm{j}(X''_{di}+X_{ci})}}$。

等效发电机馈送的不对称短路电流最大有效值为

$$I_{\max G}=\sqrt{1+2\alpha^2}\cdot I''_G \tag{9-14}$$

等效发电机馈送的不对称短路电流平均有效值为

$$I_{\mathrm{avg}\,G}=\frac{\sqrt{1+2\alpha^2}+2\sqrt{1+\frac{1}{2}\alpha^2}}{3}\cdot I''_G \tag{9-15}$$

等效发电机馈送的不对称短路电流最大峰值为

$$I_{PG}=\sqrt{2}(1+\alpha)I''_G \tag{9-16}$$

式(9-16)中：$\alpha=\mathrm{e}^{-\frac{\pi R_A}{X''_D}}$。

2. 电动机馈送的短路电流

在电动机部分的计算中 GJB 173 算法与 IEC 算法基本相同，只是系数稍有差别。另外在电动机额定电流 I_{NM} 的获得上稍有不同，IEC 算法是利用电动机相关参数求出 I_{NM}，而 GJB 173 算法是根据发电机的容量按比例求出电动机的容量和额定电流 I_{NM}，前者比较精确，后者在电动机参数不明确或无法得到时比较实用。

等效电动机对称短路电流初始有效值为

$$I_{acM}=3.3I_{NM} \tag{9-17}$$

等效电动机不对称短路电流最大有效值为

$$I_{\max M}=4.0I_{NM} \tag{9-18}$$

等效电动机不对称短路电流平均有效值为

$$I_{\text{avg }M}=3.5I_{NM} \tag{9-19}$$

等效电动机不对称短路电流最大峰值为

$$I_{PM}=7.0I_{NM} \tag{9-20}$$

式中:$I_{NM}=\frac{2}{3}(I_{Ng1}+I_{Ng2}+\cdots)=\frac{2}{3}I_{NG}$。

3. 总的短路电流

短路电流初始有效值为

$$I''=I''_G+I_{acM} \tag{9-21}$$

不对称短路电流最大有效值为

$$I_{\max}=I_{\max G}+I_{\max M} \tag{9-22}$$

不对称短路电流平均有效值为

$$I_{\text{avg}}=I_{\text{avg }G}+I_{\text{avg }M} \tag{9-23}$$

不对称短路电流最大峰值为

$$I_P=I_{PG}+I_{PM} \tag{9-24}$$

4. 邻近汇流排的短路

$$I''=I''_G+3.3I_{NM} \tag{9-25}$$

$$I_{\max}=I_{\max G}+4.0I_{NM} \tag{9-26}$$

$$I_{\text{avg}}=I_{\text{avg }G}+3.5I_{NM} \tag{9-27}$$

$$I_P=I_{PG}+7.0I_{NM} \tag{9-28}$$

5. 远离汇流排短路

(1) 发电机馈送的短路电流:

$$I''_G=\frac{V_{Ng}}{Z_K} \tag{9-29}$$

式中:$Z_K=\sqrt{(R_A+R_f)^2+(X''_D+X_f)^2}$。

R_f,X_f 分别为汇流排至短路点的线路电阻、电抗

$$I_{\max G}=\sqrt{1+2\alpha^2}\cdot I''_G \tag{9-30}$$

$$I_{\text{avg }G}=\frac{\sqrt{1+2\alpha^2}+2\sqrt{1+\frac{1}{2}\alpha^2}}{3}\cdot I''_G \tag{9-31}$$

$$I_{PG}=\sqrt{2}(1+\alpha)I''_G \tag{9-32}$$

式中:$\alpha=\mathrm{e}^{-\frac{\pi(R_A+R_f)}{X''_D+X_f}}=\mathrm{e}^{-\frac{\pi R_K}{X_K}}$。

(2) 电动机馈送短路电流:

令

$$I'_M = \frac{V_{NM}}{\sqrt{\left(\frac{0.07V_{Nm}}{I_{NM}} + R_f\right)^2 + \left(\frac{0.19V_{Nm}}{I_{NM}} + X_f\right)^2}} \tag{9-33}$$

$$I_{acM} = 0.67I'_M \tag{9-34}$$

$$I_{\max M} = 0.81I'_M \tag{9-35}$$

$$I_{\mathrm{avg}\,M} = 0.71I'_M \tag{9-36}$$

$$I_{PM} = \lambda I'_M \tag{9-37}$$

式中：λ 为电动机馈送电流的峰值系数。λ 值根据 β 的范围从表9-3中选定。

$$\beta = \frac{\frac{0.07V_{Nm}}{I_{NM}} + R_f}{\frac{0.19V_{NM}}{I_{NM}} + X_f} \tag{9-38}$$

表9-3　λ 值表

β	λ	β	λ
$\beta<0.55$	1.3	$0.7\leqslant\beta<0.9$	1.1
$0.55\leqslant\beta<0.7$	1.2	$0.9\leqslant\beta$	1.0

当 $Z_K \geqslant 5Z''_D$ 时，电动机馈送的电流可忽略不计。

(3) 总的短路电流。

$$I'' = I''_G + 0.67I'_M \tag{9-39}$$

$$I_{\max} = I_{\max G} + 0.81I'_M \tag{9-40}$$

$$I_{\mathrm{avg}} = I_{\mathrm{avg}\,G} + 0.71I'_M \tag{9-41}$$

9.5　舰船电力系统短路电流参考计算方法

GJB 173算法也是一种短路电流的近似计算法。该方法计算过程中为求计算简便而忽略较多，它在实施之初与当时国内舰船电力系统的基本情况相适应，但随着我国新设计建造的舰船电力系统的容量不断增大，发电机参数有很大的变化，自动开关的选用已接近极限，按该方法计算的值误差较大，不利于舰船电力系统的设计、研制及使用。因此，有必要结合新型舰船的实际情况，提出一种精度更高的近似计算法，使短路电流计算值更为准确。

本算法以国军标GJB 173算法为基础，是考虑GJB 173中存在的导致计算误差过大的因素加以改进后，提出的参考算法。

9.5.1　临近汇流排处的短路电流计算

GJB 173是我国国家军用标准算法，1986年颁布实行，在计算过程中，一方面是由于当时条件为求计算简便，做了很多忽略和近似；另一方面，是考虑到军用船舶对于舰船安全性要求比普通船舶高，还要考虑到军舰受到打击之后的生命力和战斗力问题，要求电力器件能够耐受较大的短路电流，短路计算结果要留有一定的裕量，GJB 173算法计算结果正误差较大。导致误差主要原因有以下几点。

1. 忽略周期分量的衰减

在计算发电机馈送的短路电流时,GJB 173 未考虑周期分量的超瞬态衰减和瞬态衰减。舰船电力系统不是无限大系统,当电力系统发生短路故障时,其电源端电压不能视为不变。因此,短路电流周期分量幅值在短路过程中是衰减的,忽略超瞬态衰减会造成比较大的正误差。

2. 对等效电动机额定功率的处理近似较多

GJB 173 在计算电动机馈送的短路电流时将运行中的电动机等效成一台等效电动机,且其容量取最大可能并联运行的发电机额定总功率的2/3。在计算中电动机额定电流也取可能并联运行发电机总额定电流的2/3。

这种取法并不精确,并且在计算中以电动机有关参数不加考虑,仅算出电动机馈送的短路电流值,导致最终计算结果偏大。

现以 GJB 173 算法为基础,针对以上造成误差原因提出的参考算法如下。

临近汇流排处的发电机馈送的短路电流计算公式为

$$I''_G = \frac{V_{Ng}}{Z''_D} \tag{9-42}$$

其中,

$$R_A + jX''_D = \frac{1}{\sum_{i=1}^{n} \frac{1}{(R_{ai} + R_{ci}) + j(X''_{di} + X_{ci})}}$$

$$I'_G = \frac{V_{Ng}}{Z'_D} \tag{9-43}$$

其中,

$$R_A + jX'_D = \frac{1}{\sum_{i=1}^{n} \frac{1}{(R_{ai} + R_{ci}) + j(X'_{di} + X_{ci})}}$$

$$\begin{aligned} i_G &= -\sqrt{2}\left[(I''_G - I'_G)\exp\left(-\frac{t}{T''_d}\right) + (I'_G - I_G)\exp\left(-\frac{t}{T'_d}\right) + I_G\right]\cos\omega t + \sqrt{2}I''_G\exp\left(-\frac{t}{T_a}\right) \\ &= i_{acG} + i_{dcG} \end{aligned} \tag{9-44}$$

式中:I''_G为等效发电机馈送的超瞬态对称短路电流初始有效值;I'_G为等效发电机馈送的瞬态对称短路电流初始有效值;R_{ai}为第 i 台发电机电枢电阻;R_{ci}为表示第 i 台发电机到汇流排间线路阻抗;T'_d为发电机周期分量瞬态衰减时间常数。

最大短路电流出现在短路后1/2周期处,此时瞬态衰减还没有开始,所以不考虑瞬态衰减。

考虑线路阻抗对非周期分量衰减时间常数的影响,对 T_a 进行修正得

$$T_{db} = \frac{T_a + \frac{X_c}{2\pi fR_a}}{1 + \frac{R_c}{R_a}} = \frac{X''_D}{2\pi fR_A} \tag{9-45}$$

式中：T_{db}为临近汇流排处发生短路时修正后的非周期分量衰减时间常数；R_A 为等效发电机电枢电阻，等于发电机内阻和发电机极端到汇流排间阻抗的和。

$$I_{PG}=\sqrt{2}\left[\left(I''_G-I'_G\right)\exp\left(-\frac{T}{2T''_d}\right)+I'_G\right]+\sqrt{2}\alpha\cdot I''_G=i_{acG}+i_{dcG} \tag{9-46}$$

其中，

$$\alpha=\exp\left(-\frac{T}{2T_{db}}\right)=\exp\left(-\frac{\pi R_A}{X''_D}\right)$$

$$I_{\mathrm{avg}\,G}=\frac{1}{3}\left[\sqrt{I_{acG}^2+I_{dcG}^2}+\sqrt{I_{acG}^2+\left(I_{dcG}\cdot\cos\frac{2\pi}{3}\right)^2}+\sqrt{I_{acG}^2+\left(I_{dcG}\cdot\cos\frac{4\pi}{3}\right)^2}\right] \tag{9-47}$$

$$I_{\mathrm{max}G}=\sqrt{I_{acG}^2+I_{dcG}^2} \tag{9-48}$$

临近汇流排处的电动机馈送的短路电流计算公式方法如下。

GJB 173 算法将运行中的电动机用一台等效电动机代替。这种计算方法虽然可使计算大大简化，但对于大于 100kW 的电动机较多，或者电动机分布于几个大区域内的情况下，假如再考虑到馈电线阻抗的影响，这种算法也有很多不足之处。为求计算结果更加准确，我们可以逐台计算各电动机馈送的短路电流，然而这样计算比较麻烦，尽管可以利用计算机减小工作量，但输入各电动机的参数也是很麻烦的事情。为解决这个问题，本文采用平均等效电动机法计算电动机馈送的短路电流，即把所有并联运行电动机平均等效成若干台功率相同的电动机。平均功率和平均台数计算公式如下：

$$P_{\mathrm{ave}}=\sqrt{\frac{\sum P_i^2N_i}{N}} \tag{9-49}$$

$$N_{\mathrm{ave}}=\frac{\sum P_iN_i}{P_{\mathrm{ave}}} \tag{9-50}$$

电动机馈送的总短路电流等于平均等效电动机馈送的短路电流与平均台数的乘积。

平均等效电动机各项参数选取如下：

$$R_S=R_{bl}N_{\mathrm{ave}} \tag{9-51}$$

$$X'_M=X_{bl}N_{\mathrm{ave}} \tag{9-52}$$

式中：R_{bl}，X_{bl}分别为所有并联运行电动机的并联电阻和并联电抗。

$$T'_{acM}=\sqrt{\frac{\sum T_{acmi}^2N_i}{N_{\mathrm{ave}}}} \tag{9-53}$$

$$T_{dcM}=\sqrt{\frac{\sum T_{dcmi}^2N_i}{N_{\mathrm{ave}}}} \tag{9-54}$$

式中：R_S 为平均等效电动机定子电阻；X'_M为平均等效电动机瞬态电抗；T'_{acM}为平均等效电动机周期分量瞬态衰减时间常数；T_{dcM}为平均等效电动机非周期分量瞬态衰减时间常数。

单台平均等效电动机的短路电流计算公式如下：

$$I_{acM}=\frac{V_{Nm}}{\sqrt{R_S^2+X_M^2}}\exp\left(-\frac{T}{2T'_{acM}}\right) \tag{9-55}$$

$$I_{dcM} = \frac{\sqrt{2}V_{Nm}}{\sqrt{R_S^2 + X'^2_M}}\exp\left(-\frac{T}{2T_{dcM}}\right) \tag{9-56}$$

$$I_{pM} = \sqrt{2}I_{acM} + I_{dcM} \tag{9-57}$$

$$I_{avgM} = \frac{1}{3}\left[\sqrt{I_{acM}^2 + I_{dcM}^2} + \sqrt{I_{acM}^2 + \left(I_{dcM}\cdot\cos\frac{2\pi}{3}\right)^2} + \sqrt{I_{acM}^2 + \left(I_{dcM}\cdot\cos\frac{4\pi}{3}\right)^2}\right] \tag{9-58}$$

$$I_{maxM} = \sqrt{I_{acM}^2 + I_{dcM}^2} \tag{9-59}$$

式中:I_{dcM}为平均等效电动机的非周期分量。

短路点短路电流等于发电机馈送的短路电流与电动机馈送的短路电流之和,即

$$I_p = I_{pG} + I_{pM} \tag{9-60}$$

$$I_{avg} = I_{avg\ g} + I_{avg\ M} \tag{9-61}$$

$$I_{max} = I_{max\ G} + I_{max\ M} \tag{9-62}$$

9.5.2 远离汇流排处短路电流计算

远离汇流排发电机馈送的短路电流计算公式大体跟临近汇流排时相近,相似的地方不再赘述,需要注意以下两点。

(1) 考虑到线路阻抗的影响,应该对超瞬态衰减时间常数 T''_d,非周期分量衰减时间常数 T_a 进行修正:

$$X''_K = X''_D + X_f \tag{9-63}$$

$$R_K = R_A + R_f \tag{9-64}$$

$$T''_{de} = \frac{X''_K}{X'_K}T''_{d0} = \frac{(X''_D + X_f)}{(X'_D + X_f)}T''_{d0} \tag{9-65}$$

$$T''_{d0} = T''_d\frac{X'_d}{X''_d} \tag{9-66}$$

$$T_{ae} = \frac{X''_K}{2\pi f R_K} \tag{9-67}$$

式中:X''_K为在短路点呈现的短路电源侧总电抗;R_K 为在短路点呈现的短路电源侧总电阻;T''_{de}为修正后的发电机超瞬态短路电流周期分量衰减时间常数;T''_{d0}为发电机超瞬态开路时间常数。

(2) 远离汇流排处电动机馈送的短路电流。主汇流排外电动机馈送的短路电流的计算,可用与发电机一样的方式来处理外电路阻抗,即在计算等效电动机的短路电流初始值时,考虑汇流排到短路点的阻抗的存在,并考虑其对等效电动机非周期时间常数的影响。

$$I_{aceM} = \frac{V_N}{\sqrt{(R_S + R_f)^2 + (X'_M + X_f)^2}}\exp\left(-\frac{T}{2T'_{aceM}}\right) \tag{9-68}$$

$$I_{dceM} = \frac{\sqrt{2}V_N}{\sqrt{(R_S + R_f)^2 + (X'_M + X_f)^2}}\exp\left(-\frac{T}{2T'_{dceM}}\right) \tag{9-69}$$

$$T'_{aceM} = T'_{acm}\frac{X_{KM}}{X'_M} \tag{9-70}$$

$$T_{dceM} = \frac{X_{KM}}{2\pi f R_{KM}} \tag{9-71}$$

$$I_{pM} = \sqrt{2}I_{aceM} + I_{dceM} \tag{9-72}$$

$$I_{\text{avge }M} = \frac{1}{3}\left[\sqrt{I^2_{aceM} + I^2_{dceM}} + \sqrt{I^2_{aceM} + \left(I_{dceM}\cdot\cos\frac{2\pi}{3}\right)^2} + \sqrt{I^2_{aceM} + \left(I_{dceM}\cdot\cos\frac{4\pi}{3}\right)^2}\right] \tag{9-73}$$

$$I_{\text{maxe}M} = \sqrt{I^2_{aceM} + I^2_{dceM}} \tag{9-74}$$

式中：$X_{KM} = X_f + X'_M$，$R_{KM} = R_S + R_f$；T'_{aceM}为修正后的瞬态衰减时间常数；T_{dceM}为修正后的非周期分量衰减时间常数。

短路点的短路电流等于以上分别求得的发电机和电动机馈送的短路电流的算数和。

另外，当短路点至汇流排间的线路阻抗足够大时，比如以下两种情况：

① 短路电路中不包括变压器时，$R_f \geqslant 3X''_D$；

② 短路电路中包含变压器时，$Z_K \geqslant 5X''_D$，可不计及电动机馈送的短路电流，并可忽略发电机馈送的短路电流非周期分量。这是因为在远离电动机处短路时，电压下降不大，网络电压仍大于电动机电压，电动机仍处于电动机运行状态，不可能提供短路电流。

计算程序流程图如图 9-3 所示。

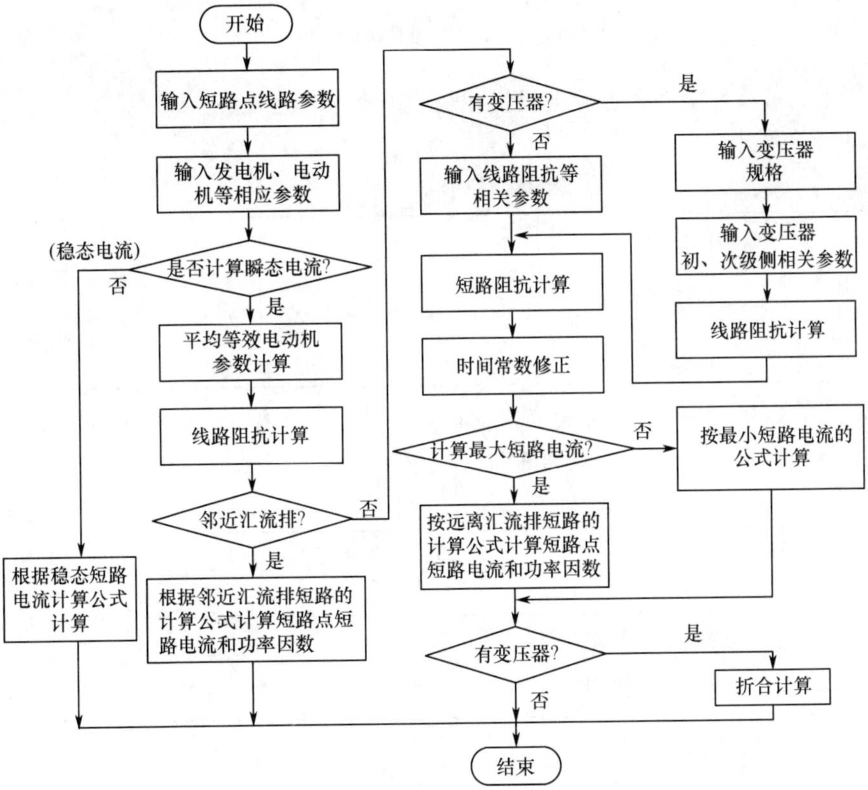

图 9-3　计算程序流程图

9.5.3 算例

结合电力系统网络图9-4所示舰船电力系统进行算例验证,主发电机选用三台相同型号的发电机,分别用GJB 173和改进算法计算选定短路点短路电流,比较分析计算结果。

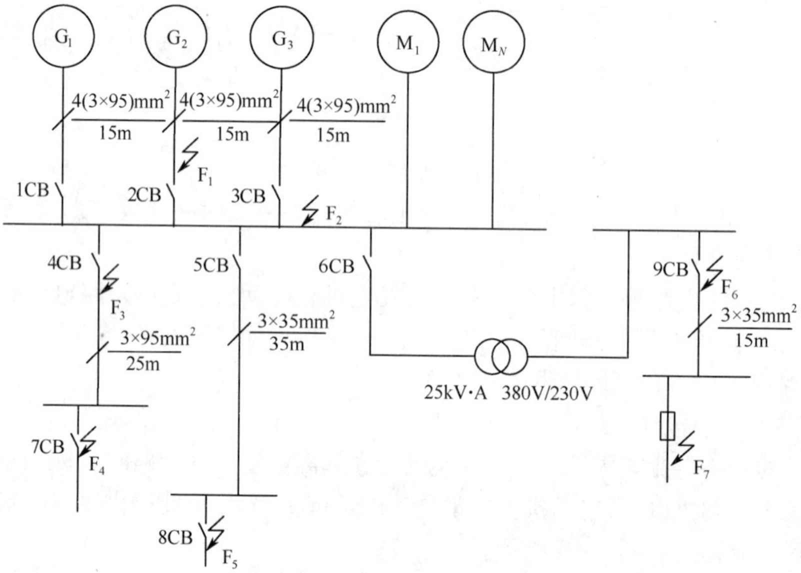

图9-4 电力系统网络

最严重的短路发生在3台发电机组并联馈送短路电流时。

发电机参数见表9-4。

表9-4 发电机参数表

电枢电阻 R_a/mΩ	直轴次暂态电抗 X''_d/Ω	直轴暂态电抗 X'_d/Ω	直轴同步电抗 X_d/Ω	额定容量 S/kW	额定电压 U/V	额定电流 I/A	额定频率 f/Hz	超瞬态时间常数 T''_d/ms	非周期分量衰减时间常数 T_a/ms
1.45	0.101	0.173	3.38	1168	400	2100	50	5	27

电动机的数量为144台,总功率为1860kW,共分4个型号,型号A有50台,型号B有40台,型号C有50台,型号D有4台,其参数见表9-5。

表9-5 电动机参数表

型号A功率 P/kW	型号B功率 P/kW	型号C功率 P/kW	型号D功率 P/kW
2	9	16	150

通过换算,平均等效电动机参数见表9-6。

表9-6 平均等效电动机参数表

平均功率 P/kW	平均台数	定子电阻 R_S/mΩ	瞬态电抗 X'_M/mΩ	周期分量时间常数 T'_{acM}/ms	非周期分量衰减时间常数 T_{dcM}/ms
27.16	68.48	145.83	654.28	13.5803	14.1963

电缆阻抗表见表9－7。

表9－7　电缆阻抗表

电缆名称	短路点	规格 S/mm^2	长度 l/m	并联根数	阻抗 $Z/m\Omega$
发电机到汇流排	F_1	3×95	15	4	0.803＋j0.303
汇流排到短路点	F_5	3×35	35	1	7.490＋j2.830

现利用计算程序，用两种算法分别计算 F_1，F_5 两点的短路电流，计算结果见表9－8。利用国标（GB 3321）的计算结果见表9－9。

表9－8　计算结果

短路点	GJB 173 I_P/kA	GJB 173 I_{avg}/kA	改进 I_P/kA	改进 I_{avg}/kA
F_1	99.206	50.483	85.479	42.178
F_5	43.012	28.909	40.440	27.543

表9－9　国标（GB3321）计算结果

短路点	I_P/kA	I_{avg}/kA
F_1	83.919	41.487
F_5	33.996	23.550

由计算结果可以看到，改进算法与国标计算结果更加相近，且介于两种算法之间，说明改进算法有效减小了国军标算法的正误差，又兼顾了军船对于安全性高要求因而留出的短路电流裕量，同时也说明了改进算法具有较高精度。

9.6　交直流混合系统短路计算方法

随着电力电子技术的飞速发展，新型电力电子器件性能的不断改进、交直流混合系统电力系统的优越性也越来越突出，成为未来大容量舰船的主要电网趋势。无论是交流系统还是交直流混合系统，短路故障都会对系统正常运行造成非常严重的破坏。本书中交直流混合系统的短路计算主要研究的是直流部分线路短路时，各个电流源供给的短路电流瞬时值、最大值以及稳态值，最终计算出短路点的总电流最大峰值和稳态值，并合成瞬时电流曲线。

目前很少有针对舰船交直流混合系统直流部分短路的短路计算方法，这里参考IEEE舰船中压直流系统惯例所推荐的中压直流电站的短路计算方法，借鉴陆用中压直流短路计算方法来计算混合系统直流侧短路时的短路电流。

舰船交直流混合电力系统中直流侧发生短路故障时，可能提供短路电流的电流源有四种，分别为发电机、储能元件、滤波电容、直流电机。推进电机通过逆变器连接到直流母线上，当直流部分短路时，母线电压的降低将会导致逆变器换相失败，停止工作，电力电子器件将电动机与系统隔离，可有效地阻隔推进电机提供的短路电流流入系统，故在计算中，可不考虑推进电机这一短路电流源。

当短路故障发生时，交流发电机发出三相短路电流，经过整流器输送到直流网络。储能元件进行放电，电能由电势高的储能元件端口流向电势为零的短路点。同时，滤波电容器也进行放电，通常放电时间非常短。直流电机在短路故障发生瞬间，电枢转速不会瞬时下降为0，直流电动机转化为发电状态，向短路点提供短路电流。

当短路故障发生时，四种电流源短路时短路电流曲线图如图9－5所示，其中，发电机短路电流图中所示的两条曲线分别为含有滤波器和不含有滤波器的短路电流曲线。

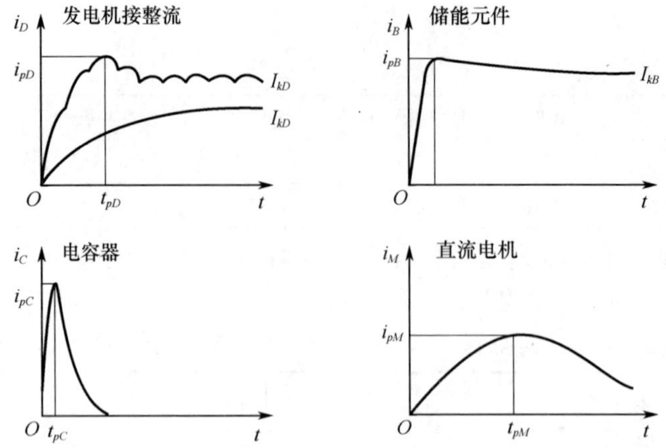

图 9－5　四种电流源短路时短路电流曲线图

为了方便计算,四种短路特性曲线可以近似为图 9－6 所示的曲线。

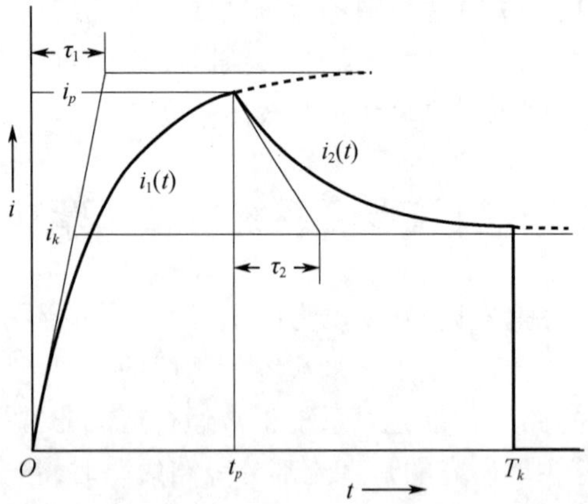

图 9－6　短路电流近似曲线图

图 9－6 中:i_p 为短路电流峰值;t_p 为短路电流达到峰值的短路时间;i_k 为短路电流稳态值;T_k 为短路电流达到稳态的短路时间常数;τ_1 为短路电流增长时间常数;τ_2 为短路电流衰减时间常数。

短路特性曲线可由下式表示:

$$i_1(t) = i_p \frac{1 - e^{-t/\tau_1}}{1 - e^{-t_p/\tau_1}}, \quad 0 \leqslant t \leqslant t_p \tag{9-75}$$

$$i_2(t) = i_p[(1-\alpha)e^{-(t-t_p)/\tau_2} + \alpha], \quad t_p \leqslant t \tag{9-76}$$

$$\alpha = \frac{i_k}{i_p} \tag{9-77}$$

每种电流源的时间常数 τ_1,τ_2 取决于各自的元件种类及参数,时间常数不同,所得的短路电流曲线也各不相同。

按照惯例,稳态短路电流值 i_k 通常指短路故障发生后 1s 的短路电流值,需要指出的是,发电机通过整流器提供短路电流,当整流器环节包含滤波器时,短路电流曲线为图 9－5中那条平滑的曲线,此时,短路电流没有衰减过程,短路电流稳态值即为短路电流最大值,此时短路特性曲线仅由式(9-74)表示 $i_p=i_k, t_p=T_k$。

图 9-7 所示为混合系统含有上述四种短路电流源时的系统电路图,当系统中只包含单个短路电流源时,只需考虑短路电流流经的串联阻抗以及直流部分线路的电感电抗的影响来计算此电流源供给的短路电流值。当系统短路电流源不单一时,可分别计算出各个电流源在短路故障发生时提供的短路电流。需要说明的是,当短路点在直流母线出口处,短路电流不流经公共的直流线路时(图 9-7 中 F_1 短路处),短路点短路电流总值即为各个电流源的短路电流值加和。而当短路电流流经公共直流线路时(图 9-7 中 F_2 短路处),各个电流源的短路电流需要进行修改再叠加。

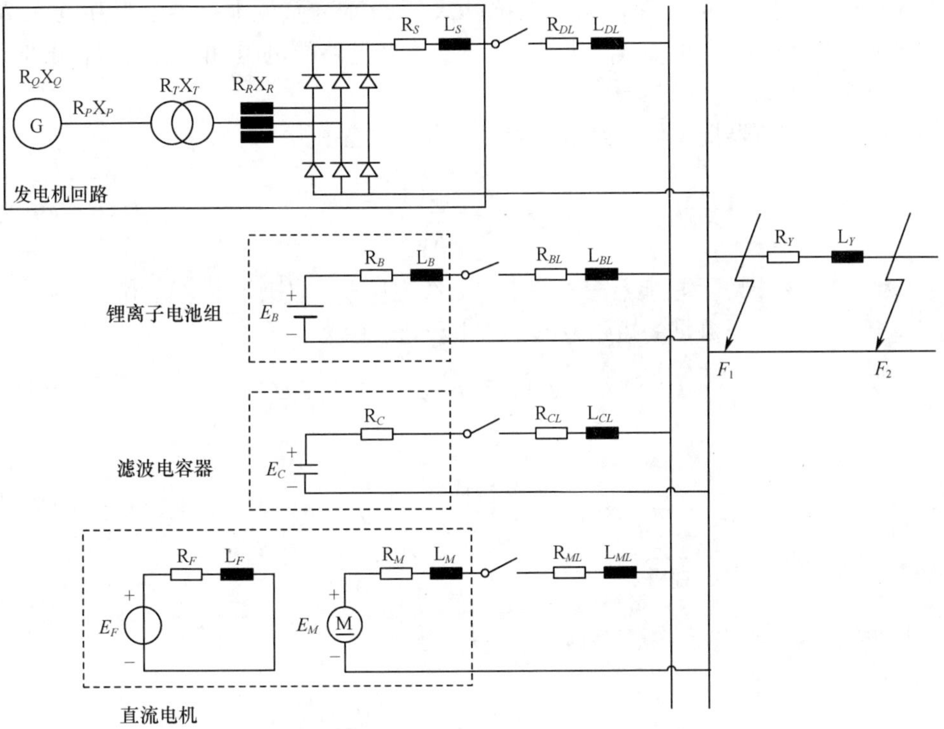

图 9-7　混合系统结构图

9.6.1　发电机提供的短路电流

发电机是主要的短路电流供应者,当短路故障发生时,通过整流器连接的发电机回路的等效电路如图 9-8 所示,以整流器为界,将系统分为交流部分和直流部分,短路点在直流侧 F 处, R_N 和 X_N 分别为交流侧的等效电阻、电抗,代表图 9-7 中发电机、三相输电线

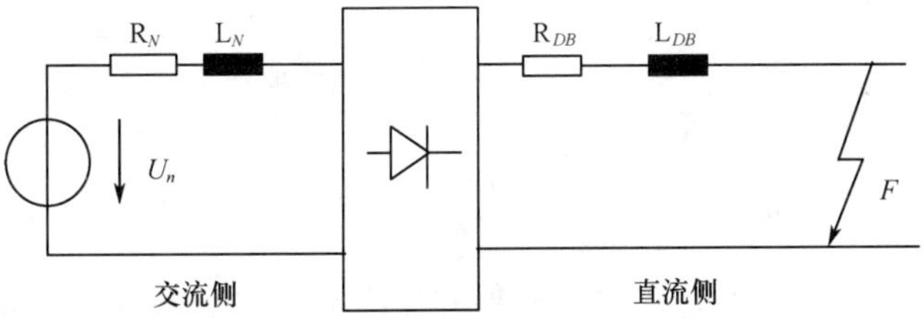

图 9-8　发电机回路的等效电路

路、变压器、整流电抗器的电阻、电抗值之和。R_{DB}和L_{DB}分别为直流侧的等效电阻、电感，代表图9-7中平滑电抗器、整流器支路以及线路的电阻、电感之和。

$$R_N = R_Q + R_P + R_T + R_R \tag{9-78}$$

$$X_N = X_Q + X_P + X_T + X_R \tag{9-79}$$

$$R_{DB} = R_{SB} + R_{DL} + R_Y \tag{9-80}$$

$$L_{DB} = L_{SB} + L_{DL} + L_Y \tag{9-81}$$

式中：R_N，X_N 分别为发电机的短路电阻和电抗；R_Q，X_Q 分别为三相交流输电线路电阻和电抗；R_T，X_T 分别为变压器的短路电阻和电抗；R_R，X_R 分别为整流电抗器电阻和电抗；R_{SB}，L_{SB}分别为滤波器的电阻、电感；R_{DL}，L_{DL}分别为整流器支路的电阻、电感；R_Y，L_Y 分别为直流侧公共线路的电阻、电感。

发电机经过整流器提供的短路电流稳态值由公式表示为

$$I_{kD} = \lambda_D \frac{1}{\sqrt{3}} \frac{\sqrt{2} C U_n}{\sqrt{R_N^2 + X_N^2}} \tag{9-82}$$

式中：C 为电压因数；U_n 为整流器三相桥端口处线电压；λ_D 取决于 R_N/X_N 和 R_{DB}/R_N。

发电机经过整流器提供的短路电流峰值由公式表示为

$$i_{pD} = k_D I_{kD} \tag{9-83}$$

式中：参数 k_D 取决于

$$R_N\left(1 + \frac{2}{3}\frac{R_{DB}}{R_N}\right)/X_N \text{ 和} \frac{L_{DB}}{L_N} \tag{9-84}$$

具体参数计算方法可表示为

$$\lambda_D = \sqrt{\frac{1 + \left(\frac{R_N}{X_N}\right)^2}{1 + \left(\frac{R_N}{X_N}\right)^2 \left(1 + \frac{2}{3}\frac{R_{DB}}{R_N}\right)^2}} \tag{9-85}$$

$$k_D = \frac{i_{pD}}{I_{kD}} = 1 + \frac{2}{\pi} e^{-\left(\frac{\pi}{3} + \varphi_D\right)\cot\varphi_D} \sin\varphi_D \left(\frac{\pi}{2} - \arctan\frac{L_{DB}}{L_N}\right) \tag{9-86}$$

$$\varphi_D = \arctan\frac{1}{\frac{R_N}{X_N}\left(1 + \frac{2}{3}\right)\frac{R_{DB}}{R_N}} \tag{9-87}$$

当 $k_D \geqslant 1.05$ 时，短路电流达到峰值的时间为

$$t_{pD} = (3k_D + 6)\,\text{ms}, \quad \frac{L_{DB}}{L_N} \leqslant 1 \tag{9-88}$$

$$t_{pD} = (3k_D + 6) + 4\left(\frac{L_{DB}}{L_N} - 1\right)\text{ms}, \quad \frac{L_{DB}}{L_N} > 1 \tag{9-89}$$

当 $k_D < 1.05$ 时，此时短路电流最大峰值和短路电流的稳态值相差很小，可视为相等，此时，$t_{pD} = T_k$。

当系统频率为 50Hz 时，短路电流上升时间常数：

$$\tau_{1D}=2+(k_D-0.9)\left(2.5+9\frac{L_{DB}}{L_N}\right)\text{ms},\quad k_D\geqslant 1.05 \tag{9-90}$$

$$\tau_{1D}=0.7+\left[7-\frac{R_N}{X_N}\left(1+\frac{2}{3}\frac{L_{DB}}{R_N}\right)\right]\left(0.1+0.2\frac{L_{DB}}{L_N}\right)\text{ms},\quad k_D<1.05 \tag{9-91}$$

也可以简化公式，用 $\tau_{1D}=t_{pD}/3$ 来代替。

衰减时间常数为

$$\tau_{2D}=\frac{2}{\dfrac{R_N}{X_N}\left(0.6+0.9\dfrac{R_{DB}}{R_N}\right)}\text{ms} \tag{9-92}$$

需要说明的是，当短路故障点位于变压器二次侧时，需要做如下考虑。

（1）变压器初级侧的线路阻抗和发电机内部阻抗全部折算到变压器次级侧。

$$R'_{f2}=R_{f2}(U_{N2}/U_{N1})^2 \tag{9-93}$$

$$X'_{f2}=X_{f2}(U_{N2}/U_{N1})^2 \tag{9-94}$$

（2）计算出的短路电流值也要按照同样方法折算到次级侧，也就是整流器入口处。

$$I''_2=I''(U_{N2}/U_{N1}) \tag{9-95}$$

此处与 GJB 173 算法处理变压器次级侧短路时有所不同，GJB 173 算法中是将变压器次级侧的阻抗折算到初级侧，让后加入到线路阻抗进行计算，最终短路电流也折算到初级侧。而此处的变压器折算，是把发电及变压器以及线路阻抗合为一体，以整流器作为分界点来计算短路电流的，所以要折算到变压器的次级侧。

9.6.2 储能元件提供的短路电流

储能元件若采用的是锂离子电池组，等效电路图如图 9-9 所示，当电池组的开路电压 E_B 未知时，可以用单个电池的开路电压 U（锂离子电池为 2V/个）乘以电池组中电池的串联个数 N，乘积作为储能元件端口电压。并设定当储能元件完成充电后放电时，端口电压为 1.05NU，未完成充电放电时，端口电压为 0.9NU。

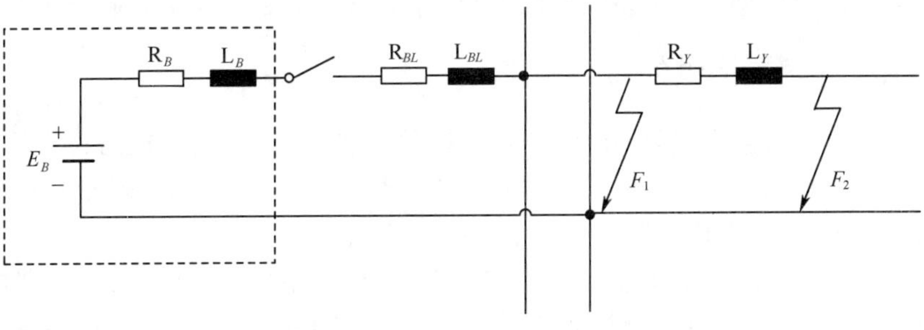

图 9-9　电池组回路等效电路图

当短路故障发生时，电池组进行放电时的短路电流稳态值为

$$I_{kB}=0.95\frac{E_B}{R_{BB}+0.1R_B} \tag{9-96}$$

式中:$R_{BB}=0.9R_B+R_{BL}+R_Y$,$L_{BB}=L_B+L_{BL}+L_Y$;R_B,L_B 为短路时电池内电阻、内电感串联加和。单个电池放电时电池内阻大小由电池生产厂家给出,若放电时电池内阻未知,可用充满电时的内阻 R_B 乘以一个系数 1.7 来代替。若电池的内电抗未给出,可按照 $L=0.2\mu H$来计算。R_{BL}和 L_{BL}分别为电池组所在支路的电阻和电感,R_Y,L_Y 为直流侧公共线路的电阻和电感。

当短路故障发生时,系统中电池组提供的的短路电流峰值为

$$i_{pB}=\frac{E_B}{R_{BB}} \tag{9-97}$$

蓄电池组馈送的短路电流达到峰值的时间 t_{pB}和短路电流上升时间系数 τ_{1B}取决于 $1/\delta$,其关系曲线图如图 9-10 所示。

$$\frac{1}{\delta}=\frac{2}{\frac{R_{BB}}{L_{BB}}+33.33}S \tag{9-98}$$

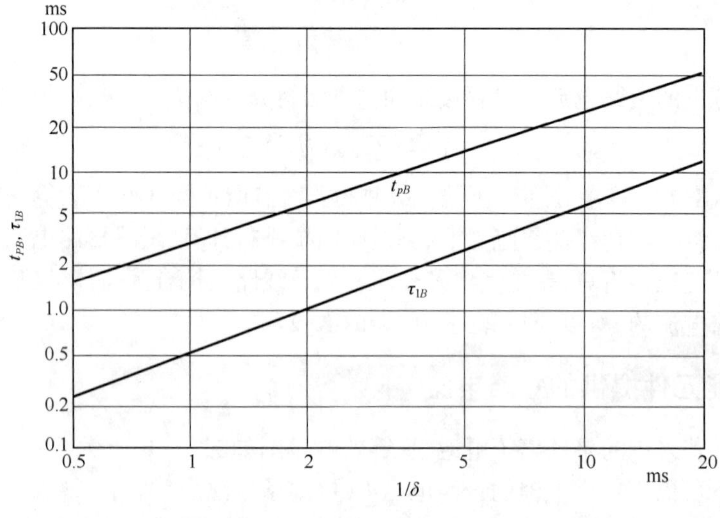

图 9-10　t_{pB},τ_{1B}与 $1/\delta$ 关系曲线图

蓄电池馈送的短路电流的衰减时间系数 τ_{2B}是一个固定的常数,$\tau_{2B}=100\text{ms}$。

9.6.3　滤波电容器提供的短路电流

在大多数电源电路中,整流电路后都要并联滤波电容器,整流电路将交流转化为直流,但无论是输出的直流电压还是直流电流,都会带有纹波。这就需要电容器以减小整流电压的脉动程度,将整流后的脉动变为平滑的直流电。

电容器所在回路的等效电路如图 9-11 所示,在短路故障发生后,电容器进行放电,由于放电过程极为迅速,放电时间极短,短路后 1s 放电已经结束,说以电容器提供的短路电流稳态值为 0;电容器可提供的最大短路电流峰值计算公式为

$$i_{pc}=k_C\frac{E_C}{R_{CB}} \tag{9-99}$$

式中:$R_{CB}=R_C+R_{CL}+R_Y$。

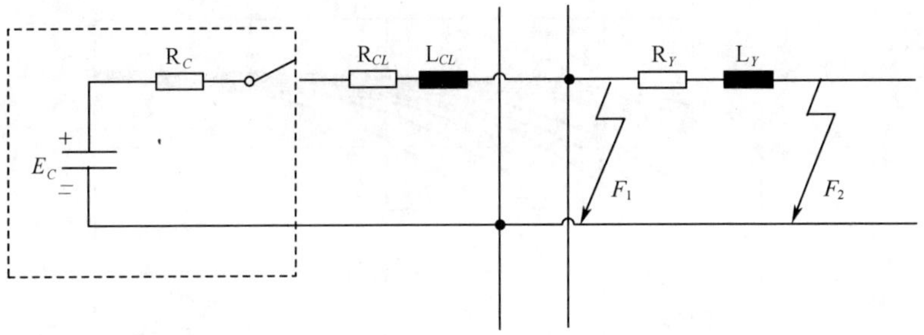

图 9－11　电容器所在回路的等效电路

R_C 为等效直流电容器电阻，其大小由器件说明书给出。若未给出，则按照交流电阻的 1.2 倍来计算，交流电阻为频率在 100Hz 下电容器的电阻。R_{CL}，L_{CL}为电容器所在支路的电阻和电感，R_Y，L_Y 为直流侧公共线路的电阻和电感。E_C 为发生短路故障时，电容器两端的电压值，k_C 为参数，其值取决于 $1/\delta$，ω_0，计算公式如下：

$$\frac{1}{\delta}=\frac{2L_{CB}}{R_{CB}} \tag{9-100}$$

$$\omega_0=\frac{1}{\sqrt{L_{CB}C}} \tag{9-101}$$

$$k_C=\frac{2\delta}{\omega_d}e^{-\delta t_{pC}}\sin(\omega_d t_{pC}) \tag{9-102}$$

$$L_{CB}=L_{CL}+L_Y \tag{9-103}$$

当 $L_{CB}=0$ 时，$k_C=1$。

短路电流达到峰值的时间 t_{pC} 如下：

当 $\delta>\omega_0$ 时，

$$t_{pC}=\frac{1}{2\omega_d}\ln\frac{\delta+\omega_d}{\delta-\omega_d} \tag{9-104}$$

式中：$\omega_d=\sqrt{\delta^2-\omega_0^2}$。

当 $\delta<\omega_0$ 时，

$$t_{pC}=\frac{1}{\omega_d}\arctan\left(\frac{\omega_d}{\delta}\right) \tag{9-105}$$

式中：$\omega_d=\sqrt{\omega_0^2-\delta^2}$。

当 $\delta=\omega_0$ 时，$k_C=\frac{2}{e}=0.736$，

$$t_{pC}=\frac{1}{\delta} \tag{9-106}$$

短路电流上升时间系数为

$$\tau_{1C}=k_{1C}t_{pC} \tag{9-107}$$

式中：k_{1C}为参数，其值取决于 $1/\delta$，ω_0，其关系曲线如图 9－12 所示。

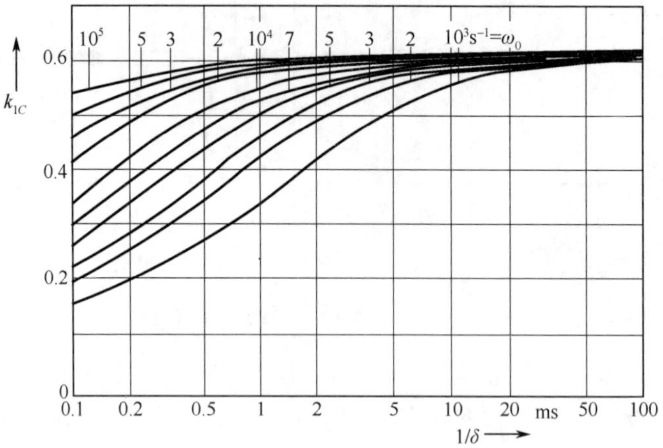

图 9-12 k_{1C}与 $1/\delta,\omega_0$ 关系曲线图

短路电流下降时间系数为

$$\tau_{2C} = k_{2C} R_{CB} C \tag{9-108}$$

式中:k_{2C}为参数,其值取决于 $1/\delta,\omega_0$,关系曲线如图 9-13 所示。当 $L_{CB}=0$ 时,$k_{2C}=1$。

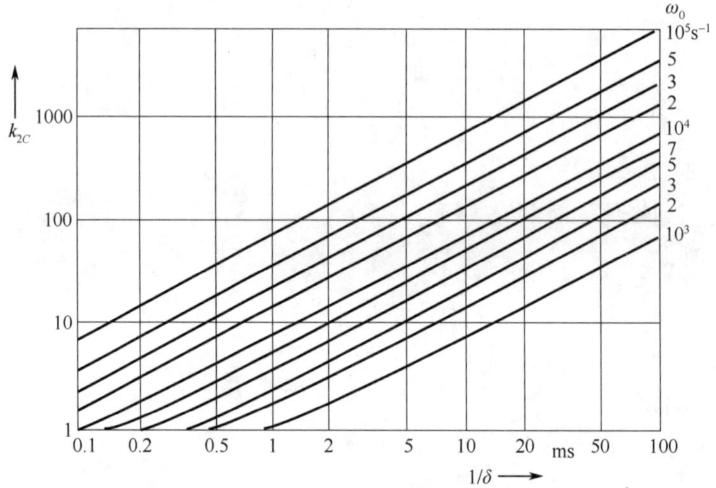

图 9-13 k_{2C}与 $1/\delta,\omega_0$ 关系曲线图

9.6.4 直流电机提供的短路电流

当系统中含有直流电机且投入运行,短路故障发生时,直流电机转变为发电机运行状态,可看作电流源,向短路故障点提供短路电流。直流电机连接在系统中的直流母线上,其等效电路图如图 9-14 所示。

令

$$R_{MB} = R_M + R_{ML} + R_Y \tag{9-109}$$

$$L_{MB} = L_M + L_{ML} + L_Y \tag{9-110}$$

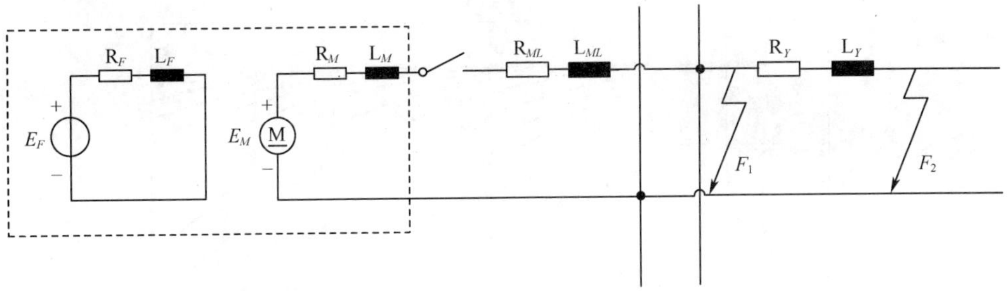

图 9-14　直流电机所在回路等效电路图

$$\tau_M = \frac{L_{MB}}{R_{MB}} \tag{9-111}$$

式中：R_M，L_M 为直流电机电枢电阻和电感；R_{ML}，L_{ML} 为直流电机支路电感；R_Y，L_Y 为直流侧公共线路的电阻和电感；τ_M 为直流电机电枢回路的时间常数，其大小取决于短路位置的不同。直流电机提供的短路电流稳态值为

$$I_{kM} = \frac{L_F}{L_{0F}} \frac{U_{rM} - I_{rM}R_M}{R_{MB}}, \quad n = n_n \tag{9-112}$$

$$I_{kM} = 0, \quad n = 0 \tag{9-113}$$

式中：L_F 为短路时励磁电路的等效饱和电感；R_F 为短路时励磁电路的等效电阻；L_{0F} 为励磁电路空载时等效不饱和电感；U_{rM} 为流电机额定电压；I_{rM} 为直流电机额定电流；n 为直流电机转速；n_n 为直流电机额定转速。

短路故障发生时直流电机提供的短路电流峰值为

$$i_{pM} = k_M \frac{U_{rM} - I_{rM}R_M}{R_{MB}} \tag{9-114}$$

当直流电机在额定转速或减速运行时：

当 $\tau_{\mathrm{mec}} \geqslant 10\tau_F$ 时，$k_M = 1$，

$$\tau_{\mathrm{mec}} = \frac{2\pi J n_0 R_{MB} I_{rM}}{M_r U_{rM}} \tag{9-115}$$

$$\tau_F = \frac{L_F}{R_F} \tag{9-116}$$

式中：τ_{mec} 为直流电机机械时间常数；τ_F 为直流电机电气时间常数；J 为直流电机转动惯量；n_0 为直流电机空载时的转速；M_r 为直流电机额定转矩。

当 $\tau_{\mathrm{mec}} < 10\tau_F$ 时，k_M 为参数，其值大小取决于 $1/\delta$，ω_0，其关系曲线可由图 9-15 表示。

$$1/\delta = 2\tau_M \tag{9-117}$$

$$\omega_0 = \sqrt{\frac{1}{\tau_{mec}\tau_M}\left(1 - \frac{I_{rM}R_M}{U_{rM}}\right)} \tag{9-118}$$

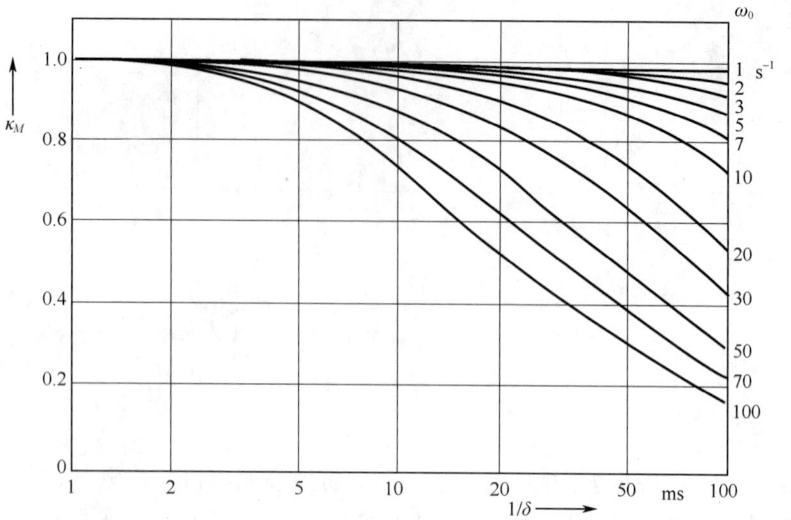

图 9-15　k_M 与 $1/\delta,\omega_0$ 关系曲线图

$\tau_{mec} \geqslant 10\tau_F$ 时,短路电流达到峰值的时间 t_{pM},短路电流上市时间常数 τ_{1M} 取值为

$$t_{pM} = k_{1M}\tau_M \tag{9-119}$$

$$\tau_{1M} = k_{2M}\tau_M \tag{9-120}$$

式中:k_{1M},k_{2M} 为参数,其值取决于 τ_F/τ_M,L_F/L_{OF},其关系曲线如图 9-16 所示。

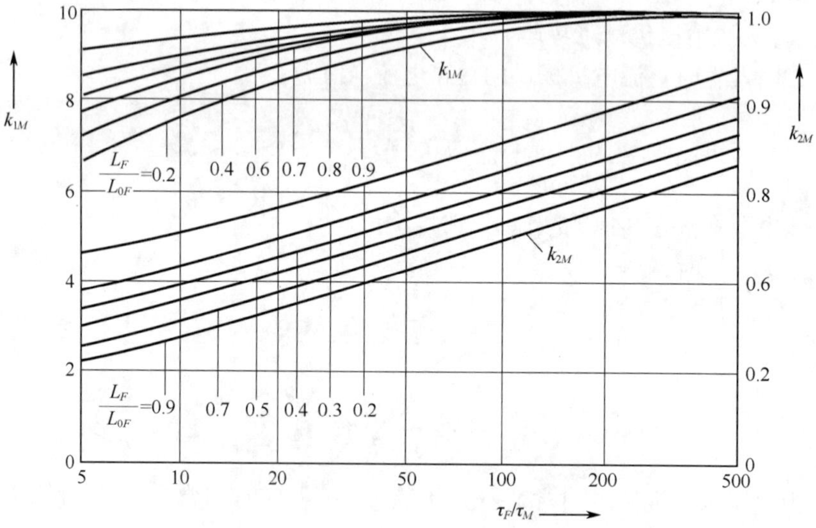

图 9-16　k_{1M} 与 τ_F/τ_M,L_F/L_{OF} 关系曲线图

当 $\tau_{mec} < 10\tau_F$ 时,短路电流达到峰值的时间 t_{pM},其值大小取决于 $1/\delta,\omega_0$,关系曲线可由图 9-17 表示。

上升时间常数 τ_{1M},$\tau_{1M} = k_{3M}\tau_M$,k_{3M} 为参数,其值取决于 $1/\delta$,ω_0,其关系曲线如图 9-18所示。

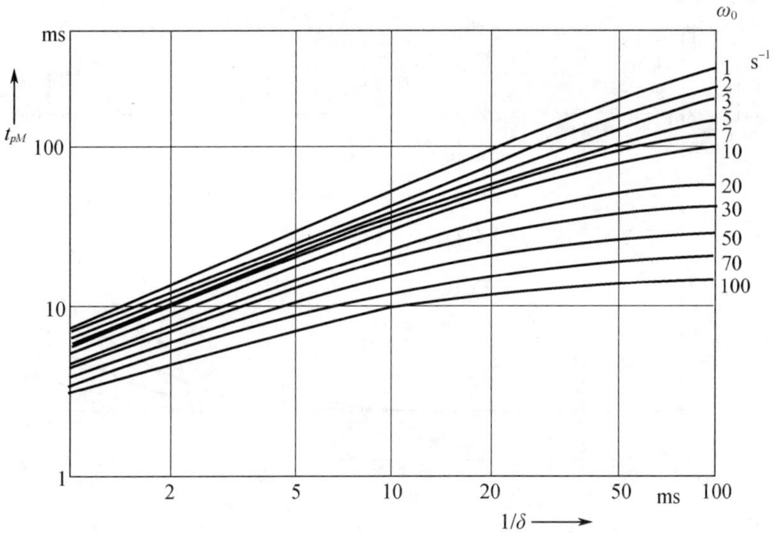

图 9－17　t_{pM}与 $1/\delta,\omega_0$ 关系曲线图

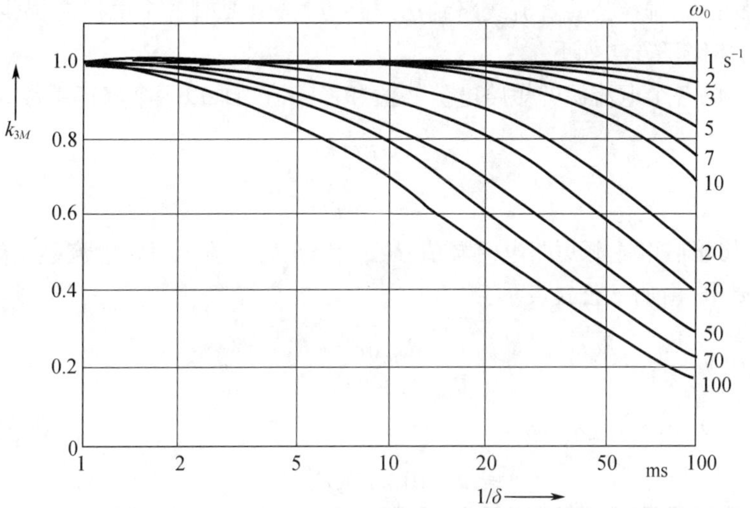

图 9－18　τ_{1M}与 $1/\delta,\omega_0$ 关系曲线图

下降时间常数 τ_{2M}：

$$\tau_{mec} \geqslant 10\tau_F \text{ 时}, \begin{cases} \tau_{2M} = \tau_F, & n = n_0 \\ \tau_{2M} = \dfrac{L_{OF}}{L_F} k_{4M} \tau_{mec}, & n \to 0 \end{cases} \tag{9-121}$$

$$\tau_{mec} < 10\tau_F \text{ 时}, \tau_{2M} = k_{4M}\tau_{mec} \tag{9-122}$$

式中：k_{4M}为参数，其值大小取决于 $1/\delta,\omega_0$，其关系曲线可由图 9－19 表示。

9.6.5　短路故障点的短路电流分析

当计算短路点总电流时，若短路点位于母线出口处，各个电流源提供的短路电流不流经公共直流线路时，直接将各个电流源的短路电流叠加即可求出短路故障点的总短路电

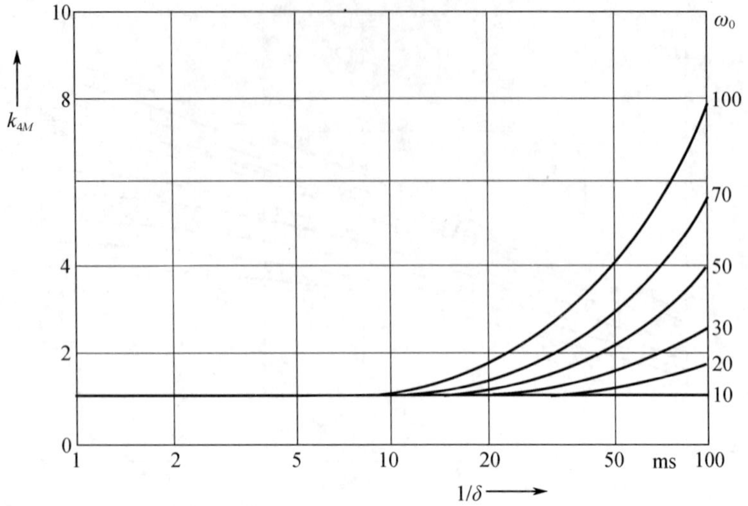

图9-19　k_{4M}与$1/\delta,\omega_0$关系曲线图

流值。当短路电流流经公共直流线路到达短路点时,需要对各个电流源提供的短路电流进行修正,具体修正方法如下:

将计算出的各个电流源的短路电流峰值和稳态值均乘以一个修正系数σ_j。

$$i_{pcorj}=\sigma_j i_{pj} \tag{9-123}$$

$$i_{kcorj}=\sigma_j i_{kj} \tag{9-124}$$

式中:i_{pcorj}为修正后电流源短路电流峰值;i_{pcorj}为修正后电流源短路电流稳态值。

修正系数σ_j由如下公式表示:

$$\sigma_j=\frac{R_{resj}(R_{ij}+R_Y)}{R_{resj}R_{ij}+R_{ij}R_Y+R_{resj}R_Y} \tag{9-125}$$

式中:R_{ij},R_{resj}取值由表9-10给出。

表9-10　R_{ij},R_{resj}取值

电流源j	R_{ij}	R_{resj}
发电机D	$R_{iD}=\frac{U}{I_{kD}}-R_Y$	$R_{resD}=\frac{1}{\frac{1}{R_{iB}}+\frac{1}{R_{iM}}}$
储能B	$R_{iB}=R_B+R_{BL}$	$R_{resB}=\frac{1}{\frac{1}{R_{iD}}+\frac{1}{R_{iM}}}$
电容器C	$R_{iC}=R_C+R_{CL}$	$R_{resC}=\frac{1}{\frac{1}{R_{iD}}+\frac{1}{R_{iB}}+\frac{1}{R_{iM}}}$
直流电机M	$R_{iM}=R_M+R_{ML}$	$R_{resM}=\frac{1}{\frac{1}{R_{iD}}+\frac{1}{R_{iB}}}$

各个电流源修正后的短路电流计算完成后，相加即可求出短路点总的短路电流。短路点短路电流瞬时值如下：

$$i(t)=\sum_{j=1}^{m}\begin{cases} i_{pj}\dfrac{1-e^{-\frac{t}{\tau_{1j}}}}{1-e^{-\frac{t_{pj}}{\tau_{1j}}}}, & 0\leqslant t\leqslant t_{pj} \\ i_{pj}\left[(1-p_j)e^{-\frac{t-t_{pj}}{\tau_{2j}}}+p_j\right], & t_{pj}\leqslant t\leqslant T_k \end{cases} \tag{9-126}$$

$$p_j=\frac{I_{kj}}{i_{pj}} \tag{9-127}$$

将各个电流源计算得出的短路电流峰值、稳态值、短路电流达到峰值的时间、电流上升时间常数、下降时间常数代入式(9－75)和式(9－76)中，得到各个电流源短路电流关于时间 t 的函数，即为各个电流源的短路电流瞬时值表达式。将所有电流源的短路电流函数相叠加，即为短路点短路电流瞬时表达式。

第10章 舰船电力系统继电保护原则

10.1 继电保护概述

舰船电力系统在实际运行当中,会由于维护不周、绝缘损坏、检修不良或操作等方面的原因,出现各种故障或非正常运行。最常见的故障有过载、短路、欠压、逆电流运行、电网断相等。这些故障会对电力系统造成严重的后果。特别是短路,它是在舰船电力系统中出现的最严重的破坏性故障状态。例如,在发生短路故障时,引起比正常电流大得多的短路电流。其热效应可能损坏设备,导体也会受到很大的电动力的冲击,致使导体变形,甚至损坏。

短路还会引起电网中电压降低。特别是靠近短路点处的电压下降得最多,当短路点距电源点不远而短路电流持续时间又较长时,三相短路会使并列运行的发电机失去同步,造成解列,从而破坏系统的稳定运行,导致大面积停电。

舰船电力系统继电保护装置在故障发生后,能自动、迅速地切除故障部分,最大限度地保护整个电站,避免故障的进一步扩大。同时,最大限度地保证非故障电路的连续供电,增强电力系统的生命力。针对舰船电力系统运行过程中种种可能出现的故障,限制不正常运行和短路的破坏作用,其中最有效的方法之一就是在舰船电力系统的主要电气设备上装设继电保护装置。

继电保护的作用有以下几点:

(1) 当电气设备发生故障或足以造成故障的危险情况时,继电保护装置将自动、迅速地并有选择性地切除发生故障的电气设备,以保护设备,并保证非故障部分正常安全运行;

(2) 当电气设备发生不正常运行情况时,继电保护装置立即发出报警信号以便及时处理,以防事故发生和扩大,或切除不正常运行的设备;

(3) 配合自动控制装置,自动消除或减少事故及不正常运行情况。

根据各种故障和不正常运行的特点,便构成了各种原理不同的继电保护。例如,对过载和短路,有反应电流量值改变的过电流保护;根据过电流量值的大小,又可分为自动卸载、过载和短路自动跳闸保护。对欠电压,则有反应电压值改变的低电压信号或跳闸保护。对于功率倒流,则有反应功率方向改变的逆功率跳闸保护,等等。

综上所述,电力系统继电保护装置是用来提高电力系统运行安全可靠性的一种反事故自动装置。因为电力系统继电保护装置是为解决电力系统不正常运行和故障情况而设置的,所以对保护装置本身更需要注意调试、检查和维护,以便充分合理的发挥它的作用。否则,其本身就可能出现故障,而成为事故的根源。

舰船电力系统与陆上电力系统相比较,有其不同的特点,所以其保护也有自身的特点。舰船发电机电压不高,对发电机保护要求相对比较简单。舰船电力系统的电压较低,故障电流很大,正常运行状态下,一般采用辐射状网络结构进行供电,其保护配置通常是阶段式的短路和过负载保护;舰船电力系统的容量一般也比较小,通常在数兆瓦左右,大电动机启动对电网影响较大,相应对保护提出的要求就高。由于舰船航行的特殊要求,需要尽可能地保持供电连续性,减小故障下的停电区域,同时需要保证不因故障电流的存在对设备造成破坏,所以在对保护性能的要求上,对保护动作选择性的要求要高于速动性、可靠性和灵敏性的要求;舰船空间有限,设备安装集中,对各种保护配合的要求高、难度大。舰船系统中电气系统的保护应服从于舰船的全局需要,当中断供电将会影响舰船航行安全或产生严重后果时,保护电气设备安全就应让位于保护舰船安全。

10.2　保护配置原则

供电的连续性和可靠性,是保证舰船生命力的首要前提之一。而在电力系统的实际运行当中,故障又难以避免,因此电力系统保护的基本任务就是在电力设备出现故障时,一方面,自动、快速且有选择地将故障设备从系统中切除,避免故障范围的扩大,以保证电力系统中无故障部分能够继续运行和电力系统的稳定性。另一方面,电力系统保护的可靠性主要由配置合理、互相能够合理地协调配合、质量和技术性能优良的保护装置以及正常的运行维护和管理来保证。

为了保证保护装置能完成其在电力系统中承担的任务和作用,一般从以下 4 个方面对电力系统保护的性能进行要求和评价。

1. 选择性

选择性是指当系统的某个设备发生故障时,首先由故障设备对应的保护把故障设备从电网中切除,并且不能对其余无故障设备构成影响。换句话说,保护装置的动作只切除故障设备,或使故障的影响范围限制在最小。需要指出的是,由于保护和开关都存在拒动的可能性,而有些故障对系统的稳定和电气设备都极易构成永久性破坏,因此对于重要设备必须有相应的后备保护。当故障设备或线路本身的保护或断路器拒动时,才允许由相邻设备保护、线路保护或断路器失灵保护切除故障。为保证对相邻设备和线路有配合要求的保护和同一保护内有配合要求的两元件(如启动和跳闸元件或闭锁与动作元件)的选择性,其灵敏系数及动作时间,在一般情况下应相互配合。当后备保护动作时,通常会扩大停电范围。

2. 速动性

速动性是指保护装置应尽可能快地切除故障,其目的是提高系统稳定性,减轻故障设备和线路的损坏程度,缩小故障波及范围。有关保护速动性的问题的要求需要注意两个问题:一是故障的切除时间为保护的动作时间和断路器的跳闸时间之和。因此,要缩短故障的切除时间,不仅要求保护的动作速度要快,与之配套使用的开关跳闸时间也应该尽可能短;二是保护的速动性要求是相对的,不同电压等级的电网,要求不同。同样的动作时间,对电压等级较高的电网可能是不够迅速,对低压电网而言可能已经足够迅速。保护的速动性应根据被保护设备和系统运行的要求确定,并非越快越好。因为过分强调保护装置动作快速性势必带来保护装置其他性能的降低,或者增加保护的复杂性,有时候在经济上也是不合理的。显然,满足保护的速动性不仅能减轻故障设备的损坏程度,还可以使系统电压快速恢复,从而减小对用户的影响,更重要的是可以提高电网运行的稳定性。为了满足对保护装置速动性的要求,可通过合理的保护方案及实现保护的技术手段来保证。例如装设速动保护(高频保护、差动保护等),减少保护装置固有动作时间和开关跳闸时间等。

3. 灵敏性

灵敏性是指保护装置对于其保护范围内所发生的各种金属性短路故障,应具有足够的反应能力。保护装置的灵敏性要求与选择性要求关系密切,在电力系统故障时,故障设备的保护必须先灵敏地反应故障,才可能有选择性地切除故障,因此能有选择地切除故障的保护,必须同时具备有灵敏性。保护装置的灵敏性通常用灵敏性系数的大小来衡量,灵敏系数越高表示装置对故障的反应能力越强,反之,则越弱。

4. 可靠性

可靠性是指保护装置应处于良好的工作状态下,在保护装置不该动作时应可靠地不动作,而在保护装置应该动作时应可靠地动作。可靠性是对保护装置性能的最根本要求。所谓可靠不动作,也称为"安全性",因为如果保护装置在不应动作时却误动了,误发了信号或者误将某运行中的设备切除,则保护装置非但没起到保护的作用,反而由于其误动作而造成了电力系统的不安全;所谓可靠地动作,也称为"可依赖性",因为如果保护装置应该动作时却拒动了,保护装置就没有起到保护作用,即该保护装置是不可信赖的。保护装置的误动和拒动是电力系统发生事故的根源之一,因此保护装置必须满足可靠性的要求。可靠性与保护装置本身的制造、安装质量有关,同时也与系统的运行维护水平有关。

以上分析的是对电网保护的4个基本要求,它们之间紧密联系,既矛盾又统一。理想的状态是它们都应同时满足,但这种满足只是相对的。因为这4个基本要求之间,既有相互紧密联系的一面,也有相互矛盾的一面。例如:为保证选择性,有时就要求保护动作带上延时;为保证灵敏性,有时就得允许保护非选择性动作;而为了保证速动性和选择性,有时需要采用较复杂的保护装置,因而降低了可靠性。因此在确定保护方案时,必须从电力系统的实际情况出发,分清主次,求得最优情况下的统一。

10.3 舰船电力系统保护分类

舰船电力系统保护从保护对象分为发电机保护、变压器保护、电网保护和电动机保护。舰船电网的保护主要是线路的保护,舰船负载通常要求设短路和过负载保护。由于负载的多样性,具体的保护要求也不尽相同。

10.3.1 发电机保护

发电机是舰船电站中的重要设备。保证发电机不受损坏是实现安全供电的重要手段之一。发电机的安全运行对保证电力系统正常工作和电能质量起着决定性的作用,为此应该对其各种不同的故障和不正常运行状态,设置性能完善的继电保护装置。

发电机应设有过载保护、外部短路保护、欠压保护、过压保护、逆功率保护和发电机纵向差动保护。

通常,这些保护装置都是以中断供电来实现保护的。但如果保护特性选择不合理,往往会造成不必要的电源中断。这就与我们要求的系统的连续供电有矛盾。中断供电显然对电气设备起了保护作用,但在发生不至于引起发电机等电气设备损坏或引起事故时,保证连续供电是矛盾的主要方面。这时就不应偏重于保护设备,而使系统产生不必要的或不允许的中断供电,以影响航行安全。当事故可能引起发电机等主要电气设备损坏时,保护这些设备就成为矛盾的主要方面,装置就应该动作。从长远观点看,这样也是为了更有效地保证航行安全。

在大多数情况下故障或非正常运行都是暂时的。当不正常运行次数在一定数量之内和在一定时间之内可以认为是允许的,因为设备允许有一定的过载能力,而且,不正常运行也不会立即引起破坏性事故。因此在一般情况下,保护装置首先应该避开暂时性故障和非正常的运行状态,以保证连续供电。应当注意,数量和时间这两个概念在这里对发电机的保护是十分重要的。

1. 发电机的过载保护

电站在运行中如果出现发电机的容量不能满足负载的要求或并联运行的机组负载分配不均匀等情况,就可能造成发电机的过载,并有两种表现方式:电流过载和有功功率过载。它们对发电机组均是不利的。长期的电流过载会使发电机过热,引起绝缘老化和损坏;长期的功率过载会导致原动机的寿命缩短和部件损坏。

但对发电机可承受的电流过载来说,电流在 1.1 倍额定电流时为 2h,1.25 倍额定电流时为 30min,1.5 倍额定电流为 5min。对功率过载,主要决定于原动机的型号和类型,柴油机允许承受 1.1 倍额定功率为 2h,汽轮机允许承受 1.1 倍额定功率为 2h,1.2 倍额定功率为 30min,1.35 倍额定功率为 5min。所以从发电机本身来说,完全允许一定时限的过载而不要求立即跳闸。

从外部系统的要求方面来看,也要求发电机过载保护是带时限的。例如:当大电动机或多台电动机同时启动时,启动电流可能很大,以致超过发电机的额定值,但此时发电机的过载保护不应动作,而应该从时间上避开这种暂时的过载现象。启动过程一般不超过 10s。若在远离发电机处发生短路时,短路电流也可能超过发电机过载的整定值,但为了保证保护装置动作的选择性,也应该从时间上避开这种情况,先让下一级的分路开关动作,这段时间一般仅为几十至一百多毫秒。因此对发电机的过载保护装置来说,必须有一个合理的时间来鉴别过载的性质,以躲过暂时性的过载状态。

发电机过载保护应具有反时限特性。我国《钢质海船入级与建造规范》对发电机过载保护规定如下。

(1) 过载小于 10%,建议设一延时的音响报警器,其最大整定值应为发电机额定电流的1.1倍,延时时间不超过15min。

(2) 过载在10% ~50%,经小于2min的延时短路器应分断。建议整定在发电机额定电流的125% ~135%,延时为15~30s的断路器分断。

(3) 过载大于50%,但小于发电机的稳态短路电流,经与系统选择性保护所要求的短暂延时后,断路器应分断。

断路器的短延时脱扣器建议按如下规定进行整定:始动值为发电机额定电流的200% ~250%,延时时间交流最长为0.6s。

(4) 在可能有3台及以上发电机并联连接的情况下还应设有瞬时脱扣器,并应整定在稍大于其所保护发电机的最大短路电流下断路器瞬时分断。

尽管有延时保护,但长时间过载必将导致保护装置的动作而中断供电。卸载保护装置则弥补了这方面的不足,使中断供电的可能性降到最低的限度。一般电站有一级卸载就够了,卸去空调等次要负载。如果在某种状态下仍然过载,则可采取第二级卸载,可卸去部分较重要的负载。分级卸载适用于小容量多机组的电站。分级卸载的时限应比过载延时短,以确保分级卸载的动作在过载保护动作之前完成。一般一级卸载可整定在发电机额定电流的110% ~120%范围内,延时7~12s。

上面所说发电机过载保护的整定值是对一般情况而言,对于具体发电机则应根据它的设计制造情况、使用情况做具体的分析,然后确定整定值。舰船同步发电机的过载保护装置,主要是由自动分级卸载装置和空气断路器中的过电流脱扣器担当。

2. 发电机的外部短路保护

发生短路的原因不外乎是导线绝缘老化,受机械或生物的损伤、误操作以及一些导电物品不小心掉在裸导体或汇流排上所造成。短路时将产生巨大的短路电流,对电力系统的设备和运行有巨大的破坏作用,因此要求装置要正确、可靠、快速而有选择地断开故障。

通常在距发电机较远处短路时,短路电流较小(3~5倍发电机额定电流),这时希望负载的分路开关动作,而不要主开关动作使整个电网供电中断。故主开关须设置一短路延时(0.2~0.6s)以躲开分路开关的动作。当在发电机近端短路时,短路电流较大,可达5~10倍发电机额定电流,这时必须立即切断发电机的供电,使保护装置瞬时动作。

舰船同步发电机的外部短路保护装置,也是由空气断路器的过电流脱扣器担当,如前述。

3. 发电机的欠压保护

当调压器失灵或发电机外部短路故障未切除时,将可能产生电压下降的情况。异步电动机在长期低电压下运行,将使它过电流而发热,绝缘老化损坏,这对发电机和异步电动机的运行是不利的,因此欠压保护的任务是当发电机电压低于一定值时,使主开关不能合闸或从电网上自动断开。欠压保护实际上还是一种短路保护的后备保护,因为短路时必定会出现欠压现象。

在系统中如果有大电动机等启动或突加较大负载时,也可能引起电压的下降,但这是暂时的正常现象,欠压保护不应动作,所以还需要有延时,以躲过暂时性的电压下降。我国《钢质海船入级与建造规范》规定,当电压降低至额定电压的70% ~35%时,应经系统选择性保护所要求的延时后动作。

舰船发电机的欠压保护,由空气断路器的失压脱扣器来完成。

4. 发电机的过压保护

当发电机突然甩掉负荷或距发电机不远处的外部短路被有关的保护动作切除后，都可能引起发电机定子绕组过电压。虽然发电机组都带有调速器和自动励磁调节装置，但考虑到自动励磁调节装置的拒绝动作的可能性和调速器的动作时间，系统应设置发电机的过压保护。发电机过压保护的整定值应根据定子绕组的绝缘情况决定。

5. 发电机的逆功率保护

当几台同步发电机并联工作时，如果其中一台发电机的原动机产生故障。例如燃油中断、连接发电机的离合器损坏等，将使该台发电机不但不能输出有功功率，反而从电网吸收功率成为同步电动机运行，这时将使其他的机组产生过载，甚至跳闸而使全船供电中断。另外当同步发电机在非同步条件下并车时，也可能出现逆功率，强大的整步电流不但影响电网的正常供电，而且交变的力矩往往会损坏机组，这时也应切断主开关，使投入并联成为不可能。

在以上两种情况下，都使同步发电机变为同步电动机的运行状态，都要从系统中吸收有功功率，它相对于发电机输出功率的方向是相反的，故称为逆功率。当出现逆功率时，要将该发电机从电网上切除，以保证其他发电机的正常供电。

由于船用发电机组的惯量较小，正常并车时在较短的时间内就可拉入同步，所产生的整步电流冲击是短暂的，因此用延时动作躲过投入时的逆功率状态是非常必要的，并且延时最好能具有反时限特性（逆功率10%时，延时10s；逆功率50%时，延时减至1s；逆功率达到100%时，应瞬时动作）。

并联运行的交流发电机应该设有延时3~10s动作的逆功率保护。并联运行发电机的逆功率（或逆电流）值按原动机的类型不同可整定为：

原动机为柴油机时，逆功率值为发电机额定功率（电流）的8%~15%。

原动机为涡轮机时，逆功率值为发电机额定功率（电流）的2%~6%。

舰船同步发电机的逆功率保护可由逆功率继电器来实现。

6. 发电机纵差保护（内部定子相间短路保护）

接于各台发电机定子绕组起始端与发电机主开关之间，动作于主开关瞬动跳闸，用来保护定子绕组。

10.3.2 变压器保护

变压器的基本故障是相间短路、对壳短路、绕组匝间短路以及输出端短路。相应的变压器保护有电流保护、差动保护等。保护的形式由变压器的功率、用途、采用的结构形式以及在系统中的工作条件来确定。对中点绝缘的变压器，因在绝缘良好时仅有少量的对地短路电流，因此不必装设单相短路保护，只在系统中装设绝缘状态的检测装置。由于舰船电力系统中变压器的功率不是很大，仅几十千瓦，在有电力推进装置的船上一般也仅有几百千瓦，故对变压器仅设短路保护以及供电网络的绝缘检测。当变压器绕组中有短路电流或过载电流等不正常工作时，可采用带过流脱扣器的自动开关保护。为了预防变压器故障蔓延，一般要求瞬时地把高压端及低压端的线路同时切断。

1. 变压器电流速断保护

变压器的电流速断保护，是用来反应变压器绕组、引出线及套管上的短路故障的。这些地方发生短路故障时,保护动作使变压器两侧的开关跳闸,以保护变压器。其作用应避开变压器低压负荷侧母线上短路时流过保护装置的最大短路电流,以及避开变压器空载投入时的励磁涌流。

2. 变压器过电流保护

变压器过电流保护的任务是用于反应变压器外部短路时引起变压器绕组的过电流的,所以它是变压器外部短路的远后备保护,同时是变压器内部短路的近后备保护。当发生过电流时,保护延时动作于跳闸。变压器过电流的启动按避开最大负荷电流整定。

10.3.3 电网保护

对舰船电网的保护,就是指系统出现过载或短路时对电缆的保护。舰船电力网的故障及不正常运行情况,主要是短路及过载、绝缘降低、相序接错等。当电网发生过载或短路时,导线中将有很大的短路电流通过,这将使导线过热和承受过大机械力的作用,甚至使电网遭受破坏或引起火灾。因此对线路需要有继电保护装置来加以保护。舰船电网多为单侧电源、辐射形线路,并且距离较短,无中线等,这种特征必将反映到对线路保护装置选择的具体情况中。根据舰船电网的特点,其过载和短路保护,都是利用在过载和短路时必将出现过电流这一现象,而采用带时限的过电流保护装置。

1. 过载保护

由于舰船电网多为单侧电源、辐射形线路,线路导线截面又都是与发电机及其用电设备的容量相配合的,故对舰船电网的过载保护一般不需要特殊考虑和装设专门的保护装置。下面具体说明。

图10-1所示为一馈线式配电网络示意图,其过载可以分成三段来进行讨论。

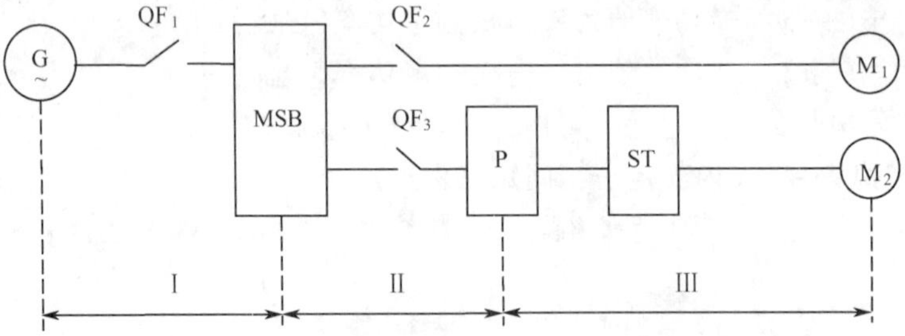

图10-1 馈线式配电网络示意图

第Ⅰ段:发电机G至主配线板MSB之间的电缆。这一段的电缆的截面是按发电机额定容量来选择的,它的过载就是发电机的过载,因此可以完全由发电机的过载保护装置来完成。

第Ⅱ段:用电设备M_2到分配电板P(或直接连接主配电板如M_1)之间的电缆。这一段电缆的截面通常按电动机额定电流来选择。而电动机一般均设有过载保护,因此同样也保护了这一段电缆。

第Ⅲ段:各级配电板之间的电缆。例如从主配电板到分配电板的每段电缆。它们过载的可能性较小。因为它们的截面是根据分配电板上所有负荷电流并考虑同时工作系数计算得到的,个别用电设备负载的过载不致引起这段电缆的过载,而大部分负载在同一时间内一起过载的可能性也是极少的，因此这段也不必考虑过载保护。

综上，舰船电网中可不必考虑过载保护，也就是说主配电板、应急配电板以及区域分配电板上的馈电开关可以不设过载保护。然而，由于考虑到船上电动机的过载保护一般都有热继电器，它们的动作特性因受到环境温度影响而不太可靠；又当电缆绝缘破坏时，实际电流可能超过用电设备的总电流而出现过载。因此，现代舰船电网中这些馈电开关均选用装置式自动开关。虽然其过载脱扣器不会对电网的过载保护有多大意义，但对于提高电网的工作可靠性却是有一定作用的。

2. 短路保护

在舰船电力系统中，由于电器装置安装不良，使用不慎，电机、电器和电缆绝缘的老化，机械直接损伤或其他原因，可能发生网络的短路现象。当网络短路时，会发生非常大的短路电流，将引起大量的热能和过高的机械力，使电机、电器和导线损坏。电力系统正常运行的破坏，大多数情况下是由于短路故障引起的，因此电网必须设计短路保护。

舰船电网短路保护的最重要问题是保护装置的选择性，也就是故障发生时，保护装置只切除故障部分，而不使前一级保护装置动作。这样就保证了其他没有故障的设备能继续运行。

舰船电力系统中保护选择性的实现，是通过上、下级断路器之间的协作配合来实现的，当网络中某处出现短路或过负载，应该仅仅由故障点或其上游最近的断路器动作，其他支路上的断路器应该可靠不动作才满足要求。

根据短路时过电流的大小，舰船电力系统中保护的选择性可分为两段。一般情况下，过电流小于10倍额定电流时，为过载保护选择性区域；过电流大于10倍额定电流时，是短路保护选择性区域。在过电流保护范围内，如果从过载开始到短路均存在选择性，则称为完全选择性；如果仅仅局部具有选择性，而故障电流超过某一值时，不再保证全选择性条件，则称为部分选择性。在保护选择性的实现技术上，主要有电流选择性、时间选择性和虚拟时间选择性、逻辑选择性和能量选择性等。

舰船电力系统中保护选择性技术可以结合图10－2所示的简单供电网络图来进行说明。在图10－2中，D_1和D_2分别表示位于不同等级的断路器。

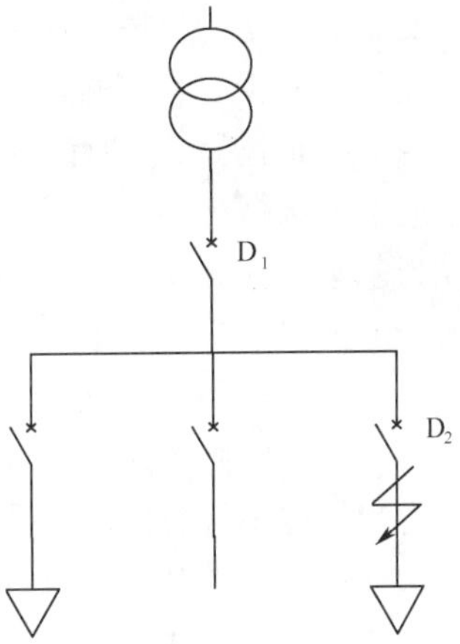

图10－2 简单供电网络图

1）过载区的选择性

由图10－3所示的D_1，D_2断路器的安秒特性曲线可以看出其安秒特性是个反时限的曲线带，曲线位置高则表示过载后到分断的时间较长。其中，特性曲线带的下限表示最大不动作时间，上限表示最大动作时间，只有当D_1的最小不动作时间大于D_2的最大动作时间，即$t_{D_1} > t_{D_2}$，过载区才有选择性。在实践中，D_1，D_2之间在过载区有无选择性，可由其最小动作电流I的比值I_1/I_2来判定，一般$I_1/I_2 > 1.5$，即能实现过载区保护的选择性。

2）短路区的选择性

在短路保护的保护范围内，由于系统运行方式变化较大等因素的存在，使得在不同等级的断路器间获得可靠的选择性是很困难的，为了防止越级跳闸，人们研究和发展了多种配合技术,目前比较成熟的主要有下面几种技术。

(1) 电流选择性。当舰船电网中出现短路故障时,由于线路阻抗的原因,上下级短路电流值总是有一定的差别的,因此可实现基于短路电流的选择性保护,即依靠相邻两级断路器中脱扣器不同的动作整定值来实现。一般 D_1 的最小瞬动电流大于等于 D_2 的最小瞬动电流的1.4倍即可。

(2) 时间选择性。当短路电流较大时,已经无法通过短路电流的大小来实现选择性,只能依靠相邻两级断路器间不同的动作时间来达到有选择性的保护目的。

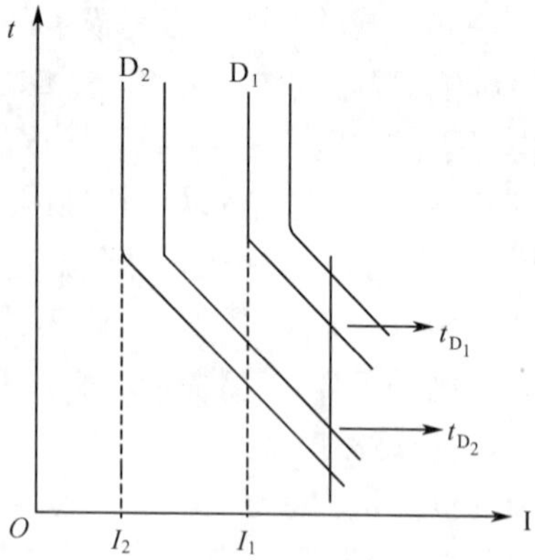

图10-3 断路器安秒特性图

一般来讲,断路器进行分断的过程是这样的:短路发生后,流过断路器的电流使脱扣器动作,导致锁扣解扣,然后操作机构使触头开断,产生的电弧在灭弧室中熄灭,从而完成分断动作过程。自短路产生之后直到锁扣即将解扣前的一段时间称为脱扣动作时间;自短路产生之后直至分断动作完成的一段时间称为全分断动作时间。为了达到选择性保护的目的,主断路器的脱扣动作时间应大于分支断路器的全分断动作时间。

(3) 虚拟时间选择性。虚拟时间选择性是在下级 D_2 采用限流型断路器,通过限流作用使实际的短路电流幅值和持续时间大大减少,因此上级断路器的脱扣器检测到的短路电流值相应减少,从而增强了上下级之间的选择性。

(4) 逻辑选择性。所谓逻辑选择性,指的是在辐射式电网中各级断路器脱扣器之间通过通信或数据交换的方式实现的选择性跳闸。目前,该技术已比较成熟,有些公司已把它作为基本配置向用户提供。

(5) 能量选择性。能量选择性是指下级断路器的限流作用,限制了短路电流的能量,不足以使上级断路器跳闸。能量跳闸技术可在一般脱扣器的无选择性的瞬动区域内实现选择性。能量跳闸的速度极快,可高达3ms。

为使供电系统各级断路器之间具有最佳的选择性保护配合,通常需要在上面提到的几种选择性技术的基础上进行相互配合,共同构成一个舰船电网的保护系统。

针对某一个具体的舰船电力系统,如何综合应用各种保护技术,制订一个合理的保护配置和整定方案,在满足选择性要求的同时使保护性能得到最佳,是一个比较复杂的问题。由于网络结构的之间的差别,难以制定一个统一的技术标准。

从目前国内或国外大型舰船的电网保护配置方案来看,通常是在网络的主干部分配置3~4级的短延时保护进行短路过电流的选择性保护,而瞬动保护在舰船电网中因为存在选择性较差的固有缺陷,一般配置较少。

3. 岸电相序和断相保护

舰船在接用岸电时,当相序接错或少接一相时,电动机将发生倒转或单相运行,从而导致电力拖动装置在机械或电气方面的受损或破坏。为了防止这样的故障发生,岸电应该设置相序及断相保护。相序保护及断相保护由负序继电器完成。当相序接错或少接一相时,过滤器输出电压分别为1.5倍和0.866倍的线电压。该电流经整流后足以启动中间继电器,中间继电器的触点闭合后启动时间继电器,经延时后使岸电开关失压脱扣器失电跳闸。

除了上述保护外,为了保证电网的正常运行,无论是照明电网还是动力电网,舰船规范对绝缘电阻都有明确的要求,一般均要求大于1MΩ。无论是一次系统还是二次系统,均应设有连续监测绝缘电阻的装置,且能在绝缘电阻异常低时发出声光报警信号,以便及时发现绝缘低下而无法及时排除的状况。

10.4 保护配合与协调

保护配置的选择与电力系统的运行方式是密切相关的,环形电网和辐射状电网的保护配置方案差别是非常大的。与陆上电网运行不同的是,舰船电力系统的保护定值是不会随着运行方式的变化而随之调整的,因此在进行保护方案选择时必须兼顾所有可能的运行方式。虽然电网结构非常复杂,具备闭环运行的网络条件,但由于种种原因,实际上在船上是不会出现电源之间闭环运行的状态的。不同电站的发电机通过舷侧跨接线并联运行时并不是真正意义上的闭环运行,舷侧跨接线上没有负荷,其作用更像母联,而不是环路。因此在保护配置上可以参照采用辐射状电网需要的配置方案进行设计。同样,由于存在不同电站内的母线通过跨接线连接的运行方式,所以在仅仅使用常规辐射状电网对应的保护手段的情况下,很难保证在任何情况下都有最小的故障切除范围,但是增加闭环电网对应的保护手段,如差动、高频、方向等,必然增加保护系统配置的复杂性,加大运行维护的工作量和难度,从而降低运行的可靠性。如何在这两者之间权衡利弊,选择最佳方式,也是值得讨论的一个问题。

受电压等级、电网运行方式、工作环境等的影响,在舰船电力系统的保护当中,一般采用的是Ⅲ段式电流保护。保护装置在实现上通常和开关是结合在一起的。保护选择性的实现,以及主保护后备保护之间的配合,通过设置瞬动电流定值、短延时电流动作值、长延时电流动作值、短延时动作时间、长延时动作时间来实现。

针对一个具体电网的保护,需要根据电网的特点和运行要求选择最合适的保护配置,即存在一个保护手段选择问题。从原理上讲在辐射状电网中按时间原则或电流原则是能够实现保护的选择性的,但由于舰船输电线路很短,线路阻抗较小,电网各段短路电流都很大,因此按电流原则实现选择性保护往往是有困难的,因而需要按时间原则来实现选择性保护,时间原则的整定也比较容易,而且比较可靠。但是,完全按时间原则实现选择性往往又存在保护动作的快速性不满足要求和使保护装置复杂化等弊病,甚至是不可能的。所以,在一个系统中,常常是采用时间和电流原则混合的方法,来满足保护选择性和快速性的要求。考虑到实际保护装置制造条件的限制,首先应该在常规舰船电力保护手段的基础上提出舰船网络保护的整套方案,毕竟保护系统可靠性的满足很大程度取决于保护装置的制造水平和质量,在传统保护手段不满足要求的情况下再考虑增加新的保护手段。

近年来,随着全电力推进船的发展,使舰船电力系统的规模在不断扩大,网络拓扑结构也越来越复杂,供电可靠性和舰船生命力提高的同时也为保护的配置增加了难度。传统的保护配置方式在复杂的网络结构中是否还能够满足要求,应该如何改进,在复杂的网络结构中,除了以短路为理论基础的保护手段外,是否还需要增加其他保护手段,如差动、方向保护等。这些问题,随着大型船只的建造也成为人们关注和研究的热点。

在进行电力系统各保护装置的布置、选择和整定时,应构成一个具有以下特性的完整协调的自动保护系统。

(1) 在各种故障状态下,通过保护装置的选择分断作用,能有效地防止事故扩大并保持对非故障电路的连续供电。

(2) 对于过载高阻抗故障,通过有关保护装置的分断特性与电气设备热特性的协调来获得设备受保护情况下的最大限度地连续供电;对于短路低阻抗故障,能够有选择地、迅速地将故障部分予以切除,以减少对系统和设备的危害。

(3) 对于各种类型的故障,在故障出现到相应保护装置动作的时间段内,故障电流所形成的电动应力和热效应力,应不会造成保护装置本身以及有关电气设备和电缆的损坏。

(4) 在任何情况下保护装置的分断作用不应破坏电力系统的工作稳定性。

(5) 在进行电力系统的保护设计时应考虑到在故障排除后能方便、迅速地对断电电路恢复供电。

(6) 在选择和整定保护装置时,系统保护和设备保护之间要能够协调和配合。控制开关应能在规定的时间内承受其负载侧的短路电流的冲击。

(7) 当电动机正常启动、变压器正常接入或把它们从一个电站转接到另一个电站时,电力系统中的有关保护装置不应发生误动作。

(8) 在上、下级保护装置均为断路器的配电系统中,若断路器设有长、短延时脱扣器,则在同一故障电流的作用下,下级断路器的全分断时间(包括延时和固有分断时间)应小于上级断路器的可返回时间。

(9) 在能够实现选择性保护的前提下,电力系统中各断路器的短延时脱扣的延时时间应整定得尽可能短。

10.5 断路器选型

在舰船电力系统当中,断路器和保护本身通常是一体化的,断路器除了完成切断短路电流的功能外,还要互相配合实现对舰船电网的保护功能,因此在选择断路器设备时需要考虑到将来保护方案的配置。

低压断路器一般分为万能式和塑料壳式。塑料壳式断路器一般用于非选择性,额定电流不大的情况,新型的也有制成选择性的。但通断能力低、保护和操作方式少,如德国西门子的3VE系列。

万能式断路器也称框架式断路器,这种断路器容量较大,可装设多种脱扣器,可以设计成选择型和非选择型。例如:日本的AH系列、德国的3WE和ME系列。DW914系列是由北京开关厂生产,用于交流50Hz、额定电压660V以下、额定电流630~4000A的船用或工业电力系统中。

在断路器的选型过程中,主要考虑了以下几个方面的因素。

(1) 断路器的通断能力应满足以下条件:

① 断路器的额定工作电压>线路额定电压;

② 断路器的额定电流>线路计算负载电流;

③ 断路器的额定短路切断能力 > 线路中可能出现的对称短路电流初始有效值；

④ 断路器的额定短路接通能力 > 线路中短路电流最大峰值。

（2）配电网中的断路器要具备过载长延时和短路瞬动的保护功能，以满足在整个电力系统中实现选择性保护的需要。

（3）在满足运行要求的前提下，尽量在同一级电网中选用相同型号的设备，一方面是提高运行维护的方便性；另一方面可增加设备的通用性，在遭受破坏时提高舰船的生命力。

第11章

舰船电力系统生命力计算方法

11.1 舰船电力系统生命力概述

随着越来越多的高新技术在大型舰船上的广泛应用,舰船的自动化水平相较以往大大提高。但是,目前舰船操作和控制还不能做到完全自动化,还离不开舰员的操作。在国外,一般把舰船所有系统的统一控制功能划分为三个部分,与之对应的舰员划分为三组:负责主动力装置的舰员、负责电力系统的舰员和负责全舰系统的舰员。在正常的非故障状态下,这种控制功能划分运行良好。但是,在故障状态下却出现了矛盾。当舰船受到战斗损伤或出现故障时,舰员的应对操作是恢复舰船装备工作能力和战斗力的重要手段。然而,根据国内外的损管经验,在舰员的故障处理转换操作中,大约30%的操作并没有使故障状态得到改善或消除,而是使故障状态更加严重。一方面,单个舰员不可能了解掌握所有的损管操作过程;另一方面,由于舰船所有的系统之间紧密的技术联系,要一个舰员不但应该熟悉自己所负责的装置和系统,同时还要熟悉其他装置和系统,是比较困难的。在这种情况下,舰员经常因为迷茫而中断操作。因此,他们的操作互相不能配合,从而使故障状态加重。综合起来看,主要的原因有船员的操作不正确、不及时、互相之间不协调,或者是所有上述情况的综合。

舰船电力系统生命力是指舰船的某些电气设备出现故障或攻击武器命中目标舰船后,通过采取一些紧急而有效的措施,抵御故障或战斗带来的损伤,使重要负载尽可能地不失电。舰船电力系统负责为其他系统提供电力,在故障时电力系统损坏将直接导致舰船丧失航行、操纵、损管、探测、攻击、防御、通信等核心功能,威胁舰艇安全。从作战和使用需求出发,电力系统生命力要满足三项基本要求:一是系统损坏的可能性要尽量的小;二是系统中某些设备的损坏不会造成整个系统停止运行,影响范围要小;三是在设备损坏以后应能尽快修复或启动备用路径,恢复对负载的供电。生命力指标是评价舰船电力系统性能优劣的一个重要指标。

本章重点讲述舰船电力系统故障应对及生命力计算方法。

11.2　舰船电力系统的状态描述

舰船电力系统由发电设备、配电设备、消磁设备、电力监控设备、电力辅助设备组成，其装备故障后直接影响到舰船的航速、电力储备和生命力等性能指标。

舰船电力系统是一种复杂的技术系统。系统中元素数目很多，它们之间存在着强烈的耦合联系，系统中每个转换（打开或关闭阀门、接通或断开电路开关、启动或停止泵等）都会改变其结构，属于离散系统。因此，对其状态描述应采用离散系统仿真的方法。由于系统结构可以用图论方法进行数学描述，因此，采用图论对复杂技术系统的拓扑结构进行数学描述。

在系统分析理论中，可将复杂技术系统划分为单元和联系；在图论中，图模型由顶点和弧组成。将两者分别建立对应关系，从而构建复杂技术系统的图模型。以舰船电力系统为研究目标，那么应该将单个装置、设备或者部件定义为单元，例如，柴油机、配电板、负载中心等；将各设备之间的电缆作为单元之间的联系。与之对应的，在舰船电力系统拓扑结构的图模型中，每个独立的单元描述为图的顶点，每个联系图描述为弧，如图 11－1 所示。如果该单元需要其他单元向其提供能量、物质或者信息，那么这就叫进入该顶点的弧。如果该单元向其他单元提供能量等，那这就叫从该顶点出发的弧。

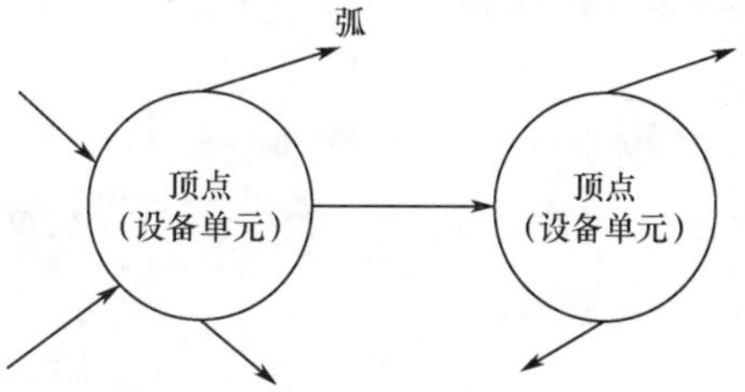

图 11－1　图模型

各设备单元之间的联系可以分为基本联系和备用联系。基本联系即正常状态下设备的基本连接，而备用联系则为基本联系出现故障后而必须采取的备用操作。备用操作分为以下三类。

第一类：自动化操作，即基本联系故障后自动切换到备用联系。例如，主发电机组故障后，在很短的时间内自动切换到备用发电机组的自动操作。

第二类：信息，它们是基本联系出现故障后的设备状态描述和相关指令。例如：电缆故障、启动备用发电机等。

第三类：手动操作，即基本联系故障后舰员必须采取的手动操作。例如：打开备用阀门、闭合备用开关等。

11.3　图模型中任意故障组合的形式化描述

在对舰船电力系统以图模型的形式进行数学描述后，就必须要研究如何对故障信息进行描述。这里采用“故障矢量”的概念。故障矢量是代表复杂技术系统的图模型中所有连接状态的全部符号信息。每个符号都用拉丁字母 r_i 表示,其中 $i=\overline{1,m}$,m 为故障矢量所代表的联系的总数,因而故障矢量可以用下列公式描述:

$$\left(\bigcup_{i=1}^{m}\boldsymbol{r}_i\right)\in\mathbf{R} \tag{11-1}$$

为了把每个符号和图模型中的实际连接对应,将其中所有连接进行编号。其中编号 $1\leqslant i\leqslant m'$ 属于基本连接,而 $m'+1\leqslant i\leqslant m$ 属于备份连接。符号的赋值由下列数值集合表示:

$$(\forall\boldsymbol{r}_i)\in\{1,0\} \tag{11-2}$$

如果 $\boldsymbol{r}_i=1$,那么就表示第 i 个连接没有因故障而丧失功能,如果 $\boldsymbol{r}_i=0$,则指因故障而丧失功能。故障矢量的给定遵循下列规则:

首先,故障矢量中所有元素都被赋值为“1”,即

$$\forall\boldsymbol{r}_i=1 \tag{11-3}$$

然后,真正因故障损毁而被消除的联系赋值为“0”。

为了简便起见,定义故障矢量时可以只给出零值元素的编号,即

$$\bigcup_{i=1}^{m}[(\boldsymbol{r}_i=0)\equiv\text{true}]\Rightarrow\left\{\bigcup_{j=1}^{k}\boldsymbol{r}_j^0\right\}\in\mathbf{R}^0 \tag{11-4}$$

式中:k 为故障矢量中零值元素数量,而 $\boldsymbol{r}_j^0=i,i=\overline{1,m},j=\overline{1,k}$。

当电力系统中某一设备单元故障时,可以认为所有从此单元发出的联系为故障状态,$\boldsymbol{r}_i$ 赋值为0。

针对每一个故障矢量,可提前给定故障对应的系统状态的描述。由此,在舰船电力系统发生故障或战斗损伤后,根据前面形成的故障矢量,可以自动查找并给出与该故障矢量相对应的系统状态评估。

11.4 舰船电力系统故障后的应对策略

在图模型中数学描述为顶点的系统部件,即使只有一条弧进入,那么形式上认为是有工作能力的,且其实际意义描述为向该部件传输能量、物质或信息的路径。由于舰船电力系统的图模型中的联系都代表某种能量传递(而不是物质或信息),所以将获得舰船电力系统故障后的应对策略的算法称为“能量算法”,下面对其举例说明。

某船的电力系统单线图如图11-2所示,它由两个电站组成,并且分别布置在前后舱室内,每个电站由三台发电机组组成。在靠岸工况时,整个系统由一台发电机组供电,其他的发电机组作为备用。发电机、主配电板、跨接电缆和转换开关组成环形网络。

两电站系统中,柴油发电机组1为1#配电板供电,当柴油发电机组1出现故障后,首先启动与1#配电板相连的备用柴油发电机组2或3;当故障继续恶化,1#配电板相连的三台发电机组均出现故障时,此时的电站的发电机容量不足,需要闭合两电站间的转换开关,1#配电板从2#主配电板获得电源。

依照上述假设,得到电力系统的图形模型,如图11-3所示。在此模型中对代表系统中电气设备单元的每个顶点进行编号,模型中每一条边上有一位数字,数字代表优先级,所有具有优先级1的联系代表其工作于基本状态。所有的备用或者冗余联系具有等于或

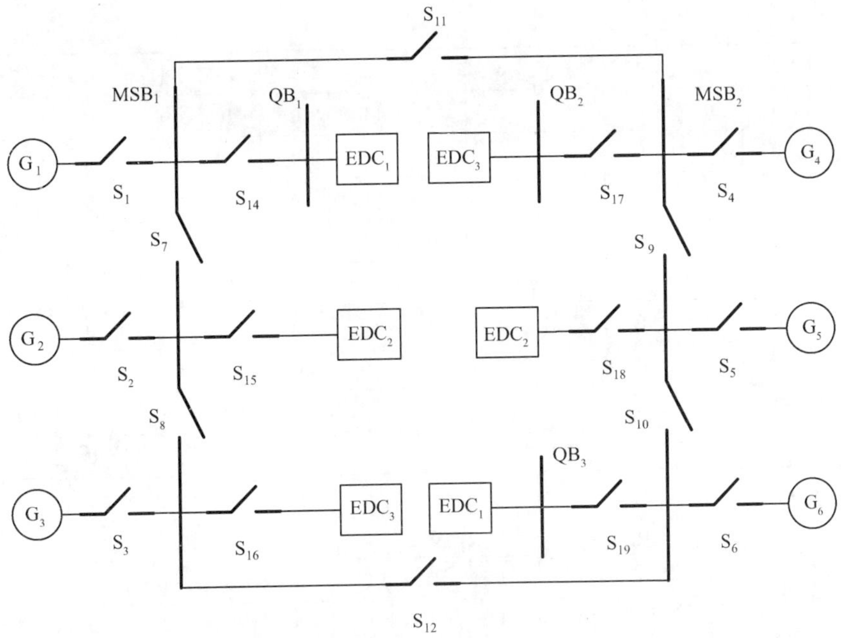

图 11－2　某船的电力系统单线图

者大于 2 的优先级代码。

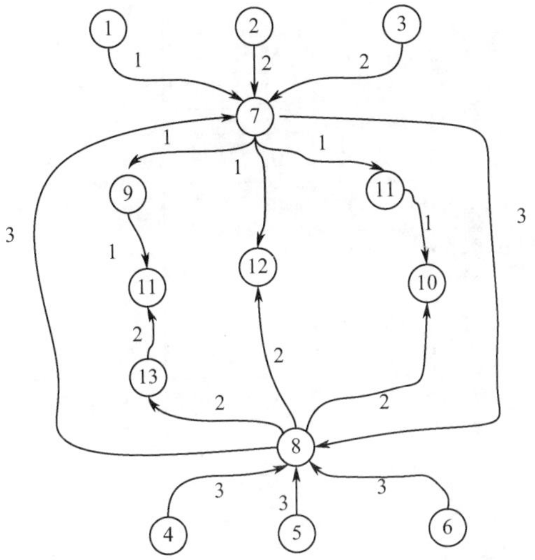

图 11－3　电力系统的图形模型

为使计算机能够理解和识别，由电力网络图形模型衍生出一个矩阵表格 ***B***。表格 ***B*** 中所有为 1 的非零元代表所有的基本联系，表格 ***C*** 中所有为≥1 的非零元代表所有的备用联系，表格中的零单元表示该单元坐标所代表的两个电气设备单元之间没有连接关系。

若某一电气设备发生故障，则图形模型中代表该电气设备的顶点发出的边断开，即该表格 ***B*** 中对应的列中，非零元变为 0，这时要从表格 ***C*** 中找到与前边提到的故障单元所在的行相同的行中搜索次优先级（≥2）的非零单元。随后，该单元由表格 ***C*** 移往表格 ***B*** 中相应位置，表格 ***C*** 中对应位置变为 0。

表 11－1　基本表格 ***B***

	1	2	3	4	5	6	7	8	9	10	11	12	13	14
1	0	0	0	0	0	0	0	0	0	0	0	0	0	0
2	0	0	0	0	0	0	0	0	0	0	0	0	0	0
3	0	0	0	0	0	0	0	0	0	0	0	0	0	0
4	0	0	0	0	0	0	0	0	0	0	0	0	0	0
5	0	0	0	0	0	0	0	0	0	0	0	0	0	0
6	0	0	0	0	0	0	0	0	0	0	0	0	0	0
7	1	0	0	0	0	0	0	0	0	0	0	0	0	0
8	0	0	0	0	0	0	0	0	0	0	0	0	0	0
9	0	0	0	0	0	0	1	0	0	0	0	0	0	0
10	0	0	0	0	0	0	1	0	0	0	0	0	0	0
11	0	0	0	0	0	0	0	0	1	0	0	0	0	0
12	0	0	0	0	0	0	1	0	0	0	0	0	0	0
13	0	0	0	0	0	0	0	0	0	0	0	0	0	0
14	0	0	0	0	0	0	0	0	0	0	0	0	0	0

表 11－2　备用表格 ***C***

	1	2	3	4	5	6	7	8	9	10	11	12	13	14
1	0	0	0	0	0	0	0	0	0	0	0	0	0	0
2	0	0	0	0	0	0	0	0	0	0	0	0	0	0
3	0	0	0	0	0	0	0	0	0	0	0	0	0	0
4	0	0	0	0	0	0	0	0	0	0	0	0	0	0
5	0	0	0	0	0	0	0	0	0	0	0	0	0	0
6	0	0	0	0	0	0	0	0	0	0	0	0	0	0
7	0	2	2	0	0	0	0	2	0	0	0	0	0	0
8	0	0	0	3	3	3	0	0	0	0	0	0	0	0
9	0	0	0	0	0	0	0	0	0	0	0	0	0	0
10	0	0	0	0	0	0	0	0	0	0	0	0	0	0
11	0	0	0	0	0	0	0	0	0	0	0	0	0	0
12	0	0	0	0	0	0	0	2	0	0	0	0	0	0
13	0	0	0	0	0	0	0	2	0	0	0	0	0	0
14	0	0	0	0	0	0	0	2	0	0	0	0	0	0

在图11－2中,假设由于某种原因导致1#主发电机故障,可以用故障矢量进行如下描述。

由于故障,1#主配电板不能从1#主发电机获得足够的功率,所以从顶点1发出的边断开,即在表格 ***B*** 中的 $b_{7,1}=1\rightarrow 0$,它的第7行第1列标号由1变为0。在此情况下,算法将表格 ***C*** 的第7行自动搜索次优先级≥1的非零单元,即该单元应具有符号2,位于表格 ***C***

中第 2 列，即 $c_{7,2}=2$。随后，该单元由表格 $\boldsymbol{C}$ 移往表格 $\boldsymbol{B}$ 中相应的位置，即 $b_{7,2}=0\to2$，而表格 $\boldsymbol{C}$ 中原来的单元赋值为零，即 $c_{7,2}=2\to0$，此过程在实际中表示接入柴油发电机组 2，1[#]主配电板从 3[#]主发电机获得功率。此过程描述如下：

$$r_1^0=1\Rightarrow\begin{cases}b_{7,1}=1\to0\\c_{7,2}=2\to0\\b_{7,2}=0\to2\end{cases}$$

如果故障继续加剧，可以采用相同的方法继续描述。显然，经过能量算对各个故障进行故障处理后，不会再有新的故障产生。

每个由表格 $\boldsymbol{C}$ 向表格 $\boldsymbol{B}$ 的单元转移在实际装备中代表具体的操作，所以针对表格 $\boldsymbol{C}$ 中每个非零单元所代表的操作都要提前给出相应的操作建议，从而可以对舰员的实际操作进行指导。

11.5　典型破坏环境的分析

11.5.1　典型破坏武器

舰船电力系统生命力的大小由两个因素决定，一个是攻击武器的发展水平，另一个是出战舰船的现代化程度。想要评估电力系统的生命力，首要问题是应该掌握攻击武器的特点，深知攻击武器对目标舰船的攻击方式和破坏效果。

随着越来越多的高新技术在军事上的应用，在作战过程中，可能攻击舰船的武器类型在逐渐增加，武器有了更强的杀伤能力，舰船遭到的破坏将更加明显。近年来，海上战争呈现出更敏捷、更激烈、更有效的特点，它们作战双方的距离可以远远地超过视距、作战的时间特别短。书中从攻击武器的杀伤能力、攻击特点和使用频率考虑，选择具有代表性水雷、反舰导弹、鱼雷三种武器做详细而深入的研究。

11.5.2　武器击中目标舰船的爆炸点模拟

当武器击中目标舰船后，在三维空间内，武器的爆炸点的分步服从随机分布，不同攻击武器的具体分布形式也不同。图 11－4 给出了舰船的实用坐标系。

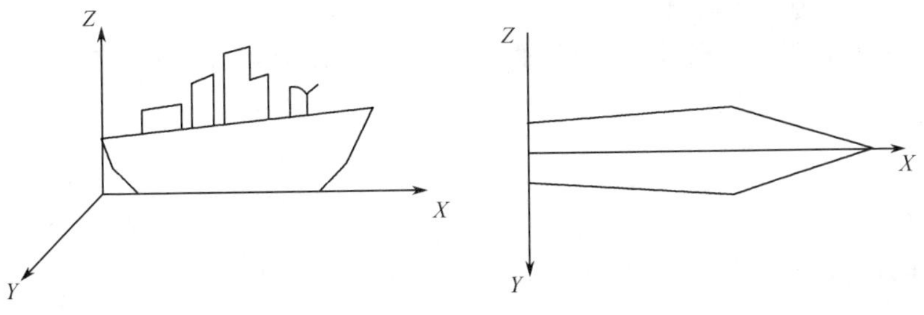

图 11－4　舰船的实用坐标系

水雷的爆炸点根据龙骨冲击因子、爆距、攻角来定义。龙骨冲击因子是一种与爆炸攻角有关的冲击因子(Keel Shock Factor)。龙骨冲击因子可以描述为

$$K=\frac{\sqrt{\omega}}{R_1}\times\frac{1+\sin\theta}{2} \tag{11-5}$$

式中:K 为龙骨冲击因子;ω 为炸药当量(kg);R_1 为爆心距离龙骨的最短距离,即爆距(m);θ 为攻角。

各个参考量在空间中的描述如图 11-5 所示。

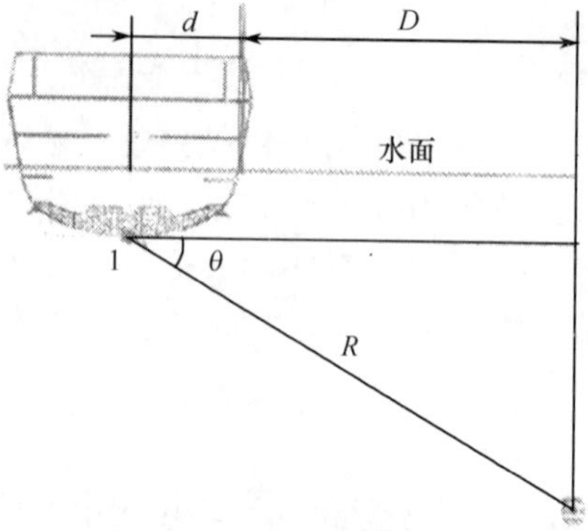

图 11-5　各个参考量在空间中的描述

根据以上定义,将水雷的炸点选择在 X 轴方向取正态分布、Y 轴、Z 轴取固定值。

$$f_m(x)=\frac{1}{\sqrt{2\pi}\sigma_{sx}}\mathrm{e}^{-\frac{1}{\sigma_{mx}^2}(x-\theta_{sx})^2} \tag{11-6}$$

反舰导弹的爆炸点服从的分布如下:X 轴方向服从正态分布,Y 轴以中纵剖面为界,单弦侧服从均匀分布,Z 轴方向服从对数正态分布:

$$f_m(x)=\frac{1}{\sqrt{2\pi}\sigma_{mx}}\mathrm{e}^{-\frac{1}{\sigma_{mx}^2}(x-\theta_{mx})^2} \tag{11-7}$$

$$\begin{cases} f_m(z)=\dfrac{\lg e}{\sqrt{2\pi}\sigma_{mz}z'}\mathrm{e}^{-\frac{1}{2}\left(\frac{\lg z'-\theta_z}{\sigma_{mz}}\right)^2}, & z'>0 \\ 0, & z'\leqslant 0 \end{cases} \tag{11-8}$$

式中:$z'=z=\bar{z}$,$\bar{z}$为水线坐标值。

鱼雷的爆炸点服从的分布如下:X 轴方向、Y 轴方向服从的分布与反舰导弹相同,Z 轴方向取水线下 0.5~2.5m 服从均匀分布:

$$f_T(x)=\frac{1}{\sqrt{2\pi}\sigma_{Tx}}\mathrm{e}^{-\frac{1}{2\sigma_{Tx}^2}(x-\theta_{Tx})^2} \tag{11-9}$$

式中:σ_{mx},σ_{mz},σ_{Tx},σ_{sx},θ_{mx},θ_{mz},θ_{Tx},θ_{sx}是与导弹的自身参数有关的参数。

11.5.3　舰船易受毁伤的几种典型形式

反舰导弹对舰船的攻击有两种形式:一种形式是穿爆战斗部,导弹通过射流穿甲与随进爆炸冲击波,侵入舰船内部爆炸,使船体解体毁伤或结构破坏,空气爆炸冲击波破坏舱段内设施；另一种形式是碰炸战斗部，反舰导弹在舰船表面发生爆炸，空气爆炸冲击波使舰船的结构破坏，引发强震动，破坏爆炸点附近舱段内设施。

鱼雷对舰船的攻击有两种形式：一种形式是穿爆战斗部，鱼雷侵入舰船在底舱内部发生爆炸，使船体解体毁伤或结构大破坏，强冲击波破坏舱段内部大部分设施；另一种形式是碰炸战斗部，鱼雷在舰船水线下某表面处爆炸，使船底部出现破孔，船体强震动，船舱结构损伤，冲击波超压破坏附近舱段内设施。

水雷对舰船的攻击有两种形式：一种形式是碰炸战斗部，深水炸弹/水雷在船底表面发生爆炸，使船底部出现破孔，船体强烈震动，结构损伤；另一种形式是近炸战斗部，水雷在船底一定距离处发生爆炸，通过水下冲击波传播引发船舱结构破坏，舰船震动，设备损伤。

11.6 破坏方式及受损情况分析

武器装备命中舰船后，自身会发生爆炸，相对与舰船而言，其破坏方式有接触性爆炸和非接触性爆炸。相应地，当舰船遭受到武器的攻击后，其电力系统也会遭到一定程度的破坏，其破坏模式包括直接破坏和二次破坏。下面，分别对直接破坏和二次破坏下，电力系统的受损情况进行详细分析。

11.6.1 直接破坏下的舰船电力系统的受损情况分析

直接破坏模式包括下三种破坏：①爆炸产生的火球破坏；②攻击武器的爆炸碎片的破坏；③冲击波超压破坏。三种破坏模式都是伴随着爆炸的同时而发生的，并且都是以爆炸点为球心向四周扩散，它们之间难以区分。因此，将其统称为直接破坏。

1. 爆炸产生的火球破坏分析

攻击武器命中目标舰船发生爆炸后，武器的战斗部会发生剧烈的化学反应产生爆炸产物，其特点是温度高、压力大、向周围扩散的速度较快。相应地，导弹壳体在破裂时会产生变形热。巨大的变形热和爆炸产物增加的热量，会使船体受损部位的破片迅速向外蔓延，产生火球，易燃物碰到它时，将会产生火灾，导致电气设备受损。

设爆炸点的位置坐标为(X_0,Y_0,Z_0)，电气设备的安放位置坐标为(X_1,Y_1,Z_1)，则两者之间的距离l描述为

$$l=\sqrt{(X_1-X_0)^2+(Y_1-Y_0)^2+(Z_1-Z_0)^2} \tag{11-10}$$

爆炸产生的爆炸产物（俗称火球）的直径可以描述为

$$D=64r_0 \tag{11-11}$$

式中：r_0为装药药柱直径。因此，电气设备是否遭到火球破坏的判断依据可以描述为：如果电气设备的位置在火球的半径范围之内（$l\leqslant D/2$），就认为电气设备会遭到破坏。

2. 攻击武器爆炸碎片的破坏分析

当攻击武器击中舰船，武器的战斗部发生爆炸后，炸药爆炸时产生的强烈作用力会使武器的外壳破裂，变成非常多的不规则大小的碎片，当船员或电气设备接触到这些碎片时，会产生严重而不可恢复的破坏，破片可以切断电力系统中的通路、电路中的重要设备损害或者发生短路故障，因此判断一个电气设备是否遭到破坏的定性分析判据是：碎片将

电气设备击中,并击穿设备。一般用击中目标设备的碎片数的期望值作为最终定量分析判定依据。

爆炸碎片的分布一般按照均匀分布来设定,碎片的总数为 N,分别用 a、b、h 描述电气设备的外形尺寸的长、宽和高,那么电气设备的外形尺寸为 $a \times b \times h$,则击中目标设备碎片数的期望值为

$$n' = \frac{N}{4\pi l^2}KS \tag{11-12}$$

$$S = ah\cos\alpha\cos\beta + ab\sin\beta + bh\sin\alpha \tag{11-13}$$

$$\alpha = \arctan\frac{|Y_1 - Y_0|}{|Z_1 - Z_0|},\quad \beta = \arctan\frac{|Z_1 - Z_0|}{|X_1 - X_0|} \tag{11-14}$$

$$K = \frac{\text{设备要害部位受损面积}}{\text{设备的迎爆面积}} \tag{11-15}$$

式中:S 为电气设备的迎接爆炸的面积(m^2);K 称为有效系数,一般取 0.5。

当 $n' \geqslant 1$ 时,可以认定电气设备因为被击中而损坏。

3. 冲击波超压对电气设备的破坏分析

当攻击武器的炸药发生爆炸时的剧烈化学反应,会有大量温度高、压力大、扩散速度快的爆炸物产生,在其扩散的过程中,周围的介质(空中爆炸时,是空气;水下爆炸时,是水)遭到剧烈的压缩,介质的温度、压力也随之升高,初步形成球形的冲击波。冲击波会以球形快速地向四周传播,此时球体的表面积也会不断地扩大,当电气设备和船上人员遇到该球形冲击波时,电气设备上承受地压力与之前有了很大的差别,形成了冲击波超压。同时,随着冲击波被设备拦截,其有很大一部分动能自动地转变成了热能,电气设备的表面温度会急速地升高,当两者之一超过设备所能承受的范围时,设备就会遭到破坏。

目标是否遭到损坏,与冲击波超压的大小有着直接关系,两者呈线性比例增长关系。决定冲击波超压大小的因素有很多,比如武器的爆炸方式、炸炸药的威力、电气设备与爆炸点的距离等。在空气中,冲击波超压的公式可以描述为

$$\Delta P_m = 0.4\left(\frac{\sqrt[3]{\omega_T}}{l}\right) + 1.75\left(\frac{\sqrt[3]{\omega_T}}{l}\right) + 5.5\left(\frac{\sqrt[3]{\omega_T}}{l}\right)^3 \tag{11-16}$$

式中:ΔP_m 为冲击波作用于目标的峰值超压(Pa);ω_T 为炸药装药当量(kg)。

根据相关文献,舰船遭到严重破坏的冲击波超压界限为 0.071 ~ 0.086MPa,舰船遭受轻微破坏的冲击波超压界限为 0.029 ~ 0.044MPa。根据经验,通常把数值 0.0365MPa 定义为冲击波超压对电气设备造成损坏的判断依据。

在水中,冲击波超压的传播速度更快、作用时间更短、对电气设备的破坏作用更大,冲击波超压的公式可以描述为

$$\Delta P_m = 9.81 \times 10^4 \times 533\left(\frac{\sqrt[3]{\omega_T}}{l}\right)^{1.12} \tag{11-17}$$

由于大型舰船的舱室都是相互隔断的,对于面积较小的舱室,可以认为爆炸点所在的舱室的电气设备都会遭到损坏,而相邻的舱室就会比较安全。当舱室的面积较大时,可以根据以上判据来决定电气设备是否遭到破坏。

11.6.2 二次破坏下的舰船电力系统的受损情况分析

二次破坏模式包括以下三种破坏：①冲击破坏；②火灾破坏；③进水破坏。

1. 冲击破坏对电气设备的破坏分析

在实际海战中，舰船电力系统遭受的冲击破坏多数情况下是多个因素的作用结果，机械性的破坏是主要的因素。所以在舰船电力系统生命力分析时，主要考虑机械性破坏。其中，主要的破坏判据可以描述为以下几个方面。

（1）电气设备受到的冲击响应加速度、速度最大值、动能都远远大于自身能够承受的数值。

（2）由于惯性力产生的内应力，作用于电气设备，大于电气设备能够承受的范围，使设备引起形变。

（3）电气设备相对于机座而言，其位移过大，导致电气设备滑落、电缆被拉断等。

2. 火灾破坏对电气设备的破坏作用

据相关试验资料，爆炸点所在的舱室的温度变化一般在 600 ~ 1200℃变化，电气设备长期处于此高温内，足以造成不可恢复的损坏。同时，一般相邻两个舱室的温度基本相同，所以爆炸点所在舱室和其相邻舱室内的电气设备几乎全部会遭受破坏。火灾对电气设备的破坏作用的判据一般用于定性分析，而不是用于定量分析。

3. 进水破坏对电气设备的破坏作用

攻击武器在发生爆炸的同时，舰船遭到其产生的爆炸产物和巨大的冲击波的强烈作用，会出现破口漏洞。决定该破口大小的因素有很多，包括爆炸点与设备之间的距离、舰船的自身结构及强度、攻击武器的装药量、攻击武器的特点、爆炸点所在的位置等。

攻击武器在离舰船很近的位置发生爆炸时，用下面的公式可以计算舰船的破口半径 R：

$$R = K\sqrt{\omega_T} \tag{11-18}$$

式中：ω_T 为 TNT 炸药的当量（kg）；K 为船体自身的结构系数，取值界限为 0.37 ~ 0.44。

当攻击武器在水中命中舰船，并与舰船发生接触性的爆炸时，舰船用下面的公式描述舰船的破口半径 R：

$$R = 1.25\sqrt{\frac{\omega_T}{0.3(1+0.1H)}} \tag{11-19}$$

式中：ω_T 为武器所装炸药 TNT 的当量（kg）；H 为爆炸点处水的深度（m）。

经验数值表明，由于不同的攻击武器导致舰船产生的破口不一样，反舰导弹在距离舰船 1.1m 以内、鱼雷在距离舰船 3.5m 以内、水雷在距离舰船 6.0m 以内都会对舰船产生较大的破口，目前的补漏措施还不足以对其补救，会导致舰船的舱室内进水，电气设备易造成破坏。

综合以上分析，反舰导弹攻击舰船时，自身的破坏方式表现为接触爆炸，对舰船电力系统的破坏模式有直接破坏和二次破坏；鱼雷、水雷攻击舰船时，自身的破坏方式为非接触爆炸，对舰船电力系统的破坏模式方主要表现为二次破坏中的冲击破坏和进水破坏。

11.7 电力系统的生命力评估方法

11.7.1 舰船电力系统的生命力评估方法

舰船电力系统的生命力研究目前已经成为重要的研究课题,各国在理论研究、方法研究、攻击武器种类和破坏模式的研究等诸多方面都开展了较为深入的研究工作。主要采用的分析方法有以下几种。

1. 实射试验评估

美国最早开始的实射试验评估,将一个系统由研制阶段转入小批量生产阶段之前,通过实射试验,对一些重要因素进行了测试评估,及时地发现设计缺陷并予以纠正和弥补。典型的因素包括系统的易损性和杀伤性。实射试验评估项目一般包括全尺度的系统试验、替代物试验、仿真试验、全船的生命力验证。其中,全船的生命力实验室项目是核心,其他的起辅助作用。

实射试验评估能较直观地评估系统的生命力状况,找出其薄弱环节,并提出较为具体的改进方案或目标。但该方法并非对所有的系统都适用,且评估所耗费用比较大,故实射试验评估在应用上有较大的局限性。

2. 逻辑代数法

逻辑代数法最早由苏联学者提出。该方法的理论基础是概率论的基本定理,即概率相加定理和乘法定理。

舱室进水、冲击振动、供电中断、辅助机械破损以及人员工作能力的损失都有可能引起电力系统生命力的损失。敌方战斗作用的结果可使电力系统遭受以上各种损害形式中的每一种损害,单独的或是联合的。以上所指出的损害形式如是单独的称为简单事件,如是各种组合的称为复合事件。很显然,如果简单事件发生的概率已知,则通过它可以评估由简单事件组成的复杂事件的概率。逻辑代数法的基本方法就是沿用概率理论,将导致系统生命力损失的复杂事件分解为互不相容的简单事件,然后再根据已知的方法确定每一个子系统或影响系统生命力的元件的破损概率,则这些不相容事件的概率和就是复杂事件的概率。

对于一个大的系统来说,它包括许多有复杂功能联系的元件,要想获得整个系统的生命力指标,需要考虑用专门的方法,将各单独元件的破损概率值“综合”成系统的破损概率。目前已知的有:建立性能矩阵和保障性能的技术元件(子系统)矩阵的方法;建立达到指定损害的逻辑方程的方法;建立“事件树”的逻辑概率方法等几种方法。

逻辑代数法用在简单系统中是非常有效的方法。但对于复杂技术系统而言,想要将各个复杂事件分解成为互不相容的简单事件,实现起来有一定的难度;同时,对于一个大系统来说,这种方法也显得过于烦琐。

3. 损伤树法

故障树法在系统的可靠性研究中得到了广泛的应用,近年来,许多学者应用类似的方法研究舰船及其子系统的损伤情况,称为损伤树法。首先,给定一个不希望系统发生的状态(损伤状态),然后在一定的环境与条件下,对系统进行逐层分析,找到不希望系统发生的事件发生了的确切原因(战斗破损或事故破损)。损伤树本身时一种图模型,由一系列的损伤事件进行并联或顺序组合而成。损伤树是由许多代表"因果关系"的要素串接而成的。这些要素传递着损伤事件的逻辑关系。它们能够描述造成高一级事件发生的低一级事件之间的关系。高一级事件描述为要素的"果",低一级事件描述为要素的"果"。

可以对损伤树进行定性分析、定量分析以及灵敏度分析。定性分析,更详细地了解系统,找到系统的薄弱环节,便于改进系统设计,提高系统的生命力;定量分析,获得量化的系统生命指标,系统生命力的优劣反映更加明了;灵敏度分析,看出系统中不同元件对系统生命力影响的大小。以上分析,可以全部借助损伤树法完成,其方法成熟,使用方便,但是对系统的了解程度要求较高。

4. 统计试验法

统计试验法也称蒙特卡罗法,是建立在概率论中的中心极限定理基础上的一种统计模拟方法,它通过随机模拟和统计试验来求得工程技术问题的近似解。按照中心极限定理,独立试验次数的增大能使所研究事件出现的频率接近其概率。

在生命力理论中,多次重复数值试验奠定了统计试验方法的数学基础。比如,可以用数值试验的方法模拟武器一次或多次命中,分析舰船及其设备的受损情况,记录下每一次试验中舰艇或其子系统的生命力状况。试验的多次重复对确定所感兴趣事件(设备或系统损伤)出现的频率可以积累到一些必需的统计信息,通过对这些信息进行必要的分析,能得到所要求的舰艇或其子系统的生命力指标。另外,通过增加试验次数,可获得要求精度的结果。

5. 贝叶斯网络法

贝叶斯网络(Bayesian Networks)法是最早由美国学者 J. Peal 教授首次完整提出的,将其定义为"一种将各个相互依赖的变量之间的条件依赖关系用图形结构来表示的模型"。贝叶斯网络是一幅有向的辐射结构图,节点描述为变量,节点间的有向弧描述为父节点与子节点之间的概率关系,没有任何箭头进入的节点叫做根结点,它们的概率分布(离散型)或函数(连续型)是先验的。被箭头指向的节点叫做子节点,箭头的来源节点叫做父节点。每一个子节点都有一个在父节点取值状态下的条件概率分布(或函数)。贝叶斯网络的拓扑结构可以分为单连通和多连通两大类:网络中任意两个节点间的有向通路最多只有一条的网络称为单连通贝叶斯网络;网络中存在两个节点间的有向通路不只一条的网络称为多连通贝叶斯网络。一个贝叶斯网络是一个系统的完整概率模型,因为每一个基本系统的联合概率分布都是可以用条件概率分布和网络的拓扑结构得到的。这表明贝叶斯网络模型能够计算概率指标从而评估电力系统的生命力状况。

6. 加权模糊综合评判法

在自然科学中,每一个事物都包含各种各样的决定因素,想要对该事物做出一个综合性的评判,需要考虑各个因素来做出一个总体的评价,整个过程需要考虑到所有的因素和与之对应的指标。例如,在一次就业面试中,面试官会将考生的穿着、行为举止、谈吐流畅度、心理素质等构成一个模糊因素集 U;事先,评审委员会会对这些决定因素确定各自的评定标准,划分各自的等级,这样的集合称为评判集 V。这样,在面试过程中,各位面试官就会分别对每一项因素进行打分,确定每个因素隶属于哪个评判等级,构成模糊矩阵;最后,面试官根据它们看中的应试者在哪方面的能力,对每个因素赋予一个权重值,最后合成模糊矩阵,求出评价的具体数值。此过程称为模糊综合评判法。

下面给出结合蒙特卡罗模拟法、贝叶斯网络法和加权模糊综合评判法进行舰船电力系统的生命力评估的方法。

11.7.2 电力系统生命力评估的具体步骤

1. 计算电气设备在故障情况下的供电概率

舰船电气设备通常处于正常状态或故障状态。在正常状态下,电气设备的可靠性决定了设备的供电概率,通常认为接近 100%,但具体的数值还要由计算精度来确定。在故障状态下,即舰船遭受攻击武器打击后的情况,电气设备的供电概率采用蒙特卡罗模拟法算设备的损伤概率 P,公式为

$$P=\frac{n}{m} \tag{11-20}$$

式中:n 为电气设备遭到破坏的次数;m 为模拟爆炸的次数。

当 m 的取值足够大时,P 就是该电气设备的损伤概率,则电气设备的供电概率为 $R=1-P$。

电气设备破坏计算流程图如图 11-6 所示。

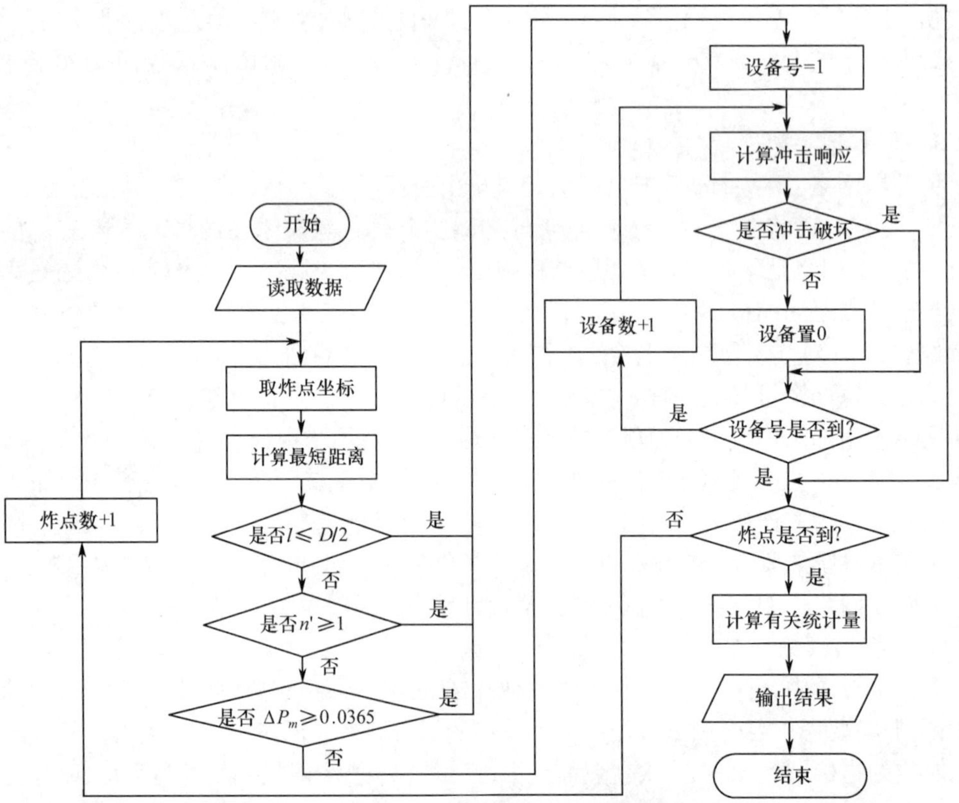

图 11-6　电气设备破坏计算流程图

2. 应用贝叶斯网络法计算负载中心的得电概率

如果电力系统的负载遭遇战斗损伤,其能够得电的概率按照步骤 1. 的描述进行计算。正常状态下的负载中心的得电概率需要利用贝叶斯网络进行计算。

贝叶斯网络模型由其基本模型构成,基本模型分为三类:①“与”节点;②“或”节点;③“因果”节点,如图 11－7 所示。

A	B	P(C|A,B)
0	0	0
0	1	0

(a)“与”节点

A	B	P(C|A,B)
0	0	0
0	1	1

(b)“或”节点

A	B	P(C|A,B)
0	0	x_1
0	1	x_2

(c)“因果”节点

图 11－7　贝叶斯网络基本模型

“与”节点描述的是概率论中的“与运算”:

$$P(C=1|A,B)=P(A=1)P(B=1) \tag{11-21}$$

“或”节点描述的是概率论中的“或运算”:

$$P(C=1|A,B)=P(A=0)P(B=1)+P(A=1)P(B=0)+P(A=1)P(B=1) \tag{11-22}$$

“因果”节点,条件概率 $P(C=1|A,B)$ 的取值需根据父节点与子节点之间的因果关系来确定。

舰船电力系统网络的特点是环形布置、辐射状运行的,采用深度优先搜索遍历技术,找出电网拓扑分析结构的节点,最终建立贝叶斯网络。

深度优先搜索遍历技术,是一种纵向的树搜索,从树的根部开始一层、一层逐渐向深处搜索形成的。在搜索树的每一层时,始终仅有 1 个子节点被搜索,不断地纵向前进,直到到达最深的位置,才从当前节点返回到上一层节点,沿着另一方向又继续前进……以图 11－8所示简单的 10 节点系统为例,深度优先搜索过程可以描述为:以节点 P_1 开始,搜索到 P_2。因为 P_2 第一次被搜索,从 P_2 开始,搜索到 P_4,接着搜索到 P_7。由于 P_7 的所有邻接节点全部不是第一次被访问,所以开始回溯,直到 P_2。用同样的方法完成整个过程的搜索,即

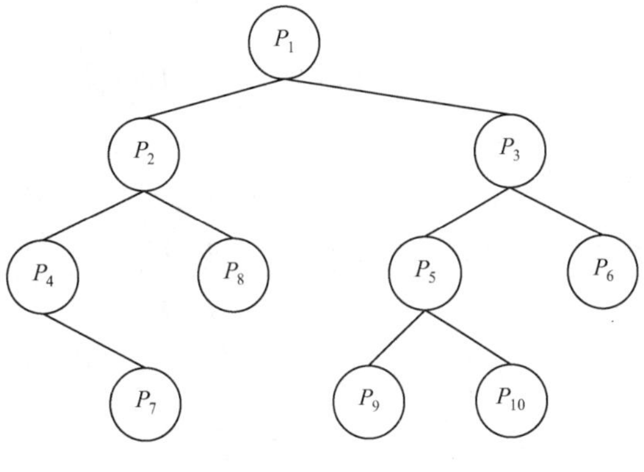

图 11－8　简单的 10 节点系统

$$P_1 \to P_2 \to P_4 \to P_7 \to P_8 \to P_3 \to P_5 \to P_9 \to P_{10} \to P_6$$

由于舰船电力系统是一个复杂的技术系统,因此在建立舰船电力系统结构图对应的贝叶斯网络时,需要根据元件的类型及作用,定义节点的类型及所属的层次。具体定义如下。

第一层,选定没有上层节点且相互独立的电气设备作为贝叶斯网络的根节点,包括发电机组、发电机组的附属电缆、主配电板、跨接电缆。

第二层,定义上面提到的各设备之间的供电线路。

第三层,负载中心。

第四层,因果节点,是舰船电力系统生命力评估的关键环节。

根据上述规定,采用深度优先搜索法,为舰船电力系统的各个电气设备确定相应的位置,得到电力系统网络结构图对应的贝叶斯网络图,为下一步分析计算打好基础。

从根节点开始,遇到"与"节点,应用式(11-21)描述的与运算进行计算;遇到"或"节点,采用式(11-22)描述的或运算进行计算。最终,直到搜索到负载中心结束,各负载中心的供电概率也可以顺利求出。此外,由于一般的负载中心均具有备用线路,此时必须求出备用线路的供电概率,两者的实质是"或"线路,需要进行或运算,得到负载中心的最终供电概率。全部计算完毕后,方可进行下一步的加权模糊综合评判。

3. 应用加权模糊综合评判法评估舰船电力系统生命力

一级模糊综合评判法的步骤如下。

1) 确定要素

(1) 因素论域:

$$\boldsymbol{U} = [u_1 \quad u_2 \quad \cdots \quad u_n] \tag{11-23}$$

式中:$u_i(i=1,2,\cdots,n)$ 为评判因素。

(2) 评论论域:

$$\boldsymbol{V} = [v_1 \quad v_2 \quad \cdots \quad v_m] \tag{11-24}$$

式中:$v_j(j=1,2,\cdots,m)$ 为决断。

二者依考虑问题的需要或给定的条件,以及相关计算结果而定。

(3) 因素权重向量:

$$\boldsymbol{A} = [a_1 \quad a_2 \quad \cdots \quad a_n] \tag{11-25}$$

其值根据经验或专家判断而定。

2) 对单因素进行评判,得出模糊变换矩阵

根据已有的条件,对每一个因素 $\boldsymbol{u}_i$,分别做出一个决断 $f(\boldsymbol{u}_i)$,于是得到一个从 $\boldsymbol{U}$ 到 $\boldsymbol{V}$ 的模糊变换 f,即

$$\boldsymbol{u}_i \to f(\boldsymbol{u}_i) = [r_{i1} \quad r_{i2} \quad \cdots \quad r_{im}] \tag{11-26}$$

由 f 可诱导出模糊映射 R_f,相应的变换矩阵 $\boldsymbol{R}$ 为

$$\boldsymbol{R} = \begin{bmatrix} r_{11} & r_{12} & \cdots & r_{1m} \\ r_{21} & r_{22} & \cdots & r_{2m} \\ \vdots & \vdots & & \vdots \\ r_{n1} & r_{n2} & \cdots & r_{nm} \end{bmatrix} \tag{11-27}$$

3）计算综合决断 $\boldsymbol{B}$

由权重矢量 $\boldsymbol{A}=[a_1 \quad a_1 \quad \cdots \quad a_n]$ 和 $\boldsymbol{R}$，可得综合决断 $\boldsymbol{B}=\boldsymbol{A}\cdot\boldsymbol{R}=[b_1 \quad b_1 \quad \cdots \quad b_n]$，然后根据最大隶属原则，可以得出结论。

由于有的问题过于复杂，当一级模糊综合评判不能完成全部工作时，可以在一次的基础上进行多次评判。可以根据系统中要评判的因素不同的特点，把它们分成不同类别或不同层次，采取不同的方法进行模糊评判，最终得到想要的结果。

舰船电力系统的网络结构图是大而烦琐的，要最终获取舰船电力系统生命力的相关数据，根据采用多次评判来确定舰船电力系统生命力的等级。

舰船电力系统处于完好或彻底损坏的情况是清晰明显的，但处于中间过渡过程时，具有比较大的模糊性和不确定性，因此在分析评估舰船电力系统生命力时，一般定义为 A、B、C、D 四个等级。具体定义如下。

（1）A 级。完全具有生命力。舰船电力系统的电站几乎具有 85% 以上的供电能力，系统中的重要负荷基本不会失电。舰船具有较强的机动与作战能力。

（2）B 级。基本具有生命力。电力系统供电率高于 50%，能够保证对动力部分、武器装备、观测通信、导航等重要负荷的供电。

（3）C 级。基本丧失生命力。电站供电率小于 50%，基本上有 80% 以上的分区配电板都已经损坏。电力系统也只能保证照明、通信等日常设备的供电。基本上，此时舰船已基本丧失了作战能力和机动能力，基本丧失了生命力。

（4）D 级。完全丧失生命力。电站完全损坏，供电率 $<5\%$，且损坏的配电中心都是保证重要负荷供电的配电中心。

在对舰船电力系统进行贝叶斯网络推理计算以后，应用模糊计算，得到电力系统的生命力数值，最后应用以上标准对舰船电力系统进行评判。

第12章

舰船电力网络重构方法

12.1 网络重构的概述

舰船电力系统在实际运行过程中,由于战斗破损或操作不当以及设备本身的问题,出现各种故障或非正常运行状态,会危及电力系统的安全可靠运行,严重者甚至会导致设备的损坏或使整个电力系统的供电中断,影响航行安全和战斗使命的完成。

舰船电气化、自动化程度的日益提高,对舰船电力系统供电可靠性和生命力提出了更高的要求,普通的水面舰船在新形势下对电力故障自修复系统的需求日益迫切,要求系统在出现故障时快速地重构系统,以最大限度地恢复供电,增强系统的稳定运行能力及连续供电能力。

对于非一般的水面艇船(其电力系统容量超大、负荷多、特种设备多、生命保障程度要求高),对只采用传统分级卸载的电力故障处理方式是很难满足需求的,对建立电力系统供配电网络故障自修复系统的迫切性更强于一般的水面舰船。这是因为以下几个方面。

(1) 大量电子设备的使用及舰船高新武器的增加,使舰船电力系统规模不断扩大,电力系统的地位越来越重要。

(2) 为提高供电可靠性和生命力,舰船电力网络拓扑结构也由一般舰船的两个电站的干馈混合式供电发展为环型或网型供电,其运行管理变得越来越复杂。

(3) 通常小型舰船电力系统只提供大型断路器的远程监控,在系统出现故障后,凭操作人员的经验采取措施排除故障然后恢复系统,若出现发电机失电及过电流情况,将会把最低优先性的同一等级负载全部卸载,然后试合闸,若不成功,会继续卸载次一等级的负载。对于有大容量负载的舰船来说,这种做法的合理性和经济性都较差,并且不可避免地会产生人为故障,系统恢复的最优性和快速性不能保障,舰船的生命力也就会降低。

特别是作为水面舰队的作战和指挥中心的舰船，在水面作战时，必然成为敌方攻击的主要目标，其电力系统的战斗受攻击概率要远大于一般水面舰船，相应的，其电力系统的战斗受损概率也要明显增大。为了避免因战斗受损而影响其在舰队中的地位和作用，为了适应舰船电力系统发展的需要，一方面，可以通过提高武器设备、增派协同保护舰船，用强大的防御体系来减少敌方对舰船的有效攻击；另一方面，应该积极地研究智能故障自修复系统，发展网络调度自动化，即通过网络监控中心，实现自动的故障识别、判断、隔离及恢复，减少人为故障，增加系统的可靠性和生命力。

在电力网络重构方面，陆用电力系统为我们提供了不少可以借鉴的研究成果。但舰船电力系统与陆地电力系统相比，有许多不同的特点，因此陆地电力系统故障恢复理论很多方面并不适用于舰船电力系统。

(1) 舰船电力系统网络为有限电网，且是独立活动单元，舰船在遭受攻击后，电源很可能受到损伤。

(2) 系统输电线路比较短，大多为直接供电，且有一些大型的动态负载，在系统运行时要考虑系统的动态特性；线路阻抗小，系统的短路电流大，要考虑开关的容量及限流能力；供配电系统连接比较近，要统一考虑。

(3) 系统有许多电子负载，对电力中断和电能质量非常敏感，并且一些负载断电意味着整个作战系统失灵，再恢复需要很长的时间，对系统的生命力及可靠性要求很高。

(4) 运行工况复杂，众多类型的用电负荷频繁启动、停止，且各工况的负荷量相差很大，战斗损伤会在系统某一部位产生多个故障，这些情况在陆地电力系统中很少发生。

(5) 舰船应该能在遭受单次打击后，电力系统仍有较强的生命力，仍能继续运行或部分运行。

因此，在进行舰船电力系统故障自修复系统的规划设计时，必须对陆用经验进行适当的扬弃，紧密结合舰船电力系统的以上特点来进行。

舰船电力系统的网络调度自动化是新近发展的一项能有效提高供配电系统安全运行能力及可靠性的技术，而自动恢复/重构是系统供、配电自动化的一项重要功能，也是能量管理系统的一项重要功能，其对故障隔离后的系统能及时准确地进行恢复，以使网络优化运行具有重要的现实意义和应用前景。

目前一些国家的海军纷纷提出建设“智能舰”的构想，其实质就是利用现代信息技术，实现系统的智能管理、调度及控制，提高全舰甚至整个作战群的战技能力。这一构想同样适用于舰船电力系统。由于目前国内舰船电力系统容量小、供电与配电模式简单，故障排除方式也较简单，所以对其网络重构技术和能量评估研究基本没有展开。

美国海军已经开始使用舰船电力系统的网络调度自动化管理系统。它是新近发展的一项能有效提高供配电系统安全运行能力及可靠性的技术，以中央计算机作为整个系统的核心，对每一台终端计算机进行寻址通信，采集相关信息，将其按逻辑方程解算，然后把解算结果的信息指令通过数据总线传递到相应终端计算机，控制负载的通断。能量管理系统包括系统在正常情况下的工况改变或突加突减大负载时网络的重新配置、系统在预想故障情况下的预测性重构及故障情况下的紧急供电恢复。

12.2 舰船电力网络故障恢复系统

12.2.1 系统构架

舰船的电力智能重构系统应分为舰船电力系统经济运行重构系统和舰船电力系统故障重构系统两部分,其中后者是我们目前更为关注的。

舰船电力系统故障重构系统其实质就是构建一个故障状态下的电力网络管理自动化系统。它可以对故障状态下的电力网络进行调节、调度和控制,通过它的作用来最大限度地减少各种故障给电力系统带来的影响,增强系统的稳定运行能力及连续供电能力,完成对电力系统影响最小的电力恢复。

舰船电力系统故障重构系统的组成至少应包括下面几部分。

(1) 故障信息的报送环节。通过监测网络和继电保护设备,将电网的受损情况、失电设备、受损设备等故障信息报送到电力系统的调度(控制)中心。

(2) 故障信息的提取环节。将报送到系统调度(控制)中心的故障信息,结合电网的实际运行情况,利用网络信息和故障信息来自动地判断故障发生的位置,并且在网络结构的拓扑图上反映出故障点,提取出相关设备的数据、参数。

(3) 故障隔离。为了减小故障对电网的影响,在完成了提取(确定了故障的位置)之后,根据网络的拓扑连接,自动查找到和故障点直接相连的所有开关,利用总线控制线路遥控断开这些开关,把故障点和正常的网络隔离开来,为下一步的恢复重构做好准备。

(4) 最优(准最优)重构方案的生成环节。这部分就是最狭义的电网故障重构。此环节的作用是:控制中心利用已有自动化功能定位了故障并且自动隔离了故障之后,寻找到需要恢复供电的区域,重新调整电网中的联络开关和分断开关的状态,在所有可能的开关运行状态中快速地找出一套既能满足网络运行条件又能使目标函数最大的开关运行方案。

(5) 重构方案的执行环节。根据上一环节制订的开关运行方案,确定需要动作的各开关的动作顺序和动作时间间隔,并且通过遥控开关完成各开关的分断或闭合,其目的是尽快、合理地恢复停电用户的供电。

除了上述5个环节外,还可以开展战斗前对敌方攻击的预警预报研究、战斗中敌方预定武器在指定爆炸点电气设备的破坏程度预报研究,以期实现在故障发生前完成电力网络的重构。

在上述5个环节中,最优(准最优)重构方案的生成环节是智能故障恢复体系的核心,是影响重构质量的重中之重,将在下节重点论述。

12.2.2 故障恢复系统的典型实例

以美国得克萨斯州海军工程大学的巴特勒教授为代表的美国学者,从1998年起,经过一系列研究，历经 5 年左右的时间，比较完善地开发出了一个可用来辅助（或直接）进行舰船电力网络自修复的电力管理系统。该管理软件将舰船地理信息系统（GIS）和网络重构专家决策有机地集成，建立了可视的、新型的电力网络管理自动化系统。该系统看作是美国在该领域研究成果的集中体现。

整体恢复计划包括智能地理信息系统（GIS）、故障估计系统（FAST）和专家恢复系统（XRest）。图 12－1 展示了全部专家系统恢复计划的结构图。

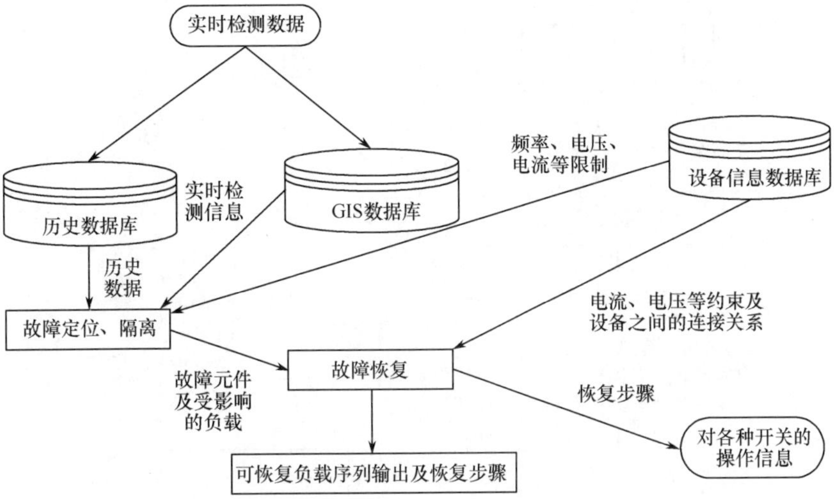

图 12－1　全部专家系统恢复计划的结构图

在智能地理信息系统（GIS）数据库中的实时被测量数据不断地更新。实时数据包括潮流、电压、发电机频率、CB 状态，LVR/LVP 状态和 BT 状态。

（1）发电机、断路器、电缆、负载、配电盘、负载中心等的电流和电压。

（2）断路器状态。

（3）保护装置状态。

（4）发电机功率、速率和频率历史数据。

历史数据库存储从故障前至故障出现后一段时间内的实时信息，用来为故障定位程序提供信息。历史数据库包括以下几点：

（1）断路器状态；

（2）开关板和负载中心的电压；

（3）流经各断路器的电流。

如果负载是可恢复的，而且符合约束，那么专家恢复系统（Xrest）模块的输出控制命令，要求必须恢复负载。控制命令基本包括以下几个方面：

（1）改变断路器的状态；

（2）改变手动开关的位置，正常或备用路径；

（3）关闭 LVP 开关。

图 12－2 所示为专家系统恢复模块流程图。图 12－3 所示为由于受攻击而导致的故障下，受攻击部位和由于电缆受损而扩大的故障面积显示。

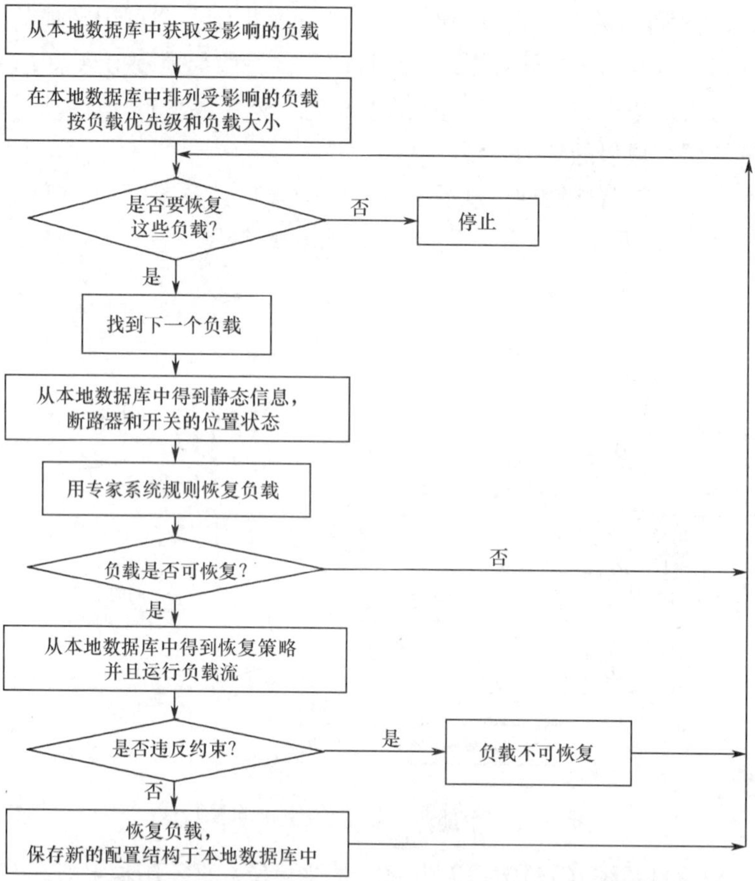

图 12-2　专家系统恢复模块流程图

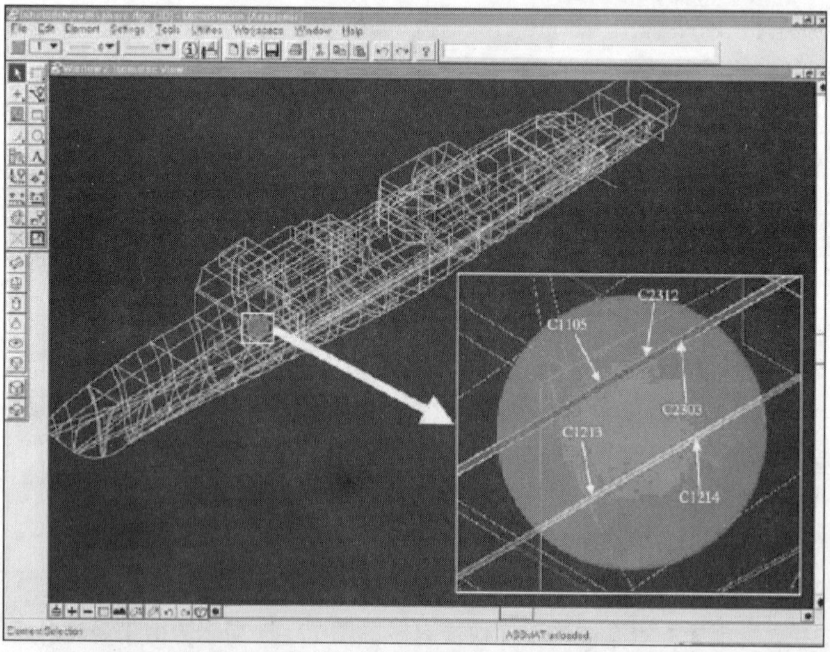

图 12-3　受到武器攻击的舰船的故障区域定位

12.3　舰船电力网络故障恢复关键技术

在上一节中,提出了最优(准最优)重构方案的生成环节是智能故障恢复体系的核心,是影响重构质量重中之重的观点。本节将对它进行重点分析说明。

12.3.1　最优(准最优)重构策略生成技术的概述

最优(准最优)重构策略生成主要包括三个方面的内容:故障前后网络拓扑的表达、重构方案的评估计算和重构优化算法的提出。

舰船电力网络的基本任务是保证供电的高度可靠性和连续性,在出现故障时继续保持对最重要设备的不间断供电。所以一组重构方案必须首先满足:在相应的网络结构下,整个网络的电气状态(主要是各节点电压、支路电流及网络中的功率分布等)符合越界检查。这是对系统规划设计和运行方式的合理性、可靠性及经济性进行定量分析的重要依据,也是对评价故障恢复质量的基础。此时可以通过求稳态值的电力网络潮流计算进行是否越界的检定,同时为重构优化算法的优化评估指标(如适应值)提供评估依据。在该方面追求的目标是计算方法的快速性、强大的网络结构适应性和计算结果的准确性。

若在舰船上有 N 个开关(包括分断开关和联络开关),则可能的重构方案有 $2^N \sim 3^N$ 种。电力网络的故障自修复有一个基本的要求就是故障恢复的快速性(对于舰船电力系统来说,有很多重要设备当停止供电 2 ~ 3s 就会停止工作,甚至出现危险;美国海军甚至提出了希望在 10ms 完成故障自修复方案决策的期望)。在重构研究中开展优化算法的研究工作的目的就在于,利用优化算法在保证得到全局最优或局部最优的前提下,尽可能地减小重构方案的评估次数,从而提高故障自修复的速度。

其中重构方案的评估计算可参考第 8 章的潮流计算部分,下面重点讲述网络拓扑的表达方法、暂态参数计算和重构优化算法。

12.3.2　电力系统网络拓扑结构表达

一种合适的节点和支路数据的表示方法,应能将供配电网络结合起来进行拓扑结构表达,并且应用此拓扑结构表达方法能快速识别网络拓扑结构的变化,同时便于潮流计算。下面以网络拓扑结构在线分析法——扩展关联矩阵法为例进行说明,其中的扩展关联矩阵是将支路及节点按照供电关系进行编码并依次扩展而成,直观自然地反映了实时电网结构,为故障时的网络拓扑跟踪奠定了基础。

1. 舰船电力系统网络拓扑结构的表达

1) 供、配电网络设备的编号

本书研究的电力系统拓扑结构形式如图 12 - 4 所示,实际上是一种网状的结构,可根据不同工况分解成两块获多块的结构形式,提高可靠性和生命力。

发电机等通过母线向各级配电装置及负载供电,一些重要负载通过转换开关可以两路备用供电,系统网络主要由电站、电动机、静态负载、馈线、跨接线及各种开关等组成,而每个电站又是由几台发电机并联组成的。因此,整个供、配电网络可以定义为

$$\boldsymbol{D} = \{G_i, L_j, F_k, l_s, K_t\}$$

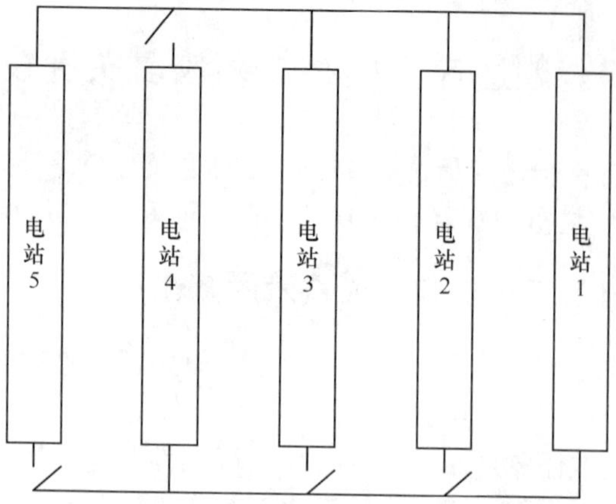

图12-4　系统拓扑结构形式

式中：$i=1,2,\cdots,n$；$j=1,2,\cdots,m$；$k=1,2,\cdots,r$；$s=1,2,\cdots,h$；$t=1,2,\cdots,g$；n,m,r,h,t 分别表示电网中的发电机台数、负载数、馈线数、跨接线数及开关数。

为了简化系统的分析并且实现网络的拓扑跟踪，将开关的开、断属性反应到其所连接的设备中，其他的设备都作为单个支路，且加入是否受损标志，将母线及各级配电板看作是节点，而采用两路供电的负载用两条支路表示。支路编号是对系统中所考虑的所有设备支路的排序。

为了更好地为潮流计算和重构优化算法提供支持，还需要获知元件的其他输入参数。具体的输入参数有以下几个：

(1) 发电机：发电机的编号、容量限制、有功无功分配系数；

(2) 电动机的参数输入顺序：负载编号、等级、正常供电路径还是备用供电路径标志、电动机等效阻抗计算所需的一系列参数(定子电阻、转子电阻、定子漏电抗、定转子互感、转子漏电抗、功率系数、负载力矩表征系数等)、额定功率值；

(3) 静态阻抗的参数输入顺序：负载编号、等级、正常供电路径还是备用供电路径；

(4) 馈线：馈线编号、线路容量限制、线路阻抗值；

(5) 跨接线：跨接线编号、线路容量限制、线路阻抗值。

如果计算机的内存比较大，可以将这些数据以类的形式存储于内部存储器中，这样可以提高信息的读取速度。但考虑到舰船负载和支路多的这一特点，为了更便于电力网络中元件信息的更改、维护，建议使用数据库技术进行信息的存储、筛选和提取。通过合理地设置组合查询，可以快速而全面地得到相应信息。

2) 供、配电网络节点、支路的编号

节点支路关联矩阵可以反映整个网络中元件的连接情况，但为了便于拓扑识别，根据舰船电力网络结构的特点，还需进一步对拓扑表达矩阵进行研究。区别于常规网络的拓扑关联表示，此处节点和支路按照供电关系进行编号，以形成新的关联矩阵。下面首先给出其中所用到的深度优先搜索及广度优先搜索的概念。

深度优先搜索方法中，定义起始节点(根节点)的深度为0，任何其他节点的深度等于其父节点深度加1，搜索时，首先扩展最晚生成的(最深的)节点，结果使搜索沿着状态空间的某条单一的路径从起始节点向下进行下去；只有当搜索到达一个没有后裔的状态时，它才考虑另一条替代的路径,替代路径与前面已经试过的路径不同之处仅仅在于改变最后 n 步,而且保持 n 尽可能小。

广度优先搜索(宽度优先搜索)方法是一种推理搜索方法,是以接近起始节点的程度依次扩展节点的。这种搜索是逐层进行的,在对下一层的任一节点进行搜索之前,必须搜索完本层的所有节点。

这里以单个电站为例,介绍节点支路编号的方法。

(1) 将各发电机所在的层按宽度优先搜索的顺序给各发电机支路编号,将发电机所关联的节点标定为起始节点。

(2) 对配电支路,首先将第一层配电支路进行宽度优先搜索,若在搜索过程中遇到馈线支路,则需进行深度优先搜索,搜索中同一层支路按照宽度优先的顺序进行搜索,以此顺序,直至搜索到负载支路。按照搜索的顺序给各支路及节点编号。

图 12-5 所示为按照上述编号方案对单电站系统实现节点和支路编号的示例。图 12-5(a)所示为两台发电机供电的实际电力系统图,将其简化成图 12-5(b)的节点-支路结构图,为了便于拓扑表达,将节点和支路按照上述的原则进行编号,可得到图 12-5(c)所示的按照供电关系进行节点、支路编码的结构图。图中有三级配电装置分别被定义为三个节点 1,2,3,另外设零电势为节点 4,发电机、电动机、静态负载及馈线被定义成 9 条支路。在图 12-5(c)中,首先对发电机支路进行编号,然后给配电支路编号。主配电板直接供电的负载如 M_3,按顺序编号即可,而馈线支路 F_8,在按照宽度优先搜索原则编号为 4 后,要按深度优先搜索原则查找其供电支路,如 F_9,定其编号为 6,然后继续向下查找其供电负载支路 M_6,I_7,定其编号为 7,8。

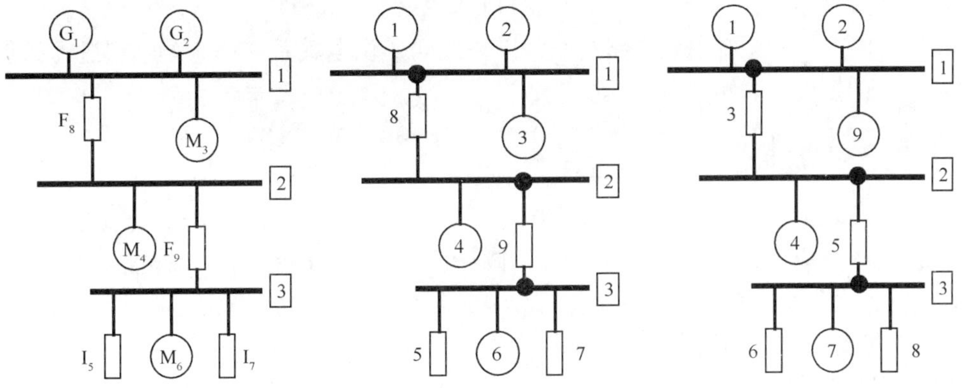

(a) 实际电力系统图　(b) 与实际系统相对应的节点-支路结构图　(c) 按照供电关系进行节点、支路编码结构图

图 12-5　单电站系统实现节点和支路编号的示例

对多电站系统,即各电站之间通过跨接线进行连接的系统,节点支路编号时,要考虑供、配电系统的统一:

(1) 将电站进行编号;

(2) 按照电站的编号顺序逐一对各电站的节点及支路按照单电站的编号原则进行编号;

(3) 将各跨接线进行编号,顺序排在各电站支路的后面。

按照这种方法,对图 12-5 所示的电站拓扑结构进行了编码,注意,为了后面矩阵运算的方便,这里的起始编号是从自然数 1 开始的而不是通常所采用的 0。

根据编号可以构造出扩展关联矩阵。具体地说,就是按照编号顺序将各支路从左向右进行排列,各节点在关联矩阵中的位置则是按照编号的顺序从上到下进行排列,同时为跨接线电流规定正方向,系统的扩展关联矩阵 $\boldsymbol{C}$ 可表示为

$$\boldsymbol{C}=\left[\begin{array}{cccc:c:c:c:c}
\boldsymbol{C}_1 & & & & c_{11} & c_{12} & \cdots & c_{1t} \\ \hdashline
 & \boldsymbol{C}_2 & & & c_{21} & c_{22} & \cdots & c_{2t} \\ \hdashline
 & & \ddots & & \vdots & \vdots & \cdots & \vdots \\ \hdashline
 & & & \boldsymbol{C}_s & c_{s1} & c_{s2} & \cdots & c_{st}
\end{array}\right]$$

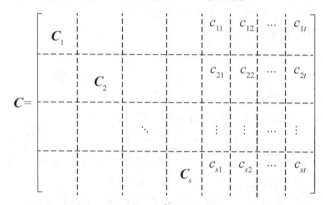

式中:$\boldsymbol{C}_1,\boldsymbol{C}_2,\cdots,\boldsymbol{C}_s$为各电站的扩展关联矩阵,$c_{st}$表示第 t 条跨接线 $1t$ 与第 s 个电站电源节点的关联元素,s 为电站总个数,t 为跨接线总条数,若 $1t$ 与电源节点相关联,则 $c_{st}=1$ 或 -1,否则为 0。若各电站之间没有跨接线,系统的关联矩阵为块对角结构形式;若存在跨接线,将其支路关联元素加在矩阵的后边,以表示各电站之间的连接关系。

假定支路编号由小到大的顺序作为支路电流的正方向,那么流入节点为负,流出节点为正。按照这种原则,很容易得出扩展关联矩阵种元素的取值。

将图 12-5 所示系统的各支路按照各设备之间的供电关系在关联矩阵中进行扩展,可得到系统的扩展关联矩阵$[\boldsymbol{C}]_{3\times 9}$:

$$\boldsymbol{C}=\begin{bmatrix} -1 & -1 & +1 & 0 & 0 & 0 & 0 & 0 & +1 \\ 0 & 0 & -1 & +1 & +1 & 0 & 0 & 0 & 0 \\ 0 & 0 & 0 & 0 & -1 & +1 & +1 & +1 & 0 \end{bmatrix} \tag{12-1}$$

根据矩阵形成规则可以看出,应用此矩阵,可以精确地查找出每一条支路及各支路间的相互关系,因此在搜索系统中各组件时会节约很多时间,添加、删除支路及节点也比较方便,可以将支路及节点成块移动。

2. 拓扑跟踪与信息提取

当电网发生故障引起开关跳闸时,需要快速、准确地反映到网络拓扑结构当中,以对此进行跟踪。跟踪电力系统网络拓扑变化的目的,一方面给调度运行人员提供相应网络的运行状况;另一方面是得到实时系统网络拓扑的等值表示,利用此等值表示,得到对系统进行各种数值模拟分析的有关原始数据。

转换开关的存在使得网络结构可以随连接负载的变化而调整,即进行恢复时的网络重构,其中要以潮流计算作为基础。具体地说,就是识别不同的开关状态组合下网络拓扑结构的变化,并计算新网络的功率、电流等变量。可见,故障恢复技术若想进入实用化阶段,必须有一套好的方法能尽快识别网络拓扑结构的变化。

故障可能发生于任何馈线支路、负载支路、跨接线支路以及各级电站节点等,如果检

测出某些确切的故障，那么在网络拓扑重构过程中，必须知道这些故障对拓扑结构的影响，以便确定哪些负载失电，哪些负载只剩一条支路供电等情况。这可以根据前面所构造的原始无故障情况下的扩展关联矩阵的特点进行处理：矩阵的行代表节点，列代表支路，支路中有一个元素是 -1 的为发电机支路；一个元素为 1 的为负载支路；一个元素为 1，另一个为 -1 的为馈线或跨接线支路。可根据故障信息，一方面在矩阵中提取有用信息进行网络重构优化运算，以决定新的经简化网络拓扑结构；另一方面根据新的网络拓扑结构，提取有用信息进行网络潮流运算，以便决定这种重构方案是否合理。则要提取的有用信息包括：确定可供电的负载，对负载进行编号：0 不可供电，1 只能主开关供电，2 只能辅开关供电，3 主、辅开关都可以供电。并且提供负载按照功率大小排列的数组，分为故障前和故障后两个，这样在优化算法中就可以大大缩小搜索条件，提高运算速度。

12.3.3　重构优化算法

按最优控制理论，舰船电力系统的故障恢复问题可以归为非线性、多约束、多目标的整数规划问题，属于 NP 类的组合优化问题。该类问题通常带有大量的局部极值点，往往是多维的、不可微的，因此精确地求解全局最优解一般是非常困难的。

其求解算法主要有规划类方法、启发式方法和人工智能算法等几类。

1. 规划类方法

既然是规划类问题，按常理来说应该采用规划类方法（属于传统的数学优化方法）进行求解，规划类方法的优点是收敛性好，解的质量高。但该类方法要求目标函数和约束条件有良好的解析性质，最优解对初值敏感，并且只能得到局部最优解。目前，由学者利用动态规划算法在进行了减小线路损耗、考虑负荷均衡方面的优化，但在最大限度地恢复设备供电方面运用该类方法仍有一些必要的问题亟待解决，否则因该方法存在严重的“维数灾”问题，因此很难满足实际要求。

2. 启发式方法

支路交换法和最优流模式法属于启发式方法。支路交换法（BEM）首先形成一个辐射网，然后依次闭合开关，每闭合一联络开关形成一单环网，得出最优化条件断开一个开关，保持网络为辐射形。该方法固定节点注入电流，以优化理论为根据，把开关操作的组合问题变成开关的启发式单开问题，可指导实际的开关操作过程；计算中只需估算支路交换引起的网损变化，无须重新计算潮流，计算量较少。缺点是计算步数多，效率低，计算结果与初始网络结构有关，因此容易收敛于局部最优解。最优流模式法首先闭合网络中的所有开关，形成有多个环的网孔系统。以纯电阻网络求得环网支路的电流分布（最优流模式 OFP）；然后将电流最小的支路断开，从而解开一个环，并重新计算最优潮流；如此重复，直至配电网变成辐射网。该算法中计算一次开关由合至开需计算一次潮流，计算量较大。但配电网重构的结果与初始网络状态无关，比较容易收敛于最优（局部最优）解。其计算速度较传统的数学优化方法有了极大的提高，但其最终收敛性仍取决于网络初始结构，缺乏数学意义上的全局最优性。

3. 人工智能方法

人工智能方法有模拟退火法（SA）、遗传算法（GA）、专家系统、人工神经网络（ANN）、禁忌搜索（Tabu Search，TS）等。其中 SA 的温度控制难以掌握，计算量很大，这直接影响了SA的寻优能力;GA在遗传操作中会产生大量的不可行解,对参数的控制要求也比较严格,且易发生早熟现象;专家系统和ANN的缺点是约束条件的确定比较困难,专家规则和学习样本比较难以全面获得,且无法保证最后所得的解是全局最优解。TS是一种全局逐步寻优算法,是局部邻域搜索的一种扩展。相对于SA和GA,TS是另一种搜索特点不同的meta - heuristic算法,已成功地应用于电力系统的机组优化、无功补偿以及网络重构等问题,但它的禁忌准则和藐视规则的选取对解的质量影响较大。

恢复重构所需算法的核心是消除不必要的组合搜索,降低计算量,避免"组合爆炸",同时又必须有足够的精度,使计算结果最优或接近最优。近年来Agent技术已经在很多方面得到了广泛的应用,舰船电力系统是一个复杂开放的分布式系统,Multi - agent是分布式人工智能的新技术,它能使逻辑上和物理上分散的系统并列、协调地运行得以解决。根据多Agent技术适宜于解决复杂的、开放的分布式问题与该技术能使逻辑上与物理上分散的系统并行的、协调的运行的特点使它必将在电力系统网络重构中有着广泛的应用前景。下节将具体介绍运用Multi - agent技术实现舰船网络重构的思路。

12.4 基于多Agent舰船电力系统网络重构方法

多Agent系统理论是设计和实现复杂软件系统与控制系统的新途径,Agent与Multi - agent系统(MAS)的概念起源于人工智能领域,是分布式人工智能的主要方向之一。利用多Agent思想建立系统重构的模型,它可以利用数学计算或规则推理完成特定操作任务,并通过消息机制与过程对象及其他Agent交互以完成信息传递与协调。本节首先对舰船电力系统进行分析,实施对单个Agent的功能设计,采用决策代理方法,基于分析站级代理传播的操作信息,制订出最优的方案。

12.4.1 多Agent算法

多Agent系统中,处于同一环境中的Agent之间存在着某种约束,此时各个Agent寻找一组满足它们之间约束的人工智能应用问题看作是分布式约束优化问题。分布式约束优化问题是一种基于多Agent系统的有效的建模方法,其应用领域广泛。

1. 分布式约束优化问题的定义

在多Agent系统中电力系统网络重构过程可以被描述为分布式约束优化问题,它们由一组变量、变量的值域以及它们之间相互的约束关系构成,其目的是寻找一组或多组赋值,以满足分布式约束要求。

分布式约束优化问题可定义为4个数组$<\boldsymbol{A},\boldsymbol{V},\boldsymbol{D},\boldsymbol{f}>$,其中:

(1) $\boldsymbol{A}=\{a_1,a_2,\cdots,a_n\}$,将$n$个Agent表示为$a_1,a_2,\cdots,a_n$;

(2) $\boldsymbol{V}=\{x_1,x_2,\cdots,x_n\}$,分布式约束优化问题包含$n$个变量的集合,将变量$x_i$分配给$\text{Agent}_i$;

(3) $\boldsymbol{D}=\{D_1, D_2,\cdots,D_n\}$,$D$是所有变量值域的集合;

(4) f_{ij}: $D_i\times D_j\rightarrow N$,变量$x_i$和$x_j$的成本函数,该成本函数也通常称为约束(Constraint)。

目标函数$\boldsymbol{F}(\boldsymbol{x})$: $D\rightarrow N$是一组成本函数之和,定义为

$$F(\boldsymbol{x}) = \sum_{x_i \in V} f_i(x_i) \tag{12-2}$$

式中：$\boldsymbol{x} = (x_1, x_2, \cdots, x_n) \in \boldsymbol{D}$。

2. 网络重构算法的形成

根据前面所提到的分布式约束优化问题，结合舰船电力系统的特点，给出多Agent系统的舰船电力系统网络重构算法。

（1）n 个Agent组成的 $\boldsymbol{A} = \{a_1, a_2, \cdots, a_n\}$，其中Agent a_i 可以表示为任意一种类型的Agent。

（2）n 个变量组成 $\boldsymbol{V} = \{x_1, x_2, \cdots, x_n\}$，每个 x_i 代表不同的属性，每个电力负荷可定义为

$$\boldsymbol{X}_{i1} = \text{PowerGeneration}_i - \text{PowerConsumption}_i \tag{12-3}$$

式中：每个 $\boldsymbol{X}_{i1}$ 为 Agent_i 的能量，其中 PowerGeneration_i 为 Sgent_i 所产生的能量，$\text{PowerConsumption}_i$ 表示 Agent_i 所消耗的能量。

定义变量 x_{i2} 为 Agent_i 的连接状态，当系统中开关时闭合时，$x_{i2}=1$，否则 $x_{i2}=0$。

所以约束函数可以定义为

$$\boldsymbol{f}_i(x_i) = \begin{cases} x_{i1} \cdot x_{i2}, & \text{若 Agent}_i\text{是负荷类型} \\ 0, & \text{若 Agent}_i\text{不是负荷类型} \end{cases} \tag{12-4}$$

式(12-3)显示了系统当前负荷能量，尽可能多地考虑所有负荷的能量，由于负荷消耗能量，所以它的值是负数，当式(12-4)中的值越小，更多的负荷将被重新被供电。

12.4.2　引入负荷优先级和运行工况等影响因素

舰船电源的波动、运行工况的改变都会给负荷带来影响，因此合理地安排负荷是非常重要的。系统的设计很难保证全船的所有负荷的不间断供电，而只能保证与舰船运行有关的重要负荷的供电。这是舰船电力系统区别于各种用电设备的原则。电网设计时应当对全船的用电负荷进行分析并适当地分级。

1. 算法中引入舰船负荷优先级

前面章节已阐述过负荷优先级在舰船中的重要性，因此将负荷不同的优先级应用到网络重构的算法中，定义一个变量 L_m 表示负荷的优先级，其中 m 表示负荷顺序，函数中分别从1,2,3开始取到 n 为止，数字越小表示它的等级越高。

2. 算法中引入舰船运行工况

不同等级的负荷对舰船的运行有着不同的作用和影响，网络供电处理也有所不同，通常一级负荷、二级负荷有正常、备用两种供电路径，三级负荷只能有一个电源的单路供电。如果舰船设置应急发电机组应保证一级负荷的供电，当应急发电机组发电量有剩余时在向二级负荷供电。

重构后一般只能保证与舰船有关的重要设备的供电（特别是在战斗状态下），在不同的运行工况下重要负荷的优先级也是不一样的，所以有必要对负荷进行在不同运行工况下分级和对同一负荷不同运行工况下优先级顺序的考虑。

舰船上各用电设备的工作情况与舰船的运行工况有关，对于不同类型、不同用途的舰船，它的整个运行状态会不一样，有必要考虑它的运行过程对舰船电力系统网络重构的

影响。

通过以上的分析,可以看出舰船在运行时需要考虑各个运行工况状态,本书将这个因素引入到算法中,定义舰船的运行工况环境 e_i,定义变量 α_i,Agent 根据系统当前的状态决定执行相应的动作清单,决定该工况下哪些电源、负荷需要投入工作,哪些需要断开。

3. 简单的实例分析

下面举一个简单的例子来说明算法中将要引入的一些因素,首先以某个舰船运行中两个典型的工况为例进行说明:

状况一(e_1):巡航状态——以经济航速在海区正常航行;

状况二(e_2):战斗状态——战斗活动时电气设备投入工作。

舰船运行中巡航状态和战斗状态是舰船运行中的两个典型的状态,其中不同状态下有少数的负荷是不工作的,为了简单说明算法的必要性,本文给出其中将要用到的负荷并适当分析,划分等级为以下几种。

1) 一级负荷

以某个舰船电力系统为例,假设此舰船的部分一级负荷:

(1) 影响舰船航行的操纵负荷,如操舵装置;

(2) 属于舰船最后防卫手段的负荷,如快速防空武器设备,电子干扰设备;

(3) 用于舰船航行信号灯。

以上三种负荷是舰船运行时必不可少的,它们是功能不同的负荷,在舰船不同的运行工况下其优先级是不同,在工况一(巡航状态)下,优先级顺序(1)→(3)→(2);在状况二(战斗状态)下,优先级顺序(1)→(2)→(3)。

2) 二级负荷

关系到舰船的使命任务,假设此舰船的部分二级负荷:

(1) 动力辅助设备;

(2) 舰船主要的管路系统;

(3) 观察、通信、导航电子设备;

(4) 医疗设备;

(5) 消磁设备;

(6) 武器及控制系统。

以上几种负荷是舰船运行时一些二级负荷,它们的功能不同,在工况一(巡航状态)下,优先级顺序(1)→(2)→(6)→(3)→(5)→(4);在状况二(战斗状态)下,优先级顺序(6)→(3)→(5)→(1)→(2)→(4)。

3) 三级负荷

指工作时间较短,对供电指标要求不高的设备,假设此舰船的部分三级负荷:

(1) 电池充电设备;

(2) 生活空调设备;

(3) 盘车机。

以上三种负荷是舰船运行时一些三级负荷,在工况一(巡航状态)下,优先级顺序(1)→(2)→(3);在状况二(战斗状态)下,优先级顺序(1)→(3)→(2)。

12.4.3 约束条件和目标函数的确定

根据前面所给出的分布式约束优化问题的建模，结合舰船电力系统运行的特点和负荷分类情况，考虑到舰船电力系统实际运行的各个工况，以及不同工况下负荷的优先级不同，给出了满足负荷优先级的环境优先级代理（Environment Priority Agent，EPA）算法，它是基于分布式约束优化问题而给出的，具体可以表示为 5 元组 $<\boldsymbol{A},\boldsymbol{V},\boldsymbol{D},\boldsymbol{f},\boldsymbol{E}>$。

（1）$\boldsymbol{A}=\{a_1,a_2\cdots a_n\}$ n 个 Agent 表示为 $a_1,a_2,\cdots,a_n$，如果一个 Agent 和一个发电机相连，这个 Agent 就被定义为发电机 Agent，本文中的 n 个 Agent 分别表示舰船电力系统的发电机、静态负荷、电动机、联络开关。

（2）$\boldsymbol{V}=\{x_1,x_2,\cdots,x_n\}$ 表示 n 个变量，本文中的 x_i 包括着多种信息，算法将变量 x_i 分配给 Agent_i，Agent_i 负责给变量选择赋值，Agent 的目标是通过选择变量的赋值使一个给定的全局目标函数最小。

（3）$\boldsymbol{D}=\{D_1,D_2,\cdots,D_n\}$，$\boldsymbol{D}$ 是所有变量值域的集合，n 个变量的值域分别为 D_1，$\cdots$，D_n。

（4）$\boldsymbol{f}_{ij}$：$D_i\times D_j\to N$ 是变量 x_i 和 x_j 的约束函数，约束函数也可简称为约束（Constraint）。

（5）$\boldsymbol{Env}$ 舰船的运行工况环境，e_i 组成舰船运行的工况的集合：

$$\boldsymbol{Env}=(e_0,e_1,\cdots,e_n) \tag{12-5}$$

式中：e_i 为舰船某个运行状况 i。

Agent 根据系统当前的状态 e_i 决定执行相应的动作清单，定义为

$$\boldsymbol{Action}=(\alpha_0,\alpha_1,\cdots,\alpha_n) \tag{12-6}$$

式中：α_i 为舰船工况改变的动作操作。

舰船在整个的航行过程中，从舰船的起航、出港、航行、靠岸等是环境和动作的交替的一个序列：

$$\text{Agent}: e_0 \xrightarrow{\alpha_0} e_1 \xrightarrow{\alpha_1} e_2 \xrightarrow{\alpha_2} \cdots \xrightarrow{\alpha_{n-1}} e_n \tag{12-7}$$

目标函数 $F(x)$：$D\to N$ 是一组成本函数之和，$D=D_1\times D_2\times D_3\times\cdots\times D_n$，其具体定义如下：

$$F(x)=\sum_{x_i\in V} f_i(x_i) \tag{12-8}$$

式中：$x=(x_1,x_2,\cdots,x_n)\in V$。

电力系统网络重构的数学模型可以描述为分布式约束优化问题，其中网络中的各个节点表示一个变量，电力系统中各个电力设备的连接表示为各个节点之间边的约束关系，每个变量有着各自的定义域。多 Agent 系统中一个 Agent 负责表示一个变量，Agent 通过相互之间的协作为变量选择赋值，在约束条件下，满足目标函数。

舰船电力系统网络重构的目标是最大的重构待恢复供电的负荷，目标函数越小，更多的负荷将会被重构（因为负荷消耗能量，表现为负值），所以 EPA 算法就是求得一组 x^* 使 $F(x^*)$ 最小：

$$x=\underset{x\in V}{\operatorname{argmin}}F(x) \tag{12-9}$$

1. 约束函数

在舰船电力系统中被定义 n 个 Agent,即 $A=\{a_1,a_2,\cdots,a_n\}$,每个 Agent 都代表一种电力设备,相应的定义一组 n 个变量 $V=\{x_1,x_2,\cdots,x_n\}$,每个 x_i 代表 Agent_i 的状态如电压、电流、有功功率等。

定义变量 x_{i_power} 是网络中 Agent_i 的功率,它是系统能量的载体,它与 Agent_i 紧紧相连:

$$x_{i\_\text{power}}=PG(x_i)-PC(x_i) \tag{12-10}$$

式中:$PG(x_i)$(Power Generation)为 x_i 的额定发电功率; $PC(x_i)$(Power Consumption)为 x_i 的额定消耗功率。

当舰船上所有工作的负荷、发电机按照式(12-10)相加就得到了系统此时的功率,当值为正时说明系统中的可用功率大于消耗的功率,系统可以继续供电;当值为负数时说明系统已经没有多余的能量再给别的负荷供电,这时可以考虑启动备用发电机、备用的能量继续供电或者卸载优先级低的负荷保证重要负荷的供电。

定义变量 x_{i_state} 是网络中 Agent_i 的连通状态,即开关的闭合状态,如果有能量流入、流经则 $x_{i\_\text{state}}=1$;否则 $x_{i\_\text{state}}=0$。本文中的 x_{i_state} 不仅考虑静态负荷、电动机的状态,还将发电机、联络开关的联通状态考虑进去。

约束函数定义为

$$f_i(x_i)=\begin{cases}x_{i\_\text{power}}\times x_{i\_\text{state}}, & \text{若 Agent}_i\text{ 为负荷、发电机类型}\\ 0, & \text{若 Agent}_i\text{ 不是负荷、发电机类型}\end{cases} \tag{12-11}$$

如果失电负荷有被重构,则约束函数的值就为被重构后系统的能量。如果失电负荷没有被重构,则约束函数的值比被重构后的值偏大。

考虑到舰船电力系统实际运行的各个工况,以及不同工况下负荷的优先级不同,系统的运行工况和各个负荷的优先级,其 EPA 算法可以基本定义为

$$f_i(x_i)=L_m x_{i\_\text{power}}\times x_{i\_\text{state}} \tag{12-12}$$

式中:L_m 为等级为负荷在某工况时的负荷优先级顺序 m,函数中 m 分别取 $1,2,3,\cdots,n$。

舰船电力系统网络重构中重要负荷通常是正常、备用两路供电的,在 EPA 算法应加入对同一负荷的不同供电路径的约束,避免在同一时间存在两个供电路径,对于能够恢复供电的重要负载,表示正常供电路径或备用路径有且仅有一条是闭合的。补充约束为

$$\sum_{z\in\Omega_i}(1-L_z)=\sum_{b\in\Omega_i}L_b \tag{12-13}$$

式中:Ω_i 为转换开关的集合; L_z 为同一负载的正常供电,其组合为0,1; L_b 为同一负载的备用供电,其组合为0,1。

容量约束:系统消耗的能量不能超过系统产生的能量,定义 x_{i_capacity} 为当前电力设备的容量,则

$$C_{i(\min)}<\left|x_{i\_\text{capacity}}\right|<C_{i(\max)} \tag{12-14}$$

式中:x_{i_capacity} 为电力系统网络中 x_i 的容量; $C_{i(\min)}$ 为电力设备 x_i 能提供的的最小容量; $C_{i(\max)}$ 为电力设备 x_i 能提供的的最大容量。

电压约束:定义 x_{i_voltage} 为 Agent_i 对应着电力设备中的电压,则

$$V_{i(\min)}<\left|x_{i\_\text{voltage}}\right|<V_{i(\max)} \tag{12-15}$$

式中：$x_{i_voltage}$为电力系统网络中 x_i 的电压；$V_{i(\max)}$为电力设备 x_i 在系统中允许的最大电压；$V_{i(\min)}$为电力设备 x_i 在系统中允许的最小电压。

2. 目标函数

综上整理后将式(12－12)并且满足约束式(12－13)～式(12－15)，带入到目标公式(12－16)中，舰船电力系统网络重构的目标函数可以定义为

$$F(x) = \sum_{x_i \in V} f_i(x_i) \qquad (12-16)$$

式中：$x = (x_1, x_2, \cdots, x_n) \in V$。

12.5　与重构相关的其他研究

1. 战斗前对敌方攻击的预警研究

在战斗前应充分做好对敌方攻击的预警，运用先进的通信设备、声纳设备和雷达设备，采用信息融合技术对敌方从各个方向对自己的攻击做出较为准确的预报。例如，飞机投放的激光炸弹、轻型水面舰艇发射的反舰导弹、沉底水雷、潜艇发射的鱼雷，预警系统要做好敌方从海上、空中、陆上、海底等多个方向攻击的预报，根据预报做出相应的决策，做好充分的准备。在敌方攻击之前，截击敌武器或者对敌方实施先发制人的打击。

2. 战斗中敌方预定武器在指定爆炸点电气设备的破坏程度研究

在战斗中不可避免地会受到敌方的攻击，对敌方预定武器在指定点爆炸电气设备的直接破坏、冲击破坏和进水破坏及电力系统的生命力等级进行分析研究，其中激光炸弹和反舰导弹主要考虑接触爆炸，沉底水雷与鱼雷主要考虑非接触爆炸，每种武器只考虑一次作用，不考虑重复作用。

接触爆炸下电力系统的破坏包括直接破坏、冲击破坏、火灾破坏、进水破坏，直接破坏包括爆炸火球破坏、破片破坏和冲击波超压破坏。非接触爆炸主要通过水中传播的冲击波对船体及其设备构成冲击破坏，当在近舷爆炸时，虽不是接触爆炸，但从爆炸的效果来看，电气设备的破坏模式同接触爆炸。

各配电中心的供电能力反映舰船电力系统的供电能力，而配电中心的供电能力又由发电机组、主配电板、传输电缆及配电中心本身是否完好所决定的。因此，配电中心的位置、电缆的走向直接影响电力系统的生命力。配电中心应该设置在它所供电的负荷中心，以减少电压损失与损耗。

这部分研究是舰船电力系统生命力研究的重点，针对不同的武器，分析舰船电气设备的破损模式，用损伤树法对单个设备破损情况进行定量计算，采用蒙特卡罗法模拟设备的破损概率，运用模糊层次评估的方法对舰船电力系统生命力进行综合评估，对电缆的走向和配电中心的布置进行研究。

3. 战斗后如何迅速恢复电力系统部分或全部功能的研究

在战斗后应迅速启动恢复系统，恢复电力系统部分或全部功能，针对敌方的各种攻击带来的破坏和损失，运用故障诊断专家系统技术判断损失的程度，根据损失的程度采取不同的补救措施，更换被破坏的设备，维修被破坏的元件，使电力系统能维持部分供电或全部供电。

第 13 章

单机舰船电力系统的新型控制方法

13.1 舰船电力系统稳定性定义与分类

随着现代大型舰船的不断发展,多机组/多电站结构形式的舰船电网不断被采用,舰船电力系统的规模逐渐扩大,使舰船电力系统的稳定运行对舰船的可靠性、安全性的影响受到更多关注。因此,舰船电力系统稳定性研究对舰船的安全运行具有重大意义。

2004 年,电气和电子工程师协会(Institute of Electrical and Electronics Engineers, IEEE)联合国际大型电力系统理事会(International Council on Large Electric Systems, CIGRE)给出了电力系统稳定的定义与分类,并对电力系统稳定的专业术语进行了规范,对导致各种电力系统失稳的原因进行了简要的介绍,有助于电力系统稳定的分析研究。另外,我国对电力系统稳定性也进行了相应的规范与定义。参考陆上电力系统的经验,可以根据动态过程的特征和参与动作的元件及控制系统,将舰船电力系统稳定分为功角稳定、频率稳定和电压稳定三大类以及众多子类,如图 13-1 所示。

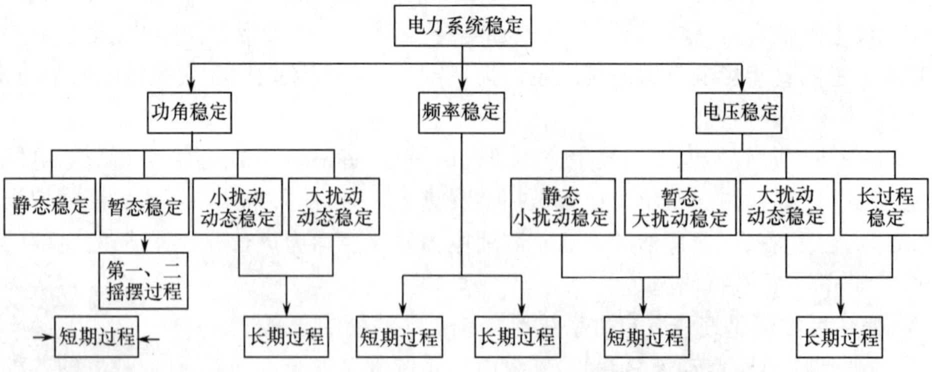

图 13-1　舰船电力系统稳定的分类

1. 功角稳定

功角失稳表现为舰船发电机受到扰动后不再保持同步运行的现象。根据受到扰动的大小、导致功角不稳定的主导因素不同(同步力矩不足或阻尼力矩不足),功角稳定又可以分为以下4个子类:静态稳定、暂态稳定、小扰动动态稳定和大扰动动态稳定,如图13-1所示。

静态稳定在实际运行分析中,是指系统受到小扰动后不发生非周期性失稳的 功角稳定性,其物理特性是指与同步力矩相关的小干扰动态稳定性。主要用以定义系统正常运行和事故后运行方式下的静态稳定储备情况。暂态稳定主要指系统受到大扰动后第一、二摇摆的稳定性,用以确定系统暂态稳定极限和稳定措施,其物理特性是指与同步力矩相关的暂态稳定性。小干扰动态稳定是指系统受到小扰动后不发生周期性振荡失稳的功角稳定性,其物理特性是指与阻尼力矩相关的小干扰动态稳定性,主要用于分析系统正常运行和事故后运行方式下的阻尼特性。大干扰动态稳定主要指系统受到大扰动后,在系统动态元件和控制装置的作用下,保持系统稳定性的能力,其物理特性是指与阻尼力矩相关的大干扰动态稳定性。主要用于分析系统暂态稳定后的动态稳定性,在计算分析中必须考虑详细的动态元件和控制装置的模型,如励磁系统及其附加控制、原动机调速器、电力电子装置等。

2. 频率稳定

频率稳定是指电力系统发生突然的有功功率扰动后,系统频率能够保持或恢复到允许的范围内而不发生频率崩溃的能力。它主要用于研究舰船电网的备用容量和低频减载装置的有效性与合理性,以及机网协调问题。一般来说,对于现代的陆上大型电网,旋转电机较多,备用容量充足,频率失稳现象不易发生。但是对于舰船电力这类的孤岛电网,有可能出现备用容量不足,控制策略不当以及继电保护装置的动作引起的电网频率失稳现象。

根据上述定义与分析可以看出,稳定问题从扰动上分为小扰动与大扰动,从时间上分为短期过程与长期过程。图13-2所示为从时间上对电力系统动态过程的划分。

对不同的电力系统的稳定分析方法是不同的。对于各种静态稳定,一般可以用解析的方法进行分析,而对于暂态稳定及动态稳定,则多是采取数值计算和模拟仿真的方法。本书对静态稳定进行简要分析,而对于各种暂态稳定及动态过程,则采用对某典型舰船电力系统仿真的方法进行分析。

3. 电压稳定

电压稳定是指电力系统受到小的或大的扰动后,系统电压能够保持或恢复到允许的范围内,而不发生电压崩溃的能力。根据受到扰动的大小,电压稳定分为静态电压稳定和大干扰电压稳定。

静态小扰动稳定是指系统受到小扰动后,系统电压能够保持或恢复到允许的范围内,而不发生电压崩溃的能力,主要用于定义系统正常运行和事故后运行方式下的电压静态稳定储备情况。大干扰电压稳定包括暂态电压稳定、动态电压稳定和中长期电压稳定,是指电力系统受到大扰动后,系统不发生电压崩溃的能力。暂态电压稳定主要用于分析快速的电压崩溃问题,中长期电压稳定主要用于分析系统在响应较慢的动态元件和控制装置作用下的电压稳定性,如发电机定子和转子过流与低励磁限制、可操作并联电容器、电压和频率的二次控制、恒温负荷等。

电压不稳定现象并不总是孤立发生的。功角不稳定与电压不稳定的发生常常交织在

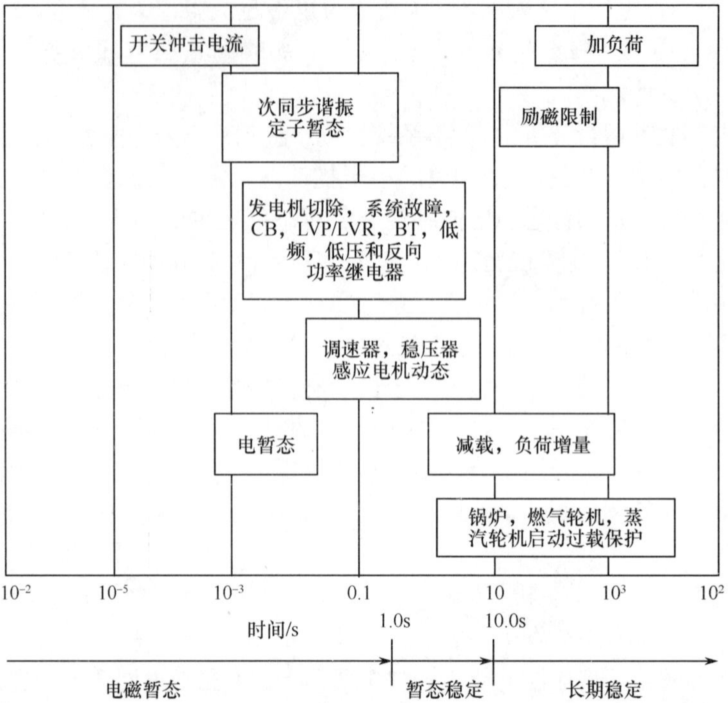

图 13－2　从时间上对电力系统动态过程的划分

一起,一般情况下其中一种占据主导地位,但并不容易区分。然而,功角稳定和电压稳定的区分,对于充分了解系统的稳定特性和不稳定的原因,进而安排舰船电力系统的运行方式、制定稳定控制策略、规划电网结构形式都是非常重要的。

13.2　舰船电力系统稳定分析

13.2.1　舰船电力系统稳定分析模型

电力系统中,对于不同的研究对象,应该建立与之相适应的模型,一方面可以更接近实际情况;另一方面可以简化分析,使研究的问题更清晰。表 13－1 列出了在不同研究对象时各元件的模型需求。本节根据不同电力系统稳定性分析的目的,基于舰船电力系统的特殊情况讨论各元件所需要的模型。

表 13－1　不同研究对象时各元件的模型需求

元件	研究性质				
	暂态稳定	电压稳定	频率稳定	小扰动	大扰动动态
发电机	✓	✓	✓	✓	✓
轴系	×	×	×	×	×
原动机	×	×	×	×	✓
负荷	×	✓	×	?	✓

（续）

元件		研究性质				
		暂态稳定	电压稳定	频率稳定	小扰动	大扰动动态
电动机		×	✓	×	?	✓
励磁控制	AVR	✓	✓	✓	✓	✓
	PSS	✓	✓	?	✓	?
	Lintiter	?	✓	×	×	✓
	PF/VAR	×	✓	×	×	✓
涡轮机控制	调速	×	×	×	?	✓
	飞车控制	×	×	×	×	✓
	AGC	×	×	×	×	?
注：✓表示需要；×表示不需要；? 表示目前并不确定						

13.2.2　舰船电力系统的功角稳定性

电力系统功角稳定对电力系统的运行有着至关重要的作用，本节主要是对舰船电力系统的静态稳定性进行讨论，并分析在多机并联情况下舰船电力系统的稳定性以及增强系统稳定性的方法。

1. 电力系统静态稳定概述

电力系统可用微分代数方程描述如下：

$$\begin{cases}\dot{X}=f(X,Y)\\0=g(X,Y)\end{cases}\tag{13-1}$$

式中：X 为状态变量矢量；Y 为代数变量矢量。

当系统稳定运行时，有

$$\begin{cases}0=f(X_0,Y_0)\\0=g(X_0,Y_0)\end{cases}\tag{13-2}$$

电力系统静态稳定的分析一般采用小扰动方法，小扰动是假设扰动足够小，不影响系统方程在稳定运行点的局部线性化。式(13-1)的小扰动方程为

$$\begin{cases}\Delta\dot{X}=A\Delta X+B\Delta Y\\0=C\Delta X+D\Delta Y\end{cases}\tag{13-3}$$

式中：$\Delta X=X-X_0$；$\Delta Y=Y-Y_0$；$A=\left.\dfrac{\partial f}{\partial X}\right|_0$；$B=\left.\dfrac{\partial f}{\partial Y}\right|_0$；$C=\left.\dfrac{\partial g}{\partial X}\right|_0$；$D=\left.\dfrac{\partial g}{\partial Y}\right|_0$。

若式(13-3)中 D 非奇异，则有

$$\Delta\dot{X}=(A-BD^{-1}C)\Delta X\tag{13-4}$$

电力系统的静态稳定分析是指经过小扰动后，研究系统能否恢复到原稳定状态运行。由李雅普诺夫动态系统的稳定性判据可知，对应于式(13-4)，有如下结论。

(1) 若 $A-BD^{-1}C$ 特征值实部全为负，则系统是渐近稳定的。

(2) 若 $A-BD^{-1}C$ 有特征值实部为正，则系统是不稳定的。

(3) 若 $A-BD^{-1}C$ 的特征值有纯虚数根，系统受到扰动后等幅振荡，是不稳定的。

电力系统静态稳定问题归结起来一般是式(13－4)的特征根的计算问题。

2. 单机－负荷静态稳定

图13－3所示为单机－负荷模型,由图可得传输功率的表达式(各式皆采用标幺值):

$$P=\frac{U_G^2}{Z_L}\cos\varphi\ ,\ Q=\frac{U_G^2}{Z_L}\sin\varphi \tag{13-5}$$

式中:U_G为机端电压。

发电机转动方程为

$$\begin{cases}\dfrac{d\delta}{dt}=(\omega-1)\omega_0\\ \dfrac{d\omega}{dt}=\dfrac{1}{T_J}(P_T-P_E)\end{cases} \tag{13-6}$$

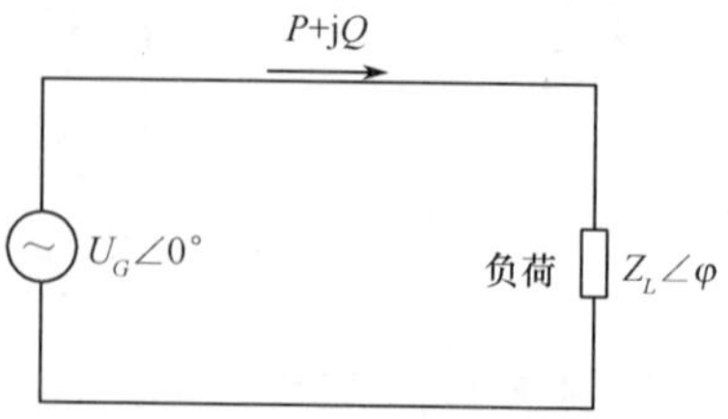

图13－3 单机－负荷模型

式中:δ为发电机功角;ω为发电机转速;T_J为惯性时间常数;P_T为原动机输入功率;P_E为发电机输出电磁功率;ω_0为发电机额定转速。

发电机励磁绕组方程为

$$E_{qe}=E_q+T'_{d0}\frac{dE'_q}{dt} \tag{13-7}$$

式中:E_{qe}为强制空载电势;E_q为发电机空载电势;T'_{d0}为定子绕组开路时励磁绕组本身的时间常数;E'_q为发电机暂态电势。

式(13－5)~式(13－7)的小干扰方程式为

$$\frac{d\Delta\delta}{dt}=\Delta\omega\omega_0 \tag{13-8}$$

$$\frac{d\Delta\omega}{dt}=-\frac{1}{T_J}\Delta P \tag{13-9}$$

$$\Delta E_{qe}=\Delta E_q+T'_{d0}\frac{d\Delta E'_q}{dt} \tag{13-10}$$

当不计调节器和励磁系统的暂态过程时:

$$\Delta E_{qe}=-K_U\Delta U_G \tag{13-11}$$

式中:K_U为调节器的综合放大系数。

式(13－7)~式(13－10)三个方程中共有6个未知量,需补充三个方程式,将ΔP,ΔE_q,ΔU_G表示成$\Delta E'_q$及$\Delta\delta$的函数即可。

图13－4所示为图13－3所对应的发电机电势相量图。

由图13－4可得

$$E'_q=U_G\cos\delta+\frac{x'_d}{Z_L}U_G\sin(\delta+\phi) \tag{13-12}$$

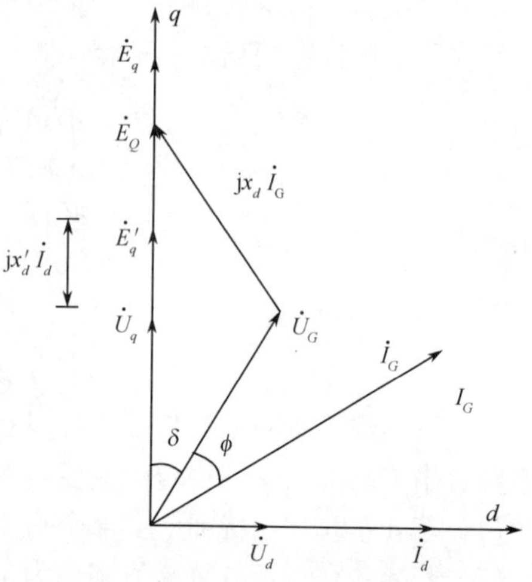

图13－4 发电机电势相量图

则传输功率表达式变为

$$P=\frac{(E_q')^2}{Z_L\left[\cos\delta+\frac{x_d'\sin(\delta+\phi)}{Z_L}\right]^2}\cos\phi \tag{13-13}$$

因此

$$\Delta P=K_1\Delta\delta+K_2\Delta E_q' \tag{13-14}$$

式中

$$K_1=\left.\frac{\partial P}{\partial\delta}\right|_0=\frac{-2(E_{q0}')^2\left[-\sin\delta_0+\frac{x_d'\cos(\delta_0+\phi)}{Z_L}\right]\cos\phi}{Z_L\left[\cos\delta_0+\frac{x_d'\sin(\delta_0+\phi)}{Z_L}\right]^3}$$

$$K_2=\left.\frac{\partial P}{\partial E_q'}\right|_0=\frac{2E_{q0}'\cos\phi}{Z_L\left[\cos\delta_0+\frac{x_d'\sin(\delta_0+\phi)}{Z_L}\right]^2}$$

由图 13-4 所示的相量图可得

$$E_q=E_q'+I_d(x_d-x_d')=E_q'\frac{Z_L\cos\delta+x_d\sin(\delta+\phi)}{Z_L\cos\delta+x_d'\sin(\delta+\phi)}$$

$$\Delta E_q=\frac{1}{K_3}\Delta E_q'+K_4\Delta\delta \tag{13-15}$$

式中

$$K_3=\left.\frac{\partial E_q}{\partial E_q'}\right|_0=\frac{Z_L\cos\delta_0+x_d'\sin(\delta_0+\phi)}{Z_L\cos\delta_0+x_d\sin(\delta_0+\phi)}$$

$$K_4=\left.\frac{\partial E_q}{\partial\delta}\right|_0=E_{q0}'\frac{[-Z_L\sin\delta_0+x_d\cos(\delta_0+\phi)][Z_L\cos\delta_0+x_d'\sin(\delta_0+\phi)]}{[Z_L\cos\delta_0+x_d'\sin(\delta_0+\phi)]^2}-$$
$$\frac{[Z_L\cos\delta_0+x_d\sin(\delta_0+\phi)][-Z_L\sin\delta_0+x_d'\sin(\delta_0+\phi)]}{[Z_L\cos\delta_0+x_d'\sin(\delta_0+\phi)]^2}$$

由式(13-12)可得

$$\Delta U_G=K_5\Delta\delta+K_6\Delta E_q' \tag{13-16}$$

其中

$$K_5=\left.\frac{\partial U_G}{\partial\delta}\right|_0=\frac{-E_q'\left[-\sin\delta_0+\frac{\cos(\delta_0+\phi)x_d'}{Z_L}\right]}{\left[\cos\delta_0+\frac{\sin(\delta_0+\phi)x_d'}{Z_L}\right]^2}$$

$$K_6=\left.\frac{\partial U_G}{\partial E_q'}\right|_0=\frac{1}{\cos\delta_0+\frac{\sin(\delta_0+\phi)x_d'}{Z_L}}$$

将式(13-14)～式(13-16)代入式(13-8)～式(13-11)得

$$\frac{\mathrm{d}}{\mathrm{d}t}\begin{bmatrix}\Delta\boldsymbol{\delta}\\ \Delta\boldsymbol{\omega}\\ \Delta\boldsymbol{E}_q'\end{bmatrix}=\begin{bmatrix}0 & \omega_0 & 0\\ -\dfrac{K_1}{T_J} & 0 & -\dfrac{K_2}{T_J}\\ \dfrac{K_4+K_UK_5}{-T_{d0}'} & 0 & \dfrac{\dfrac{1}{K_3}+K_UK_6}{-T_{d0}'}\end{bmatrix}\begin{bmatrix}\Delta\delta\\ \Delta\omega\\ \Delta E_q'\end{bmatrix} \tag{13-17}$$

系统静态稳定的充要条件是式(13－17)中的系数矩阵特征根实部为负,由此可以判断特定运行状态下系统的静态稳定性。式(13－8)～式(13－17)所示的单机负荷模型与单机无穷大网络所示的静态稳定性有较大的差别。首先表现在 6 个系数的计算式不同,单机负荷模型中,母线电压不再恒定。因此,母线电压、暂态电势至功角初始值都会随负荷的变化而变化。在单机无穷大系统中,除了 K_2 恒正以外,其余各系数的正负都待定,K_2,K_3,K_4 及 K_6 在功角为 0°～180°时有较大的不同。

13.2.3 舰船电力系统的电压稳定性

舰船电力系统除了同步运行的稳定性外,还包括负荷节点的电压稳定性,随着电力系统的发展,电压稳定问题变得尤为重要。在舰船电力系统中,由于控制调节技术的提高以及经济性的要求,希望电力系统在靠近电压临界点时运行,这需要对电压稳定进行分析。

如图 13－5 所示,电源通过线路向负荷区供电,则传输的功率为

$$P=\frac{E_1U}{Z_1}\cos(\theta+\delta)-\frac{U^2}{Z_l}\cos\theta$$
$$Q=\frac{E_1U}{Z_1}\sin(\theta+\delta)-\frac{U^2}{Z_l}\sin\theta \tag{13-18}$$

可得

$$U^4+U^2(2PZ_l\cos\theta+2QZ_l\sin\theta-E_1^2)+(P^2+Q^2)Z_l^2=0 \tag{13-19}$$

由式(13－18)可以解得

$$U^2=\frac{-B\pm\sqrt{B^2-4C}}{2} \tag{13-20}$$

式中

$$B=2PZ_l\cos\theta+2QZ_l\sin\theta-E_1^2$$
$$C=(P^2+Q^2)Z_l^2 \tag{13-21}$$

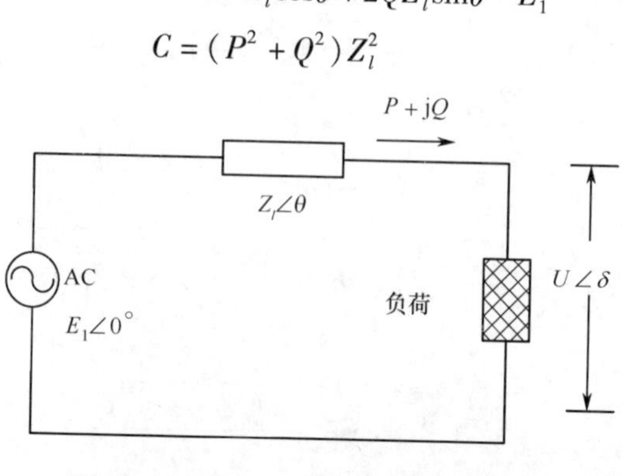

图 13－5　简化的舰船电力系统等效图

式(13-19)中,电压幅值不可能为负,因此可以求解出两个正解。图13-6所示为当有功与无功变化时,负荷端电压的变化情况。图13-6中,$E_1=1.05$;$Z_l\angle\theta=0.35\angle83°$。

图13-6表明,当电源电压、传输线路参数及负荷经定时,负荷端电压有两个运行状态[式(13-20)有两个解]。对于电压较大的运行状态U'(对应黑色曲面上面的状态),当负荷减小时,负荷端电压升高,此运行状态是稳定的;而对于电压较小的运行状态U''(对应黑色曲面下面的状态),当负荷减小时,负荷端电压降低,此运行状态是不稳定的。在功率达到极限值时,$U'=U''$,此时为临界稳定状态,因此稳定的判据为

$$\frac{\mathrm{d}P}{\mathrm{d}U}<0\text{ 及 }\frac{\mathrm{d}Q}{\mathrm{d}U}>0 \tag{13-22}$$

图13-6中的黑色曲面即为电压稳定的临界状态。

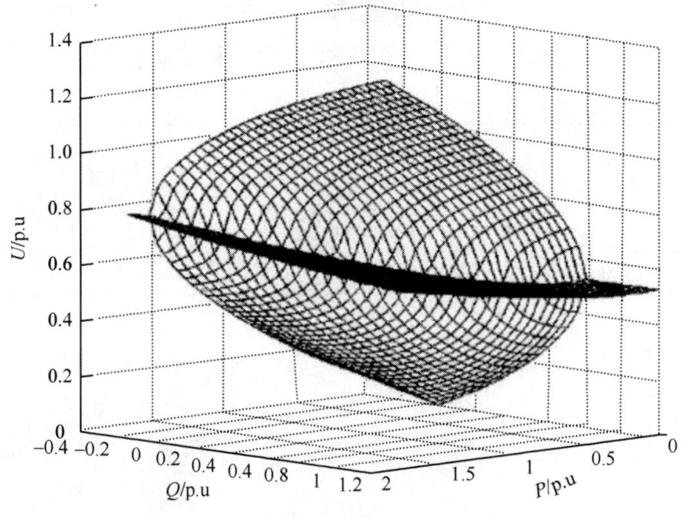

图13-6 电压、有功与无功的关系

电力系统静态电压稳定的分析,主要是确定电压稳定临界点,只有已知电压稳定临界点,才能得到系统的稳定裕度,进而准确判断系统运行状况,并能适时采取合理的控制措施。

由上述分析可知,节点电压静态稳定的判据为式(13-22),对式(13-18)及式(13-19)进行计算得

$$\begin{aligned}\frac{\mathrm{d}P}{\mathrm{d}U}&=\frac{E_1}{Z_l}\cos(\theta+\delta)-\frac{2U}{Z_l}\cos\theta\\ \frac{\mathrm{d}Q}{\mathrm{d}U}&=\frac{E_1}{Z_l}\sin(\theta+\delta)-\frac{2U}{Z_l}\sin\theta\end{aligned} \tag{13-23}$$

令

$$\begin{aligned}SVSI_P&=\frac{\mathrm{d}P}{\mathrm{d}U}=\frac{E_1}{Z_l}\cos(\theta+\delta)-\frac{2U}{Z_l}\cos\theta\\ SVSI_Q&=\frac{\mathrm{d}Q}{\mathrm{d}U}=\frac{E_1}{Z_l}\sin(\theta+\delta)-\frac{2U}{Z_l}\sin\theta\end{aligned} \tag{13-24}$$

则可定义节点电压静态稳定判据：

$$SVSI = \max\{SVSI_P, SVSI_Q\} \tag{13-25}$$

当 $SVSI<0$ 时，节点电压是静态稳定的；而当 $SVSI \geqslant 0$ 时，节点电压是静态不稳定的。$SVSI$ 的绝对值可以衡量静态稳定裕度，绝对值越大，静态稳定性越好。图 13-7 与图 13-8是对应于表 13-2 中的举例参数(其中 R 为线路阻抗 Z_l的实部，X 为 Z_l的虚部，PF 为功率闪数，E_l为机端电压)，当负荷功率变化时，由式(13-20)、式(13-24)计算的电压、$SVSI_P$和 $SVSI_Q$曲线。其中，图 13-7 与图 13-8 对应不同的功率因数。如图 13-7所示，$SVSI_P$和 $SVSI_Q$能很好地衡量节点电压稳定的情况。图 13-7 中当负荷功率因数较高时，$SVSI_P$较 $SVSI_Q$大，而且 $SVSI_P$最先穿越零点。所以，功率因数较高时，有功对电压稳定的影响更大，节点电压临界稳定点由 $SVSI_P$决定。在图 13-8 中，功率因数较低，需要的无功增多，当负荷增加到一定程度时，$SVSI_Q$大于 $SVSI_P$并先穿越零点。此时，无功对电压稳定的影响更大，节点的电压临界稳定点由 $SVSI_Q$ 决定。图 13-7 与图 13-8 比较可知，功率因数较低的负荷需要更多的无功，电压静态不稳定更容易发生。

表 13-2 举例参数

参数	R	X	PF	E_l
1	0.034986226	0.03856749312	0.85	1.0
2	0.034986226	0.03856749312	0.60	1.0

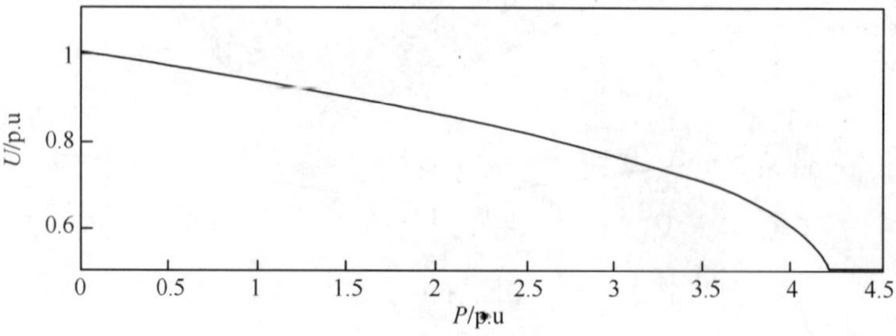

(a) P–U曲线

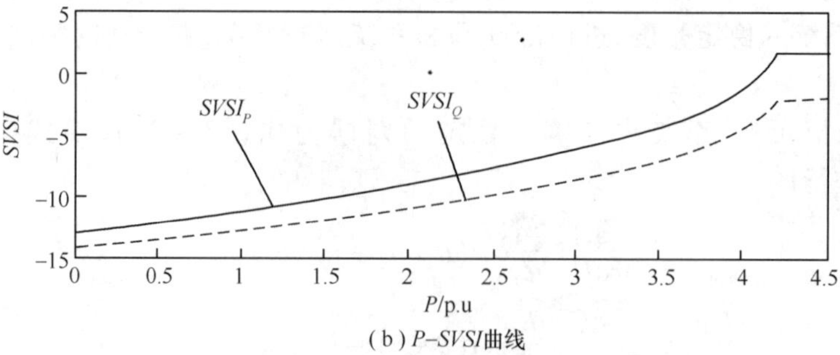

(b) P–$SVSI$曲线

图 13-7 $P-U$ 和 $P-SVSI$ 曲线($PF=0.85$)

13.2.4 舰船电力系统的频率稳定性

在陆上大型电力网络中，由于有足够的备用容量，频率稳定一般不是主要问题。而对于舰船电网，由于其孤立运行，负载的增加以及发电机的故障退出运行，可能出现有功不

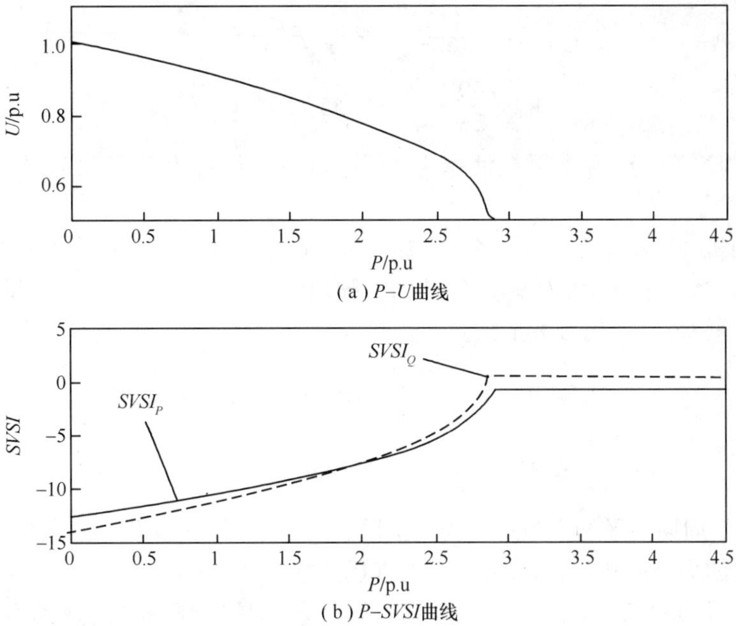

(a) P–U曲线

(b) P–SVSI曲线

图 13－8　P－U 和 P－SVSI 曲线(PF＝0.60)

平衡进而导致频率变化。频率不稳定会减少电力设备寿命,严重情况下可能会导致电网的崩溃,所以有必要对舰船电力系统的频率稳定问题进行研究。

现代基于变频调速的电力推进系统的广泛应用使得舰船电网的容量日益增大。而舰船电力系统工况众多,舰船电站的容量不可能设计到满足全船所有负 载,这样既不合理,也不经济。舰船电网中负载突然加大/减小或发电机/电站故障会导致电网有功不足/过剩,进而使得发电机加速/减速,从而影响电网频率。舰船电力系统中的负载除电力推进系统外主要为异步电动机,异步电动机的电磁转矩为

$$T=\frac{1}{\Omega_1}\cdot\frac{m_1U_1^2\frac{R_2'}{S}}{\left(R_1+\frac{R_2'}{S}\right)^2+(X_{1\sigma}+X_{2\sigma})^2} \tag{13-26}$$

式中:$\Omega_1=\frac{2n_1\pi}{60}$,$n_1$为定子旋转磁场的同步转速;$m_1$为定子绕组匝数。

由式(13－26)可看出,频率的升高、降低都对异步机的转矩有较大的影响,频率升高时转矩减小,频率降低时转矩加大,转矩变化导致的电机加速或减速都不利于电机的运行。严重情况下可能损坏转轴,造成重大损火。

13.3　柴油发电系统的数学模型

13.3.1　同步发电机转子运动方程

柴油机在运转过程中,扭矩 M_1、转速 n 和有效功率 N_e满足

$$N_e = \frac{2p_e V_l n}{60\tau} = \frac{p_e V_l n}{30\tau} = K_1 p_e n \tag{13-27}$$

$$M_1 = \frac{60}{2\pi} \cdot \frac{N_e}{n} = 9.55\frac{N_e}{n} = K_2 p_e \tag{12-28}$$

式中:τ 为冲程系数; p_e为作用在活塞上的平均有效压力; V_l为气缸容积; K_1为常数, $K_2 = 9.55K_1$。

多缸柴油机各缸供油量的不均匀、各循环间的供油量不稳、柴油机与发电机对接时同心度不够准确,都会造成输出转矩产生脉动。脉动转矩 M_1可以表示为各次谐波力矩的组合,即可将其分解成一富氏级数形式:

$$\begin{aligned} M_1 &= M_P + \sum_{\nu=1}^{\infty}(A_\nu \cos\nu\omega_0 t + B_\nu \sin\nu\omega_0 t) \\ &= M_P + \sum_{\nu=1}^{\infty} M_\nu^0 \sin(\nu\omega_0 t + \varphi_\nu) \end{aligned} \tag{13-29}$$

式中:M_P为一个周期的平均力矩; M_ν^0为 ν 次谐波的力矩幅值; ω_0为基谐波的力矩角速度; φ_ν为 ν 次谐波的力矩初相角; A_ν,B_ν为 ν 次富氏系数。

可以看到式(13-29)除第一项为常数外,其余都是振幅、相位、频率不同的谐波力矩。由富氏级数公式 M_ν^0,φ_ν与 A_ν,B_ν的关系为

$$\begin{cases} M_\nu^0 = \sqrt{A_\nu^2 + B_\nu^2} \\ \varphi_\nu = \arctan\dfrac{A_\nu}{B_\nu} \end{cases} \tag{13-30}$$

由富氏级数知:

$$\begin{cases} M_P = \dfrac{1}{2\pi}\displaystyle\int_0^{2\pi} M_1 \mathrm{d}(\omega_0 t) \\ A_\nu = \dfrac{1}{\pi}\displaystyle\int_0^{2\pi} M_1 \cos\nu\omega_0 t \mathrm{d}(\omega_0 t) \\ B_\nu = \dfrac{1}{\pi}\displaystyle\int_0^{2\pi} M_1 \sin\nu\omega_0 t \mathrm{d}(\omega_0 t) \end{cases} \tag{13-31}$$

其中

$$\omega_0 = \frac{i\omega_g}{\tau} = i\frac{n\pi}{30\tau} \tag{13-32}$$

式中:i 为气缸数。将式(13-29)展开,则

$$M_1 = M_P + M_1^0 \sin(\omega_0 t + \varphi_1) + M_2^0 \sin(2\omega_0 t + \varphi_2) + M_3^0 \sin(3\omega_0 t + \varphi_3) + \cdots \tag{13-33}$$

安装不同惯量的飞轮可以保持柴油机输出力矩在允许范围内变动,使得柴油机输出力矩接近均匀的,输出扭矩的不均匀性是可以忽略。则式(13-33)变为

$$M_1 = M_P \tag{13-34}$$

当柴油机阻力矩稍有变化时,会引起柴油机的转速发生变化,而转矩转速特性与喷油泵齿杆位置有关,转速给定时,柴油机的调整特性如图 13-9 所示。

从图 13-9 可以看出,通过控制齿杆位移 h 可以改变柴油机输出的扭矩 M_1,并且 M_1随着齿杆位移 h 的增大而减小,这是显然的,因为此时喷油泵供油量减少。这就是柴油机

调速系统的工作原理。

任意连续曲线都可以由一系列的微小直线来逼近，由此可以用 m 段直线逼近柴油机的转矩转速曲线，且每一段记为

$$M_{1i}=k_i n+b_i \tag{13-35}$$

式中：k_i，b_i为常数，$i=1,2,\cdots,m$。

柴油机的调整特性如图 13-10 所示。

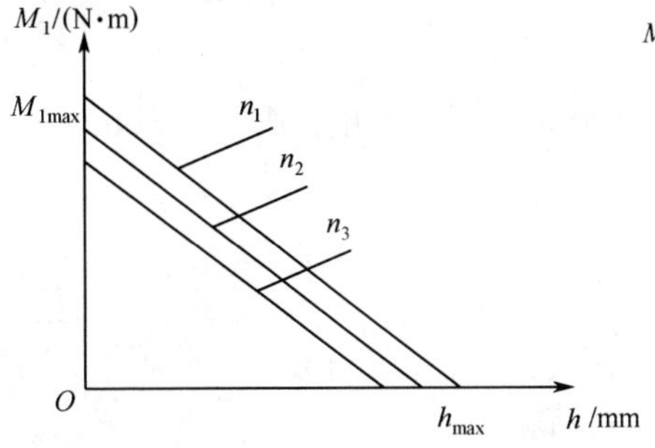

图 13-9　柴油机的调整特性（控制量为齿杆位移）

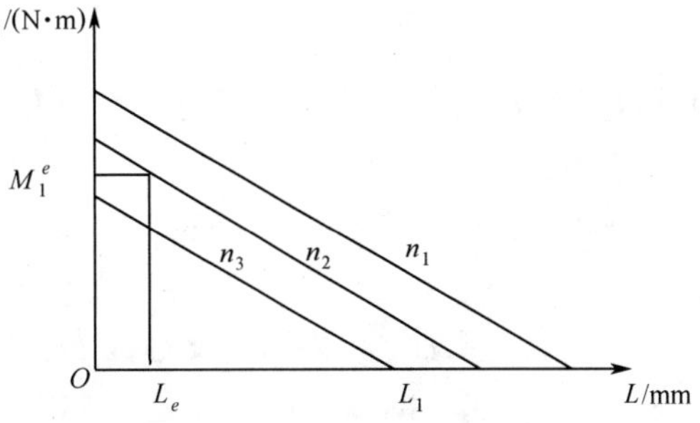

图 13-10　柴油机的调整特性

从图 13-10 可以看出柴油机的调整特性：当 $L=L_0$时，$M_1=0$，柴油机空载供油；当 $L=L_e$时，$M_1=M_1^e$，柴油机额定供油，L_e为执行器输出轴的额定行程。由于柴油机扭矩存在一定的滞后，则柴油机的调整特性为

$$M_1^e=a[L(t-T_d)-L_0] \tag{13-36}$$

式中：L_0为执行器输出轴的空载行程；a 为常数，$a=\dfrac{M_1^e}{L_e-L_0}$；T_d为柴油机扭矩滞后时间(s)。

由式(13-35)和式(13-36)可以得到 M_1的表达式为

$$M_1=k_i n+b_i+a[L(t-T_d)-L_0] \tag{13-37}$$

式中：$i=1,2,\cdots,m$。

取额定转速所在的分段的表达式为

$$M_1=k_1 n+b_1+a[L(t-T_d)-L_0] \tag{13-38}$$

记

$$d_1=b_1-aL_0$$

则式(13-37)可写为

$$M_1=k_1 n+d_1+aL(t-T_d) \tag{13-39}$$

柴油机扭矩滞后时间 T_d一般可由柴油机的转速、气缸数和冲程数进行估算：

$$\frac{15}{n}<T_d<\frac{15}{n}+\frac{60\tau}{ni} \tag{13-40}$$

由式(13-40)可以看出过渡时间 T_d的值很小，在这里忽略不计，重记式(13-39)为

$$M_1=k_1 n+d_1+aL \tag{13-41}$$

其中

$$n = \frac{60\omega_g}{2\pi} \tag{13-42}$$

则式(13-41)变为

$$M_1 = \frac{60k_1\omega_g}{2\pi} + d_1 + aL \tag{13-43}$$

记同步发电机阻尼力矩为 M_y,则柴油发电机组动力学方程可表示为

$$J\frac{\mathrm{d}\omega_g}{\mathrm{d}t} + M_y = M_1 - M_2 \tag{13-44}$$

式中: J 为转动惯量; ω_g为转子角频率; M_1为柴油机输出轴力矩; M_2为负载转矩; M_y为同步发电机的阻尼力矩。

通常假设阻尼力矩 M_y和 ω_g成正比,即

$$M_y = K\omega = Kp\omega_g \tag{13-45}$$

式中: K 为比例系数; ω 为同步发电机转子的角速度; p 为磁极对数。

把式(13-42)和式(13-43)代入式(13-45)可得

$$J\frac{\mathrm{d}\omega_g}{\mathrm{d}t} + Kp\omega_g = \frac{60k_1\omega_g}{2\pi} + d_1 + aL - M_2 \tag{13-46}$$

功率基准值选取柴油发电机的额定视在功率 S_B,角速度的基准值是 $\omega_0 = 100\pi$。对式(13-46)进行标幺化得

$$T_a\frac{\mathrm{d}\omega}{\mathrm{d}t} = T_b\omega + c_1 + c_2L - M_2 \tag{13-47}$$

式中:$T_a = \frac{J\omega_{g0}^2}{S_B}$,$T_b = \frac{60k_1\omega_{g0}^2 - 2\pi Kp\omega_{g0}^2}{2\pi S_B}$,$c_1 = \frac{d_1\omega_{g0}}{S_B}$,$c_2 = \frac{a\omega_{g0}}{S_B}$,$\omega_{g0} = 100\pi/p$,$\omega$ 和 M_2为标幺值;L 和 t 为有名值。

负载转矩 M_2与同步发电机的输出转矩相等,即

$$M_2 = \frac{P_e}{\omega} \tag{13-48}$$

式中: P_e为同步发电机的电磁功率。在某些暂态过程中,转速变化很小,即 $\omega \approx 1$,则式(13-47)可以变为

$$T_a\frac{\mathrm{d}\omega}{\mathrm{d}t} = T_b\omega + c_1 + c_2L - P_e \tag{13-49}$$

式(13-49)两边同除以 T_a得到

$$\frac{\mathrm{d}\omega}{\mathrm{d}t} = \frac{T_b}{T_a}\omega + \frac{1}{T_a}c_1 + \frac{c_2}{T_a}L - \frac{1}{T_a}P_e \tag{13-50}$$

13.3.2 同步发电机输出功率方程

将发电机端电压 U 分成 d 轴与 q 轴分量:

$$\begin{aligned} U_d &= U\cos\delta \\ U_q &= U\sin\delta \end{aligned} \tag{13-51}$$

由于舰船电站供配电系统连接比较近,输电线路电压等级较低,所以可以忽略变压器电抗与输电线路电抗,则发电机定子电流表示为

$$i_d = \frac{E_q - U\cos\delta}{X_d}$$
$$i_q = \frac{U}{X_q}\sin\delta \tag{13-52}$$

式中:E_q为发电机空载电势。

暂态电抗后电势与空载电势的关系为

$$E_q = E_q' + (X_d - X_d')i_d \tag{13-53}$$

式(13-53)代入到式(13-26),得

$$i_d = \frac{E_q' - U\cos\delta}{X_d'} \tag{13-54}$$

三相发电机输出功率表达式为

$$P_e = u_a i_a + u_b i_b + u_c i_c \tag{13-55}$$

在 $dq0$ 坐标系统中,输出功率标幺值表达式为

$$P_e = U_d i_d + U_q i_q + 2U_0 i_0 \tag{13-56}$$

同步电机定子绕组是三相制,如果采用 Y 连接,对称运行时没有中线,则 $i_0 = 0$, 则式(13-56)为

$$P_e = U_d i_d + U_q i_q \tag{13-57}$$

舰船电站发电机都是凸极同步发电机,$X_d \neq X_d'$,则将 i_d和 i_q代入式(13-56),可得有功功率输出方程为

$$P_e = \frac{E_q' U}{X_d'}\sin\delta + \frac{U^2}{2}\frac{X_d' - X_d}{X_d' X_d}\sin 2\delta \tag{13-58}$$

下面给出无功功率方程。零轴电压分量 $U_0 = 0$,则

$$U = \sqrt{U_d^2 + U_q^2} \tag{13-59}$$

同理有

$$I = \sqrt{i_d^2 + i_q^2} \tag{13-60}$$

由无功功率定义有

$$\begin{aligned} Q &= \sqrt{S^2 - P_e^2} \\ &= \sqrt{(U_d^2 + U_q^2)(i_d^2 + i_q^2) - (U_d i_d + U_q i_q)^2} \\ &= U_q i_d - U_d i_q \end{aligned} \tag{13-61}$$

将式(13-52)与式(13-54)代入式(13-61),得发电机送入电网的无功功率方程为

$$Q = \frac{E_q' U}{X_d'}\cos\delta - \left(\frac{1}{X_d'} + \frac{1}{X_q}\right)\frac{U^2}{2} + \left(\frac{1}{X_q} - \frac{1}{X_d'}\right)\frac{U^2}{2}\cos 2\delta \tag{13-62}$$

发电机功角 δ 与电角速度 ω 的关系为

$$\frac{\mathrm{d}\delta}{\mathrm{d}t} = (\omega - 1)\omega_0 \tag{13-63}$$

将式(13－58)代入式(13－50),再结合式(13－63),就能够得到柴油发电机组转子运动数学模型

$$\begin{cases}\dfrac{\mathrm{d}\delta}{\mathrm{d}t}=(\omega-1)\omega_0\\[2ex]\dfrac{\mathrm{d}\omega}{\mathrm{d}t}=\dfrac{T_b}{T_a}\omega+\dfrac{1}{T_a}c_1+\dfrac{c_2}{T_a}L-\dfrac{1}{T_a}\dfrac{E'_qU}{X'_d}\sin\delta-\dfrac{1}{T_a}\dfrac{U^2}{2}\dfrac{X'_d-X_q}{X'_dX_q}\sin2\delta\end{cases}\tag{13-64}$$

13.3.3 柴油机组调速系统

下面建立柴油发电机组调速系统的数学模型,设执行器与输出轴位移的传递函数可表示为

$$G_1(s)=\frac{L(s)}{u(s)}=\frac{K_1}{1+T_1s}\tag{13-65}$$

取拉氏变换

$$\frac{\mathrm{d}L}{\mathrm{d}t}=-\frac{L}{T_1}+\frac{K_1}{T_1}u\tag{13-66}$$

式中:u 为执行器的控制信号,这里是柴油机油门的开度;L 为执行器的输出轴位移;T_1 为执行器的时间常数;K_1 为控制增益常数;

与式(13－64)联立得舰船电站柴油机调速系统数学模型为

$$\begin{cases}\dot{\delta}=(\omega-1)\omega_s\\[1ex]\dot{\omega}=\dfrac{T_b}{T_a}\omega+\dfrac{1}{T_a}c_1+\dfrac{c_2}{T_a}L-\dfrac{1}{T_a}\dfrac{E'_qU}{X'_d}\sin\delta-\dfrac{1}{T_a}\dfrac{U^2}{2}\dfrac{X'_d-X_q}{X'_dX_q}\sin2\delta\\[2ex]\dot{L}=-\dfrac{L}{T_1}+\dfrac{K_1}{T_1}u\end{cases}\tag{13-67}$$

其中,端电压 U 满足 $U=\sqrt{U_d^2+U_q^2}$,这里

$$\begin{cases}U_d=-RI_d+X_dI_q,\\U_q=-RI_q-X'_dI_d+E'_q\end{cases}\tag{13-68}$$

式中:U_d,U_q分别为定子绕组端电压的 d 轴和 q 轴分量;I_d,I_q分别为相应的定子电流分量;R 为定子绕阻电阻;X_d为发电机的 d 轴定子感抗。

13.3.4 柴油机发电机组励磁绕组电磁方程

下面给出柴油机发电机组励磁控制的三阶实用模型,忽略暂态凸极效应,忽略饱和,并设电机以额定转速运行,则励磁绕组暂态方程为

$$T_{d0}\dot{E}'_q=E_{fd}-E_q\tag{13-69}$$

将式(13－68)代入式(13－69)得发电机励磁绕组的动态方程为

$$\dot{E}'_q=\frac{1}{T_{d0}}E_{fd}-\frac{1}{T_{d0}}E'_q-\frac{X_d-X'_d}{T_{d0}}I_d\tag{13-70}$$

式(13－64)与式(13－70)联立得励磁系统三阶实用模型为

$$\begin{cases}\dot{\delta}=(\omega-1)\omega_s\\ \dot{\omega}=\dfrac{T_b}{T_a}\omega+\dfrac{1}{T_a}c_1+\dfrac{c_2}{T_a}L-\dfrac{1}{T_a}\dfrac{E_q'U}{X_d'}\sin\delta-\dfrac{1}{T_a}\dfrac{U^2}{2}\dfrac{X_d'-X_q}{X_d'X_q}\sin2\delta\\ \dot{E}_q'=\dfrac{1}{T_{d0}}E_{fd}-\dfrac{1}{T_{d0}}E_q'-\dfrac{X_d-X_d'}{T_{d0}}I_d\end{cases}\tag{13-71}$$

综上,得到舰船电站柴油机组非线性数学模型如下:

$$\begin{cases}\dot{\delta}=(\omega-1)\omega_s\\ \dot{\omega}=\dfrac{T_b}{T_a}\omega+\dfrac{1}{T_a}c_1+\dfrac{c_2}{T_a}L-\dfrac{1}{T_a}\dfrac{E_q'U}{X_d'}\sin\delta-\dfrac{1}{T_a}\dfrac{U^2}{2}\dfrac{X_d'-X_q}{X_d'X_q}\sin2\delta\\ \dot{L}=-\dfrac{L}{T_1}+\dfrac{K_1}{T_1}u_1\\ \dot{E}_q'=\dfrac{1}{T_{d0}}E_{fd}-\dfrac{1}{T_{d0}}E_q'-\dfrac{X_d-X_d'}{T_{d0}}I_d\end{cases}\tag{13-72}$$

13.4 负 载 模 型

舰船电力推进系统是舰船电力系统重要的大容量负载,它主要由推进电机和螺旋桨两部分组成,这里分别给出它们的数学模型。

1. 永磁同步电机数学模型

本文讨论的推进电机是永磁同步电动机,其数学模型如下:

$$\begin{cases}\dot{\omega}_r=\dfrac{3n_p\phi}{2J}i_q-\dfrac{B}{J}\omega_r-\dfrac{M}{J}\\ \dot{i}_q=-\dfrac{R_s}{L_m}i_q-n_p\omega_r i_d-\dfrac{n_p\phi}{L_m}\omega_r+\dfrac{1}{L_m}u_q\\ \dot{i}_d=-\dfrac{R_s}{L_m}i_d+n_p\omega_r i_q+\dfrac{1}{L_m}u_d\end{cases}\tag{13-73}$$

式中:ω_r为转子角速度;n_p为极对数;ϕ 为永久磁铁产生的磁通;J 为转子惯量;B 为阻尼系数;M 为负载转矩;R_s为定子电阻;L_m为励磁电感(d 轴与 q 轴相同);i_d,i_q和 u_d, u_q分别是定子电流矢量和定子电压矢量的 d 轴与 q 轴分量。

2. 螺旋桨数学模型

舰船和螺旋桨的运动方程为

$$\begin{aligned}&\frac{\mathrm{d}v}{\mathrm{d}t}=\frac{P-R}{m+\lambda}\\ &P=K_P'(1-t_p)\rho D^2[(1-\mu)^2v^2+D^2n^2]\\ &R=\frac{1}{2}\rho\Omega\zeta v|v|\end{aligned}\tag{13-74}$$

式中:$n\neq0$ 为螺旋桨转速;$v\neq0$ 为船速;P 为螺旋桨产生的有效推力;m 为船的运动质量;

λ 为船 x 向运动附加质量;t_p为推力减额系数;ρ 为海水密度;ζ 为船总阻力系数;D 为螺旋桨直径;μ 为伴流系数;Ω 为船表面的湿面积;K'_P为推力系数。

根据舰船运动方程理论可得,螺旋桨转矩方程为

$$M = K'_M \rho D^3 [(1-\mu)^2 v^2 + D^2 n^2] \tag{13-75}$$

螺旋桨的进速比为

$$J' = \frac{(1-\mu)v}{\sqrt{(1-\mu)^2 v^2 + D^2 n^2}} \tag{13-76}$$

这里($n \neq 0$ 或 $v \neq 0$),K'_M为扭矩系数。由舰船运动实验建模知 K'_P,K'_M都是进速比 J'的函数。由式(13-74)~式(13-76)得知,舰船运动方程是关于船速 v 和螺旋桨转速 n 的一个强非线性模型。

13.5 舰船电力系统 L_2干扰抑制控制方法

提高舰船电站暂态稳定性的控制方法主要有两种:励磁控制与调速控制,针对不同的控制性能要求,可以采用单一控制策略或者二者的综合控制策略。近年来,非线性系统理论广泛应用在电力系统控制器设计中,如反馈线性化、非线性 H_∞ 控制方法、非线性自适应控制在电力系统取得了较多的成果。基于 L_2干扰抑制方法的控制设计策略,是将干扰对系统的输出的 L_2增益降低到一个事先设定的常数,而上述方法主要应用陆上电力系统的研究,舰船电力系统的非线性控制问题研究进展缓慢,研究成果甚少。其主要原因是与陆上电力系统相比,舰船负载电压不能看作是无穷大系统母线的恒定电压,大容量负载对系统的稳定性影响很大。这就要求所设计的控制器比陆上电力系统具有更强的鲁棒性和响应速度,从而使得舰船电力系统稳定性问题研究具有一定的挑战性。先给定的正数 γ,达到干扰抑制的目的,被不断地应用到电力系统非线性领域。

13.5.1 仿射非线性系统的 L_2干扰抑制方法简述

下面给出仿射非线性系统的 L_2干扰抑制方法的相关知识。

对于仿射非线性系统

$$\begin{cases} \dot{x} = f(x) + g_1(x)\omega + g_2(x)u \\ z = h(x) + d_2(x)u \end{cases} \tag{13-77}$$

式中:$x \in \mathbf{R}^n$为状态变量;ω 为系统的干扰信号;u 为控制输入信号;z 为系统的评价信号,或称罚函数。$f(x)$,$g_2(x)$,$h(x)$,$d_2(x)$均为适当维数的函数向量或函数矩阵。

L_2干扰抑制问题指的是设计控制输入 u,使得系统的 L_2增益尽可能小,同时保证干扰为零时闭环系统渐进稳定。L_2干扰抑制问题可以等价为求解一个基于李雅普诺夫稳定性理论的耗散不等式问题,具体描述如下:

对于给定的正常数 γ,求状态反馈控制律 $u = \alpha(x)$,$\alpha(0) = 0$,使得式(13-77)关于输出信号 z 是零状态可检测的,且存在正定存储函数 $V(x)$使得下面的耗散不等式成立

$$\dot{V}|_{(12-51)} \leqslant \frac{1}{2}(\gamma^2 \|\boldsymbol{\omega}\|^2 - \|\boldsymbol{z}\|^2) \tag{13-78}$$

则称 L_2干扰抑制问题是可解的。这里 γ 称作抑制水平因子。

注 11.1　如果式(13－77)与反馈律 $u=\alpha(x)$ 构成的闭环系统是零状态可检测的,即当 $z(t)\to 0$ 时,$x\to 0$ 成立,那么根据 LaSalle 定理可知,$x=0$ 是系统的渐近稳定平衡点。

由式(13－77)与反馈律 $u=\alpha(x)$ 构成的闭环系统为

$$\begin{aligned}\dot{x}&=f_c(x)+g_1(x)\omega\\ z&=h_c(x)\end{aligned} \tag{13-79}$$

式中:$f_c(x)=f(x)+g_2(x)\alpha(x)$,$h_c(x)=h(x)+d_2(x)\alpha(x)$。

存在存储函数 $V(x)$ 使得式(11－51)是 γ 耗散的充要条件为 HJI 不等式

$$\frac{\partial V}{\partial x}f_c(x)+\frac{1}{2\gamma^2}\frac{\partial V}{\partial x}g_1(x)g_1^{\mathrm{T}}(x)\frac{\partial^{\mathrm{T}}V}{\partial x}+\frac{1}{2}h_c^{\mathrm{T}}(x)h_c(x)\leqslant 0 \tag{13-80}$$

具有正定解,由此可以根据式(13－80)得到存储函数 $V(x)$,并得到理想的反馈控制器。

常用递推李雅普诺夫函数的思想来构造存储函数 $V(x)$,并通过推导下式

$$H=\dot{V}-\frac{1}{2}(\gamma^2\|\boldsymbol{\omega}\|^2-\|z\|^2)\leqslant 0 \tag{13-81}$$

成立,获得控制律,从而满足耗散不等式(13－78),从而使系统 L_2 性能准则设计问题的可解。

13.5.2　舰船电力系统调速系统 L_2 干扰抑制控制策略

柴油机调速系统结构图如图 13－11 所示,发电机转速与给定速度 ω_{ref} 作比较,其偏差进入调速控制器,以控制执行器输出轴位移,从而改变油泵齿条,进而改变了原动机输出的机械功率,也就是同步发电机的输入机械功率,从而可调节发电机的频率。本节针对动/静负载对发电机频率的外部干扰问题,利用 Backstepping 控制技术的强鲁棒性及其构造李雅普诺夫函数的能力,结合 L_2 干扰抑制特性,给出基于 Backstepping 的鲁棒 L_2 调速控制设计方法,该方法能有效地补偿非线性负载对系统动态品质的影响。

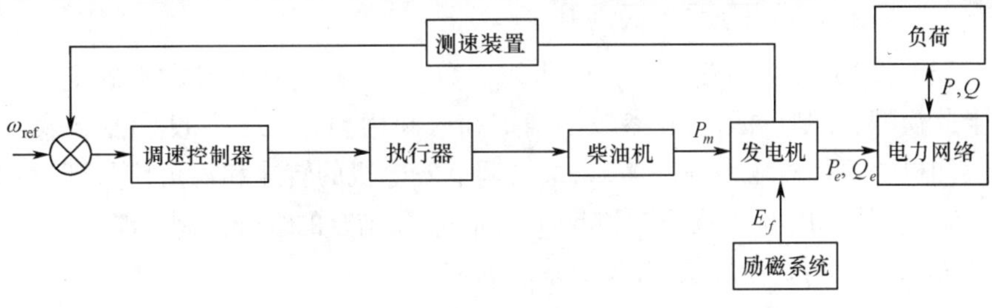

图 13－11　柴油机调速系统结构图

下面我们针对式(13－67),结合推进负载模类型式(13－74)～式(13－76),设计 L_2 干扰抑制调速控制器,设其工作点(δ_0,ω_0,L_0),做坐标变换如下:

$$\begin{cases}x_1=\delta-\delta_0\\ x_2=\omega-\omega_0\\ x_3=L-L_0\end{cases} \tag{13-82}$$

令 $\omega_0=1$,且转子轴以及原动机的扰动量为 ε_1 和 ε_2,则在式(13－82)下,带有扰动量的式(13－67)、式(13－74)～式(13－76)的非线性鲁棒模型为

$$\begin{cases}\dot{x}_1 = \omega_s x_2 \\ \dot{x}_2 = \dfrac{T_b}{T_a}(x_2+\omega_0)+\dfrac{c_2}{T_a}(x_3+L_0)-\dfrac{1}{T_a}\dfrac{E'_{q0}}{X'_d}U\sin(x_1+\delta_0)+\dfrac{1}{T_a}c_1- \\ \qquad \dfrac{1}{T_a}\dfrac{U^2}{2}\dfrac{X'_d-X_q}{X'_dX_q}\sin(2x_1+2\delta_0)+\varepsilon_1 \\ \dot{x}_3 = -\dfrac{x_3+L_0}{T_1}+\dfrac{K_1}{T_1}u_1+\varepsilon_2 \\ \dot{\omega}_r = \dfrac{3n_p\phi}{2J}i_q-\dfrac{B}{J}\omega_r-\dfrac{M_p}{J} \\ \dot{i}_q = -\dfrac{R_s}{L_m}i_q-n_p\omega_r i_d-\dfrac{n_p\phi}{L_m}\omega_r+\dfrac{1}{L_m}u_q \\ \dot{i}_d = -\dfrac{R_s}{L_m}i_d+n_p\omega_r i_q+\dfrac{1}{L_m}u_d \\ \dfrac{\mathrm{d}v_s}{\mathrm{d}t} = \dfrac{P_s-R}{m+\Delta m} \\ U=\sqrt{u_d^2+u_q^2} \\ u_d = -Ri_d+x_q i_q \\ u_q = E'_{q0}-Ri_q-x'_d i_d \\ M_p = K'_m(J')\rho D_p^3[v_s^2(1-\lambda)^2+D_p^2n^2] \\ P_s = K'_p(J')\rho D_p^2[v_s^2(1-\lambda)^2+D_p^2n^2] \\ R=\dfrac{1}{2}\rho\Omega\zeta v_s|v_s| \\ J'=\dfrac{(1-\lambda)v_s}{\sqrt{(1-\lambda)^2v_s^2+D^2n^2}}\end{cases} \tag{13-83}$$

显然,式(13-83)是一个单输入的鲁棒非线性数学模型,它具有参数不确定性和未知干扰。基于此模型,控制目标是:在参数不确定和未知扰动 $\varepsilon_1,\varepsilon_2$ 下,设计控制输入信号 u_1 来控制柴油机的执行器输出轴位移 x_3,最终调节发电机的转速和功角使其到达理想的工作点 ω_0,δ_0。这里采用 L_2 干扰抑制和 backstepping 相结合的综合控制策略。

根据 L_2 鲁棒控制设计思想,首先令系统的输出为

$$z=(q_1x_1 \quad q_2x_2) \tag{13-84}$$

这里 q_1,q_2 是权重因子,用于调节输出响应。

下面我们研究带有式(13-84)的式(13-83)的控制器设计。存储函数 $V(x)$ 将通过 Backstepping 方法逐步构造获得,再结合不等式(13-81)设计出调速控制器。

下面给出 Backstepping 设计步骤。

(1) 令 $x_1=e_1$,取虚拟控制

$$x_2^* = -ce_1$$

并令 $V_1=\dfrac{\sigma_1}{2}e_1^2$,$e_2=x_2-x_2^*$,则

$$\dot{V}_1 = \sigma_1 e_1 \dot{e}_1 = \sigma_1 \omega_s e_1 (e_2 - c e_1)$$

（2）令 $V_2 = V_1 + \frac{1}{2}\sigma_2 e_2^2$，则

$$\begin{aligned} H_1 &= \dot{V}_2 + \frac{1}{2}\|z\|^2 - \frac{\gamma^2}{2}\varepsilon_1^2 \\ &= -\left(\sigma_1\omega_s c - \frac{1}{2}q_2^2 c^2 - \frac{1}{2}q_1^2\right)e_1^2 - \left(\frac{\gamma}{2}\varepsilon_1 - \frac{\sigma_2}{\gamma}e_2\right)^2 - \frac{\gamma^2}{4}\varepsilon_1^2 + \sigma_2 e_2\left(\frac{T_b}{T_a}(x_2 + \omega_0) + \right. \\ &\quad \frac{c_2}{T_a}(x_3 + L_0) - \frac{1}{T_a}\frac{E'_{q0}}{X'_d}U\sin(x_1 + \delta_0) - \frac{1}{T_a}\frac{U^2}{2}\frac{X'_d - X_q}{X'_d X_q}\sin(2x_1 + 2\delta_0) + \\ &\quad \left.\frac{1}{T_a}c_1 + c\omega_s x_2 + \frac{\sigma_1}{\sigma_2}\omega_s e_1 - \frac{q_2^2}{\sigma_2}ce_1 + \frac{q_2^2}{2\sigma_2}e_2 + \frac{\sigma_2}{\gamma^2}e_2\right) \end{aligned} \tag{13-85}$$

式中：$\alpha = \sigma_1\omega_s c - \frac{1}{2}q_2^2 c^2 - \frac{1}{2}q_1^2 > 0$，取

$$m = -cT_b + \frac{\sigma_1}{\sigma_2}T_a\omega_s - c^2\omega_s T_a - \frac{T_a q_2^2}{\sigma_2}c \tag{13-86}$$

$$n = \frac{\sigma_2}{\gamma^2}T_a + \frac{T_a q_2^2}{2\sigma_2} + c\omega_s T_a + T_b + T_a \tag{13-87}$$

可得 x_3 虚拟控制

$$x_3^* = -\frac{1}{c_2}\left[me_1 + ne_2 - \frac{E'_{q0}}{X'_d}U\sin(e_1 + \delta_0) + c_1 + T_b\omega_0 - \frac{U^2}{2}\frac{x'_d - x_q}{x'_d x_q}\sin(2e_1 + 2\delta_0)\right] - L_0 \tag{13-88}$$

（3）令 $e_3 = x_3 - x_3^*$，则

$$H_1 = -\alpha e_1^2 - \left(\frac{\gamma}{2}\varepsilon_1 - \frac{\sigma_2}{\gamma}e_2\right)^2 - \frac{\gamma^2}{4}\varepsilon_1^2 - \sigma_2 e_2^2 + \frac{\sigma_2 c_2}{T_a}e_2 e_3 \tag{13-89}$$

再取 $V_3 = V_2 + \frac{1}{2}\sigma_3 e_3^2$，$\boldsymbol{\omega}_1 = (\varepsilon_1 \quad \varepsilon_2)^{\mathrm{T}}$，则

$$\begin{aligned} H_2 &= \dot{V}_3 + \frac{1}{2}\|z\|^2 - \frac{\gamma^2}{2}\|\boldsymbol{\omega}_1\|^2 \\ &= -\alpha e_1^2 - \left(\frac{\gamma}{2}\varepsilon_1 - \frac{\sigma_2}{\gamma}e_2\right)^2 - \frac{\gamma^2}{4}\varepsilon_2^2 - \sigma_2 e_2^2 - \left(\frac{\gamma}{2}\varepsilon_1 - \frac{n}{c_2\gamma}\sigma_3 e_3\right)^2 - \left(\frac{\gamma}{2}\varepsilon_2 - \frac{\sigma_3}{\gamma}e_3\right)^2 + \\ &\quad \sigma_3 e_3\left\{\frac{K_1}{T_1}u_1 + \frac{n}{c_2}\left[\frac{1}{T_a}c_1 + \frac{T_b}{T_a}(x_2 + \omega_0) + \right.\right. \\ &\quad \left.\frac{c_2}{T_a}(x_3 + L_0) - \frac{1}{T_a}\frac{E'_{q0}}{X'_d}U\sin(x_1 + \delta_0) - \frac{1}{T_a}\frac{U^2}{2}\frac{X'_d - X_q}{X'_d X_q}\sin(2x_1 + 2\delta_0)\right] - \\ &\quad \frac{x_3 + L_0}{T_1} + \frac{\omega_s}{c_2}\left[(m + nc) - \frac{E'_{q0}}{X'_d}U\cos(e_1 + \delta_0) - \right. \\ &\quad \left.\left.\frac{X'_d - X_q}{X'_d X_q}U^2\cos(2x_1 + 2\delta_0)\right](e_2 - ce_1) + \frac{c_2\sigma_2}{T_a\sigma_3}e_2 + \frac{\sigma_3}{\gamma^2}e_3 + \frac{\sigma_3 n^2}{c_2^2\gamma^2}e_3\right\} \end{aligned} \tag{13-90}$$

进一步可得

$$H_2 = -\alpha e_1^2 - \left(\frac{\gamma}{2}\varepsilon_1 - \frac{\sigma_2}{\gamma}e_2\right)^2 - \frac{\gamma^2}{4}\varepsilon_2^2 - \sigma_2 e_2^2 - \left(\frac{\gamma}{2}\varepsilon_1 - \frac{n}{c_2\gamma}\sigma_3 e_3\right)^2 - \left(\frac{\gamma}{2}\varepsilon_2 - \frac{\sigma_3}{\gamma}e_3\right)^2 + \sigma_3 e_3\left\{ -\frac{x_3+L_0}{T_1} + \frac{K_1}{T_1}u_1 + \frac{n}{c_2}\left[\frac{1}{T_a}c_1 + \frac{T_b}{T_a}(x_2+\omega_0) + \frac{c_2}{T_a}(x_3+L_0) - \frac{1}{T_a}\frac{E'_{q0}}{X'_d}U\sin(x_1+\delta_0) - \frac{1}{T_a}\frac{U^2}{2}\frac{X'_d - X_q}{X'_d X_q}\sin(2x_1+2\delta_0)\right] + \frac{\omega_s}{c_2}\left[-\frac{E'_{q0}}{X'_d}U\cos(e_1+\delta_0) + (m+nc) - \frac{X'_d - X_q}{X'_d X_q}U^2\cos(2x_1+2\delta_0)\right](e_2 - ce_1) + \frac{c_2\sigma_2}{T_a\sigma_3}e_2 + \frac{\sigma_3}{\gamma^2}e_3 + \frac{\sigma_3 n^2}{c_2^2\gamma^2}e_3\right\} \tag{13-91}$$

为了满足不等式(13-91)。我们设计如下控制器

$$u = \frac{e_3 + x_3^* + L_0}{K_1} - \frac{T_1 n}{c_2 K_1}\left[\frac{1}{T_a}c_1 + \frac{T_b}{T_a}(e_2 - ce_1 + \omega_0) + \frac{c_2}{T_a}(e_3 + x_3^* + L_0) - \frac{1}{T_a}\frac{E'_{q0}}{X'_d}U\sin(e_1+\delta_0) - \frac{1}{T_a}\frac{U^2}{2}\frac{X'_d - X_q}{X'_d X_q}\sin(2e_1+2\delta_0)\right] - \frac{T_1}{K_1}e_3 - \frac{\omega_s T_1}{c_2 K_1}\left[(m+nc) - \frac{E'_{q0}}{X'_d}U\cos(e_1+\delta_0) - \frac{X'_d - X_q}{X'_d X_q}U^2\cos(2e_1+2\delta_0)\right](e_2 - ce_1) - \frac{c_2\sigma_2 T_1}{T_a\sigma_3 K_1}e_2 - \frac{\sigma_3 T_1}{\gamma^2 K_1}e_3 - \frac{\sigma_3 T_1 n^2}{c_2^2\gamma^2 K_1}e_3 \tag{13-92}$$

那么

$$H_2 = -ae_1^2 - \left(\frac{\gamma}{2}\varepsilon_1 - \frac{\sigma_2}{\gamma}e_2\right)^2 - \frac{\gamma^2}{4}\varepsilon_2^2 - \left(\frac{\gamma}{2}\varepsilon_2 - \frac{\sigma_3}{\gamma}e_3\right)^2 - \left(\frac{\gamma}{2}\varepsilon_1 - \frac{n}{c_2\gamma}\sigma_3 e_3\right)^2 - \sigma_2 e_2^2 - \sigma_3 e_3^2 \leqslant 0 \tag{13-93}$$

现在令 $V(x) = V_3(x)$,$H(x) = H_2(x)$,根据上述计算过程,存储函数

$$V(x) = \frac{\sigma_1}{2}e_1^2 + \frac{1}{2}\sigma_2 e_2^2 V_2 + \frac{1}{2}\sigma_3 e_3^2 \tag{13-94}$$

这样,在没有干扰项 $\varepsilon_1,\varepsilon_2$的情况下,控制器使得当 $t\to\infty$ 时 $e_1\to 0, e_2\to 0, e_3\to 0$。由 Backstepping 方法的计算过程获得下列坐标变换:

$$\begin{cases} e_1 = x_1 \\ e_3 = x_3 - x_3^* \\ e_2 = x_2 + ce_1 \end{cases} \tag{13-95}$$

这里 x_3^* 已经在 Backsepping 方法计算过程中给出。把式(13-95)代入式(13-92),那么控制器 u 变为

$$u = \frac{x_3 + L_0}{K_1} - \frac{T_1 n}{c_2 K_1}\left[\frac{1}{T_a}c_1 + \frac{T_b}{T_a}(x_2 + \omega_0) + \frac{c_2}{T_a}(x_3 + L_0) - \frac{1}{T_a}\frac{E'_{q0}}{X'_d}U\sin(x_1+\delta_0) - \frac{1}{T_a}\frac{U^2}{2}\frac{X'_d - X_q}{X'_d X_q}\sin(2x_1+2\delta_0)\right] - \frac{T_1}{K_1}(x_3 - x_3^*) - \frac{\omega_s T_1}{c_2 K_1}\left[-\frac{E'_{q0}}{X'_d}U\cos(x_1+\delta_0) + (m+nc) - \frac{X'_d - X_q}{X'_d X_q}U^2\cos(2x_1+2\delta_0)\right]x_2 - \frac{c_2\sigma_2 T_1}{T_a\sigma_3 K_1}(x_2 + cx_1) -$$

$$\frac{\sigma_3 T_1}{\gamma^2 K_1}(x_3 - x_3^*) - \frac{\sigma_3 T_1 n^2}{c_2^2 \gamma^2 K_1}(x_3 - x_3^*) \tag{13-96}$$

并且存储函数是关于状态 x_1, x_2, x_3 的函数。这样，在式(13－95)下，式(13－96)使得式(13－83)渐进稳定。同时根据 L_2 干扰抑制的定义及不等式(13－81)知，所设计的式(13－96)达到了抗干扰抑制的能力，其中 $c, \sigma_1, \sigma_2, \sigma_3$ 是可调的设计参数，本书选为 1。

13.5.3　舰船电力系统调速、励磁系统综合控制策略

舰船电站的综合控制系统结构框图如图 13－12 所示。

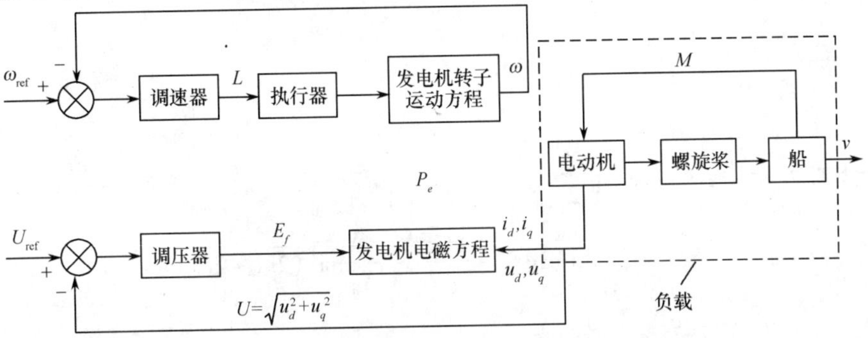

图 13－12　舰船电站的综合控制系统结构框图

本节基于非线性控制系统的几何设计思想，针对式(13－72)，采取了先分开设计后综合设计的策略，即首先通过引入系统的虚拟输出，把系统分为一个零动态子系统和相对阶为 1 的子系统，并分别设计控制器使得每一个子系统稳定，这里采用 Backstepping 方法设计调速器，达到功角与转速的稳定；再通过励磁控制使得系统输出电压稳定；然后通过构造综合李雅普诺夫函数方法，最终给出鲁棒性更强的调压和调速综合控制器。

首先选取虚拟输出函数 $y = x_4$，计算系统输入－输出(u_2, y)的相对阶为 1，令 $y = 0$ 得到系统的零动态子系统如下：

$$\begin{cases} \dot{x}_1 = \omega_s x_2 \\ \dot{x}_2 = \dfrac{T_b}{T_a}(x_2 + \omega_0) + \dfrac{c_2}{T_a}(x_3 + L_0) - \dfrac{1}{T_a}\dfrac{E'_{q0}}{X'_d}U\sin(x_1 + \delta_0) + \dfrac{1}{T_a}c_1 - \\ \qquad \dfrac{1}{T_a}\dfrac{U^2}{2}\dfrac{X'_d - X_q}{X'_d X_q}\sin(2x_1 + 2\delta_0) + \varepsilon_1 \\ \dot{x}_3 = -\dfrac{x_3 + L_0}{T_1} + \dfrac{K_1}{T_1}u_1 + \varepsilon_2 \end{cases} \tag{13-97}$$

注意到式(13－97)是一个含有控制输入 u_1 的零动态系统，我们先设计控制器 u_1 使得式(13－97)内部稳定，然后再设计励磁控制器 u_2，最终使式(13－97)满足耗散不等式(13－78)。

根据 L_2 鲁棒控制设计思想，首先令系统的评价函数为

$$z = (q_1 x_2, q_2 x_4) \tag{13-98}$$

这里 q_1, q_2 是权重因子，用于调节输出响应。

下面我们研究不考虑励磁控制的情况下带有式(13－98)的式(13－97)的调速控制

器设计。存储函数 $V_1(x)$ 将通过 Backstepping 方法逐步构造获得,再结合不等式(13-78)设计出调速控制器。

下面给出 Backstepping 设计步骤。

(1) 令 $x_1=e_1$,取虚拟控制 $x_2^*=-ce_1$,令

$$V_1=\frac{\sigma_1}{2}e_1^2,e_2=x_2-x_2^*$$

则

$$\dot{V}_1=\sigma_1 e_1\dot{e}_1=\sigma_1\omega_s e_1(e_2-ce_1) \tag{13-99}$$

(2) 令 $V_2=V_1+\frac{1}{2}\sigma_2 e_2^2$,则

$$\begin{aligned}H_1&=\dot{V}_2+\frac{1}{2}z_1^2-\frac{\gamma^2}{2}\varepsilon_1^2\\&=-\left(\sigma_1\omega_s c-\frac{1}{2}q_1^2c^2\right)e_1^2-\left(\frac{\gamma}{2}\varepsilon_1-\frac{\sigma_2}{\gamma}e_2\right)^2-\frac{\gamma^2}{4}\varepsilon_1^2+\sigma_2 e_2\left(\frac{T_b}{T_a}(x_2+\omega_0)+\frac{c_2}{T_a}(x_3+L_0)-\right.\\&\frac{1}{T_a}\frac{E'_{q0}}{X'_d}U\sin(x_1+\delta_0)+\frac{1}{T_a}c_1+c\omega_s x_2-\frac{1}{T_a}\frac{U^2}{2}\frac{X'_d-X_q}{X'_dX_q}\sin(2x_1+2\delta_0)+\\&\left.\frac{\sigma_1}{\sigma_2}\omega_s e_1-\frac{q_1^2}{\sigma_2}ce_1+\frac{q_1^2}{2\sigma_2}e_2+\frac{\sigma_2}{\gamma^2}e_2\right)\end{aligned} \tag{13-100}$$

式中:$a=\sigma_1\omega_s c-\frac{1}{2}q_1^2c^2>0$,取

$$m=-cT_b+\frac{\sigma_1}{\sigma_2}T_a\omega_s-c^2\omega_s T_a-\frac{T_a q_1^2}{\sigma_2}c \tag{13-101}$$

$$n=\frac{\sigma_2}{\gamma^2}T_a c+\frac{\sigma_1 T_a\omega_s}{\sigma_2}+\frac{T_a q_1^2}{2\sigma_2}c-\frac{T_a}{\sigma_2}q_1^2c \tag{13-102}$$

可得 x_3 虚拟控制

$$x_3^*=-\frac{1}{c_2}\left[me_2+ne_1-\frac{E'_{q0}}{X'_d}U\sin(e_1+\delta_0)+c_1+T_b\omega_0-\frac{U^2}{2}\frac{x'_d-x_q}{x'_dx_q}\sin(2e_1+2\delta_0)+e_2\right]-L_0 \tag{13-103}$$

(3) 令 $e_3=x_3-x_3^*$,$V_3=V_2+\frac{1}{2}\sigma_3 e_3^2$,$\boldsymbol{\omega}_1=(\varepsilon_1\quad\varepsilon_2)^{\mathrm{T}}$ 则

$$H_1=-ae_1^2-\left(\frac{\gamma}{2}\varepsilon_1-\frac{\sigma_2}{\gamma}e_2\right)^2-\frac{\gamma^2}{4}\varepsilon_1^2-\sigma_2 e_2^2+\sigma_2 e_2 e_3 \tag{13-104}$$

$$\begin{aligned}H_2&=\dot{V}_3+\frac{1}{2}\|z\|^2-\frac{\gamma^2}{2}\|\boldsymbol{\omega}_1\|^2\\&=-ae_1^2-\left(\frac{\gamma}{2}\varepsilon_1-\frac{\sigma_2}{\gamma}e_2\right)^2-\frac{\gamma^2}{4}\varepsilon_2^2-\sigma_2 e_2^2-\left(\frac{\gamma}{2}\varepsilon_1-\frac{m+1}{c_2\gamma}\sigma_3 e_3\right)^2-\left(\frac{\gamma}{2}\varepsilon_2-\frac{\sigma_3}{\gamma}e_3\right)^2+\\&\sigma_3 e_3\left\{-\frac{x_3+L_0}{T_1}+\frac{m+1}{c_2}\left[\frac{1}{T_a}c_1+\frac{T_b}{T_a}(x_2+\omega_0)-\frac{1}{T_a}\frac{E'_{q0}}{X'_d}U\sin(x_1+\delta_0)+\right.\right.\\&\left.\frac{c_2}{T_a}(x_3+L_0)-\frac{1}{T_a}\frac{U^2}{2}\frac{X'_d-X_q}{X'_dX_q}\sin(2x_1+2\delta_0)\right]+\frac{K_1}{T_1}u_1+\frac{\omega_s}{c_2}\left[-\frac{E'_{q0}}{X'_d}U\cos(e_1+\delta_0)+\right.\end{aligned}$$

$$(n+mc+c)-\frac{X_d'-X_q}{X_d'X_q}U^2\sin(2x_1+2\delta_0)\Big](e_2-ce_1)+\frac{c_2\sigma_2}{T_a\sigma_3}e_2+\frac{\sigma_3}{\gamma^2}e_3+\frac{\sigma_3}{c_2^2\gamma^2}(m+1)^2e_3\Big\} \tag{13-105}$$

设计控制器

$$\begin{aligned}u_1=&\frac{e_3+x_3^*+L_0}{K_1}-\frac{T_1(m+1)}{c_2K_1}\Big[\frac{1}{T_a}c_1+\frac{T_b}{T_a}(e_2-ce_1+\omega_0)+\\&\frac{c_2}{T_a}(e_3+x_3^*+L_0)-\frac{1}{T_a}\frac{E_{q0}'}{X_d'}U\sin(e_1+\delta_0)-\\&\frac{1}{T_a}\frac{U^2}{2}\frac{X_d'-X_q}{X_d'X_q}\sin(2e_1+2\delta_0)\Big]-\frac{T_1}{K_1}e_3-\frac{\omega_sT_1}{c_2K_1}\Big[(n+mc+c)-\frac{E_{q0}'}{X_d'}U\cos(e_1+\delta_0)-\\&\frac{X_d'-X_q}{X_d'X_q}U^2\sin(2e_1+2\delta_0)\Big](e_2-ce_1)-\frac{c_2\sigma_2T_1}{T_a\sigma_3K_1}e_2-\frac{\sigma_3T_1}{\gamma^2K_1}e_3-\frac{\sigma_3T_1}{c_2^2\gamma^2K_1}(m+1)^2e_3\end{aligned} \tag{13-106}$$

那么

$$\begin{aligned}H_2=&-ae_1^2-\left(\frac{\gamma}{2}\varepsilon_1-\frac{\sigma_2}{\gamma}e_2\right)^2-\frac{\gamma^2}{4}\varepsilon_2^2-\left(\frac{\gamma}{2}\varepsilon_2-\frac{\sigma_3}{\gamma}e_3\right)^2-\\&\left(\frac{\gamma}{2}\varepsilon_1-\frac{m+1}{c_2\gamma}\sigma_3e_3\right)^2-\sigma_2e_2^2-\sigma_3e_3^2\leqslant 0\end{aligned} \tag{13-107}$$

根据上述计算过程,存储函数

$$V_3(x)=\frac{\sigma_1}{2}e_1^2+\frac{1}{2}\sigma_2e_2^2+\frac{1}{2}\sigma_3e_3^2 \tag{13-108}$$

这样,在没有干扰项 $\varepsilon_1,\varepsilon_2$ 的情况下,式(13-106)使得当 $t\to\infty$ 时 $e_1\to0,e_2\to0,e_3\to0$。由Backstepping方法的计算过程获得下列坐标变换:

$$\begin{cases}e_1=x_1\\e_2=x_2+ce_1\\e_3=x_3-x_3^*\end{cases} \tag{13-109}$$

这里 x_3^* 已经在Backsepping方法计算过程中给出。把式(13-109)代入式(13-106),那么调速控制器 u_1 变为

$$\begin{aligned}u_1=&\frac{x_3+L_0}{K_1}-\frac{T_1(m+1)}{c_2K_1}\Big[\frac{1}{T_a}c_1+\frac{T_b}{T_a}(x_2+\omega_0)+\frac{c_2}{T_a}(x_3+L_0)-\frac{1}{T_a}\frac{E_{q0}'}{X_d'}U\sin(x_1+\delta_0)-\\&\frac{1}{T_a}\frac{U^2}{2}\frac{X_d'-X_q}{X_d'X_q}\sin(2x_1+2\delta_0)\Big]-\frac{T_1}{K_1}(x_3-x_3^*)-\frac{\omega_sT_1}{c_2K_1}\Big[-\frac{E_{q0}'}{X_d'}U\cos(x_1+\delta_0)+\\&(n+mc+c)-\frac{X_d'-X_q}{X_d'X_q}U^2\sin(2x_1+2\delta_0)\Big]x_2-\frac{c_2\sigma_2T_1}{T_a\sigma_3K_1}(x_2+cx_1)-\\&\frac{\sigma_3T_1}{\gamma^2K_1}(x_3-x_3^*)-\frac{\sigma_3T_1}{c_2^2\gamma^2K_1}(m+1)^2(x_3-x_3^*)\end{aligned} \tag{13-110}$$

由此可得到在不考虑励磁控制的情况下,u_1 可使式(13-98)的前三阶子系统稳定。下面设计励磁控制器。选取整个系统的李雅普诺夫函数 $V=V_3+\frac{1}{2}y^2$,设计整个系统的耗散不等式,取

$$H=\dot{V}+\frac{1}{2}\|z\|^2-\frac{1}{2}\gamma^2\|\varepsilon\|^2$$
$$=-ae_1^2-\left(\frac{\gamma}{2}\varepsilon_1-\frac{\sigma_2}{\gamma}e_2\right)^2-\frac{\gamma^2}{4}\varepsilon_2^2-\left(\frac{\gamma}{2}\varepsilon_3-\frac{1}{\gamma}x_4\right)^2-\left(\frac{\gamma}{2}\varepsilon_1-\frac{m+1}{c_2\gamma}\sigma_3e_3\right)^2-\sigma_2e_2^2-\sigma_3e_3^2-$$
$$\frac{\gamma^2}{4}\varepsilon_3^2+x_4\left(\frac{1}{T_{d0}}u_2-\frac{1}{T_{d0}}(x_4+E'_{q0})-\frac{X_d-X'_d}{T_{d0}}I_d+\frac{x_4}{\gamma^2}+\frac{1}{2}q_2^2x_4\right)-\left(\frac{\gamma}{2}\varepsilon_2-\frac{\sigma_3}{\gamma}e_3\right)^2 \tag{13-111}$$

为使式(13-97)满足耗散不等式,即

$$H=-\alpha e_1^2-\left(\frac{\gamma}{2}\varepsilon_1-\frac{\sigma_2}{\gamma}e_2\right)^2-\frac{\gamma^2}{4}\varepsilon_2^2-\left(\frac{\gamma}{2}\varepsilon_2-\frac{\sigma_3}{\gamma}e_3\right)^2-\left(\frac{\gamma}{2}\varepsilon_1-\frac{m+1}{c_2\gamma}\sigma_3e_3\right)^2-$$
$$\sigma_2e_2^2-\sigma_3e_3^2-x_4^2-\frac{\gamma^2}{4}\varepsilon_3^2-\left(\frac{\gamma}{2}\varepsilon_3-\frac{1}{\gamma}x_4\right)^2\leqslant 0$$

从中可得励磁控制律

$$u_2=(1-T_{d0})x_4+E'_{q0}+(X_d-X'_d)I_d-T_{d0}\frac{x_4}{\gamma^2}-\frac{1}{2}T_{d0}q_2^2x_4 \tag{13-112}$$

这样通过零动态子系统的 Backstepping 设计和励磁控制的设计,可以使得全式(13-78)满足耗散不等式,从而使得系统在工作点稳定并且能有效抑制干扰。

为验证式(13-110)和式(13-112)在外部负荷扰动下的调节能力,在电机启动5s后,突然启动推进电机动态负载进行系统仿真。发电机在两种机械功率扰动情况下的动态响应曲线如图13-13~图13-16所示,曲线中包括功角、角速度和机端电压状态曲线。

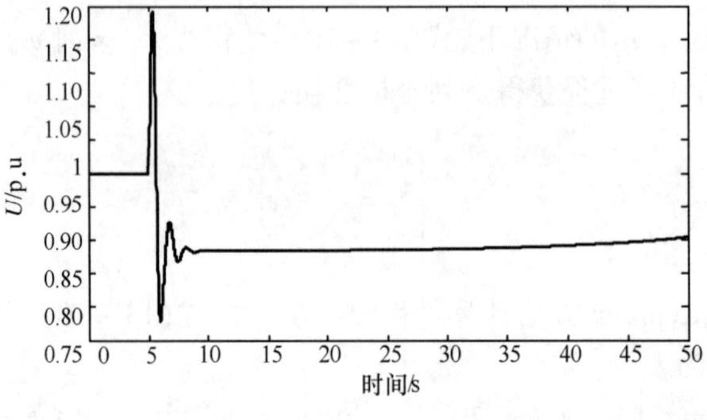

图13-13 未加励磁控制的系统机端电压动态响应曲线

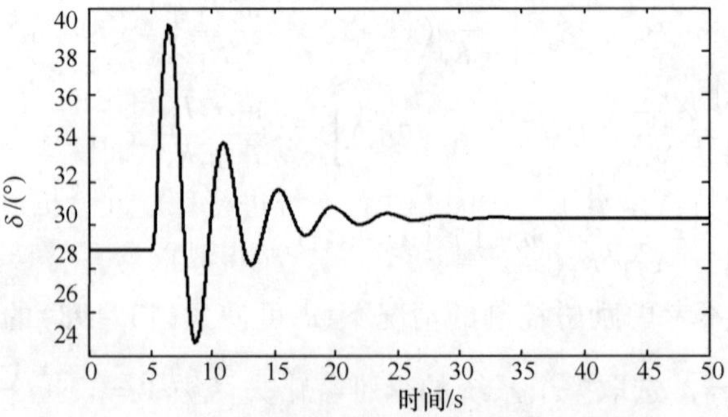

图13-14 启动螺旋桨负载的功角响应曲线

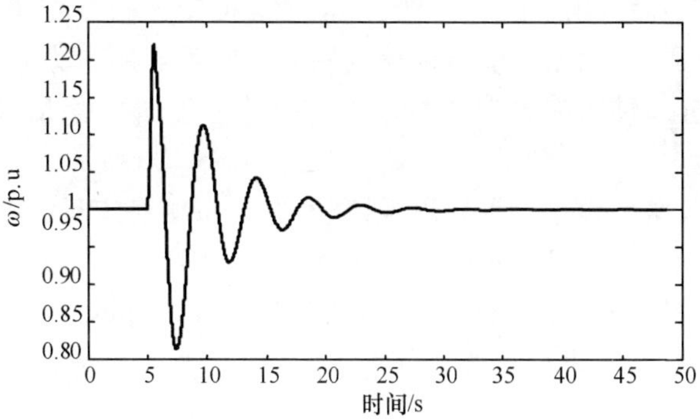

图 13－15　启动螺旋桨负载的角速度曲线

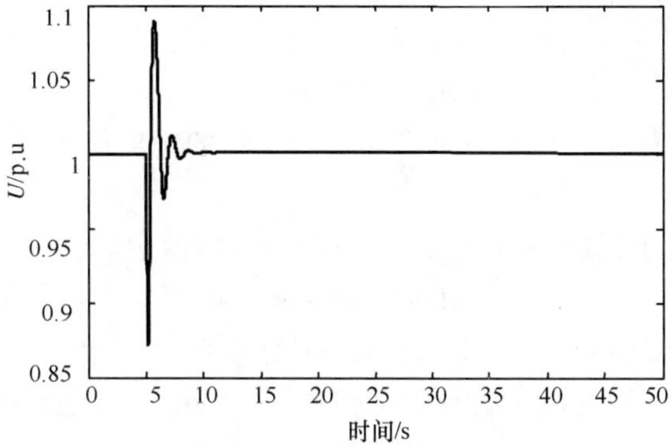

图 13－16　启动螺旋桨负载时系统机端电压的动态响应曲线

注意到图 13－13 是系统未加励磁控制的系统电压曲线。仿真结果可以看出，在启动螺旋桨负载时，机端电压有明显的变化，但仅用调速控制器并不能有效地改善发电机机端电压的动态品质。图 13－14～图 13－16 是调速/调压综合控制作用下的系统的动态响应曲线。仿真结果表明主发电机在启动螺旋桨负载时，所设计的控制器可以使系统的功角、频率及电压恢复到额定值。特别是，通过图 13－13 和图 13－16 的对比发现，相比于调速控制手段，综合控制即能保证系统频率稳定也能保证系统电压稳定，这说明该综合控制器在保证系统的鲁棒性的同时具有较强的动态稳定性。

13.6　舰船电力系统哈密顿控制方法

工程上许多实际的模型都是以哈密顿系统的表达形式给出的，系统模型是根据系统本身的能量函数来建立的，体现了能量的无源性和耗散性，从而使得该模型能够更清晰地描述系统的物理结构特性。对于一般的非线性系统进行稳定性分析最重要的是要获得系统的李雅普诺夫函数，而通过递推及其他数学方法所得到的李雅普诺夫函数可能导致控制器具有高增益，结构复杂，物理意义不明确的缺陷。借助哈密顿系统本身固有的能量函数作为系统的存储函数，通过适当的补偿器将系统转化为无源系统，再根据无源系统与渐近稳定的关系镇定非线性系统，不仅可以简化控制器结构，而且可以完整地保留系统非线性结构且物理意义明确。电力系统一般都可以表示为一个哈密顿系统，借助于哈密顿能量函数设计反馈控制器结构简单,与非线性 L_2 干扰抑制控制器相比更易于工程实现,这种方法正广泛地应用于电力系统非线性控制领域。鉴于舰船电力系统受负载影响较大,计及负载对电网的非线性影响给控制器的设计带来一定的难度,舰船电力系统的耗散哈密顿实现还是空白。

基于哈密顿能量函数控制设计思想,研究了保证系统稳定运行的综合控制器以及带有超导储能(Superconduction Magnetic Energy Storge,SMES)的综合控制器设计方法。为了给出螺旋桨负载对控制性能影响的显式解,利用 Backstepping 控制设计技术,给出了包含螺旋桨转速的控制律,并进行了仿真分析。

13.6.1 基于哈密顿能量函数的非线性控制设计简述

对于仿射非线性系统

$$\begin{cases}\dot{x}(t)=\boldsymbol{f}[x(t)]+\boldsymbol{G}[x(t)]u(t)\\ y(t)=\boldsymbol{h}[x(t)]\end{cases} \tag{13-113}$$

式中:$x\in\mathbf{R}^n$为状态变量;u 为控制输入信号;y 为系统的输出信号;$\boldsymbol{f}(x)$,$\boldsymbol{G}(x)$和 $\boldsymbol{h}(x)$均为适当维数的函数向量或函数矩阵。

【定义 13.1】 对于式(13-113),若存在以下有界函数 $H(x)$,使其表示为

$$\dot{x}=M\nabla H+\boldsymbol{G}[x(t)]u(t) \tag{13-114}$$

的形式,这里,$\boldsymbol{M}(x)=\boldsymbol{J}(x)-\boldsymbol{R}(x)$,$\boldsymbol{J}(x)$是斜对称矩阵函数,$\boldsymbol{R}(x)\geqslant0$, ∇H 为函数 $H(x)$的梯度,则称式(13-113)为广义受控哈密顿系统,函数 $H(x)$通常称为该系统的一个哈密顿能量函数。

【引理 13.1】 如果式(13-113)可以表示为

$$\begin{aligned}\dot{x}&=(J-R)\ \nabla H+\boldsymbol{G}[x(t)]u\\ y&=\boldsymbol{G}^{\mathrm{T}}[x(t)]\ \nabla H\end{aligned} \tag{13-115}$$

这里 $\boldsymbol{J}(x)$是斜对称矩阵函数,$R(x)\geqslant0$,并且式(13-112)是零状态可检测的,则存在反馈控制律

$$u=-\boldsymbol{K}\boldsymbol{G}^{\mathrm{T}}\ \nabla H \tag{13-116}$$

式中:$\boldsymbol{K}$ 为控制增益正定矩阵,使得式(13-113)在平衡点渐近稳定。

根据引理 13.1 应用哈密顿能量函数方法设计非线性稳定控制器,首先要将系统表示为广义哈密顿式(13-115)的形式,然后验证零状态可检测条件,再应用式(13-116)设计系统控制器。

如果期望的平衡点不是坐标原点,并且系统的哈密顿函数在期望的平衡点不一定取极小值,则可通过调整哈密顿函数以及选取合适的反馈使得闭环系统镇定在新的平衡点上。

【引理 13.2】 考虑哈密顿系统

$$\dot{x}=[\boldsymbol{J}(x)-R(x)]\frac{\partial H}{\partial x}+g(x)u \tag{13-117}$$

设 $x=x_d$是期望的平衡点,并且存在 $H_c(x)$使得函数

$$H_d(x)=H(x)+H_c(x) \tag{13-118}$$

在 $x=x_d$具有局部极小值的下有界函数,同时对于输入函数

$$y = g^{\mathrm{T}}(x)\frac{\partial H_d}{\partial x} \tag{13-119}$$

是零状态可检测的。如果存在一个适当的函数阵 $\boldsymbol{R}_c(x)$ 使得

$$\boldsymbol{J}(x) - R(x) = g(x)\boldsymbol{R}_c(x) \tag{13-120}$$

成立。则可以使闭环系统在期望平衡点局部渐近稳定的反馈控制器给定如下：

$$u = \boldsymbol{R}_c(x)\frac{\partial H_c}{\partial x} - M(x)g^{\mathrm{T}}(x)\frac{\partial H_d}{\partial x} \tag{13-121}$$

其中，$\boldsymbol{M}(x)$ 是任意给定的正定函数矩阵。

下面我们考虑广义哈密顿系统

$$\begin{cases}\dot{x} = [\boldsymbol{J}(x) - \boldsymbol{R}(x)]\ \nabla H(x) + g_1(x)u + g_2(x)\omega \\ z = \boldsymbol{h}(x)g_1^{\mathrm{T}}(x)\ \nabla H(x)\end{cases} \tag{13-122}$$

式中：$R(x) \geqslant 0, H(x) > 0, \boldsymbol{h}(x)$ 是权重矩阵，$x \in R^n, u \in R^m, \omega \in R^s$。

给定干扰抑制水平 $\gamma > 0$，把 $z = \boldsymbol{h}(x)g_1^{\mathrm{T}}(x)\ \nabla H(x)$ 作为罚信号，我们有：

【引理 13.3】 对于式(13-122)及给定的干扰抑制水平 $\gamma > 0$，若

$$\boldsymbol{R}(x) + \frac{1}{2\gamma^2}[g(x)g^{\mathrm{T}}(x) - \tilde{g}(x)\tilde{g}^{\mathrm{T}}(x)] \geqslant 0 \tag{13-123}$$

则 L_2 干扰抑制问题可由下列控制律完成：

$$u = -\frac{1}{2}\left[h^{\mathrm{T}}(t)h(t) + \frac{1}{\gamma^2}I_m\right]g_1^{\mathrm{T}}(x)\ \nabla H \tag{13-124}$$

并且沿由式(13-122)和式(13-124)组成的闭环系统的轨线有如下 γ-耗散不等式成立：

$$\dot{H} + \mathrm{d}H\left\{R - \frac{1}{2\gamma^2}[g_2(x)g_2^{\mathrm{T}}(x) - g_1(x)g_1^{\mathrm{T}}(x)]\right\}\nabla H \leqslant \frac{1}{2}\{\gamma^2\|\boldsymbol{\omega}\|^2 - \|\boldsymbol{z}\|^2\} \tag{13-125}$$

注 13.1 如果期望的平衡点 $x_e \neq 0$，并且式(13-122)的哈密顿函数 $H(x)$ 在 x_e 不具有极小值，则可以先设计镇定控制器

$$u = c_0(x) + v$$

然后再根据引理 13.3 求 L_2 干扰抑制控制律。

【推论 13.1】 考虑系统

$$\dot{x} = f(x) + g(x)\omega + g(x)u \tag{13-126}$$

式中：$x \in R^n, u \in R^m, \omega \in R^m$。若存在正定对称矩阵 $\boldsymbol{P} > 0$，使得 $\boldsymbol{P}J_f + J_f^{\mathrm{T}}\boldsymbol{P} < 0$，这里 $J_f = \dfrac{\partial f}{\partial x}$，那么对于给定的干扰抑制水平 $\gamma > 0$ 及罚信号 $z = h(x)g^{\mathrm{T}}J_f^{\mathrm{T}}\boldsymbol{P}f$，式(13-126)的 L_2 干扰抑制控制律是

$$u = -\frac{1}{2}\left(h^{\mathrm{T}}h + \frac{1}{\gamma^2}I\right)gJ_f^{\mathrm{T}}\boldsymbol{P}f \tag{13-127}$$

【推论 13.2】 考虑系统

$$\dot{x} = f(x) + g_1(x)u + g_2(x)\omega \tag{13-128}$$

式中：$x \in R^n, u \in R^m, \omega \in R^s$，给定干扰抑制水平 $\gamma > 0$，罚信号为

$$z = h(x) g^{\mathrm{T}} J_f^{\mathrm{T}} f(x)$$

若 $J_f + J_f^{\mathrm{T}} < 0$，且

$$J_f^{-1} + J_f^{-\mathrm{T}} + \frac{1}{\gamma^2}[g_2 g_2^{\mathrm{T}} - g_1 g_1^{\mathrm{T}}] \leqslant 0 \tag{13-129}$$

则式(13-128)的 L_2 干扰抑制控制律是

$$u = -\frac{1}{2}\left(h^{\mathrm{T}} h + \frac{1}{\gamma^2} I_m\right) g_1^{\mathrm{T}} J_f^{\mathrm{T}} f(x) \tag{13-130}$$

13.6.2 基于哈密顿能量函数的综合控制设计

1. 调速、调压系统的综合控制设计

下面针对式(13-72)，按照上面提到的设计思路，将系统表示成哈密顿系统形式，并设计励磁与调速综合的稳定控制策略。

构造系统的能量函数

$$H = \frac{1}{2(x_d - x_d')}\left[(x_4 + E_{q0}') - \frac{x_d - x_d'}{c_2 x_d'} U\cos(x_1 + \delta_0)\right]^2 + \frac{x_d - x_d'}{2c_2^2 x_d'^2} U^2 [1 - \cos^2(x_1 + \delta_0)] + \frac{T_a}{2c_2}\omega_s x_2^2 + \left(\frac{T_b}{c_2}\omega_0 + \frac{c_1}{c_2}\right)(\pi - \delta) - \frac{x_d' - x_q}{x_d' x_q c_2} U\cos(2x_1 + 2\delta_0) + \frac{1}{2}(x_3 + L_0)^2 \tag{13-131}$$

将原系统哈密顿实现为

$$\dot{x} = \boldsymbol{M}_1 \ \nabla \boldsymbol{H} + G_1 u, \ x \in R^4, \ u \in R^2 \tag{13-132}$$

式中：

$$\boldsymbol{M}_1 = \begin{pmatrix} 0 & \dfrac{c_2}{T_a} & 0 & 0 \\ -\dfrac{c_2}{T_a} & \dfrac{T_b c_2}{T_a^2 \omega_s} & \dfrac{c_2}{T_a} & 0 \\ 0 & 0 & -\dfrac{1}{T_1} & 0 \\ 0 & 0 & 0 & -\dfrac{x_d - x_d'}{T_{d0}} \end{pmatrix}$$

$$\nabla \boldsymbol{H} = \begin{pmatrix} -\left(\dfrac{T_b}{c_2}\omega_0 + \dfrac{c_1}{c_2}\right) + \dfrac{x_4 + E_{q0}'}{c_2 x_d'} U\sin(x_1 + \delta_0) \\ + \dfrac{x_d' - x_q}{2x_d' x_q c_2} U^2 \sin(2x_1 + 2\delta_0) \\ \dfrac{T_a}{c_2}\omega_s x_2 \\ x_3 + L_0 \\ \dfrac{x_4 + E_{q0}'}{x_d - x_d'} + \dfrac{U}{c_2 x_d'}\cos(x_1 + \delta_0) \end{pmatrix}, \boldsymbol{G}_1 = \begin{pmatrix} 0 & 0 \\ 0 & 0 \\ K_1/T_1 & 0 \\ 0 & 1/T_{d0} \end{pmatrix}$$

从矩阵 $\boldsymbol{M}_1$ 的结构容易看出，它不符合式(13-114)的形式。为此，我们设计一个预反馈如下：

$$u_1 = -\frac{c_2}{T_a}x_2 + v_1 \tag{13-133}$$

这里 v_1 是一个新的参考输入，则式(13－72)变为式(13－114)的形式：

$$\dot{x} = (\boldsymbol{J}_1 - \boldsymbol{R}_1)\nabla \boldsymbol{H} + \boldsymbol{G}_1\tilde{u},\ \tilde{u} = [v_1, u_2]^{\mathrm{T}} \in \mathbf{R}^2 \tag{13-134}$$

这里

$$\boldsymbol{J}_1 = \begin{pmatrix} 0 & \frac{c_2}{T_a} & 0 & 0 \\ -\frac{c_2}{T_a} & 0 & \frac{c_2}{T_a} & 0 \\ 0 & -\frac{c_2}{T_a} & 0 & 0 \\ 0 & 0 & 0 & 0 \end{pmatrix}, \boldsymbol{R}_1 = \begin{pmatrix} 0 & 0 & 0 & 0 \\ 0 & \frac{T_b c_2}{T_a^2 \omega_s} & 0 & 0 \\ 0 & 0 & -\frac{1}{T_1} & 0 \\ 0 & 0 & 0 & -\frac{x_d - x_d'}{T_{d0}} \end{pmatrix}$$

根据式(13－122)知，式(13－134)的输出方程为

$$\begin{pmatrix} y_1 \\ y_2 \end{pmatrix} = \begin{pmatrix} \frac{K_1}{T_1}(x_3 + L_0) \\ \frac{1}{T_{d0}}\left[\frac{x_4 + E_{q0}'}{x_d - x_d'} + \frac{U}{c_2 x_d'}\cos(x_1 + \delta_0)\right] \end{pmatrix} \tag{13-135}$$

结合式(13－116)，得如下综合控制律

$$\begin{pmatrix} u_1 \\ u_2 \end{pmatrix} = \begin{pmatrix} -\frac{c_2}{T_a}x_2 \\ 0 \end{pmatrix} + \left(-\boldsymbol{K}\begin{bmatrix} y_1 \\ y_2 \end{bmatrix}\right) \tag{13-136}$$

设正定矩阵 $\boldsymbol{K} = \begin{bmatrix} k_1 & 0 \\ 0 & k_2 \end{bmatrix}$，这里 k_1，k_2 可以根据需要进行设计。

$$\begin{pmatrix} u_1 \\ u_2 \end{pmatrix} = \begin{pmatrix} -\frac{c_2}{T_a}x_2 - k_1\frac{K_1}{T_1}(x_3 + L_0) \\ -\frac{k_2}{T_{d0}}\left[\frac{x_4 + E_{q0}'}{x_d - x_d'} + \frac{U}{c_2 x_d'}\cos(x_1 + \delta_0)\right] \end{pmatrix} \tag{13-137}$$

将式(13－137)，式(13－133)代入式(13－132)得到

$$\begin{cases} \dot{x}_1 = \omega_s x_2 \\ \dot{x}_2 = \frac{T_b}{T_a}(x_2 + \omega_0) + \frac{c_2}{T_a}(x_3 + L_0) - \frac{1}{T_a}\frac{(x_4 + E_{q0}')}{X_d'}U\sin(x_1 + \delta_0) + \frac{1}{T_a}c_1 - \\ \qquad \frac{1}{T_a}\frac{U^2}{2}\frac{X_d' - X_q}{X_d' X_q}\sin(2x_1 + 2\delta_0) \\ \dot{x}_3 = -\frac{x_3 + L_0}{T_1} + \frac{K_1}{T_1}\left[-\frac{c_2}{T_a}x_2 - k_1\frac{K_1}{T_1}(x_3 + L_0)\right] \\ \dot{x}_4 = \frac{1}{T_{d0}}\left\{-\frac{k_2}{T_{d0}}\left[\frac{x_4 + E_{q0}'}{x_d - x_d'} + \frac{U}{c_2 x_d'}\cos(x_1 + \delta_0)\right]\right\} - \frac{1}{T_{d0}}(x_4 + E_{q0}') + \frac{1}{T_{d0}}\frac{X_d - X_d'}{X_d'}U\cos(x_1 + \delta_0) \end{cases} \tag{13-138}$$

进一步可写为

$$\dot{x}=(J_1-R_1)\ \nabla \boldsymbol{H}-G_1KG_1^{\mathrm{T}}\ \nabla \boldsymbol{H} \tag{13-139}$$

则由引理 13.2 得式(13-72)渐近稳定。

为了提高系统的暂态性能,这里取

$$k_2=T_{d0}c_2(X_d-X'_d) \tag{13-140}$$

其中,c_2是一个设计参数,则式(13-138)的第四个方程为

$$\dot{x}_4=-\frac{c_2+1}{T_{d0}}(x_4+E'_{q0}) \tag{13-141}$$

它是一个线性形式。根据上面的设计策略,给出下面的定理。

【定理 13.1】 对于式(13-72),采用式(13-137)和式(13-140),可使闭环系统在平衡点处渐近稳定。

证明:考虑式(13-137)和式(13-134),式(13-134)可表示为

$$\dot{x}=(J_1-R_1-G_1\boldsymbol{K}G_1^{\mathrm{T}})\ \nabla \boldsymbol{H} \tag{13-142}$$

其中,J_1,R_1同上,令$\tilde{H}(x)=H(x)-H(x_e)>0$,其中$H(x_e)=0$,则

$$\begin{aligned}\dot{\tilde{H}}(x)&=\dot{H}(x)=(\nabla^{\mathrm{T}}\boldsymbol{H})\dot{x}\\&=(\nabla^{\mathrm{T}}\boldsymbol{H})(-R)(\nabla \boldsymbol{H})+(G^{\mathrm{T}}\ \nabla \boldsymbol{H})^{\mathrm{T}}(-\boldsymbol{K})(G^{\mathrm{T}}\ \nabla \boldsymbol{H})\end{aligned} \tag{13-143}$$

由于$\boldsymbol{K}$为正定矩阵,$R\geqslant 0$,所以$\dot{\tilde{H}}(x)\leqslant 0$,因此$\dot{\tilde{H}}(x)$可以看作闭环系统的一个李雅普诺夫函数。

由$\dot{\tilde{H}}(x)=0$可得$y=0$,$u=0$,又由式(13-71)得系统收敛于最大的不变子集

$$\Big\{x\in\mathbf{R}^4: x_2=0, x_3=-L_0,$$

$$-\left(\frac{T_b}{c_2}\omega_0+\frac{c_1}{c_2}\right)+\frac{x_4+E'_{q0}}{c_2x'_d}U\sin(x_1+\delta_0)\ +\frac{x'_d-x_q}{2x'_dx_qc_2}U^2\sin(2x_1+2\delta_0)=0,$$

$$\frac{x_4+E'_{q0}}{x_d-x'_d}+\frac{U}{c_2x'_d}\cos(x_1+\delta_0)=0\Big\}$$

易知,该平衡点正是式(13-82)的平衡点,所以式(13-82)满足零状态可检测条件,故式(13-72)在式(13-137)的控制下可以收敛到平衡点。

2. 推进负载对综合控制的影响分析

注意到式(13-137)中含有机端电压变量U,它受螺旋桨负载的影响。下面分析带有螺旋桨负载的永磁同步发电机系统对机端电压的影响。针对式(13-73),以机端电压分量u_d,u_q为控制输入,以螺旋桨转速为输出给出螺旋桨转速对机端电压的量化分析。从而最终完成由发电机到负载的综合控制器。

这里对螺旋桨进行简化,只考虑满载舰船在静水中无外力约束时的舰船自由航行特性。现在,若设螺旋桨转速为n_0,则永磁同步机转子角速度为$\omega_m=\dfrac{n_0\pi p}{30}$。下面应用 Backstepping 方法设计永磁同步电机控制器。

由于式(13-73)不是递推标准形式,所以选取变量$y=i_d-i_d^*$,这里i_d^*参考输入值,若令$y=0$,则式(13-73)的零动态二阶模型为

$$\begin{cases}\dot{\omega}_r = a_m i_q - b_m\omega_r - c_m \\ \dot{i}_q = -d_m i_q - n_p\omega_r i_d^* - e_m\omega_r + f_m u_q\end{cases} \tag{13-144}$$

式中：$a_m = \dfrac{3n_p\phi}{2J}$，$b_m = \dfrac{B}{J}$，$c_m = \dfrac{M}{J}$，$d_m = \dfrac{R_s}{L_m}$，$e_m = \dfrac{n_p\phi}{L_m}$，$f_m = \dfrac{1}{L_m}$，对于式(13－71)取 $\hat{\omega}_r = \omega_r - \omega_m$，并引入虚拟控制变量

$$\alpha = -k_\alpha\hat{\omega}_r + \frac{1}{a_m}(b_m\omega_m + c_m)$$

构造坐标变换

$$\begin{cases}e_1 = \hat{\omega}_r \\ e_2 = i_q - \alpha\end{cases} \tag{13-145}$$

新系统为

$$\begin{cases}\dot{e}_1 = a_m i_q - b_m(e_1 + \omega_m) - c_m \\ \dot{e}_2 = -d_m i_q - n_p(e_1 + \omega_m)i_d^* - e_m(e_1 + \omega_m) + f_m u_q + \\ k_\alpha[a_m i_q - b_m(e_1 + \omega_m) - c_m]\end{cases} \tag{13-146}$$

设李雅普诺夫函数 $V_1 = \frac{1}{2}\sigma_1 e_1^2$，$V_2 = V_1 + \frac{1}{2}\sigma_2 e_2^2$，求导得

$$\dot{V}_1 = -(a_m\sigma_1 k_\alpha + \sigma_1 b_m)e_1^2 + a_m\sigma_1 e_1 e_2$$

$$\dot{V}_2 = -(a_m\sigma_1 k_\alpha + \sigma_1 b_m)e_1^2 + \sigma_2 e_2\left\{-n_p(e_1 + \omega_m)i_d^* - d_m i_q + k_\alpha\left[a_m i_q - b_m(e_1 + \omega_m) - c_m\right] - e_m(e_1 + \omega_m) + f_m u_q + \frac{\sigma_1 a_m}{\sigma_2}e_1\right\} \tag{13-147}$$

为了使 $\dot{V}_2 = -(a_m\sigma_1 k_\alpha + \sigma_1 b_m)e_1^2 - \sigma_2 e_2^2 < 0$，取控制器

$$u_q = R_s i_q + L_m n_p(e_1 + \omega_m)i_d + d_m L_m i_q - L_m e_2 - k_\alpha L_m[a_m i_q - b_m(e_1 + \omega_m) - c_m] + L_m e_m(e_1 + \omega_m) - \frac{a_m\sigma_1 L_m}{\sigma_2}e_1 \tag{13-148}$$

另取李雅普诺夫函数

$$V_3 = V_2 + \frac{1}{2}\sigma_3 y^2$$

则

$$\dot{V}_3 = -(a_m\sigma_1 k_\alpha + \sigma_1 b_m)e_1^2 - \sigma_2 e_2^2 + \sigma_3 y[-d_m i_d + n_p(e_1 + \omega_m)i_q + f_m u_d] \tag{13-149}$$

取

$$u_d = R_s i_d - L_m n_p(e_1 + \omega_m)i_q - L_m(i_d - i_d^*) \tag{13-150}$$

则 V_3 的导数为

$$\dot{V}_3 = -(a_m\sigma_1 k_\alpha + \sigma_1 b_m)e_1^2 - \sigma_2 e_2^2 - \sigma_3 y^2 < 0 \tag{13-151}$$

这时式(13－73)渐进稳定。把满足式(13－148)和式(13－150)的 u_d，u_q 代入式(13－137)，就获得含有螺旋桨推进负载的舰船电站柴油机综合控制器。注意到，从式(13－137)的

结构中可以看到,调速和调压控制律明显受到螺旋桨转速的影响。

13.6.3 带有超导磁储能(Superconductor Magnetics Energy Storage, SMES)的舰船电力系统哈密顿控制设计方法

在现代舰船上,频繁的大功率负荷变动要求高质量的电能,电子设备需要可靠的电能供给,水面舰船武器要求通过充电系统从电网吸收能量,并在毫秒数量级以极大功率释放脉冲电能,这些都要求舰船电网具有包括能量储存、大功率释放,能量高效高速控制的技术,而SMES可以长期无损耗地储存能量并且有功/无功交换可以四象限独立进行;通过变流器连接电网,响应速度可以达到几毫秒至几十毫秒;并可以短时间内输出大量功率,特别适合给脉冲负荷供电。为此,需要建立包含SMES的电网模型,利用SMES可以补偿发电和用电之间的功率不平衡程度的特点,来调整发电机组向电网送出的功率以及负荷点从系统吸收的功率,以提高电网的稳定性。研究SMES与发电机的综合控制技术是当前舰船电力系统控制问题研究的主要方向。本节全面考虑舰船电网的负载变动对系统电压及频率的影响,建立包含SMES及推进电机负载的多机电网模型,利用哈密顿函数控制方法加以设计,使得发电机在励磁、调速的综合控制下,达到良好的稳定效果。

将舰船电力系统电源由分散在不同地点的电站等价为一个柴油发电机组,研究简化系统,如图13-17所示,控制原理框图如图13-18所示。

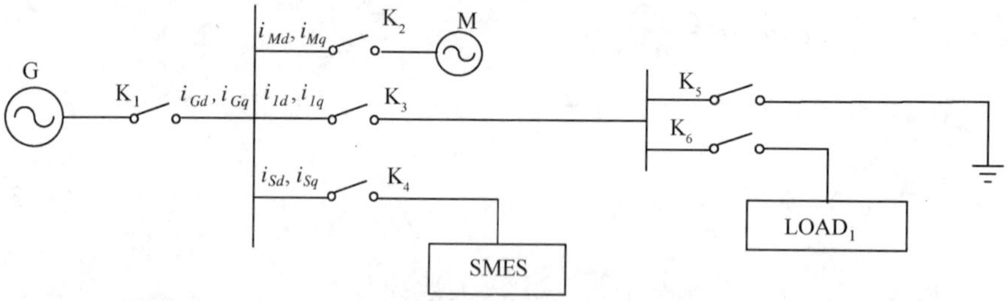

图13-17 舰船电网简化结构图

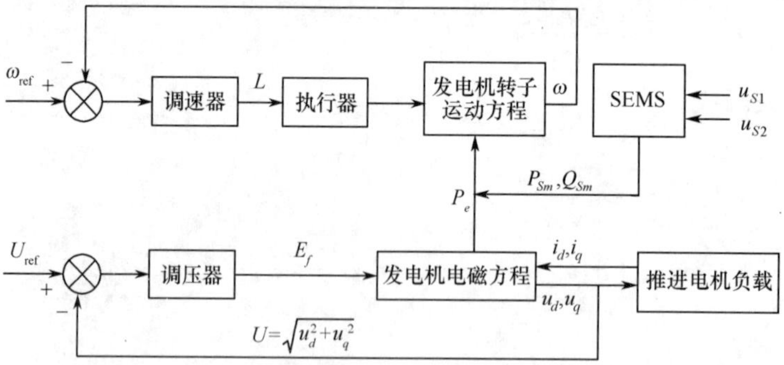

图13-18 控制原理框图

本书采用如下二阶动态模型:

$$\begin{cases}\dot{P}_{Sm} = -\dfrac{1}{T}P_{Sm} + \dfrac{1}{T}u_{S1} \\ \dot{Q}_{Sm} = -\dfrac{1}{T}Q_{Sm} + \dfrac{1}{T}u_{S2}\end{cases} \tag{13-152}$$

式中：T 为 SMES 的时间常数；u_{S1}，u_{S2}为 SMES 的控制量，分别控制 SMES 向系统输入的有功和无功功率；P_{Sm}，Q_{Sm}为 SMES 向系统输入的有功和无功功率。

式(13－152)中的 u_{S1}，u_{S2}可以改变发电机组向电网送出的功率以及负荷点从系统吸收的功率，以提高电网的稳定性。

SMES 与系统接口方程为

$$
\begin{aligned}
P_{Sm} &= U_d i_{sd} + U_q i_{Sq} \\
Q_{Sm} &= U_q i_{Sd} - U_d i_{Sq} \\
i_{Gd} &= i_{Sd} + i_{1d} + i_{Md} \\
i_{Gq} &= i_{Sq} + i_{1q} + i_{Mq} \\
P_e &= P_{Sm} + P_L \\
p_L &= \frac{E'_q U}{T_d X'_d}\sin\delta + \frac{U^2}{2}\frac{X'_d - X_q}{X'_d X_q}\sin 2\delta
\end{aligned}
\tag{13-153}
$$

下面针对式(13－72)按照上面提到的设计思路，将系统表示成哈密顿系统形式，并设计励磁与调速综合的稳定控制策略。

首先引入系统的干扰项，将式(13－72)表示成为鲁棒数学模型：

$$
\begin{cases}
\dot{\delta} = (\omega - 1)\omega_s \\
\dot{\omega} = \dfrac{T_b}{T_a}\omega + \dfrac{1}{T_a}c_1 + \dfrac{c_2}{T_a}L - \dfrac{1}{T_a}\left(P_{Sm} + \dfrac{E'_q U}{X'_d}\sin\delta + \dfrac{U^2}{2}\dfrac{X'_d - X_q}{X'_d X_q}\sin 2\delta\right) + \omega_1 \\
\dot{L} = -\dfrac{L}{T_1} + \dfrac{K_1}{T_1}u_g + \omega_2 \\
\dot{E}'_q = \dfrac{1}{T_{d0}}E_{fd} - \dfrac{1}{T_{d0}}E'_q + \dfrac{X_d - X'_d}{T_{d0}x'_d}U\cos\delta + \omega_3 \\
\dot{P}_{Sm} = \dfrac{1}{T}P_{Sm} + \dfrac{1}{T}u_{S1} + \omega_4 \\
\dot{Q}_{Sm} = -\dfrac{1}{T}Q_{Sm} + \dfrac{1}{T}u_{S2} + \omega_5
\end{cases}
\tag{13-154}
$$

式中：$\omega_i(i=1,2,\cdots,5)$为系统的干扰项。

记 $x_1=\delta, x_2=\omega-\omega_0, x_3=L-L_0, x_4=E'_q, x_5=P_{Sm}, x_6=Q_{Sm}u_1=\dfrac{K_1}{T_1}u_g, u_2=\dfrac{1}{T_{d0}}E_{fd}, u_3=\dfrac{1}{T}u_{S1}, u_4=\dfrac{1}{T}u_{S2}, \dfrac{T_b}{T_a}=a, \dfrac{1}{T_a}c_1+\dfrac{T_b}{T_a}\omega_0=b, \dfrac{c_2}{T_a}=c, \dfrac{1}{T_a}=d, \dfrac{U}{T_aX'_d}=e, \dfrac{1}{T_a}\dfrac{U^2}{2}\dfrac{X'_d-X_q}{X'_dX_q}=f, \dfrac{1}{T_1}=g, \dfrac{1}{T_{d0}}=h, \dfrac{X_d-X'_d}{T_{d0}x'_d}U=i, \dfrac{1}{T}=j$，则系统变为

$$
\begin{cases}
\dot{x}_1 = x_2\omega_s \\
\dot{x}_2 = ax_2 + b + cx_3 - dx_5 - ex_4\sin x_1 - f\sin 2x_1 + \omega_1 \\
\dot{x}_3 = -gx_3 - gL_0 + u_1 + \omega_2 \\
\dot{x}_4 = u_2 - hx_4 + i\cos x_1 + \omega_3 \\
\dot{x}_5 = jx_5 + u_3 + \omega_4 \\
\dot{x}_6 = -jx_6 + u_4 + \omega_5
\end{cases}
\tag{13-155}
$$

系统平衡点为

$$x_0=(x_{10},x_{20},x_{30},x_{40},x_{50},x_{60})^{\mathrm{T}}=(\delta_0,0,L_0,E'_{q0},0,0)^{\mathrm{T}} \tag{13-156}$$

满足

$$\begin{cases}b+cL_0-eE'_{q0}\sin\delta_0-f\sin2\delta_0=0\\-hE'_{q0}+i\cos\delta=0\end{cases}$$

另设

$$\begin{aligned}u_1&=cx_2+v_1\\u_2&=v_2\\u_3&=-dx_2+v_3\\u_4&=v_4\end{aligned} \tag{13-157}$$

系统重新记为

$$\begin{gathered}\dot{x}=[\boldsymbol{J}(\boldsymbol{x})-\boldsymbol{R}(\boldsymbol{x})]\nabla\boldsymbol{H}+\boldsymbol{g}_1(\boldsymbol{x})\boldsymbol{v}+\boldsymbol{g}_2(\boldsymbol{x})\boldsymbol{\omega}\\x=(x_1,x_2,x_3,x_4,x_5,x_6)^{\mathrm{T}}\\z=h(x)\boldsymbol{g}_1^{\mathrm{T}}(\boldsymbol{x})\ \nabla\boldsymbol{H},h(x)=\mathrm{Diag}\{r_1,r_2,r_3,r_4\}>0\end{gathered} \tag{13-158}$$

式中

$$\boldsymbol{J}(\boldsymbol{x})=\begin{pmatrix}0&1&0&0&0&0\\-1&0&c&0&-d&0\\0&-c&0&0&0&0\\0&0&0&0&0&0\\0&d&0&0&0&0\\0&0&0&0&0&0\end{pmatrix},\boldsymbol{R}(\boldsymbol{x})=\begin{pmatrix}0&0&0&0&0&0\\0&-\frac{a}{\omega_s}&0&0&0&0\\0&0&g&0&0&0\\0&0&0&\frac{h}{ie}&0&0\\0&0&0&0&j&0\\0&0&0&0&0&j\end{pmatrix}$$

$$\nabla\boldsymbol{H}=\begin{pmatrix}ex_4\sin x_1-b+f\sin2x_1\\\omega_s x_2\\x_3+L_0\\iex_4-e\cos x_1\\x_5\\x_6\end{pmatrix},\boldsymbol{g}_1(\boldsymbol{x})=\begin{pmatrix}0&0&0&0\\0&0&0&0\\1&0&0&0\\0&1&0&0\\0&0&1&0\\0&0&0&1\end{pmatrix},\boldsymbol{v}=\begin{pmatrix}v_1\\v_2\\v_3\\v_4\end{pmatrix}$$

$$\boldsymbol{g}_2(\boldsymbol{x})=\begin{pmatrix}0&0&0&0&0\\1&0&0&0&0\\0&1&0&0&0\\0&0&1&0&0\\0&0&0&1&0\\0&0&0&0&1\end{pmatrix},\boldsymbol{\omega}=\begin{pmatrix}\omega_1\\\omega_2\\\omega_3\\\omega_4\\\omega_5\end{pmatrix}$$

构造系统的能量函数

$$H(x)=-ex_4\cos x_1-bx_1-\frac{f}{2}\cos2x_1+\frac{\omega_s}{2}x_2^2+\frac{1}{2}(x_3+L_0)^2+\frac{ie}{2}x_4^2+\frac{1}{2}x_5^2+\frac{1}{2}x_6^2 \tag{13-159}$$

验证式(13－123)成立,经式(13－124)设计控制器为

$$\boldsymbol{v}=-\left[\frac{1}{2}h^{\mathrm{T}}(x)h(x)+\frac{1}{2\gamma^2}I_m\right]\boldsymbol{g}_1^{\mathrm{T}}(\boldsymbol{x})\ \nabla\boldsymbol{H} \tag{13-160}$$

代回式(13－129)得控制器

$$\begin{aligned}
u_1&=cx_2+\left(\frac{1}{2}r_1^2+\frac{1}{2\gamma^2}\right)(x_3+L_0)\\
u_2&=\left(\frac{1}{2}r_2^2+\frac{1}{2\gamma^2}\right)(iex_4-e\cos x_1)\\
u_3&=-dx_2-\left(\frac{1}{2}r_3^2+\frac{1}{2\gamma^2}\right)x_5\\
u_4&=-\left(\frac{1}{2}r_4^2+\frac{1}{2\gamma^2}\right)x_6
\end{aligned} \tag{13-161}$$

从控制器的结构上可以看到,采用哈密顿控制方法设计的控制器要比 L_2 干扰抑制控制器及其他非线性鲁棒控制器的形式要简洁,更易于工程实现。

第 14 章

综合全电力推进技术

14.1 综合全电力推进技术概述

目前应用的推进系统主要有两类：机械式直接推进（柴油机、燃气轮机、热机联合直接推进）和电力推进。电力推进又区分为采用独立的推进动力电站为推进电动机供电的传统电力推进、采用综合电站同时为推进电动机和其他用电设备（武器）供电的综合电力推进。

14.1.1 电力推进装置的优点

1. 操纵灵活，机动性能好

采用电力推进易于实现由驾驶室直接进行舰船的操纵，使舰船的操纵十分机动灵活。

对于直接推进，一般是由驾驶室通过车钟向机舱传送主机操作指令，由主机操作人员按指令操纵柴油机，然后通过车钟向驾驶室回令。这样不但速度慢而且很容易产生误操作。若采用电力推进，驾驶人员只需在驾驶室操纵发电机或电动机的磁场或改变晶闸管的触发角，即可实现对舰船的操纵，大大减少了误操作的可能性。

电力推进装置的操纵过渡过程比直接推进的大大缩短，因此它应付紧急状态的能力较强，增加了航行安全性，见表 14－1。

表 14－1　某电力推进渡轮与某直接推进渡轮的操纵时间比较

推进类型 / 时间/s / 操作项目	直接推进			电力推进		
	起车 0～300 /(r/min)	停车 300～0 /(r/min)	倒车＋300 ～－300 /(r/min)	起车 0～300 /(r/min)	停车 300～0 /(r/min)	倒车＋300 ～－300 /(r/min)
车钟操作	4	4	5	0	0	0
机器加速器	10	10	25	8	8	13
合计	14	14	30	8	8	13

由于电力推进操纵比较灵活，因此特别适用于某些对机动性能要求较高的舰船，如渡轮、拖轮、破冰船、军舰等。

2. 易于获得理想的拖动特性，提高舰船的技术经济性能

1）低速特性

柴油机的速比一般为 1∶3，因此采用直接推进时，不容易获得低转速（额定转速为 250～300 r/min时，稳定低速不可能低于 90～120r/min 。而电动机的速比可达一比十甚至一比几十，故采用电力推进时螺旋桨可以获得很低转速（4～5r/min 以下），有利于舰船实现机动航行，比如以稳定低速接近目标，靠离码头等。

2）快速性

电动机的启动、停止与反转均比柴油机的迅速，因此螺旋桨起车、停车及倒车速度很快，有利于提高舰船的机动性（表 14－1）。

3）恒功率特性

舰船在航行过程中，由于风浪等因素的影响，阻力经常发生变化。采用电力推进装置可以在阻力经常变化的条件下，始终维持动力设备（柴油机或发电机、电动机）处于恒功率运行，使动力设备的效率保持在较高的水平上，以利于充分发挥动力设备的效能。

4）恒电流特性

电力推进系统的主回路电流可以采用一定的调节措施使其保持一定的数值不变，这就有可能在主回路内中接若干个电动机，这些电动机可以独立调节而彼此不受影响。这一特性对某些工程船特别适合。这些船舶具有容量相近而不同时使用的若干个负载，比如自航式挖泥船的螺旋桨与泥泵，火车渡轮的螺旋桨与平衡水泵等，将它们的拖动电动机电枢串接在一条主回路内，由公共的发电机组供电，可以使发电机组的装置容量大大减小。采用恒电流系统时还具有电动机过渡过程较快、工作可靠、操纵灵活、系统无过载危害等特点。

5）堵转特性

当螺旋桨被绳缆、冰块等卡住时，由于采用电力推进，系统具有“堵转特性”，在短时内不必断开电动机，待到卡住的原因消除以后，螺旋桨很快恢复正常运转，免除了系统经常“断开—接通”的弊端。

3. 推进装置的总功率

推进装置的总功率可以由数个机组共同承担，增加了设备选择的灵活性，提高了舰船的生命力。

采用直接推进时，一般是一个螺旋桨由一台柴油机带动。而采用电力推进时，一个螺旋桨可由两台或两台以上柴油发电机组供电，这将带来一些明显的好处。

（1）可以采用很少种类的柴油机获得较多的功率级，因而增加了设备选择的灵活性。

（2）有利于提高舰船的生命力以及提高中间航行速度时的经济性。当一部分机组损坏时，其余机组仍可照常工作，生命力强；当只需以较低航速航行时，可以切断部分机组，使剩下的机组以全负荷率工作，以获得较高的效率，提高运行的经济性。

4. 可以采用中高速不反转原动机

螺旋桨的转速不能太高，通常是在 300r/min 以下，否则其效率将降低。因此在直接推进时，原动机若为柴油机，它的转速就不可能做得较高，只得采用所谓的重型低速柴油机。其特点是功率大,速度低。由于速度低,因此重量尺寸大。若采用电力推进装置,则可以轻小的中高速柴油发电机组,柴油机也不必采用可反转的。

中高速柴油机重量轻、尺寸小、便于舱室布置;不反转柴油机结构简单、运行可靠、寿命长。在其他条件相同时,不反转柴油机比反转柴油机寿命要长得多。据有关资料,柴油机每反转一次的磨损与它工作16h的磨损相当;中高速柴油机维护管理与检修比较简单,更换也比较方便。由于原动机不必反转。因此电力推进装置也为燃气轮机的广泛应用创造了良好条件。

5. 原动机与螺旋桨间无硬性联结

可以防止冲击振动,有利降噪;使得螺旋桨转速可以选择最佳值,而不必受到原动机转速的限制;可以允许柴油机转速也选取最佳值,不必受到螺旋桨转速的限制;可以允许主轴长度大为缩短;可使动力设备布置更为灵活。

14.1.2 传统电力推进装置

传统电力推进装置一般是指采用电动机械带动螺旋桨来推动舰船运动的装置。采用电力推进装置的舰船称为电力推进舰船或电动船。舰船电力推进装置一般由下述几部分组成:螺旋桨、电动机、发电机、原动机以及控制设备。其结构图如图14-1所示。

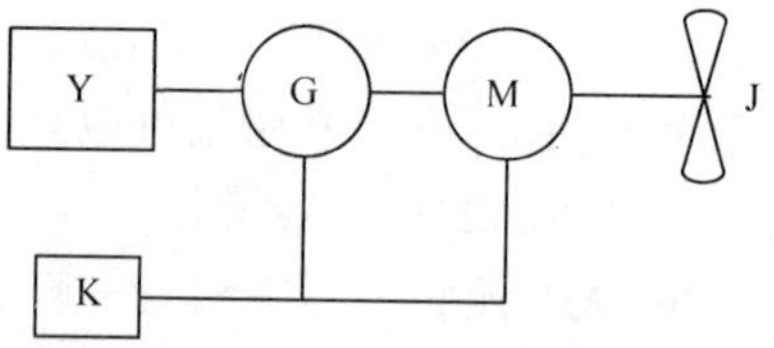

图14-1 电力推进装置结构图
Y—原动机;G—发电机;M—电动机;J—螺旋桨;K—控制设备。

其中,原动机Y的机械能经发电机G变为电能,传输给推进电动机M,电动机将电能变为机械能,传递给螺旋桨J,推动舰船运动。由于螺旋桨所需功率很大(一般为几百千瓦至几千千瓦),推进电动机不能由一般舰船电力网供电,必须设置单独发电机或其他大功率的电源;另外,由于功率相差悬殊,舰船的一般电能用户(如辅机、照明等),也不能由推进电站供电。因此,电力推进舰船一般总是有两个独立的电站——电力推进电站和辅机电站。

电力推进用的原动机可以采用柴油机、汽轮机或燃气轮机。目前一般采用高速或中高速柴油机,大功率时多用汽轮机或燃气轮机。

发电机可以采用直流他激、差复激电机或交流同步发电机。

电动机可以采用直流他激电动机或交流同步电动机、异步电动机、同步-异步电动机等。

舰船推进器一般都采用螺旋桨,这是因为其效率高,尺寸较小。

常规潜艇不用充气管作水下航行时,必须用蓄电池供电,因为这时原动机因缺氧无法工作。其电力推进装置结构图如图14-2所示。原动机只在水面航行时作推进动力,或者带动电动机向蓄电池充电。

常规潜艇在水面航行时也可以采用电力推进,但这时不用蓄电池供电而是采用发电机供电。目前多数国家倾向于水上水下全部采用电力推进。

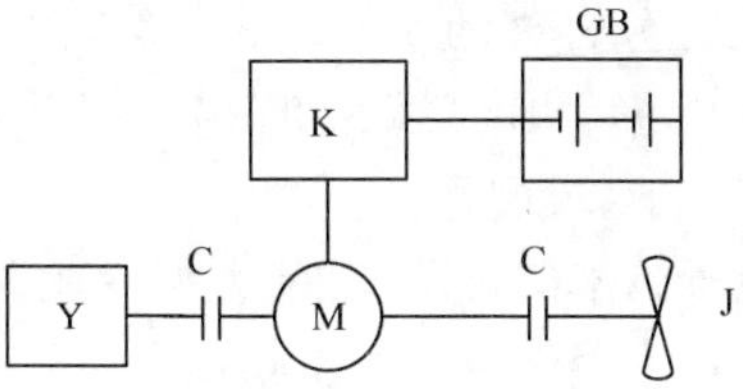

图 14－2　常规潜艇电力推进装置结构图

Y—原动机;C—离合器;M—电动机;J—螺旋桨;GB—蓄电池;K—控制设备。

核潜艇的原动机在水下也可以照常工作,它的主电力推进装置不用蓄电池供电,由核反应堆的热能先转变为机械能,再由机械能转变为电能(通过发电机),发电机将电能传送给电动机,转变为机械能驱动舰船航行。当采用电磁离合器带动螺旋桨时(图 14－3),由原动机带动电磁离合器主动部分,转矩由主动部分传递给从动部分,从动部分带动螺旋桨转动。主动部分的转速与原动机的转速相同,一般保持恒定,通过调节励磁来改变从动部分的转速,以获得不同的舰船航速。

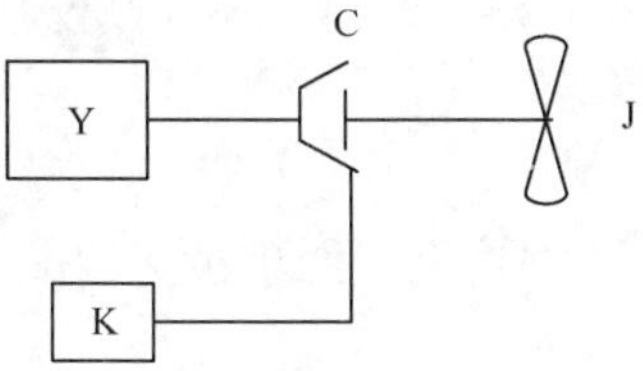

图 14－3　电磁离合器电力推进装置

Y—原动机;C—电磁离合器;J—螺旋桨;K—控制设备。

传统电力推进装置可以根据所用的原动机类型、主电路电流种类及其在舰船推进中的地位等来进行分类。根据原动机类型可将电力推进装置分为柴油机电力推进、汽轮机电力推进、燃气轮机电力推进等。根据主回路电流种类可将电力推进装置分为直流电力推进、交流电力推进和交直流电力推进等。

直流电力推进又可按系统调节原理分为恒压电力推进系统、简单 G－M 电力推进系统、恒功率电力推进系统、恒电流电力推进系统等。根据电力推进装置在舰船推进中的地位,可以分为独立的电力推进装置、附加(联合)电力推进装置以及辅助电力推进装置等。

14.1.3　综合电力推进概念

20 世纪 70 年代后期,人们对于在水面舰船上采用电力推进产生了浓厚的兴趣。美、英、法、加拿大等国先后进行了水面舰船采用高新技术电力推进装置的可行性研究;并且相应地推进了一些设计方案,如美国为6500t 双轴导弹驱逐舰设计的综合电力推进(IED)系统,虽然该系统可用于巡航推进和加速推进的全电力推进系统,但其未能将日常用电力和推进电力完全综合,故离综合全电力系统尚有一定的距离。1986 年美国海军作战部制订了“海上革命”计划,称“综合电力推进将是下一代水面舰船主力战舰(BFC)的推进方式”,是“新一代战舰增强战斗力的主要方法”,是“海上革命”的基础。同年,美国海军开始研制新的电力推进装置系统,但在研制过程中发现,该系统仍然与之前类似。并不是那种性能上能满足要求,经济上充分合理的系统结构,总方案仍然不是综合全电力推进系统。在1994年美国工程师学会(ASNE)会议上提出了综合电力系统(IPS)的概念,该系统适用于潜艇、各种水面舰船、航空母舰等。

随着计算机技术、电力电子技术的飞跃发展,大型专业设计计算、仿真软件提供的辅助设计手段加快了设计进程;功率器件容量的不断提高使大功率变频调速得以实现;先进制造和新材料技术的跨越正不断克服大型船用设备的加工难题,以上进展使新型舰船采用综合电力推进技术具备了发展前提。顺应这种技术进步,新型舰船实现全船电气化的基础——“综合电力推进”技术走向成熟。

综合电力推进系统是一种全新的系统,它包含了大量的高新技术,并不是供电和电力推进两个系统简单地相加,而是从全舰船能源高度通盘考虑,真正地使电力和动力两大系统的全面融合。这样的综合系统采用现代最先进的数控技术,为动力和电力机械领域提供了最新研究成果;又因为采用近年发展起来的大功率电子技术而大大地提高全舰能源利用和变换的效率。此外,该系统可以实施高度的模块化和通用化。因而,既能发扬电力推进的长处,又能提高电网供电的可靠性,为舰船作战使用带来大量的灵活性,使总体设计更能够满足未来舰船的各种需求。

14.2 综合电力推进技术特点与优势

14.2.1 主要特征

综合电力推进的主要特征是综合利用一套舰船综合电站向全船提供推进动力、辅机和日常用电力(甚至高能武器用电),利用电能实现舰船机动和完成相关任务使命的一个完整的系统。基本设备包括原动机、发电机、配电及保护设备、电机驱动(变流调速)装置、推进电动机和系统监控设备。其推进系统简图如图14-4所示。

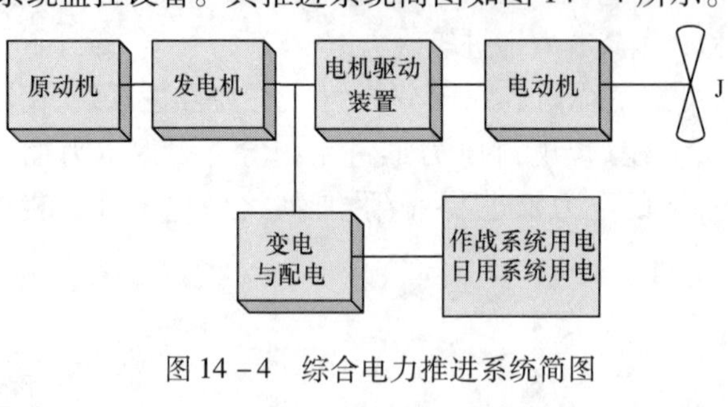

图14-4 综合电力推进系统简图

舰船采用全电力推进系统在总体性能、推进效率等方面将得到显著提高,有明显优势。综合电力推进装置是舰船实现高效机动和提供舰船特定电力需求的核心装备,是直接影响舰船性能和舰艇作战能力的关键装备。

14.2.2 技术优势

综合电力推进技术优势有以下几点:

(1) 降低噪声,提高隐蔽性。取消动力系统推进轴系中的减速齿轮装置,使热机脱离推进轴系，便于采取减振降噪措施，可大幅度改善舰船动力系统的声学性能，其噪声指标可降低约10dB；

（2）缩短推进轴系，热机可灵活布置，有利扩大舱容。例如一艘37000t石油制品运输船，与采用电力推进与机械式直接推进相比，在舰船总长不变的情况下，舱容可增加$1200m^3$，若采用吊舱推进器则效果更加显著；

（3）将推进动力电站和辅机日用电站合并成舰船综合电站，可实现电能的综合管理。综合利用电能可使热机装船容量减少20%～25%，特种舰船（如工程舰船和大型游轮、作战舰艇等）可减少30%以上。通过能量的综合管理，还可使热机在各种推进功率时均工作在最佳工况，从而可节省燃油达25%以上，同时也降低了污染排放和热辐射；

（4）便于采用模块化设计和适应性设计，与舰船总体达成最佳匹配。虽然初投资可能增加，但由于降低了舰船全寿命费用（维修工作量和维护费用可降低17%左右），综合电力推进的节能作用可在5年内收回建造时增加的初投资。

综合电力推进技术所体现的种种优势将使舰船动力系统发生“革命性”的技术变革。随着科学技术的不断发展，能源领域新技术、新装备的不断出现以及各国科学家在这方面工作的不断深入，综合电力推进系统的技术优势还会不断地显现。随着民船应用的增多，军用舰艇研发投入力度的加大，进入21世纪，综合电力推进技术已成为舰船动力技术发展的主流趋势之

14.3　舰船综合电力系统的关键技术

要推出战术技术性能优良的综合电力系统舰船，需要解决以下几个关键技术。

1. 高功率密度的交流或直流发电模块化技术

发电模块是决定综合电力推进系统安全、经济、可靠运行的必要条件。高功率密度发电技术，特别是适用于大型舰艇电力系统的中高压多相交流发电机整流集成发电技术和交直流电力集成多绕组发电机发电技术是发电模块需要解决的重要问题，主要包括：不同交直流容量比的交直流电力集成双绕组发电机技术，交流双电压（或三电压）双绕组（或三绕组）发电机以及交流双频率、双电压双绕组发电机技术，高功率密度和高品质舰艇集成发电技术及冷却技术。

2. 智能化管理的环形电网区域输配电及监控管理技术

电力输配电及监控管理是至关重要的环节。采用环形电网区域配电系统取代目前的干馈式配电系统，必须为各类舰船研究设计适当数量和容量的发电模块，确定输配电方式，适时地根据全船负荷工况调控各发电模块的运行方式。主要包括：环形区域电力系统中多电站并联运行特性研究、电力系统的状态监测与集中控制、环形电网区域配电系统各种保护准则。

3. 电力推进（永磁或电励磁）电动机及其变频调速技术

推进电动机及其变频调速装置是综合电力推进系统的核心设备，主要包括：大功率电力推进电动机技术如交流永磁推进电动机的结构性能及设计、电力推进系统监测与控制

技术(直流推进电动机最优调速控制技术、多相永磁交流同步电动机的变频调速系统、多相交流电动机变频调速控制策略及控制技术)。

4. 大容量电能的静止变换技术

实现大容量电能静止变换技术,关键是开发配套的新型电力、电子器件。美国海军研究局使用氢氧化物、集成电路、电力半导体、电力电子技术对模块化电力电子标准组件进行设计和制造;采用宽带隙半导体材料(如碳化硅)代替硅,以提高电力电子标准组件的运行温度和电压。此外应特别加强从连续电能到脉冲电能静止变换器的开发与研究,并加强相应储能技术的研究。

5. 独立电力系统的电磁兼容技术

舰船设备分布密集,电力系统容量有限,系统内的电磁兼容问题十分突出,直接关系到系统和用电设备的可靠安全运行,这也是决定综合电力系统成败的关键。主要包括:电力集成化模块中的电磁干扰研究、舰船直流电力系统电磁兼容研究、舰船交流电力系统电磁兼容研究、舰船壳体及电缆屏蔽网形成的地电网对电力系统电磁兼容性能的影响研究、整个综合电力系统电磁兼容性研究。

6. 电力集成技术

要实现综合电力系统,首先完成各电力模块的集成(包括发电模块、电能变换模块、推进模块、电能智能化管理模块等),再实现全系统的集成。在集成中,必须解决损耗与散热、电磁兼容等难题。电力集成技术的主要学科基础为电机、电气工程、控制工程,与其密切相关的学科有信息与通信工程、计算机科学与技术、仪器科学与技术、动力工程与工程热物理、材料科学与工程、机械工程等。

此外,还要开发经济性能优良的高速原动机,其要求是:油耗低;维持费用小;抗冲击、电磁兼容、重量、噪声和振动等指标均应满足军用标准;尺寸不超过现在使用的船用燃气轮机的安装底座;全寿命费用、维修性、可靠性均比现在使用的船用燃气轮机好;低排放等。

综合电力系统设计程序(图14-5)旨在解决设计舰船时如何选择出一套最佳的模块,满足舰船的总体技术要求。

该程序大致分7个基本步骤。

第一步是提出一套完整的舰船总体技术要求,一般包括航速、有效载荷、排水量等,以及成本目标。第二步是提出初步的功率要求,即进行电力负荷计算,综合电力系统应提供多少推进及舰用日用电功率。第三步是选择初步的综合电力系统结构。此时应输入模块和子模块性能参数数据。第四步是根据初步的综合电力系统结构提出初步的舰船结构,即将所选定的模块能够合理地放置在船体设计结构中,并评估这些模块的船型、排水量、重心、机舱的尺寸产生的影响。此步骤在选定了船型体之后,就要对第二步中初步的功率要求进行具体的修订。第五步,确定具体的综合电力系统结构。在这一步,就要开展第一次成本估算。第六步、第七步重点是预计舰船的整个寿命期费用,如果整个寿命期费用可以接受,说明设计成功,反之费用超过则意味着需要重新设计。在进行设计过程中,不总是所有的技术要求能得到满足。在设计完成后,将要对该设计进行评估,确认是否满足要求,满足到什么程度。

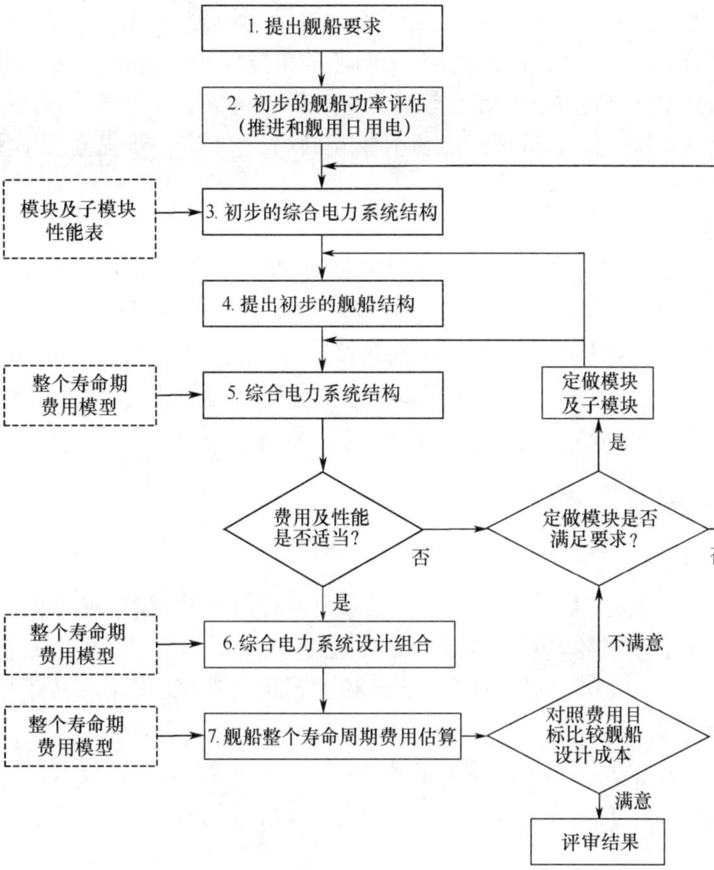

图 14-5 综合电力系统设计程序

14.4 推进电机种类、特点

推进电机是舰船电力推进的核心设备,从目前研究应用状况来看,适宜战斗舰艇选用的高性能舰船多相推进电机主要有三大类,即先进感应电机(AIM)、永磁同步电机和高温超导电机。

14.4.1 推进电机性能特点

1. 先进感应电机

先进感应电机(AIM)特指法国阿尔斯通(Alstom)公司针对低转速大转矩应用场合所研发的高性能感应电机,它具有普通感应电机的结构原理,转子为鼠笼结构且励磁电流由电磁感应产生,因而具有结构简单牢固、体积小、质量轻、便于维护、造价较低等优点。通过独特的技术措施,AIM 克服了普通感应电机功率因数偏小和噪声较大的缺点,在整个调速范围内都具有较高的功率因数和效率,且功率密度较高、噪声较低。

2. 永磁同步电机

常规径向磁通永磁同步电机与电励磁同步电机结构原理相同,但以高性能的永磁体替代励磁绕组,结构较为简单,省去了容易出问题的集电环和电刷,提高了工作可靠性,功率因数可接近1.0,没有励磁损耗,具有较高的效率和功率密度。由于径向磁通永磁同步电机圆柱体拓扑结构决定了电负荷与磁负荷相互制约,为了进一步提高功率密度,出现了轴向磁通和横向磁通永磁同步电机。

3. 高温超导电机

与电励磁同步电机或直流电机相似的结构原理,但励磁绕组采用高温超导材料,并由冷却模块将其冷却至35～40K低温。由于超导励磁绕组可达到很高的励磁电流密度,且无励磁损耗、无槽等特殊设计使气隙磁密高达2～4T,因而超导电机的功率密度大幅提高。另外,无槽结构或直流单极励磁,使得转矩脉动和振动噪声大为降低。高温超导电机分为高温超导同步电机和高温超导直流单极电机两类。

14.4.2 推进电机结构特点

1. 先进感应电机

与普通感应电机具有相同的拓朴结构,但采用相对较大的气隙(典型值为8 mm),其目的是减小噪声和谐波损耗。阿尔斯通公司通过以下技术措施来实现高性能。

(1) 电磁优化设计定子和转子槽数、极数和相数优化选择,定子和转子槽合理设计,低频磁路优化设计等。

(2) 高效的冷却装置采用了阿尔斯通称为“销－通风孔”的专利技术。

(3) 高性能材料和工艺选用高性能导磁导电材料,采用独特的工艺提高绕组绝缘和散热性能。

(4) 高性能控制。低滑差控制和低噪声控制等AIM设计制造技术成熟但控制较为复杂,高性能的实现有赖于设计、材料、散热和控制的完美结合,其气隙剪切力已达100 kPa,是普通高性能感应电机的2倍以上。

2. 径向磁通永磁同步电机

(1) 普通圆柱体的电机结构,在电机尺寸和损耗一定的情况下,定子齿和定子槽空间相互竞争致使电负荷与磁负荷不能同时增加,功率密度存在一个限值。

(2) 由于电磁转矩产生于圆柱形气隙表面且与气隙面积成正比,因而电磁转矩与体积近似成正比。径向磁通永磁同步电机设计制造技术日趋成熟,其关键技术在于防止永磁体失磁和提高永磁材料利用率,其功率密度与AIM相当。

3. 轴向磁通永磁同步电机

(1) 基本的轴向磁通电机结构。定子和转子采用轴向布置,一个无槽式环状铁芯定子盘被夹在两个永磁转子盘中间。定子铁芯携有一个环状缠绕的多相绕组,绕组根据铁芯横截面的形状设计成矩形并集中轧制而成。多块磁极交替的永磁体呈圆环状布置在转子盘端沿部,从而形成轴向励磁磁场。

(2) 电磁转矩产生于圆形盘的外端沿,与外径的立方成正比,仍存在电负荷与磁负荷相互制约,因此对于大盘径的电机才能显示出其结构优点,也称为盘式电机。

(3) 若因空间限制,电机直径较小,电磁转矩不能满足需要时,可采用多盘结构,其示意图如图14－6所示。

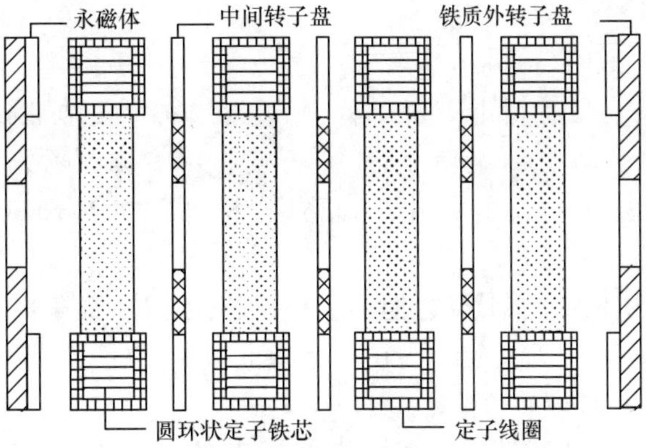

图14－6　多盘轴向磁通永磁电机结构示意图

（4）多相定子绕组采用模块化布置且通过分区独立控制，从而提高电机工作可靠性。轴向磁通永磁电机采用无槽轴向磁通，可提高功率密度和采用模块化设计，其关键技术在于特种电机设计及制造工艺。

4. 横向磁通永磁同步电机

（1）基本结构。由定子部件和转子圆盘组成，转子盘上由片状转子极和永磁体间隔布置所构成转子凸缘，定子部件由定子架支撑在圆周上均匀布置，每个定子部件为电机的一相，由C形铁芯和螺线管线圈组成，其示意图如图14－7所示。

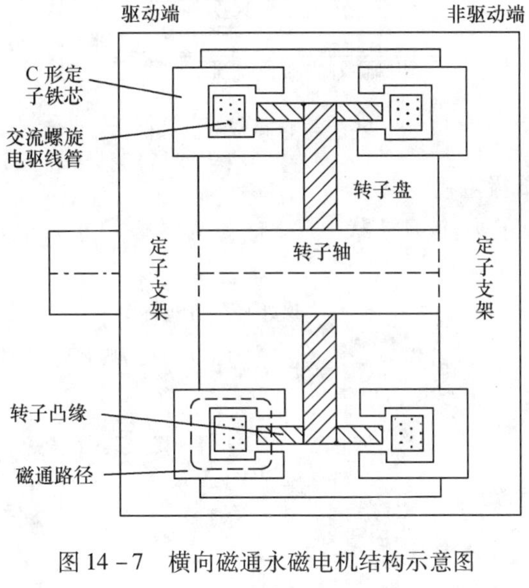

图14－7　横向磁通永磁电机结构示意图

（2）径向和轴向混合磁通大大缓解了电负荷与磁负荷空间竞争问题，但由此造成功率因数偏低，通常低于0.6。

（3）每相定子绕组分开布置，不存在相间电磁耦合，采用小气隙（直径2m的转子其气隙小于5mm）和间接水冷方式。

（4）为了增大功率可采用多盘结构。横向磁通永磁电机兼有径向和轴向磁通电机的特点,功率密度较大、可模块化设计,但功率因数较低。其关键技术也在于特种电机设计及制造工艺。

5. 高温超导同步电机

(1) 采用与普通电机相似的圆柱体结构,励磁绕组布置在转子上,径向磁通,其示意图如图 14-8 所示。

(2) 采用无刷励磁,励磁绕组采用了高温超导材料,并由冷却模块将其冷却至 35 ~ 40 K。

(3) 定子绕组采用传统的铜导线,但不放在铁芯齿槽中,而是由支撑结构支撑固定、采用无槽布置。无槽结构可避免定子齿在高磁场下饱和,也消除了由于齿槽谐波而产生的振动噪声。

(4) 采用新型的水冷电枢绕组,高温超导同步电机采用超导材料及无槽铁芯,功率密度大幅提高,其关键技术包括超导材料利用技术、无槽设计技术和超低温模块设计技术等。

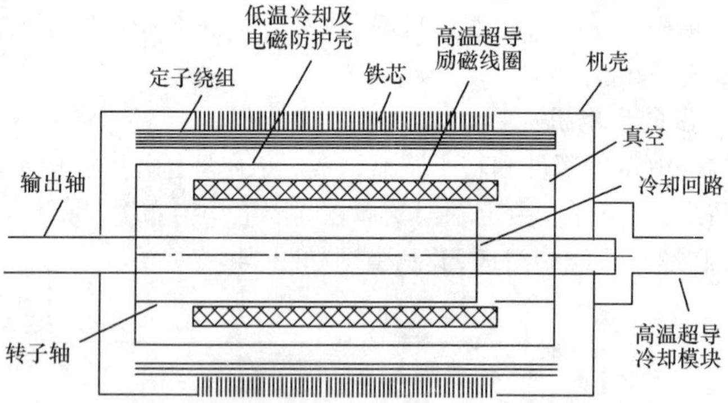

图 14-8 高温超导同步电机结构示意图

6. 高温超导直流单极电机

(1) 采用轴向分离的两个圆柱状磁极结构,两磁极间布置电枢转子,轴向磁通,如图 14-9所示。

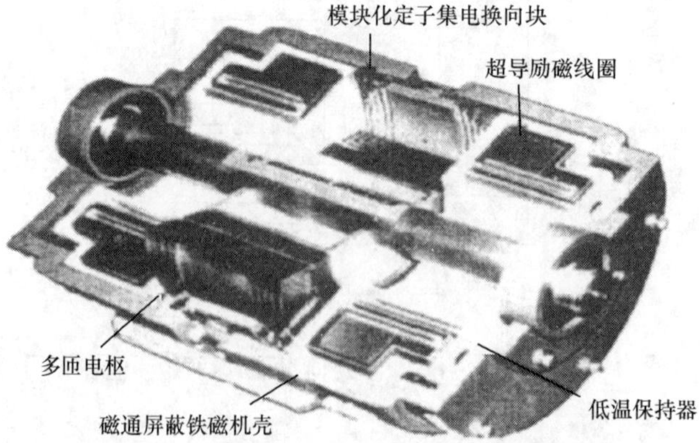

图 14-9 高温超导直流单极电机结构示意图

(2) 旋转电枢为圆盘状结构,电枢电流从圆盘中心轴引入,从圆盘外边缘引出。

(3) 采用钠钾(NaK)液体金属集电换向器代替传统电刷装置,具有工作电流密度大、换向效率高、使用寿命长等优点。

(4) 励磁绕组采用了高温超导材料,并由冷却模块将其冷却至 35 ~ 40 K。高温超导直流单极电机采用超导单极恒定励磁,功率密度大幅提高,在整个调速范围内转矩恒定无脉动,调速控制简单,其关键技术包括超导材料利用技术、液体金属集电换向技术和超低温模块设计技术等。

14.5　综合电力推进系统典型实例

14.5.1　美国的综合电力系统(IPS)

美国的综合电力系统(Integrated Power System,IPS)是美国在执行"先进的水面战舰装置规划"过程中,因发现 IED(电力推进系统)的不足而提出来的,该系统将推进功率和日用负载两方面的发电、配电、储能和变电综合为一体,构成了综合电力系统。整个电力系统被分成七部分:发电、储能、变电、推进电力、配电、电力控制管理及平台负载,并相对应地开发了这七种模块,如图 14 - 10 所示。

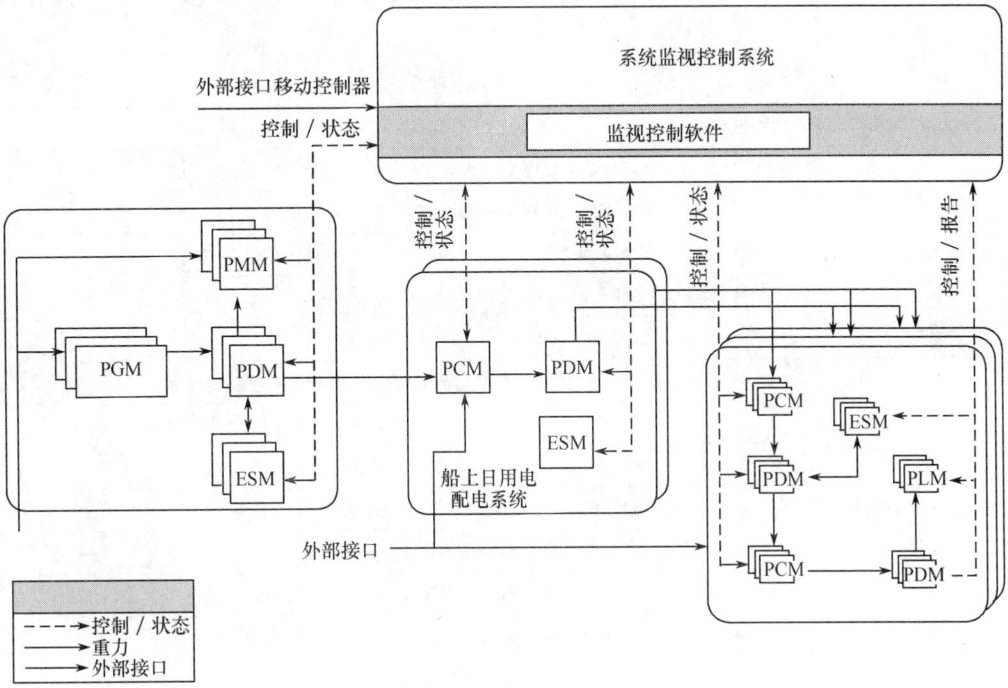

图 14 - 10　综合电力系统的结构与模块

PGM—发电模块; PMM—推进电动机模块; PDM—配电模块;

ESM—能量存储模块; PCM—电力变换模块; PLM—平台负载模块。

所谓模块化设计,就是在通用的平台上,通过更换不同功能的模块,组成新的系统,以实现不同的作战目标和任务。武器及系统的模块化提高了舰船整体的可靠性、可用性和可维修性,不但能简化维修,节省工时,而且给现代化改装带来了方便,从而可以大幅度降低武备的全寿命费用。目前,用模块化技术构成的主要系统有通风、消防、分布式作战指挥及数据处理、导弹发射装置等。德国的"梅科(MEKO)"概念、美国的"可变有效载荷舰(VPS)"概念、丹麦的"标准-灵活"概念(图14-11)在模块化舰艇设计中独领风骚。

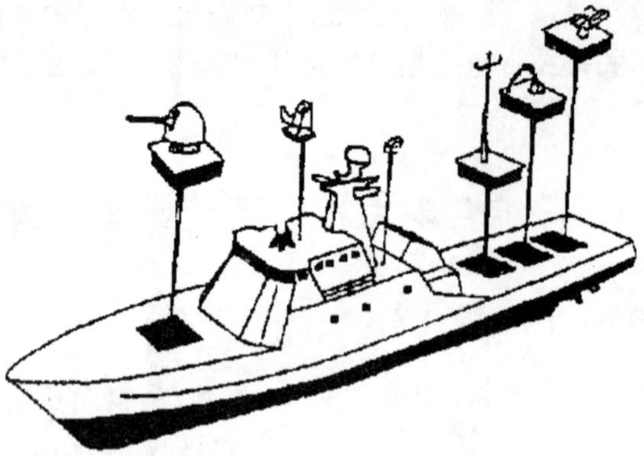

图14-11 丹麦海军300t护卫艇设计示意图

每个单元模块都有一组能够满足不同要求的可供选择的模块(表14-2),各舰种的性能和所需模块(表14-3),因此舰船在进行总体设计时,可由这些菜单来选择各种模块。

表14-2 IPS的功能模块群

模块类型	模块名称	说明
发电模块(PGM)	PGM-1	21MW,4160VAC、3ϕ、60Hz 中冷回热燃气轮机发电机
	PGM-2	3.75MW,4160VAC、3ϕ、60Hz 柴油发电机
	PGM-3	3MW,4160VAC、3ϕ、60Hz 501-K34 燃气轮机发电机
	PGM-4	8MW,4160VAC、3ϕ、60Hz 柴油发电机
	PGM-5	12MW,4160VAC、3ϕ、60Hz 柴油发电机
推进电动机模块(PMM)	PMM-1	带有功率变换器的19MW、150r/min 鼠笼式感应电动机
	PMM-2	带有功率变换器的38MW、150r/min 鼠笼式感应电动机
	PMM-3	带有功率变换器的38MW、±150r/min 串联鼠笼式感应电动机
	PMM-4	800kW、360r/min,辅助推进,可伸缩和变方位
	PMM-5	带有功率变换器的52MW、150r/min 笼式感应电动机
	PMM-6	带有功率变换器的12MW、150r/min 笼式感应电动机
	PMM-7	带有功率变换器的38MW、150r/min 笼式感应电动机
	PMM-8	1400kW、360r/min,辅助推进,可伸缩和变方位
配电模块(PDM)	PDM-1	4160VAC、3ϕ、60Hz 开关装置和电缆
	PDM-2	1100VDC,日用电缆
变电模块(PCM)	PCM-1	多个日用变电模块 1100VDC→775VDC(940~600VDC)
	PCM-2	多个日用变电模块 775VDC→450VAC、3ϕ、60Hz 或 400Hz
	PCM-3	多个日用变电模块 775VDC→155VDC 或 270VDC
	PCM-4	多个日用变电模块 4160VAC、3ϕ、60Hz→1100VDC

（续）

模块类型	模块名称	说　明
电力控制模块(PCON)	PCON－1	IPS 系统级监控软件
	PCON－2	区域级监控软件
储能模块(ESM)	ESM－1	日用 1100VDC
	ESM－2	日用 775VDC(940～600VDC)
平台负载模块(PLM)	PLM－1	不可控 450VAC 日用负载
	PLM－2	可控 450VAC 日用负载
	PLM－3	不可控 155VDC 或 270VDC 日用负载
	PLM－4	可控 155VDC 或 270VDC 日用负载

表 14－3　各舰种的性能和所需模块

舰种	满载排水量/t	轴数	轴速/(r/min)	总功率/kW	日用负载/kW	发电模块	推进电机模块	配电模块	变电模块
水面主力战舰	9200	2	168	72000	4250	PGM－1,3 个 PGM－3,1 个	PMM－7,2 个 PMM－4,4 个	PDM－1,4 个 PDM－3,2 个	PCM－1,N 个 PCM－2,N 个 PCM－1,3 个
两栖舰	25800	2	165	42000	6500	PGM－2,1 个 PGM－4,5 个	PMM－1,2 个 PMM－8,2 个	PDM－1,6 个 PDM－2,4 个	PCM－1,N 个 PCM－2,N 个 PCM－4,4 个
航空母舰	26500	2	180	135000	10700	PGM－1,6 个 PGM－3,2 个	PMM－5,2 个 PMM－8,2 个	PDM－1,8 个 PDM－2,5 个	PCM－1,N 个 PCM－2,N 个 PCM－4,5 个
海上运输船	41000	2	91	60000	2400	PGM－1,1 个 PGM－5,4 个	PMM－1,2 个	PDM－1,2 个 PDM－2,1 个	PCM－1,N 个 PCM－2,N 个 PCM－4,1 个
巡洋舰	18000	2	150	27750	9000	PGM－4,4 个	PMM－6,2 个	PDM－1,2 个 PDM－2,2 个	PCM－1,N 个 PCM－2,N 个 PCM－4,2 个

综合电力系统(IPS)的重要特点之一是采用模块设计,它有多方面的好处：

(1) 可使造舰周期缩短约 10%,直接降低 1% 的成本；

(2) 模块可在多种舰型上通用,从而可减少设计工作量；

(3) 由于在多种舰船上采用相同的系统,可使后勤保障设施大量减少,也可减少人员培训工作。

IPS 的第二个特点是采用分区域配电系统,它可改善交流 60Hz、400Hz 电或直流电的日常用负载的电能质量。

14.5.2　英国的综合全电力推进系统(IFEP)

英国国防部于 1994 年正式开始 IFEP 系统的应用研究。1996 年成立了一个专门机构——电船计划管理局,负责协调发展和采购未来英海军水面舰艇的综合全电力推进系统。英国 IFEP 发展计划的重点首先是发展原动机,英国坚持原动机全燃化,大功率

(21MW)燃气轮机发电机主要使用 WR－21 中冷回热燃气轮机,中功率(7～8MW)采用复杂循环燃气轮机,又与荷兰合作试验小型复杂循环燃气轮机(仅有回热器),作为小功率(1～2MW)燃气轮机发电机的基础。IFEP 系统的另一个主要设备是推进电机。英国正在研制 16～24MW 的轴向磁通永磁电机。IFEP 系统将可能用于英国的未来护卫舰、未来航空母舰和未来攻击型潜艇。

IFEP 系统分为交流与直流推进汇流排两种系统。以英国为排水量 4500t,航速 30kn 的双轴护卫舰所设计的 IFEP 为例,他们都需要 WR21 型燃气轮机,每台燃气轮机驱动一台 22MW 的 4 极交流发电机及两台各为 180r/min、20MW 的推进电动机,所推荐的电动机为鼠笼感应电动机。两种系统都采用高压推进汇流排(6.6kV AC 或 4kV DC),在推进汇流排和 440V、60Hz 日用汇流排之间用功率变换器连接,两台燃气轮机发电机要求能提供 2×20MW,并且同时供电给日用负载(最大 2.5MW)。

在低速和巡航速度下,推进功率和日用负载由一台燃气轮机发电机或者一台或多台柴油发电机供给。小功率的柴油发电机连接到推进汇流排和日用汇流排上,其规格和分配取决于对其利用率的考虑,以及在燃汽轮机发电机变为不经济的低速航行时对其维持合理效率的要求。交流推进汇流排系统的重要特征是燃气轮机直接驱动(无减速齿轮箱)22MW 发电机以 3600r/min 恒速运行,各发电机在 120Hz 交流汇流排上实现同步。推进功率取自于交流汇流排,各电动机由一台带直流环节的变频器驱动。推进汇流排与日用汇流排的连接由可提供高质量电源的旋转变流机(同步电动发电机)实现,旋转变流机能执行频率变换、电压变换、隔离推进汇流排的谐波等功能。

直流推进汇流排系统中,发电机不必恒速运行或在推进汇流排上实现同步,它们的运行速度可在系统电压和发电机设计所确定的极限范围内变化。因此,对于给定的战舰工况来说,可使原动机的效率最高,推进发电机与直流汇流排通过全波二极管整流器进行连接,但还需要隔离电感器的吸收与整流器波纹和二极管换向所相关的电压差。由于电源侧变换器(二极管整流器)已与发电机联系在一起,故电动机侧变换器是单极的(PWM 逆变器)。推进汇流排与日用汇流排通过 PWM 逆变器进行连接,它是双向的(可逆的),这样就可以使各个发电机组向直流汇流排供电。表 14－4 列出了 22MW 发电机、20MW、180r/min 电动机及 PWM 变频器同步电动发电机的设计参数;图 14－12 所示为护卫舰用综合全电力推进系统(交流汇流排)框图;图 14－13 所示为护卫舰用综合全电力推进系统(直流汇流排)框图。

表 14－4　22MW 发电机、20MW、180r/min 电动机及 PWM 变频器的设计参数

项目	发电机	感应电动机	推进侧	日用侧	总计	变频器
额定功率	22MW	20MW	1.5MW	1.5MW		10MW
额定转速	3600r/min	180r/min	3600r/min	3600r/min		
极数	4	16	4	2		
频率	120Hz	24Hz	120Hz	60Hz		
相数	3	2×3	3	3		

（续）

项目	发电机	感应电动机	推进侧	日用侧	总计	变频器
相连接	Y	△				
线电压	6. 6kV		6. 6kV	440V		
线电流	2. 14kA					
相电压		6kV				
相电流		655A				
满载功率	97. 3%	97. 23%	95%	95%	90%	
满载功率因数	0. 9	0. 873				
外壳总长度	2576mm	3635mm				
质量	40t	80t	5. 5t	7. 5t	16. 5t	
冷却方式		空冷				

除上述美国 IPS 系统和英国 IFEP 系统外，德国 MTG 公司提出了四推进电机双桨（交、直流两方案）综合电力系统的概念。它是基于增强舰船的生命力、降低舰船的水下噪声、减少舰船的全寿期费用等方面来考虑的。另外，还有一种称为“吊舱式综合全电力推进系统”的方案。吊舱式电力推进实质上是一种特殊的推进模块，它的积体不大，却能够代替一根完整的传统轴系。

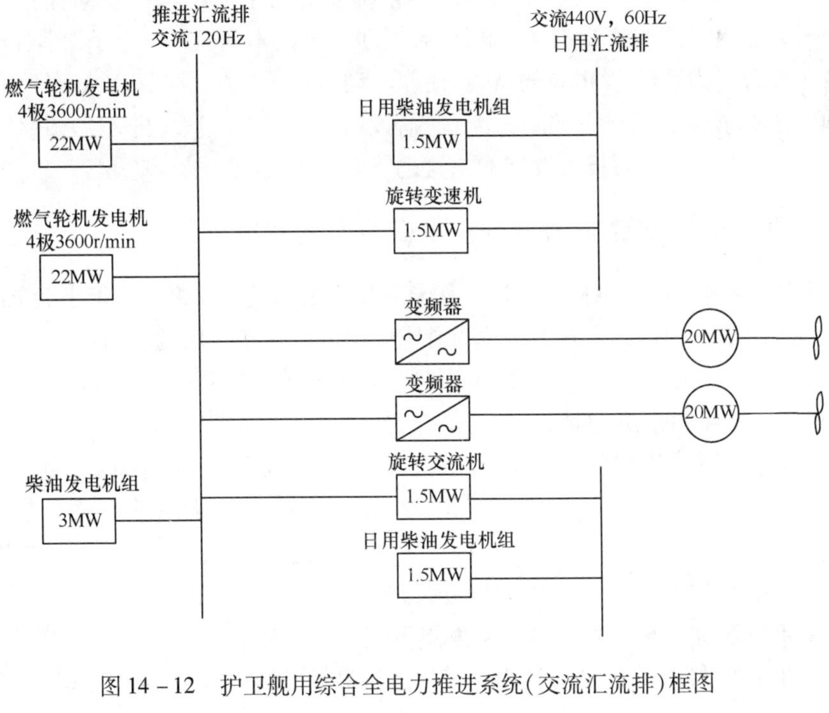

图 14－12　护卫舰用综合全电力推进系统（交流汇流排）框图

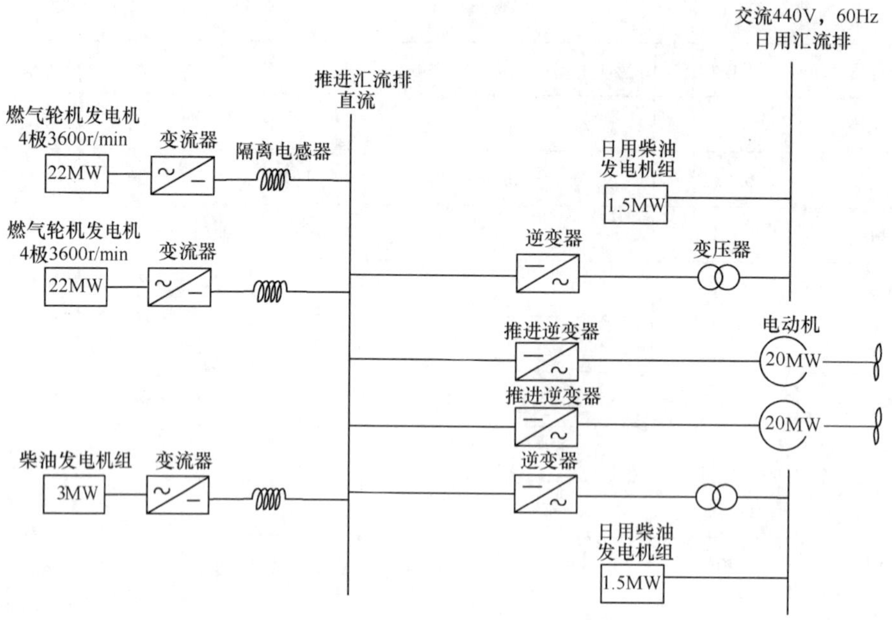

图 14－13　护卫舰用综合全电力推进系统(直流汇流排)框图

14.6　综合全电力推进技术的发展前景

综合全电力推进技术是舰船动力系统的一种特殊传动形式,伴随着现代电力电子技术的发展,已逐步形成当今高技术舰船动力系统发展的主流趋势。在综合利用能源的需求牵引下,将舰船动力电站与辅机电站合二为一的技术研究,衍生了“综合电力推进”(IEP)及“综合电力系统”(IPS)的概念,使舰船动力系统发生了“革命性”的变化。随着民船应用的增多,技术优势的显现,军用舰艇研发投入力度的加大,进入21世纪,综合电力推进技术已成为舰船动力技术发展的主流趋势之一。

14.6.1　国外舰船综合电力推进技术应用发展状况

1838年,俄国科学家雅柯宾首次利用直流电机和蓄电池,做了一条小船的动力试验,形成了“电力推进”的概念。1908年,美国芝加哥市第一艘实用的电力推进消防船开创了舰船电力推进技术应用的先河,解决了当时热机转速高、单机容量小、调速困难使内燃机无法直接应用于舰船推进的难题,从而使电力推进的应用迅速发展,并在第二次世界大战期间得以广泛应用于各类型军用舰船。第二次世界大战后,由于机加工技术的进步,大型齿轮加工工艺趋于成熟以及内燃机和蒸汽轮机的大型化、船用化,使电力推进技术的应用退居到主要应用于特种舰船的地位。20世纪80年代,随着电力推进相关技术的进步以及对舰船动力系统要求的提高,电力推进又进入了新的发展时期。

1. 民用舰船综合电力推进的应用发展迅猛

在新的发展时期,综合电力推进的应用已突破了特种舰船的局限,快速向各类型舰船应用扩展。特别是运输船类,因更多地追求营运的经济性和环境的舒适性,迫切地趋向于采用综合电力推进,促进了世界知名公司加大综合电力推进技术的研发投入,并首先在民用舰船上取得突破性进展。根据世界电气设备主要供应商ABB、阿尔斯通(Alstom,现改名为Converteam)和西门子(Siemens)三大公司的业绩统计,自1991年至今,所交付实船使用的舰船综合电力推进成套设备可以显示出综合电力推进成套装置民船应用的发展趋势(图14-14)。

从图14-14中可以看出,20世纪90年代的后五年比前五年增长了164%;21世纪的头五年比上一个五年又增长了21.6%;采用吊舱式电力推进舰船的数量也呈明显的上升趋势。

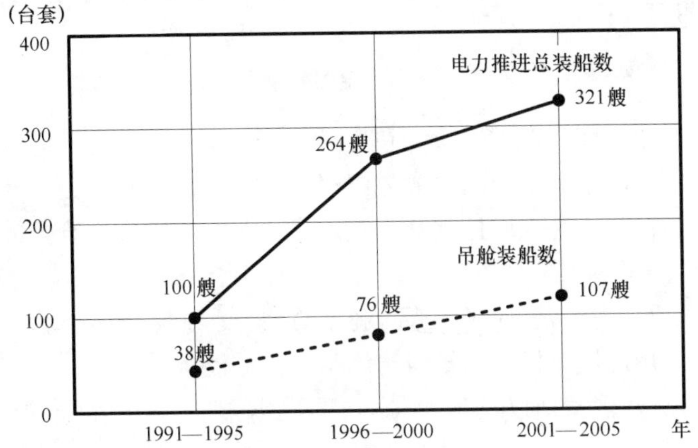

图14-14 综合电力推进成套装置民船应用的发展趋势

2. 综合电力推进在军用舰船的上的应用和发展

电力推进在民船,特别是大型游轮以及23型护卫舰上的应用,促使英、美开始探索和研发综合全电力推进用于新型水面舰艇。

美国海军于1986年提出了"海上革命"计划,发展舰船综合全电力推动系统。1988年又启动了综合电力推动项目,意图通过将舰船电力推进系统和日用电力系统进行合并来提高作战舰艇的性能。1990年后,综合电力推动项目将注意力转移到提高舰船费效比上,通过设备的通用性、简易性、标准化来实现未来舰艇的高性能与低成本,这就是舰船综合电力系统。2002年,美国海军提出了"电力海上力量之路"计划。首先是在综合全电力推进的基础上,使用更先进的原动机和辅助机械实现广泛电气化的舰船、战斗舰艇上应用综合电力系统实现"电力舰"。然后在"电力舰"的基础上实现"电力战舰","电力战舰"是应用高能武器和先进探测设备的作战舰艇。图14-15所示为美国国会预算草案办公室(CBO)2001—2025年美国海军水面战舰计划示意图。

图中:DD-963为Spruance级多功能驱逐舰;FFG-7为Oliver Hazard Perry级导弹护卫舰;CG-47为Ticonderoga级导弹巡洋舰;DDG-51为Arleigh Burke级导弹驱逐舰;DD(X)为未来多功能驱逐舰;LCS为濒海战船;CG(X)为未来导弹巡洋舰。由其水面战舰计划可明显看出,未来采用综合电力推进的新型战舰DD(X)、LCS、CG(X)等将逐步取代机械式直接推进的舰艇。

英国在23型护卫舰采用巡航电力推进之后,加大投资开发未来舰船上的先进电力推进技术。其中包括一种中型航空母舰CVF、一种核动力攻击型潜艇、两种水面战舰——45

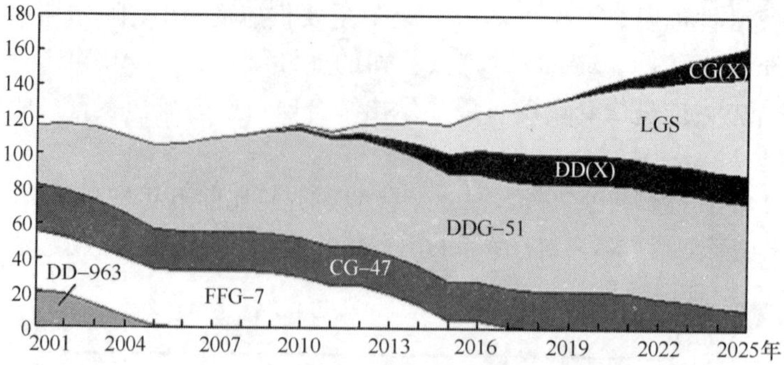

图 14-15　2001—2025 年美国海军水面战舰计划示意图

型防空驱逐舰和未来水面战舰 FSC,军辅船也将采用“综合全电力推进”系统。

德国根据本国以防卫和护航为主的战略思想,水面战斗舰艇的发展以护卫舰为重点。其未来护卫舰项目的特点是大胆地选择了喷水推进与螺旋桨式吊舱推进相结合的动力方案。舰尾是两台 7MW 的吊舱式推进器作为巡航动力,中部两舷各一台双联喷水推进系统为加速器,其单机功率也是 7MW。从而舰船的推进系统完全摒弃了主轴系统。另一个特点是发电系统采用燃气轮机发电机组与燃料电池的混合系统。

法国、荷兰、瑞典、俄罗斯以及澳大利亚,都根据战略需求和本国的国情,开展了相应的全电力舰的研究开发工作。上述情况充分证实了“综合全电力推进”“综合电力系统”是未来海军战斗舰艇及军辅船动力系统的发展趋势。

3. 国外综合电力推进技术发展特点

1)制订综合发展计划,系统地开展综合电力推进技术研究

从 20 世纪 80 年代起,欧美等国就根据战略和未来战争的需求及现代技术发展的支撑,提出了相应的发展计划。

美国自 1986 年提出“海上革命”计划后,制订了专项“综合电力系统”(IPS)计划。组织海军研究机构、大学“电力舰船研发联盟”、通用电气公司、洛克希德·马丁公司等,形成研发体系,并投入 9.26 亿美元,开展综合电力推进系统及设备的研究。

英国于 1996 年提出了“综合全电力推进”(IFED)发展计划和“全电力舰”(AES)方案,与法国联合,组织罗尔斯·罗依斯公司、阿尔斯通公司、热蒙公司等,实施“电力舰”计划,总投资约 10 亿美元。

德国于 1999 年制订了 FDZ-2020 项目计划,组织 HDW 船厂、西门子公司、MTU 公司等实施未来护卫舰计划,投入 3.37 亿欧元进行先期开发。

2)更新研究设计手段、设计理念,完成了由“经验和试验设计”向“模型设计”的过渡

世界各大知名公司,已利用现代计算机技术、信息技术、软件技术的成果,开展综合电力推进系统及设备的仿真研究,建立了模型体系;综合利用基础研究和应用开发过程中积累的大量数据,建立比较完善的数据库;建立了以系统和设备“模型”为主体,在数据库支持下的设计软件系统和工程选型软件系统,可将原来需要 5~10 年的全新系统研究设计周期缩短到一年甚至几个月,并大幅度提高设计精度。完成了由“经验和试验设计”向“模型设计”的过渡。

3）重视演示验证系统建设，开展演示验证研究

美国为了开发综合电力推进系统，并验证基础技术的可行性、有效性、降低技术风险，分别在普渡大学和密苏里大学建立了推进和供电系统的半物理试验平台，与英、法国防部联手于 1996 年在费城建立了工程实比例陆上试验站（图 14－16）。英、法联合在位于英格兰的阿尔斯通研究中心建立了“电力舰”技术单轴系全尺寸演示验证中心（图 14－17），试验验证系统设计软件的置信度和可靠性。

图 14－16　美国海军 IPS 项目位于美国费城的 LBES 试验站

图 14－17　英、法国防部 IFEP 项目位于英格兰的试验场

4）既重视基础研究，又注重先期技术开发，提高应用技术储备能力

各国在执行“电力舰”计划中，都包含有系统和设备的先期开发，为进一步提高系统性能做必要的技术准备。例如美国在执行“综合电力系统”计划中就包含了横向磁通永磁电机的研究，2003—2006 年还投资约 1.4 亿美元研究高温超导电机等，为进一步提高综合电力推进系统的功率密度做前瞻性工作。图 14－18 所示为美国超导公司的 36.5MW 高温超导电机实物与常规电机的比较。

4. 国外技术发展趋势

当前国外技术发展趋势主要表现在以下几个方面。

（1）大容量系统技术。为提高运力和作战能力，动力系统的容量不断增大，民用舰船实现了单机功率达 44MW；军用舰船美国 DDG－1000 舰单机功率达 36.5MW。

（2）设备高功率密度技术。为减轻动力系统设备的重量，缩小体积，除合理设计系统结构外，利用新材料、新技术提高主要设备的功率密度。例如西门子公司 IFR6839 径向永

图 14-18　美国超导公司的 36.5MW 高温超导电机实物与常规电机的比较

磁电机的转矩密度达 4.48kNm/t(一体化结构,含调速设备),阿尔斯通新型感应电机转矩密度高达 11.928kNm/t。

(3) 综合利用能源技术。从能量管理入手,通过合理调整工况的系统结构,使系统始终处于“最佳”状态,达到节能目的。

(4) 供电系统的中高压技术。中大型舰船系统电压不断提高,一般系统电压在 6.6kV 以上,民用舰船最高电压已达 11kV,美国 DDG-1000 的系统电压为 13.8kV。

(5) 智能自动化系统技术。智能化是当前系统自动化的技术发展途径,可以减少船员,提高系统运行自动化水平,是适应“信息战”的主要手段。

(6) 工程设计的通用化、系列化、组合化技术。以简化设计、减少系统全寿命费用,并为技术更新提供基础条件。

(7) 高性能储能技术。储能技术是应改善船用电网电能供应需求及高能武器的能量供应而提出的,同时也为动力系统的生命力提供了保障途径。

14.6.2　我国舰船综合电力推进技术发展状况

目前,我国只能够自行设计传统电力推进系统并在少量军民舰船中服役。其主要特点是采用直流低压(<1000V)技术,其应用对象一般限于 2000t 级以下的特种舰船(主要是潜艇)。面对当今世界快速发展的新型综合电力推进技术,我们尚处在一个重大技术转型期的起步准备阶段。

1. 我国电力推进舰船发展历程和现状

民用舰船。从新中国成立到 20 世纪末,国内建造的电力推进相关的民船只有两艘:一艘是 1962 年江南造船厂自行设计制造的“浦江号”火车渡轮,采用的是直流电力推进系统,由于技术不成熟等多因素的影响,仅运行了一年多就退役了;另一艘是 1987 年大连造船厂为国外船东建造的穿梭油轮,推进系统仍是机械式直接推进,虽已采用了新型电力系统为全船供电,但该电力系统是由 ABB 公司提供的系统设计和设备。

进入 21 世纪,在市场需求的牵引下,我国对舰船综合电力推进技术逐渐关注。

近年来,国际上采用综合电力推进技术舰船的增长势头加快,国内造船企业的制造订单也逐渐增多。2005 年以来,国内建造的电力推进船型种类由上述 4 种扩展至 10 余种,新定购的舰船已有几十艘。我国舰船总体设计单位逐渐参与新型舰船的系统设计,分别在集装箱船、半潜式起重船、烟大铁路渡轮、水声测量船、海洋考察船等船型上开展总体设计中取得了一定的经验。但是,我们对民船综合电力推进技术处在一种"初学者"的被动跟进状态。

军用舰船。自 20 世纪 60 年代初,我国在苏联转厂制造常规动力潜艇动力装置的基础上,研制了三代常规潜艇电力推进系统。即一代研仿;自行设计第一代常规动力潜艇电力推进系统和第一代核动力潜艇的应急电力推进与巡航电力推进系统。进入八九十年代,自行设计了新一代常规动力潜艇电力推进系统。水面舰船只有消磁船,一型军辅船采用低压直流电力推进。同时,国内还开始了永磁电力推进系统的预先研究工作,同期研制的采用直流永磁电机的电力推进系统已装备于舰船作深潜器;还设计研制了深潜救生艇的 PWM 型异步电机电力推进系统(包括主推进器和侧推)等。

2001 年,我国装备预研以采用综合电力系统的新型护卫舰、驱逐舰、潜艇为目标,启动并开展了"舰船综合全电力推进系统关键技术研究",2005 年在国内首次构建了具有完全自主知识产权的 1MW 缩比例试验系统;同期在对俄引进潜艇永磁电力推进系统技术受阻的情况下,自行开展了相关关键技术研究,并在小比例系统样机上进行了试验验证;2002 年研发完成了援潜救生潜器六自由度动力定位技术和新型对接装置;2006 年还完成了援潜救生船(该船是我国海军第一艘采用交流电力推进技术的舰船,其电力推进设备从西门子进口)相关科研和国产配套装备研制等。现在,已有 20 余艘采用传统电力推进方式的舰艇交付部队使用。但到目前为止,我们仍无一型作战舰艇可以采用具有自主知识产权的综合电力推进系统。

2. 我们与国外的差距

我国舰船综合电力推进技术与国外的差距主要表现在基础研究能力、系统设计能力、试验验证能力等方面。没有形成自主研发体系,导致技术发展落后,基础科研能力和创新能力不强。现对国内外差距分述如下。

1) 基础研究能力方面

在国外,大学和科研机构主要承担基础研究工作,如美国的密苏里大学、普渡大学、BWX 技术公司(洛斯·阿拉莫斯国家安全小组四成员之一)、兰德国防研究所、英国宇航系统公司(BAE)、法国舰艇建造局(DCN)、Converteam(Alstom)公司、德国亚琛工业大学、西门子公司、ABB 公司等。目前进行的基础研究主要有:大容量高功率密度电力推进系统的基础研究;仿真模型和虚拟试验平台研究;新型舰船的电气传动和动力系统基础研究;高可靠性电力推进系统控制和数据通信网络的基础研究;脉冲电源和负载模拟的基础研究;动力系统减振降噪研究、(PEM)燃料电池;大功率元器件集成;电力、热能、机械及控制的动态系统分析软件等。在基础研究领域,已形成对舰船综合电力推进系统技术发展的支撑能力。

国内高校和科研机构现有"电力电子与电力传动""电力系统及其自动化""电机与电器""高电压与绝缘技术""电工理论与新技术"等研究方向,并且开展了如舰船综合电力推进系统计算机仿真、多相电机拖动系统的理论体系、船用中压电网监测、限流器设计方法、动力定位技术、超级电容器储能技术研究等,但是总体来看,研究比较分散,还没有形成整体的基础研究能力。

2）系统设计能力方面

在综合电力推进系统设计能力上,我们与国外的差距主要表现在科研组织体系、系统(集成)设计技术、设备设计技术和设计手段4个方面。美、英、法、德等海洋大国都于20世纪90年代通过实施有关舰船综合电力推进系统的发展计划,组织研究设计单位、企业、大学等开展了系统的基础研究和应用研究工作;在掌握综合电力推进系统设计方法的基础上,已可对各种新型舰船所需综合电力推进系统开展系统设计和工程应用,并形成了系统和设备的仿真设计、工程设计系列软件,以及整套的设计规范和标准体系。目前,绝大多数综合电力推进系统及设备是由国外几家大公司集成供货,主要包括电力推进领域内的三大跨国电气公司:ABB、阿尔斯通和西门子,以及传统的系统集成商如IMTECH等,他们在系统集成设计方面占有绝对的市场垄断地位。

国内的研发工作处于“萌芽”期,未形成系统的“合力”;在系统设计方法上还处于学习和摸索阶段,基本的工具软件、仿真软件高级模块、系统设计软件受制于国外,国内尚没有自己的设计规范和标准;初步开展的设备设计工作,仍存在不少技术难题;国内仅有个别综合电力推进系统集成的工程业绩,但都局限于小功率等级舰船。

3）试验验证能力方面

在试验验证能力上,我们与国外的差距主要表现在研究性实验、工程化验证试验两个方面。发达国家已于20世纪90年代陆续建成了综合电力推进系统仿真实验室以及全尺寸工程试验站。进入21世纪后,其系统仿真试验的结果已通过实船验证(Superstar豪华游轮),且全尺寸陆上工程试验已用于实船系统设备联合调试并装船试航(45型驱逐舰)。

国内除系统和设备仿真软件存在较大差距外,通过近年来的保障条件建设投入,实验室仿真硬件条件和小比例样机试验条件已基本具备;全尺寸陆上工程试验条件正在建设中。

另外,在生产制造能力上,目前国外可面向各种船型,全套提供各种功率等级的中、低压电力推进设备;国内仅可对中小型舰船提供柴油发电机组、低压配电屏和变压器等,新型材料和大功率器件只能向国外购买。在售后服务能力方面,国外可提供全球化现场服务;我国只能对沿海和内河船提供维修服务。

4）人才,科研组织体系方面

舰船综合电力推进系统涉及多学科、多专业技术。国外在开展综合电力推进技术研究时,都建立了一个由国家科研管理机构、科研院所、企业、大学、海军科研机构等单位构成的科研组织体系。其中,国家科研管理机构通过制定政策法规以及管理科研经费的手段担负着基础科研和技术进步的宏观调控职能;企业根据市场的需求和生存竞争的需要成为高新技术研发的主力军;大学和专门科研机构则构成了基础研究与前沿科学研究的主要基地。

国内舰船的设计和研制由科研院所、大学、企业、海军科研机构等单位承担,但还未形成科研组织体系,尚未开展系统全面的研究工作。

3. 造成差距的原因

国外的舰船综合电力推进技术新一轮的快速发展已经历了10~15年的历程,21世纪已进入实用化、产品化阶段。他们在技术发展过程中,以本国为主注重国际合作,联合开发研究,逐步形成具有本国(或本公司)特色的系统和设备技术。实现了共性技术应用和产品标准化,以利开展模块化设计和系统集成。在军用领域,美、英、法等国更是注重国际合作,用最少的投资获取最优势的设备,在进行基础研究的同时完成试验场地等保障条件建设,争取用最短的时间完成新型作战舰艇的研制。

通过对比分析,我们在舰船综合电力推进技术的总体上与国外的差距明显,形成差距的主要原因有以下几点。

(1) 缺乏舰船综合电力推进技术发展思路和发展规划研究,没有形成国家支持下的长期稳定发展计划。长期以来,军用舰船重点发展潜艇动力需要的传统电力推进技术,而对民用舰船和水面舰艇综合电力推进新技术研发应用关注不够。近两个五年计划,国内有关单位开始了舰船综合电力推进系统的预研工作,但仍然缺乏整体规划和宏观布局。

(2) 缺少舰船综合电力推进技术研究投入,影响深入系统的基础研究。多年来,预研、科研投入的有限经费主要是为解决型号急需,未注重基础技术研究的投入。例如"十五"期间,海军对"舰船综合全电力推进系统关键技术研究"预研项目的经费投入仅为 2000 余万元,科研单位平均每年的研究经费不足 100 万元。研究力量分散,缺少相应的组织协调,缺乏相应的规范、标准,使得研究的总体水平受到影响。

(3) 设计研究和试验验证平台的建设较晚,影响自主研发设计体系建设。长期以来,研究试验的条件建设均以装备的工程型号为背景,没有从专业技术发展所需系统地考虑基础条件建设,未形成配套的设计软件和数据库,缺乏系统设计所必要的系统仿真分析软件、在线实时检测的试验设备和大容量的系统试验平台等自主研发体系建设的必备条件。针对这一问题,国家有关部委正在加大投入,在设计研究和试验验证能力上将大大缩小与国外的差距。

(4) 人才队伍的培养亟待加强。综合电力推进技术涉及的专业技术领域广而新,研发一线十分缺乏经过实践锻炼的复合型人才。在设计理念、基础研究创新能力发展上不利。我们目前处于"初学者"阶段,对系统集成设计的研究才刚刚起步,可提供工程应用的新型推进设备几乎是空白,因此要缩短与国外的差距,必须有一段逐渐积累经验的路要走。

14.6.3　加速发展我国舰船综合电力推进技术的必要性

1. 我国对综合电力推进技术发展的迫切需求

(1) 民船需求。进入 21 世纪,随着运输业和旅游业需求的日益增长,给我国舰船行业带来了新的发展机遇。

我国的舰船工业的快速发展,给舰船配套设备发展带来重要发展机遇。但是,目前利润丰厚的舰船配套设备仍然大多依赖进口;面对航运市场竞争,我国迫切需要高技术舰船发展,综合电力推进系统的应用将是重要因素之一。

2006 年 3 月,国家发布的《中华人民共和国国民经济和社会发展第十一个五年规划纲要》中提出:"加强舰船自主设计能力、船用装备配套能力和大型造船设施建设,……重点发展高技术、高附加值的新型舰船和海洋工程装备。"同年,国家发改委和国防科工委联合发布的《舰船工业中长期发展规划(2006—2015 年)》中提出舰船技术发展的要求是:"加强基础技术、关键共性技术研究,增加技术储备。建立舰船性能和结构数据库,开发舰船线型和综合性能快速优化设计系统,加强推进、操纵、减振、降噪和结构设计计算等技术研究,构筑产品研发平台。”

进入21世纪,国外综合电力推进舰船中,推进功率等级1～7.5MW的中小型船需求量接近65%。国内近几年已基于国外技术建造了一些新型电力推进舰船,加快我国舰船综合电力推进技术研究和应用开发,从沿海和内河中小型电力推进舰船综合电力推进系统入手,实现系统集成设计和配套设备国产化可以成为我国综合电力推进近期目标;大型民用电力推进舰船如海洋工程平台、远洋货轮的推进功率等级一般在10～20MW以上,特别是豪华游轮属技术含量很高的高端产品,可作为二期目标满足需求。

(2) 军船需求。军用舰船动力系统的性能直接影响着海军武器装备的作战效能,世界各海军强国都在争先发展综合电力系统技术。为维护和平和祖国统一、适应现代战争的需要,研发和建造具有世界先进水平的综合电力推进舰艇将是我国海军快速提升作战能力的重要举措。依据我国海军的发展目标,要不断提高军用舰船的动力性能,必须加快综合电力推进系统研发。

2. 加快综合电力推进技术发展的必要性

舰船配套业是舰船工业的重要组成部分和做大做强的基础,舰船配套业发展水平是影响舰船工业综合实力的重要因素。我国舰船配套业落后,严重制约着海军武器装备的升级换代和民用舰船产业国际竞争力的提高。进入新世纪以来,随着造船业的快速发展,舰船配套发展滞后问题变得日益严峻和突出。作为舰船配套重要项目之一的舰船综合电力推进技术与世界先进国家相比差距更大,因此必须尽快采取措施改变落后状态。我们要充分认识加快舰船综合电力推进发展的必要性。

加快发展舰船综合电力推进技术,是落实科学发展观,建设创新型国家的需要。发达国家于20世纪80年代以来快速发展的综合电力推进技术,已成为新型舰船动力技术的一种主流发展趋势。我们还不掌握舰船综合电力推进技术,且技术上的存量资源不足,这在新的国际竞争环境中已处于十分不利的地位,因此必须尽快启动舰船综合电力推进技术基础研究,加快和加大研究工作的步伐与力度,才能跟上新技术的发展,提高核心竞争力。我们要通过全面、持续的科研投入,坚持以打基础、建体系为目的的反复多轮的研究、试验验证和总结提高,形成研究设计平台、试验验证平台和应用评估平台,支撑自主研发先进舰船综合电力推进技术的研发体系。

加快发展舰船综合电力推进技术,是实现军民结合产业化、推动国民经济发展的需要。舰船综合电力推进技术是典型的军民结合产品,市场的需求推动了技术的快速发展,技术的发展又促进了军民舰船的广泛应用。据2002年的统计,世界造船市场上,电力推进舰船数量以20%的速度递增。2007年仅国内给国外船东建造的新型舰船中,综合电力推进设备的总金额达8亿美元。

综合电力推进技术对国内其他行业发展还将起到了带动作用。以石油行业为例,钻井用的顶置式钻机和油田抽油机都得使用百千瓦至兆瓦级的变频拖动系统,目前所用设备基本上是国外公司的一统天下。通过综合电力推进技术研究,可以加快大容量变频拖动系统技术的发展,带动与之配套的电力电子、材料、机械加工等制造业的技术进步,支持国家经济和其他产业发展。

单靠引进不能满足军民舰船发展需要。在国际市场竞争及军备竞赛的环境中,发达国家对我国新型舰船的技术限制和技术封锁随处可见。例如:在某救生船电力推进系统引进谈判过程中，外方要求我方书面保证吊舱式推进器不用于军船，以符合欧盟对华出口限制规定，导致我方未能顺利引进；在军用舰艇上，由于美、法、德、俄政府的干涉，我国近年想购买可能用于综合电力推进系统设备的意愿全部落空。由此可见，在核心技术受国外制约的现实情况下，单靠引进不可取。在民船方面，由于国外大公司垄断了系统集成设计技术，其设计费用极高，达到设备费用的1.5倍；同时，相关的设备必须由外国公司指导采购，使舰船建造的国际竞争力受到极大影响。因此，我们必须加快发展自己的综合电力推进技术，才可冲破制约，避免长期处于被动地位，以满足我国舰船发展需要。

14.6.4 关于未来发展舰船综合电力推进技术的方向

1. 制订国家舰船综合电力推进技术发展计划

世界先进国家舰船综合电力推进技术发展迅速，民船、军船的需求的旺盛。各发达国家在十几、二十年前就根据自身的需求和基础，制订了相关的发展计划，促进了综合电力推进技术的进步。我国起步晚，技术落后，严重制约了我国舰船动力技术的现代化，影响了我国造船业和海军装备的发展。建议国家尽快根据我国国情，制订我国舰船综合电力推进技术基础研究项目计划，并将该计划纳入"舰船动力基础研究发展计划"。组建专项协调委员会，组织计划的实施。组建专家委员会，开展顶层设计，专业项目技术咨询与评估工作。

2. 建设和完善舰船综合电力推进技术的研究开发体系

我国舰船动力技术发展有40余年历史，在潜艇和军辅船电力推进系统与设备方面积累了一定的经验；近10余年来，国内采用综合电力推进的民用舰船逐渐增多，总体设计及系统集成技术研究已起步；部分大学开展了相关的研究工作，锻炼和培养了一定的专业研究设计人才。根据军工科研生产任务的需求，国家逐步加大了国防科研和生产基础设施的建设投入，目前已具备开展舰船综合电力推进技术的研究条件。我们要在舰船综合电力推进技术迅猛发展的形势下，急需抓住机遇，充分利用和整合现有资源，结合我国的国情，相对紧密地将有关企业、研究院所和院校联合起来，组成军民需求结合、基础研究与设计开发结合的技术研究开发"国家队"，形成完善的舰船综合电力推进技术的研究开发体系。

3. 尽快启动舰船综合电力推进基础技术的研究

舰船综合电力推进技术研究，需要一定的周期和大量的技术储备，我们必须贯彻动力先行的原则，加大动力系统基础研究的投入力度，尽快启动舰船综合电力推进技术研究，满足军民舰船动力的需求。

第15章 基于模块化的舰船电力系统仿真平台设计

图形化软件编程、面向对象技术以及面向对象的数据库管理是现代舰船电力系统仿真分析软件的发展趋势和追求目标。

本章介绍一种舰船电力系统电力系统仿真平台总统架构和设计思路，设计并完善了图形化仿真平台的元件库和基础功能，为高级应用算法等仿真模块功能的实现提供了支撑。

15.1 系统总体架构

以模块化模型为基础，利用 VC + +6.0 软件作为开发平台，采用面向对象的程序设计思想，以数据库为支撑，设计舰船电力系统仿真计算软件。

面向对象技术将每个元件设备抽象成一个对象，并通过封装其动作和属性来描述舰船电力系统中各个元件的状态特征。封装性使仿真模块能最大限度地隐藏其执行部分的细节，只通过定义的接口与外部的联系。通过接口通信使仿真模块减少了与外部程序的耦合关系，单方面的修改不会导致相互影响。

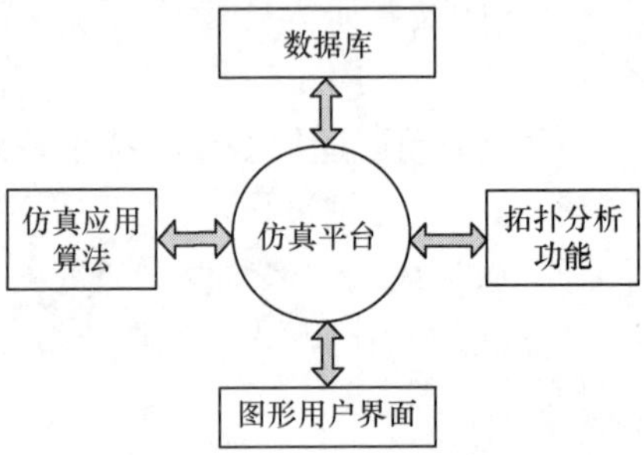

图 15－1 舰船电力系统仿真软件基本构成

舰船电力系统仿真体系平台可以分成4个部分：图形用户界面、面向对象数据库、智能网络拓扑分析和仿真应用算法，如图 15－1 所示。图形用户界面是人机交互的工具，既能帮助用户自定义建模，又能将后台计算结果显示给用户。它还是连接其他功能模块的载体，用户通过图形界面的菜单栏调用其他仿真算法功能；数据库系统用于管理舰船电力系统仿真相关的所有数据；智能拓扑分析识别舰船电网仿真图的连接路径关系；仿真应用算法提供舰船电力系统分析相关的计算机求解方法。

15.2　功能模块及连接接口设计

15.2.1　功能模块的建立

利用面向对象技术将具有特定仿真应用功能的程序代码进行封装，通过定义相关接口和隐藏执行部分的细节来构成相应的仿真算法模块。接口的作用就是提供一个与其他模块相互通信的方法。仿真系统中的其他模块无须了解该模块的内部细节，只能通过提供的外部接口与其进行通信。根据这种思想将仿真体系平台的 4 个部分分别建立功能模块：图形用户界面模块，网络拓扑分析模块，数据库管理系统模块和稳态仿真应用模块（包括潮流计算模块和耗气量计算模块）。每个模块都封装着自己的功能程序代码，为了使各个模块有效连接，还定义了各个模块之间的数据接口，方便模块之间进行数据信息传递。

1. 图形用户界面模块

图形用户界面模块是用户与计算机进行交互的窗口，其主要功能是由系统文件操作、元件图形绘制、图元编辑以及提供调用算法接口的按钮等共四部分组成，如图 15－2 所示。其中系统文件操作功能实现对仿真文件的新建、打开、保存等；通过绘图功能可以简便直观地显示出舰船电力系统常用电气元件；图元编辑功能完成对各种元件图形对象的选择、移动等操作。复制仿真软件的核心内容是仿真算法，图形界面上只有综合了高级应用算法才能实现仿真功能且仿真平台才有意义。因此，图形平台除了完成基本的图形绘制和系统数据输入功能外，还为各种舰船电力系统分析功能模块提供相应的调用接口，使用户可以直接在图形平台上操作完成对舰船电力系统的仿真分析。

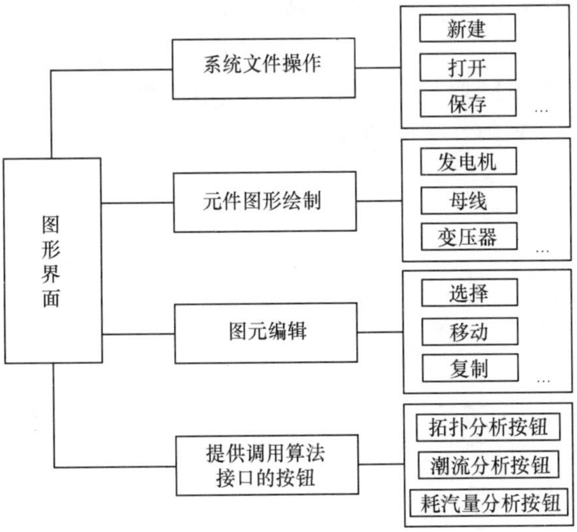

图 15－2　图形界面模块的主要功能

2. 拓扑分析模块

舰船电力系统进行仿真分析前首先要进行网络拓扑分析,它是其他高级应用算法执行计算的基础,无论是舰船电力系统潮流和短路计算,还是电力系统网络重构、实时状态估计等都需要首先进行拓扑分析,明确电网的路径连通关系。

由于在面向对象的图形绘制平台下,电力系统的元件组成和接线方式都是根据用户需要任意搭建的,网络拓扑结构具有不确定性。只有通过分析电力系统网络接线图,将图形界面信息转换成计算机识别的数字信息,明确电网的拓扑结构后才能建立起舰船电力系统网络数学模型供高级算法解算。由此,拓扑分析是将图形化连接的舰船电力系统转化为数字化网络的过程。转化的过程是利用图形元件的 ID 编号和元件之间的连接关系,最终形成用数字编号表示的舰船电网路径信息。

3. 数据库模块

舰船电力系统仿真计算过程中会用到大量结构复杂的数据,而且数据类型众多。本文利用面向对象的思想,建立舰船电力系统的对象 - 关系型仿真数据库。它包含仿真系统中各个功能模块执行过程中所需要的全部数据信息,而且能够方便快捷地查找指定数据,具有良好的通用性和透明性。数据库系统独立于图形模块和仿真算法模块,将这些模块应用的数据与主程序分离,数据的增加、删减或更改不需要修改程序。

4. 稳态分析模块

舰船电力系统仿真软件在稳态分析模块中主要完成两个分析功能,分别为潮流分析模块和汽轮机耗汽量计算模块。

潮流分析模块:舰船电力系统稳态分析中最主要的是进行潮流计算,可以得到电网各节点和支路的功率分布。

汽轮机耗汽量计算模块:对图形界面中连接的汽轮发电机组进行耗汽量计算,根据汽轮机设置的参数和发电机功率,进行单机和总体的汽轮机耗汽量计算。

综上所述,舰船电力系统电力系统仿真分析软件是综合了图形用户界面、数据库模块、拓扑分析模块、潮流分析模块和耗汽量计算模块的大型仿真系统。用户在图形界面连接舰船电力系统仿真接线图,利用拓扑分析模块识别图形元件的网络结构,获取电力系统节点支路信息。潮流分析模块利用拓扑分析结果及元件参数信息对系统进行潮流分析计算,得到稳态下系统各节点的功率分配情况和电压电流数据。汽轮机耗汽量计算模块在稳态仿真分析的基础上,利用发电机的稳态功率结合汽轮机参数,计算单机和总体的汽轮机耗汽量值。仿真运行过程中数据的存储和调用都由数据库协调控制。其连接示意图如图 15 - 3 所示。

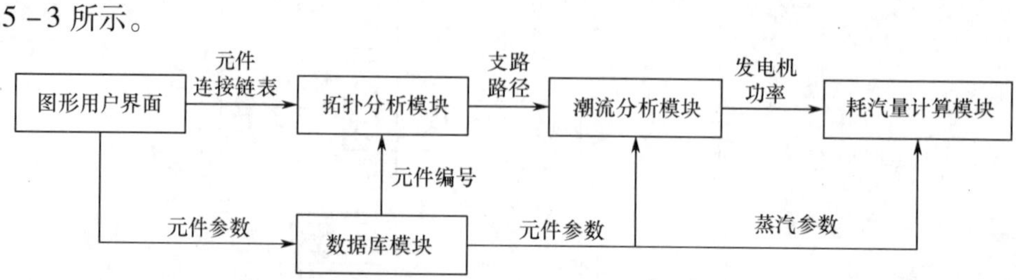

图 15 - 3　模块功能连接示意图

由此可知,仿真模块之间需要数据的通信才能运行,但由于数据格式的不同,无法将上一模块分析的数据结果直接提供给下一模块。因此，在程序中建立良好的数据接口，使模块间的数据可以转换为所需要的格式，是仿真软件成功运行的重要内容。

15.2.2　模块间的接口设计

对于每一个仿真应用算法，都建立一个算法类封装其所有的仿真功能函数。最后将该算法类作为一个模块植入舰船电力系统电力系统仿真软件平台中。只通过事先定义的数据接口与外界联系。因此每个模块所需的数据格式是一定的，包括数据类型和数据排列方式等。因此在调用算法模块的同时，需要先明确该模块进行分析所需要的数据格式及输入输出方法，然后有针对性地利用图形系统中数据信息设计相应的数据结构，存储到数据库中相应的数据表中。这样，高级算法执行时可以到数据库指定位置中调用。这种做法的好处是使图形系统和高级算法之间减少交叉耦合部分，单方面的修改不会造成对其他程序模块的影响。

舰船电力系统电力系统稳态仿真软件在用户界面上提供仿真功能按钮对算法控件进行调用，包括拓扑分析功能接口、高级算法接口、数据库接口和仿真结果显示接口。针对每一个功能在工具栏上设置相应的按钮，通过鼠标单击调用相应仿真模块的响应函数。程序组织结构图如图 15 -4 所示。通过图形界面平台的功能接口，将各种仿真应用模块有效地连接，用户在面向对象的图形界面下直接进行仿真分析操作，使得舰船电力系统电力系统稳态仿真平台功能更加完善、系统，仿真过程更加直观。

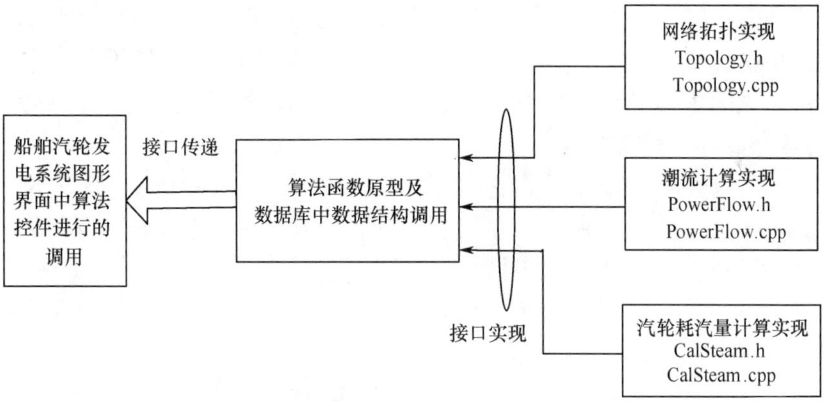

图 15 -4　程序组织结构图

其中图形平台、拓扑分析模块和稳态分析模块的相互连接的接口数据都是通过数据库进行传递的。每个模块的输入输出数据以及按一定格式转换后的数据，都会存储在数据库指定表格中。图形平台中元件的图形连接关系也会转换成链表格式存入数据库，经过 ID 编号的设定和转换形成拓扑分析模块所需的数据格式，供拓扑分析时调用。拓扑分析模块的分析结果，母线连接的发电机及负载信息、支路路径信息，都会直接存入数据库中。再经过支路阻抗的计算，母线节点初始参数的设置等，形成潮流分析模块所需要的数据接口格式供潮流计算时调用。潮流分析后的发电机功率信息会作为汽轮机耗汽量算法的数据接口。这样，只要明确每个模块的输入接口，根据接口定义的形式在数据库中找到需要的数据信息，并建立相应的接口数据表，就可以实现该模块在系统中的有效运行。最后将仿真运行结果保存到数据库,为其他模块输入接口的建立提供数据信息。

15.3 舰船电力系统数据库设计

15.3.1 数据库软件及开发技术

1. 数据库开发软件

本仿真软件开发中采用了 Microsoft SQL Server 2000 作为舰船电力系统电力系统仿真软件的后台数据库。Microsoft SQL Server 数据库是一个高性能,客户/服务器方式的关系型数据库管理系统。每个关系型数据库都是由众多表构成的,每个表代表一种关系,是行和列表示的数据集合。该数据库具有图形化用户界面,使得数据库管理简单直接,并且支持多种编程接口,为程序设计者提供很大的选择空间,同时支持多种处理器平台和 Web 技术。利用该数据库完善的管理功能可以将复杂的数据合理地组织且便于操作使用。根据元件对象模型及仿真算法模型建立相应的舰船电力系统电力系统仿真数据库,实现对仿真全过程中应用数据的管理和协调控制,以减少系统数据冗余现象。

2. 数据库开发技术

Visual C + + 提供了多种数据库访问技术,主要包括 ODBC 、MFC ODBC 、DAO、OLE DB 、ADO 等数据库访问接口。这些技术各有自己的特点,但都提供了简单、灵活、访问速度快、可扩展性好的开发技术。

ADO 是 Microsoft 推出的面向对象且与语言无关的高层数据访问编程接口,它和 Microsoft 以前的数据库访问接口 DAO、RDO 相比具有更大的灵活性,使用也更方便,开发效率大为提高。它的主要特点有:使用便捷、高效;有丰富的编程接口且可访问多种的数据源;占用磁盘和内存空间较低。

总的来说,ADO 模型包括了下列对象:连接对象(Connection)、命令对象(Command)、记录集对象(Recordset)、域对象(Field)、参数对象(Parameter)、错误对象(Error)、属性对象(Property)、集合、事件。

ADO 中最重要的对象有三个:Connection、Recordset 和 Command,分别表示连接对象、记录集对象和命令对象,如图 15-5 所示。三个对象对应的智能指针分别是:_ConnectionPtr、_RecordsetPtr 和_CommandPtr。ADO 使用_ConnectionPtr 这个指针来操纵 Connection 对象,类似地,用_CommandPtr 和_RecordsetPtr 分别表示命令对象指针和记录集对象指针。

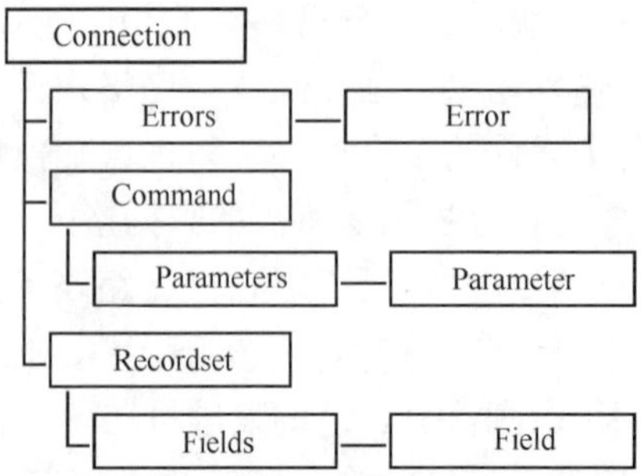

图 15-5 ADO 模型关系图

3. SQL 查询语句

ADO 可以通过执行 SQL 语言有选择的从数据库返回我们需要的数据，也就是查询。我们可以利用 SELECT、INSERT 或 UPDATE 语句分别查看、插入或更新数据。最基本的 SELECT 语句仅有两个部分：要返回的列和这些列源于的表。例如：

```
SELECT * FROM Employees
```

表示从 Employees 表中获取所有数据记录。语句后面用 Where，Orderby，Between 还可以根据加入限制条件进行数据的查询。

15.3.2　数据库系统的设计

面向对象的数据库系统在本软件体系结构中起着重要作用。仿真程序的运行过程中始终离不开数据库的应用，从图形模块中电力元件的建模，到对元件参数的设置和修改，从算法模块中对计算接口参数的输入到计算结果的输出，都要需要数据库提供数据支持。因此，设计一个结构良好且层次清晰的面向对象的数据库管理系统，对舰船电力系统仿真软件具有重要意义。

采用 Microsoft SQL Server 2000 软件进行数据库开发，具有良好的可靠性、一致性及共享性。数据库系统独立于图形模块和仿真算法模块，将这些模块应用的数据与主程序分离，数据的增加、删减或更改不需要修改程序。同时，该数据库包含仿真系统中各个功能模块执行过程中所需要的全部数据信息，而且能够方便快捷地查找指定数据，具有良好的通用性和透明性。利用 VC 编写 ADO 访问接口，并采用通用的数据库操作语言，SQL 语言，来实现对数据的读取与写入。

舰船电力系统仿真数据库面向舰船电力系统仿真图形化平台与仿真应用，为仿真实例提供统一的数据支持。根据仿真平台中面向对象建模的 N 端口元件设备类和仿真应用类映射形成了面向对象的舰船电力系统数据库系统。目前舰船电力系统的仿真应用数据库主要包括拓扑分析应用、潮流分析应用和汽轮机耗汽量计算应用。图形仿真界面利用 ADO 的编程接口访问数据库，舰船电力系统仿真数据库形成示意图如图 15－6 所示。

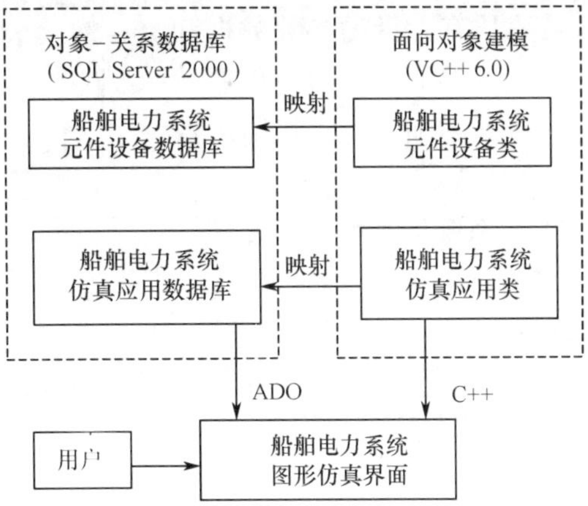

图 15－6　舰船电力系统仿真数据库形成示意图

首先建立舰船电力系统仿真数据库“ShipSimulation”，库中建立各种仿真相关的数据表，可以分为系统管理表、元件数据表和仿真数据表，如图 15－7 所示。

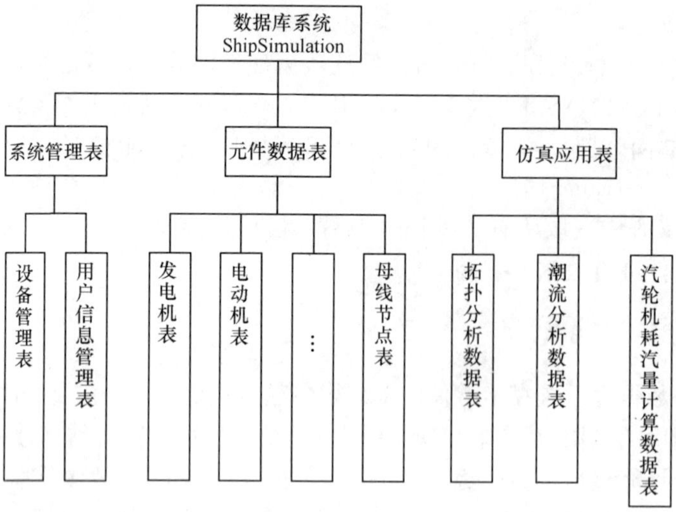

图 15－7　ShipSimulation 数据库构成

1. 系统管理表

舰船电力系统仿真数据库的系统管理表包括设备管理表和用户信息管理表。设备管理表记录仿真系统元件库中所有元件的名称,类型号和表示字符等基本信息。用户信息管理表主要保存登录的用户名和密码信息,用户名是用户管理表的唯一主键。系统管理表如图 15－8 所示。

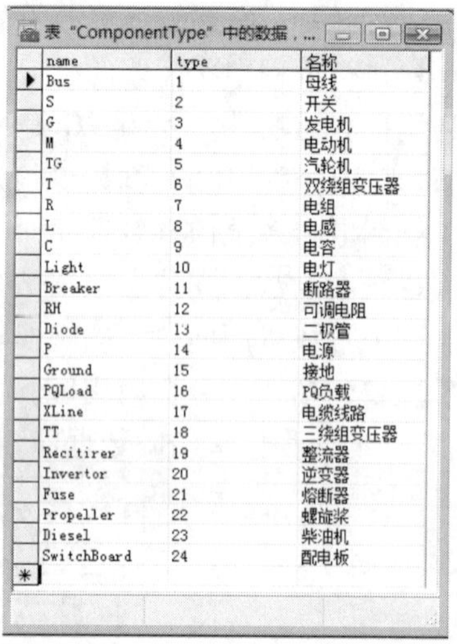

表 "ComponentType" 中的数据 ...

name	type	名称
Bus	1	母线
S	2	开关
G	3	发电机
M	4	电动机
TG	5	汽轮机
T	6	双绕组变压器
R	7	电组
L	8	电感
C	9	电容
Light	10	电灯
Breaker	11	断路器
RH	12	可调电阻
Diode	13	二极管
P	14	电源
Ground	15	接地
PQLoad	16	PQ负载
XLine	17	电缆线路
TT	18	三绕组变压器
Recitirer	19	整流器
Invertor	20	逆变器
Fuse	21	熔断器
Propeller	22	螺旋桨
Diesel	23	柴油机
SwitchBoard	24	配电板

图 15－8　系统管理表

2. 元件数据表

用户在图形界面中绘制的每个图形模型都包含着两部分的数据信息:一部分是图形本身的属性,包括图元位置、颜色、端口数量等;另一部分是图形所代表的电气元件的电气参数,包括元件基本电气属性和仿真模型描述等。可知,仿真系统具有大量的参数数据和表示信息需要记录与处理。利用数据库系统可以有效地组织和管理这些信息,方便地存储、查询和调用数据,减少了程序中数据的冗余现象。

元件数据表是由舰船电力系统仿真平台中元件设备类映射而来的,包括发电机表、电动机表和母线节点表等。图 15－9 所示为数据库中建立的发电机数据表属性设置对话框。数据表中的每一个列表示发电机元件的一个属性,分别为发电机元件的名称、额定功率、额定电压和额定频率等,还需为每一种属性设置数据大小及类型。

3. 仿真应用表

仿真应用表是根据各种算法模块需要的数据格式和内容建立的,它用于在仿真过程中提供数据给各模块的数据接口,模块计算结束后存储计算结果信息。本软件中仿真应用数据库包含潮流分析数据表、汽轮机耗汽量计算数据表以及拓扑分析数据表。

(1) 潮流分析数据表是潮流算法模块的外部数据接口,包括支路导纳数据表和母线

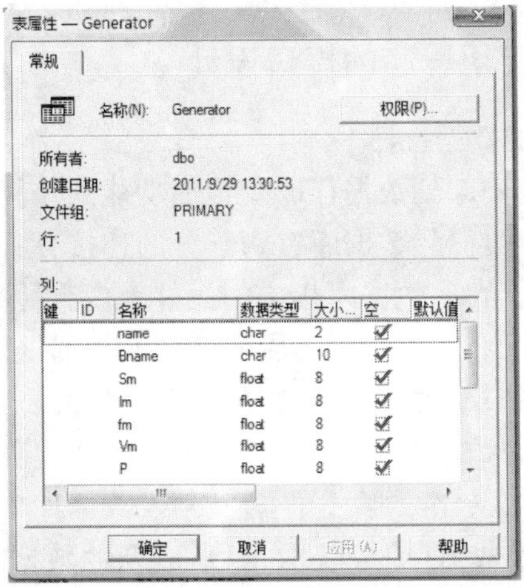

图 15－9　发电机数据表属性设置对话框

节点的类型及初始电压数据表。

(2) 汽轮机耗汽量计算数据表包括发电机稳态功率数据表和汽轮机蒸汽参数表。

(3) 拓扑分析数据表包含两部分,一部分是拓扑分析前,需要获取的图形元件连接关系作为模块分析接口。另一部分是拓扑分析后路径数据信息的存储。拓扑分析模块的数据接口为由每条连接线连接的两元件编号关系表,此关系表在系统连接线表中通过数据库查询功能转换元件 ID 后提供。

拓扑分析结果分为以下四部分存储。

① 单独元件的邻接元件关系:存储电力网络接线图中以任一图元为中心,与之有连接关系的图元集合。

② 母线节点间的路径关系:舰船电力系统主要为母线、电缆、变压器和开关构成的网络结构。进行电气分析时,两条母线间的连接路径为网络支路。

③ 发电机与所在母线的路径关系。

④ 负载元件与所在母线的路径关系。

以上四种数据表记录了整个电网接线图的全部路径信息,如图 15－10 所示。

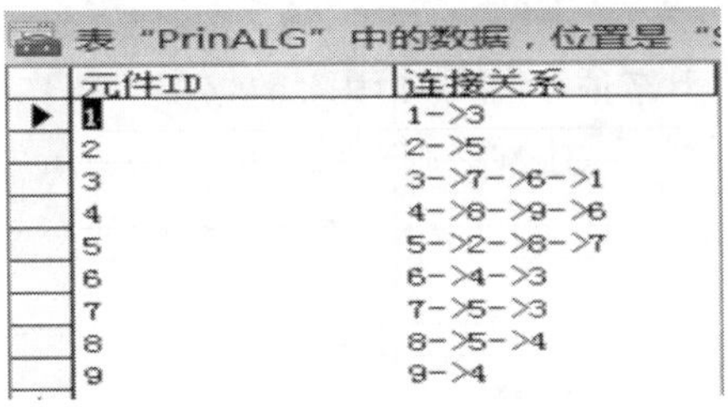
表 "PrinALG" 中的数据,位置是 "S

元件ID	连接关系
1	1->3
2	2->5
3	3->7->6->1
4	4->8->9->6
5	5->2->8->7
6	6->4->3
7	7->5->3
8	8->5->4
9	9->4

(a) 元件连接关系表

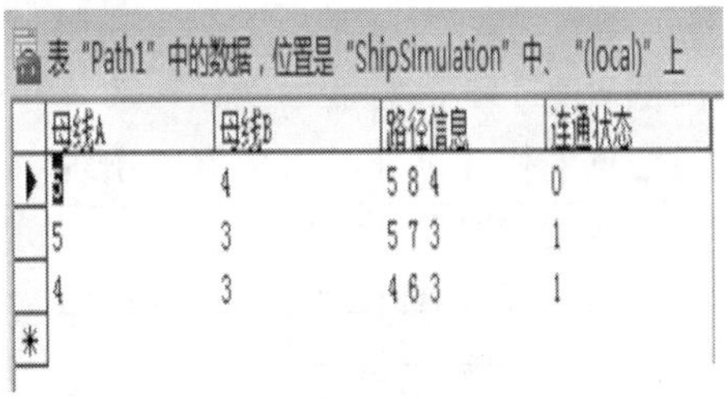
表 "Path1" 中的数据,位置是 "ShipSimulation" 中、"(local)" 上

母线A	母线B	路径信息	连通状态
5	4	5 8 4	0
5	3	5 7 3	1
4	3	4 6 3	1

(b) 母线支路表

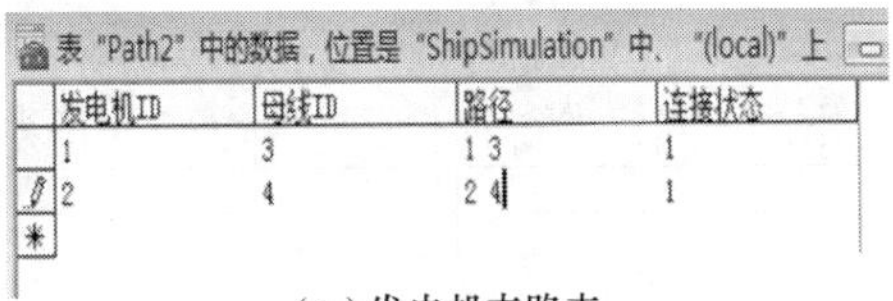
表 "Path2" 中的数据,位置是 "ShipSimulation" 中、"(local)" 上

发电机ID	母线ID	路径	连接状态
1	3	1 3	1
2	4	2 4	1

(c) 发电机支路表

表 "Path3" 中的数据,位置是 "ShipSimulation" 中、"(local)" 上

负载编号	母线编号	路径信息	连接状态
9	4	9 4	1

(d) 负载支路表

图 15－10　拓扑分析结果的数据库存储表

15.3.3 数据库与仿真应用程序的接口设计

1. 数据库与仿真模块的数据接口

数据库在整个仿真系统中起到数据存取及传递功能的作用,各个功能模块都与数据库存在数据传递接口。用户界面与数据库有两部分的连接,一部分是以各元件属性对话框为接口,将其中输入的数据存入数据库相应的元件表内。另一部分是根据界面中用户建立的电力系统仿真接线图,将程序自动形成的记录元件的链表和连线关系的链表直接存入数据库对应表中,作为拓扑分析的初始数据信息。拓扑分析模块、潮流计算模块和耗气量计算模块需要输入的数据都是由数据库提供的。主程序根据需要将各模块所需要的数据按固定的接口定义格式形成数据表存入数据库中,供相应模块调用:将元件连接关系由名称表示转换成ID编号表示,以形成新的数据表,作为拓扑分析模块分析的数据接口;根据路径信息和元件参数计算出的支路数据表和节电电压表作为潮流计算模块的输入数据接口;汽轮机表中的蒸汽参数以及潮流计算得出的发电机功率表作为耗汽量计算模块的输入数据接口。各模块执行后的分析结果也都将存储到数据库中,供界面程序读取进而进行仿真结果的显示。数据库与各模块间的数据传递关系如图15-11所示。

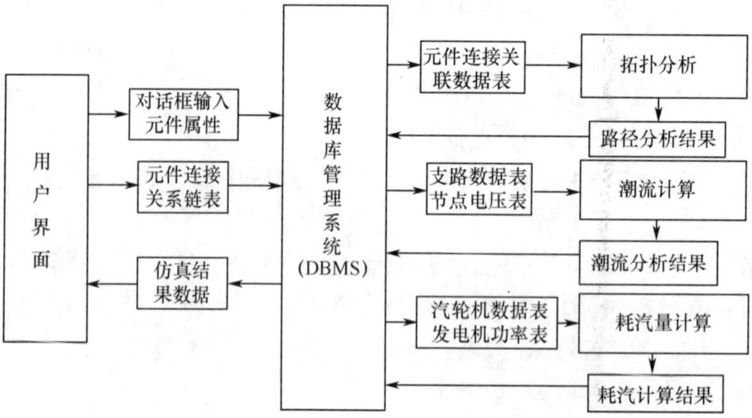

图15-11 数据库与各模块间的数据传递关系

由图15-11可知,数据库管理系统在舰船电力系统仿真程序中将数据统一管理,任何针对数据的操作都要经过数据库系统。仿真程序各模块都要到数据库中的指定位置读取或存储数据,达到将仿真模块与仿真数据分相分离的目的,减少了系统模块间的交叉依赖关系,使系统的整体结构更加简单,层次清晰。

2. 数据接口程序设计

利用VC++6.0软件开发数据库与仿真应用程序的接口,利用C++语言建立数据库接口程序,并将其封装为接口类:CADODataBase类和CADODataBase_SQLServer类。仿真程序中各模块都可以通过这两个接口类来操作数据库,进行存储,读取以及修改数据库中的数据信息。

CADODataBase类中封装的是利用ADO连接数据库的通用函数,包括数据库连接、设置服务器和用户信息、执行SQL语句等。

```
class CADODataBase
{
Protected:
  _RecordsetPtr m_pRS;
  _ConnectionPtr m_pConn;
  virtual ~CADODataBase();
  void SetUserId(const char * a_pchUserIdString); //设置用户 ID
  void SetUserPassword(const char * a_pchUserPasswordString); //设置用户密码
  void SetQueryString(const char * a_pchQueryString);  //设置 SQL 查询语句
  void SetProvider(const char * a_pchProviderString);
  void SetDataSource(const char * a_DataSourceString);
  void SetInitialCatalog(const char * a_pchIntitalCatalogString);
  void SetExtendedProperties(const char * a_pchExtendedPrpoertiesString);
  void SetConnString(const char * a_pchConnString);//以上是数据库连接的信息
                                                   设置
  HRESULT ConnectToDB( );        //连接数据库
  _RecordsetPtr GetRecordSet( );   //获取数据表记录
  _RecordsetPtr ExecuteQuery( );   //执行 SQL 语句

  HRESULT GetOneRow (const long a_lNoOfColumns,_variant_t * a_varOneRowDa-
ta);  //获取数据表中某一行记录
  HRESULT CreateTable(const char * a_pchTableName,const char * a_pchColumn-
Name,…); //新建一个数据表
  HRESULT InsertRecord(const char * a_pchTableName,const char * a_pchCol-
umns,…);  //插入一条记录
  HRESULT CloseConn();   //关闭数据库
  HRESULT CloseRecordSet(); //关闭数据记录
};
```

CADODataBase_SQLServer 类继承于 CADODataBase 类,扩展并封装了针对本仿真软件的面向对象数据库 ShipSimulation 建立的功能函数,用于连接仿真系统的各个模块。每一个函数都表征了对一个数据表中数据成员的操作,具体操作方式用 SQL 语言编写,调用该函数即执行其中的 SQL 语句,完成对数据库的调用。图 15－12 所示为本仿真软件的 ADO 接口编程示意图。

如 InsertSwitchState 函数的功能是修改开关元件表中的开关状态。执行的 SQL 语句是 strQuery. Format (“update switch set state = ‘% d’ where name = ‘% s’”, nstate, nSname); ,即查找开关表中的 name 列中的名字与 nSname 变量名字相同时,根据变量 nstate 的值更新该元件的开关状态。具体程序代码如下所示:

```
void CADODataBase _ SQLServer :: InsertSwitchState ( int nstate, CString
nSname)
{ CString strQuery;
strQuery. Format("update switch set state = '% d' where name = '% s'",
        nstate,nSname);
```

```
    try {
        Query(strQuery);
      }
    catch(…) {
        return;
      }
}
```

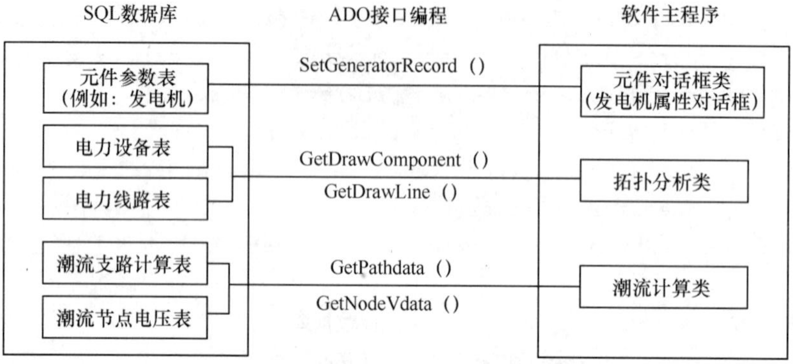

图 15-12 本仿真软件的 ADO 接口编程示意图

15.4 舰船电力系统网络拓扑分析

舰船电力系统进行仿真分析前首先要进行网络拓扑分析，它是其他高级应用算法执行计算的基础，无论是舰船电力系统潮流和短路计算，还是电力系统网络重构、实时状态估计等都需要首先进行拓扑分析，明确电网的路径连通关系。由于在面向对象的图形绘制平台下，舰船电力系统的元件组成和接线方式都是根据用户需要任意搭建的，网络拓扑结构具有不确定性。只有通过分析电力系统网络接线图的拓扑结构，才能将图形界面信息转换成计算机识别的数字信息，从而建立舰船电网的数学模型，调用相应的仿真算法进行求解。

目前，实际舰船电网的接线方式采用最多的还是混合电网和环形电网。环形电网结构主要应用在对电网可靠性和供电品质要求较高的一些大型舰船中。由于闭环运行对电网的技术水平要求很高，所以舰船中一般采用“闭环结构，开环运行”的电网运行方式，即在运行时切断闭环的某个环节以形成开环运行方式，有需要时合上切断部分即可形成闭环。这样既能简化线路的管理及保护策略，又能减少闭环的某些不良影响。

根据舰船电网的结构特点，选取配电板作为舰船电力系统分析的节点，在仿真系统中统一用母线元件来表示。因此通过舰船电力系统的网络拓扑模块得到以母线为节点的支路分析结果。

15.4.1 基于图论方法的舰船电力系统拓扑建模

网络拓扑分析的任务是针对图形界面的电网连接关系，并根据支路开关信息的变化，识别当前的网络拓扑结构，给各仿真应用程序模块提供拓扑信息和数据。常用的分析方法是基于图论的方法。舰船电力系统是由众多电气元件通过电缆或线路连接在一起的整体，当忽略元件特性而只研究系统的网络拓扑关系时，可以将电力系统抽象成图结构，图中包含了顶点与边的连接关系。图论的方法已经是一种成熟的理论，目前广泛用于分析和求解网络拓扑的相关问题。

图是由顶点集合 $V=\{n_1,n_2,\cdots,n_N\}$ 以及描述顶点间关系的边的集合 $E=\{I_1,I_2,\cdots,I_M\}$ 组成的一组数据结构，记作 $G(V,E)$。边 I_k 可以用它的两个端点 n_i 和 n_j 表示，记为 (n_i,n_j)。如果 n_i 是边 I_k 的一个端点，则称顶点 n_i 与边 I_k 关联。如果 n_i,n_j 是同一条边 I_k 的两个端点，则称 n_i 或 n_j 相邻或邻接。如果 I_i 和 I_j 关联同一个顶点，则称两条边 I_i 和 I_j 相邻或邻接。图的遍历是在图论方法的基础上通过嵌套搜索某一顶点的邻接顶点，直至所有顶点都被标记。对图的遍历方法常用的有树搜索法和邻接矩阵法。

基于图的思想对舰船电力系统拓扑进行建模，并利用图的搜索方法对其进行网络拓扑结构的分析，不但使网络拓扑分析问题的思路清晰直观，而且便于编写计算机程序，对复杂舰船电网结构的分析有很大帮助。

本书设计的仿真软件中将网络拓扑功能分析分为以下两个阶段。

第一阶段为不考虑电网的元件属性和电气关系，只分析图的连接关系的初步拓扑分析。把连线看作边，元件看作顶点，对由此组成的图进行遍历搜索，得到电力系统网络的基本拓扑结构，进而识别系统网络的路径连通关系。

第二阶段是母线节点与母线间支路路径的拓扑分析。根据分析舰船电网接线结构的特点，以及舰船电力系统潮流分析等仿真算法的数据要求，将电力系统看作是以母线为节点，母线间的连通支路为边的图结构。这是在原始图的基础上，突出了母线元件节点和母线的连接关系。阻抗元件及开关元件等只考虑其对支路参数的影响。

母线节点与支路的拓扑分析需要根据初步拓扑分析出的图的连接关系，判断开关状态及母线变化，进一步建立基于母线节点和母线支路的包含电网参数信息的网络拓扑。这种拓扑结构更适于舰船电力系统的仿真应用，将节点电压和支路阻抗等参数作为反映网络状态的物理量参与仿真算法计算。

以图 15－13 所示的 IEEE 5 节点系统图为例，首先对系统进行初步拓扑分析，每个元件当作一个顶点，元件间的连接线当作边，得到图 15－14 中 15 个顶点和 15 条边的拓扑结构图。

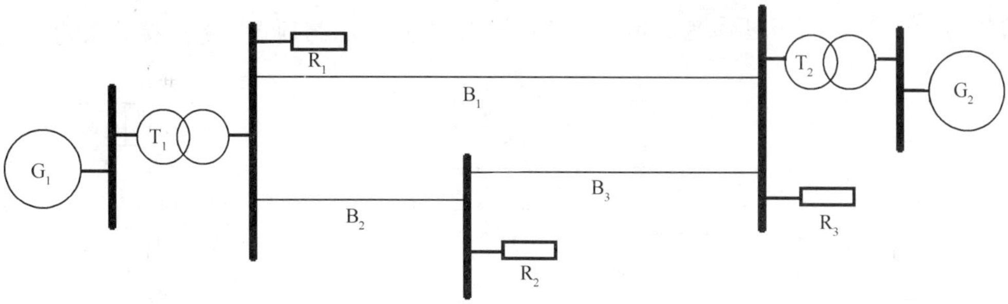

图 15－13　IEEE 5 节点系统图

电力系统分析时需考虑母线节点间的连接关系，以及母线间支路的阻抗参数。因此，需要在基础拓扑分析结果的基础上进行简化，突出母线节点，母线支路经过的其他元件只

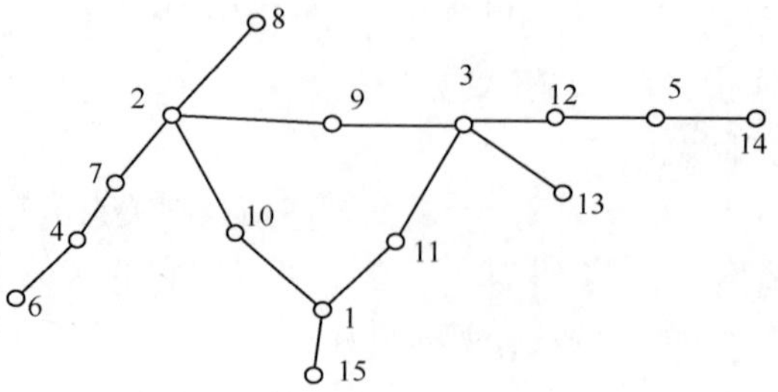

图 15-14　15 个顶点和 15 条边的拓扑结构图

考虑其阻抗信息。经过母线拓扑分析,得到了图 15-15 所示的 5 节点 5 支路的拓扑结构图。

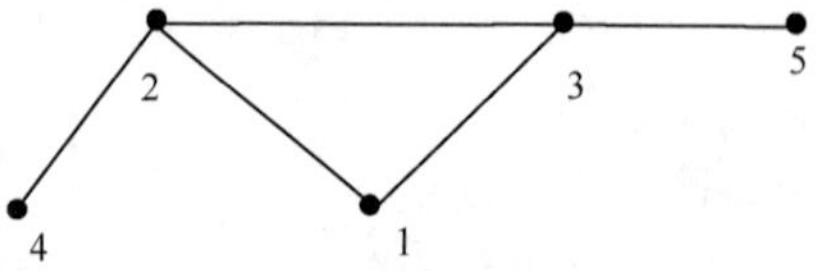

图 15-15　5 节点 5 支路的拓扑结构图(1~5 为母线节点)

15.4.2　拓扑分析算法模块

网络拓扑分析的算法模块主要进行舰船电力系统的初步拓扑分析,建立基于电网元件 ID 编号的图结构,利用搜索方法对其进行元件连通关系的识别。

1. 图的建立

拓扑分析程序模块编制的思想是根据图的方法。首先需要将电网的图形化接线图建立成图。将舰船电力系统网络接线图中的每个元件看作图的顶点,而两个元件间的连线看作图的边,通过对此无向图进行遍历搜索即可得到整个舰船电力系统的拓扑结构信息。图有很多种表示方法,本仿真软件中拓扑分析模块采用邻接表结构表示图。

建立邻接链表需要向程序模块提供各个边的信息,即每条连线所连接的两个元件编号信息。对电力系统网络图中的每一个元件顶点建立一个单链表,用于存放由该顶点发出的所有边的另一端的顶点。每一个顶点结构都保存着自己的顶点编号以及指向下一条边的指针。图 15-16 所示为 5 顶点的邻接链表,图中表示与顶点 1 有连接关系的顶点分别为 2、3、4 和 5。

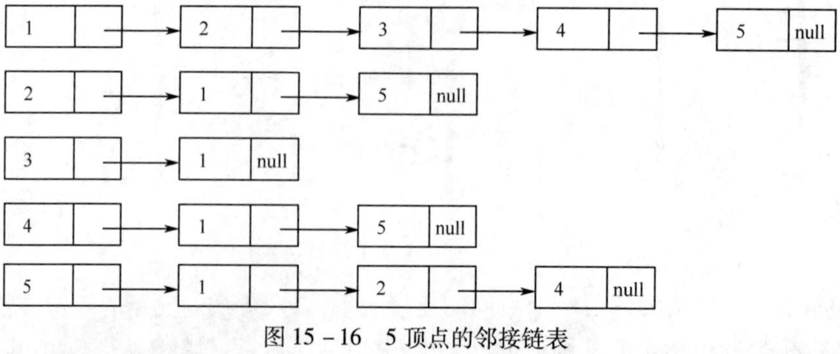

图 15-16　5 顶点的邻接链表

2. 图的基本搜索功能

通过用邻接表建立起的图,我们可以对其进行搜索。舰船电网结构使用辐射网较多,适于利用树搜索法分析。根据搜索思想的不同可以分为深度优先搜索法(DFS)和广义优先搜索法(BFS)。

深度优先搜索法顾名思义即在树结构中以根顶点开始优先朝底层节点方向进行纵向搜索。具体搜索过程为从指定的根顶点出发,选取其未被访问过某一邻接点继续向下级搜索,形成从上级到下级的通路。直至该通路无法进行,则返回终结点的上级关联顶点,选取其他通路继续进行。其图 15-14 的 15 顶点图进行深度优先搜索的结果如图 15-17 所示。

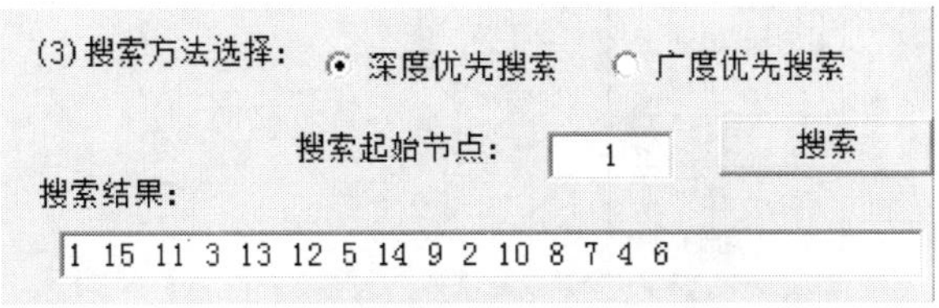

图 15-17　深度优先搜索结果

广度优先搜索法顾名思义即在树结构中以根顶点开始优先遍历其下一级所有关联顶点进行横向搜索。具体搜索过程为从指定的根顶点出发遍历其所有邻接子顶点,然后再以某一子顶点开始向下一级搜索,最终将树结构以根顶点为中心分层次进行遍历搜索。同样对图 15-14 的 15 顶点图进行广度优先搜索的结果如图 15-18 所示。

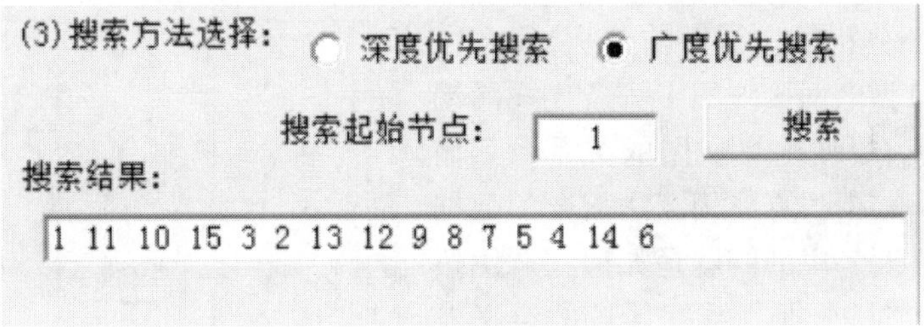

图 15-18　广度优先搜索结果

通过对深度优先搜索方法的改进,为拓扑分析模块增加了路径搜索方法函数,可以对任意给定的起始元件 ID 号,搜索其间的路径信息。深度优先搜索算法是递归的设计思想,因此将路径搜索程序设计成为递归函数,可以使得程序的编制比较简单和清晰。给定起始点的路径搜索程序流程图如图 15-19 所示,为了获取起始点和终止点间的路径信息,先搜索到起始点的某一邻接点,再以此邻接点为起点继续搜索其与终止点间的路径,利用深度搜索方法的思想逐步向终止顶点逼近。若一条路径直至最后也没有经过终止点,则返回当前点的父顶点,继续搜索。如果这个父顶点的所有子顶点都已被访问,则继续往上退,直至连通图中的所有顶点都被访问过为止。

通过图 15-19 所示的基本搜索功能可以实现对电网拓扑结构的初步分析。利用深度优先搜索和广度优先搜索方法能够确定网络元件的连通关系,并能够利用图的路径搜索方法对任意起始节点的路径进行搜索。

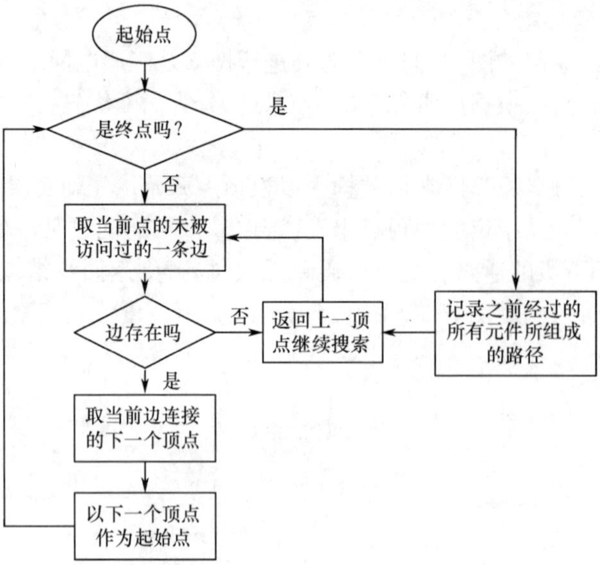

图 15-19 给定起始点的路径搜索流程图

15.4.3 拓扑分析模块的输入接口数据设计

拓扑分析模块分析的基础是基于图的结构建立舰船电力系统网络接线图形,而图的建立需要知道顶点的集合以及边的集合。为了实现仿真系统对任意连接的电力系统网络接线图进行自动识别,需要在图形系统中的电网接线图中获取元件节点信息和连线信息。

通过对拓扑分析模块程序的分析,确定了其数据输入接口为电网接线图中每条连线两端的元件编号信息,以便建立成图的关系。其输出数据可以作为其他仿真应用算法需要的数据信息。接下来需要解决的问题是如何在调用拓扑分析算法功能时,根据其数据接口的定义向程序模块提供相应格式的数据。接口数据的设计目标是获取每条连线两端元件的 ID 编号数组,如图 15-20 所示。

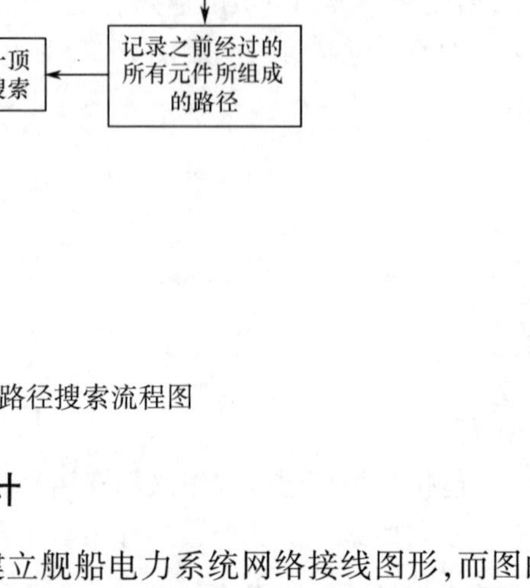

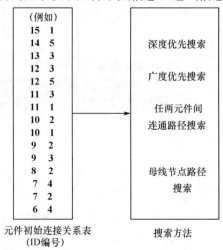

图 15-20 拓扑分析模块数据接口示意图

在以往的处理中,拓扑分析功能的实现需要用户通过元件对话框输入该元件 ID 和元件每个端口需要连接的元件 ID,即人工输入拓扑分析程序的接口数据。这样会给用户带来很大的工作量,而且仿真平台不够智能化,与软件设计初衷不符。本文解决了计算机自动识别连线及其连接的元件,并自动进行元件编号。

(1) 在程序中添加了元件端口识别和连线功能,并建立了元件链表和线链表,将图形化电网转换成计算机识别的链表结构。

(2) 将链表存入数据库中形成元件表"Component"和连线表"Line"。利用图论的拓扑分析是基于顶点编号进行分析的,因此还需要对元件表中的各元件依次进行编号,默认为根据作图顺序进行自动编号，同时再界面中定义了数据库接口按钮，也可以按用户要求进行人工编号。

（3）在数据库中，利用数据查询功能，查找各元件在 Component 表中被分配的顶点编号，将连线表“Line ”中以元件名称表示的连线关系形式转化成 ID 编号表示形式。

如图 15－21 所示，利用连线将一个简单的汽轮发电机组带静态负载系统连接起来。形成的元件链表和连线链表如图 15－22 所示，根据图中的元件 ID，经过数据库查询功能，将连线表转换。图 15－23 中黑色方框内的数据即为转换后的数据格式，供拓扑分析模块调用。

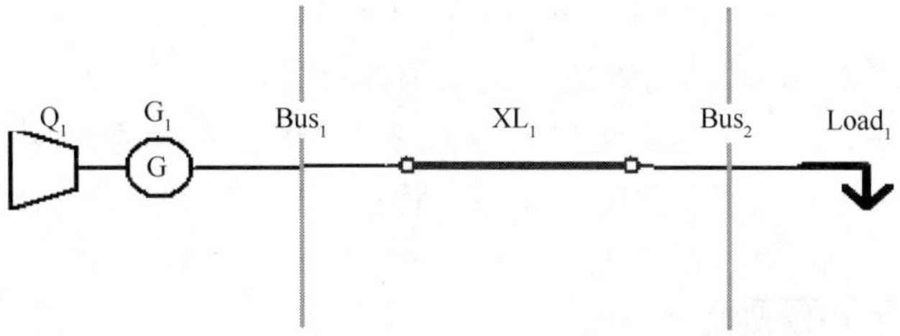

图 15－21　简单的汽轮机发电机组带静态负载系统

表 "DrawComponent" 中的数据，位置是 "...

ComponentName	ID	type
Bus1	2	1
Bus2	5	1
G1	1	3
Load1	6	16
Q1	4	5
XL1	3	17

图 15－22　元件链表和连线链表

表 "DrawLine" 中的数据，位置是 "ShipSimulation" 中、 "(local)...

LineNumber	L_Name	R_Name	L_ID	R_ID
1	Q1	G1	4	1
2	G1	Bus1	1	2
3	XL1	Bus1	3	2
4	XL1	Bus2	3	5
5	Load1	Bus2	6	5

图 15－23　连线 ID 转换表

15.4.4　舰船电力系统网络拓扑分析

通过对舰船电网接线图的初步拓扑分析，可以明确电网的基本结构和元件连通关系。但是，为了满足舰船电力系统稳态仿真分析的需要，还须对拓扑结构进行详细的划分，在元件节点中识别母线节点以及母线节点之间的支路路径，为提供潮流计算数据接口格式准备。

根据舰船电力系统潮流计算分析的需要,电网支路可以分为三种情况:母线间的阻抗支路、发电机连接母线支路以及负载连接母线支路。通过元件表中元件 type 类型可以确定某一 ID 号所代表的元件类型,如母线元件中定义类型 type = 1,发电机元件 type = 2,静态负载 type = 3 等。搜索元件链表中所有 type 类型为 1 的元件集合,即可得到母线 ID 集合。据此,可以得到发电机 ID 编号集合和负载 ID 编号集合。利用路径搜索方法,可以查询任意两个母线间的路径信息,母线和发电机间连接路径以及母线和负载元件间的连接路径。由此可以进一步建立母线支路搜索程序。

通过路径搜索方法得到的两个顶点之间的连通路径不只一条,如图 15 – 14 所示,顶点 2 和顶点 3 之间的连通路径有两条,即 2 – 9 – 3 和 2 – 10 – 1 – 11 – 3。若以母线节点的角度看,1,2,3 均为母线节点,将母线支路定义为两个母线间不包含第三条母线的通路。所以 2 – 10 – 1 – 11 – 3 这条支路是无效的。所以为了识别有效的母线支路,在获得支路路径的程序后加入了优化路径的判断程序,判断流程图如图 15 – 24 所示,母线全路径搜查结果如图 15 – 25 所示。

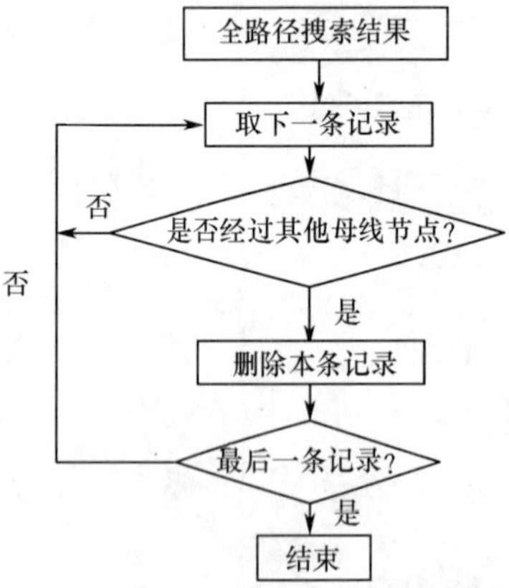

图 15 – 24　母线支路判断流程图

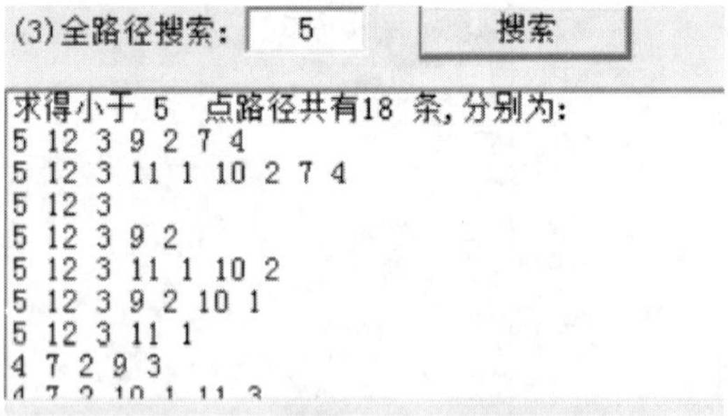

图 15 – 25　母线全路径搜索结果

根据支路优化的判断程序,将得到的母线支路进行识别优化,得到图 15 – 26 所示的最终母线路径。

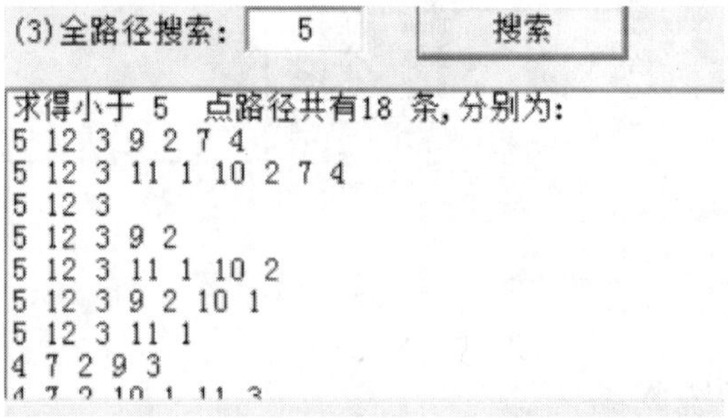

图 15 – 26　母线支路优化结果图

某型船的电力系统共由 3 个电站组成,其拓扑图如图 15 – 27 所示。每个电站内有 2 台 400kW 发电机,共 6 台机组。1 号电站由两台汽轮机组组成;2 号和 3 号电站分别由 2 台柴油机组组成。它的供电系统中共配置有 43 个开关,其中,发电机出口开关 6 个,如图中标号(5)所示;主配电板汇流排馈线开关 24 个,图中标号(4),共 3 个电站,每个电站 8 个;站内母联开关 3 个,图中标号(1),每个电站 1 个;站内跨接线开关 6 个,图中标号(2),每个电站 2 个;舷侧跨接线开关 4 个,图中标号(3)。

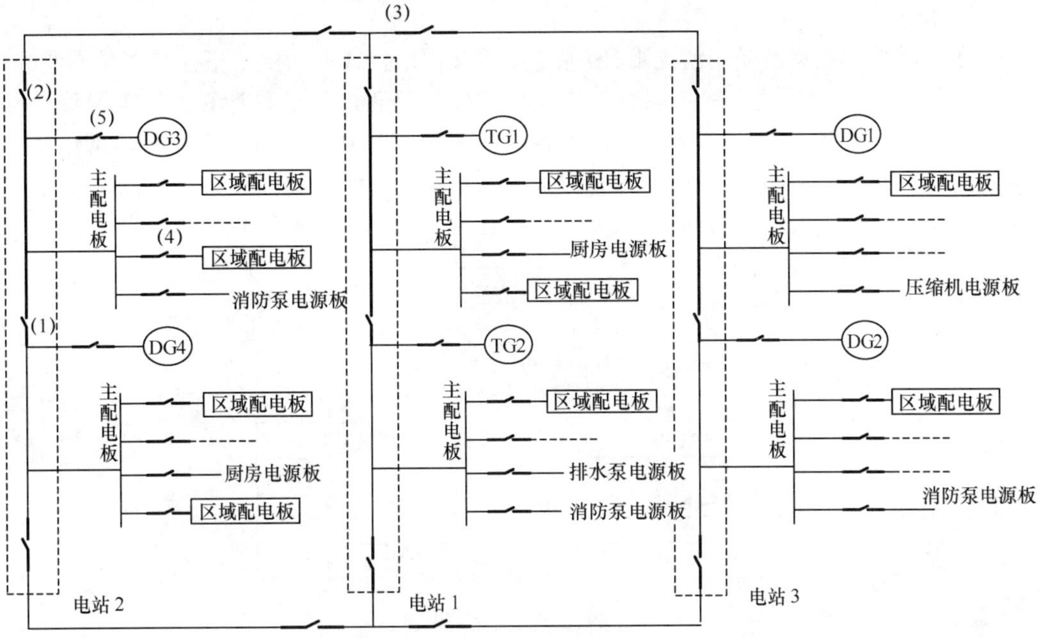

图 15-27　某船供电系统拓扑图

舰船电力系统网络主要由各配电板、馈线、跨接线及各种开关等组成。多电站系统中,每个电站由数台发电机并联组成,电站之间通过跨接线连接。舰船电站中主要有馈线、跨接线开关和母联开关。馈线开关或跨接线开关设置在母线间连接电缆上,控制着支路连入或断开电网。而母联开关设置在主配电板中,用于控制母线的合并和分裂。表 15-1说明了舰船电网中各种开关的工作用途。

表 15-1　舰船电网中各种开关的工作用途

开关种类	工作用途
站内母联开关	控制电站内母线的合并与分裂
站内跨接线开关	控制电站间母线间跨接线支路的连入或断开
舷侧跨接线开关	
汇流排馈线开关	控制电站内主、分配电板间跨接线支路
发电机及负载出口开关	控制发电机或负载是否投入运行

1. 开关元件状态表示

开关的状态可以改变拓扑结构,开关组合有多种方式,导致了发电机并联组合方式也不同,这就给网络自动拓扑分析增加了难度,开关及断路器状态变化的图形显示如图 15-28 所示。所以,本文在开关、断路器元件功能定义中统一设置了开关状态变量:

BOOL m_bswitch;

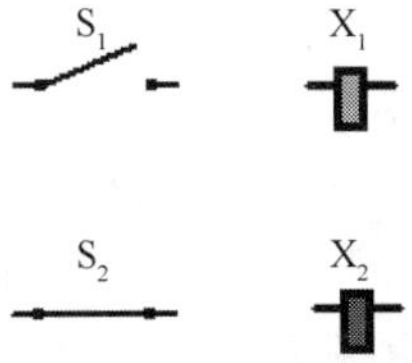

图 15-28　开关及断路器状态变化的图形显示

用于表示开关通断状态,为拓扑分析提供依据。m_bswitch 是布尔型变量,当 m_bswitch = TRUE,表示开关闭合。当 m_bswitch = FALSE,表示开关断开。同理此变量也可以用于控制断路器的通断。

2. 开关元件拓扑

在不增减元件及连线的情况下,舰船电力系统网络接线图的主要拓扑结构是不变的。开关状态变化根据开关位置不同只是决定阻抗支路是否参与仿真计算或改变母线的数量。因此在分析开关状态时,不用重新对系统网络进行拓扑搜索。只需在初步网络拓扑分析结果的基础上,判断开关所在位置以及其对拓扑结构的影响,依据判断结果对相关母线进行合并或分裂识别,或判断支路是否连入系统,如图 15-29 所示。

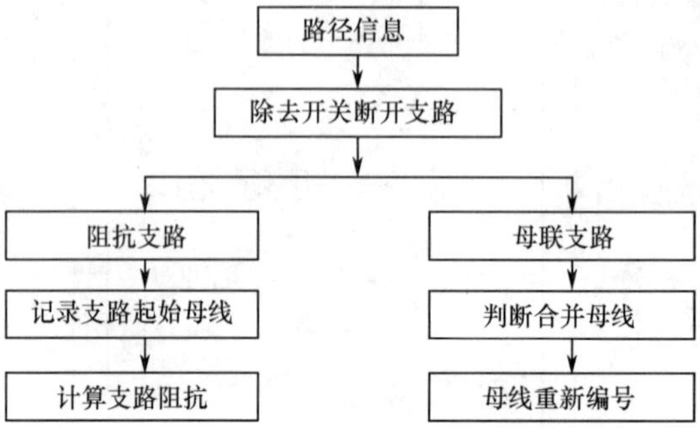

图 15-29　开关支路判断流程图

遍历所有母线支路的路径信息,分为两种情况:阻抗支路和母线关联支路。若为阻抗支路,首先进行开关状态判断:开关断开,则此支路无效;开关闭合则支路连入电网,进而进行支路阻抗参数计算,形成潮流分析数据接口格式。若为母线关联支路,也需首先判断开关状态:开关闭合,则代表这两个母线合并为一个母线,母线总数减 1,且分配相同的母线编号;开关断开,则不更改母线数量。因此,无论是阻抗支路还是母联支路都需要先判断开关状态,除去一部分开关断开的无效支路后再进行详细分析,这样可以减少数据处理数量,提高分析速度。

1) 开关状态对阻抗支路拓扑的影响

阻抗开关是设在母线间的阻抗支路上开关的统称,它包括控制电站间母线间跨接线支路的连入或断开的站内跨接线开关和舷侧跨接线开关,以及控制电站内主、分配电板间跨接线支路的汇流排馈线开关。这些开关的断开将原先连入系统的支路一端悬空,支路退出系统运行。而闭合开关后则恢复支路这一端与系统的连接。

图 15-30 所示为阻抗支路开关状态判断流程图,对每一条路径信息进行元件搜索,若为开关元件则判断其开关状态,开关断开标志位置 0,开关闭合则标志位置 1。该条支路分析完毕后,将支路中所有开关元件的标志位相乘得到支路连接标志位,若为 1 则说明所有开关都闭合,支路连入系统。若为 0 则说明支路断开,取消该支路信息。它同样适用于发电机母线支路和负载母线支路,用于判断发电机和负载是否投入运行。

2) 开关状态对母线拓扑的影响

电站中母联开关变化相对阻抗支路较复杂,母联开关的变位会导致网络中母线的合并或分裂,从而影响母线数量产生较大的拓扑结构的变动。对母联开关分析即将所有开

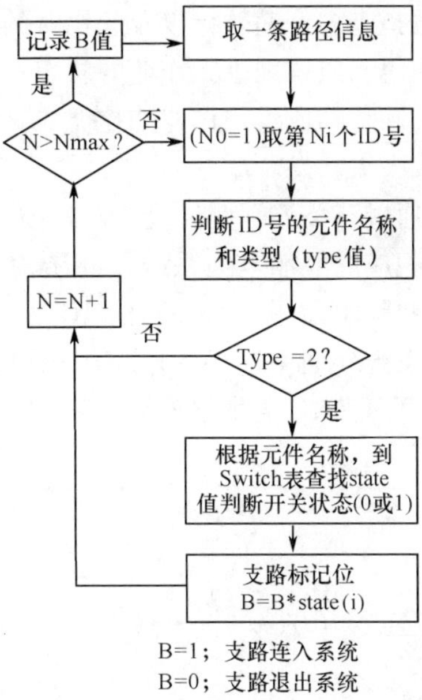

图15-30　阻抗支路开关状态判断流程图

关连接且闭合的母线合成一个母线，每处理一组连接的母线，则系统母线总数减少一个，最终母线数组的元素个数即为新母线的个数。循环查询母线关系，最终为新的母线集合重新分配编号，合并的母线分配同一个母线编号，母线合并判断流程如图15-31所示。

以上信息作为由基础拓扑信息总结出来的针对母线节点和支路的信息。为了程序计算方便，还需对母线和支路重新分配编号，形成新的母线节点表和支路表，其流程图如图15-32所示。

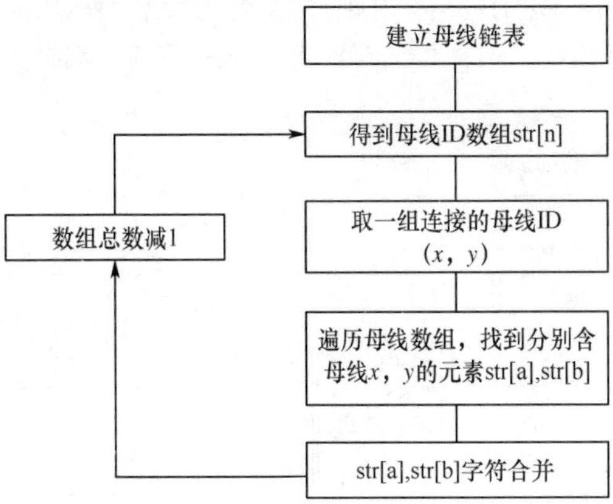

图15-31　母线合并判断流程

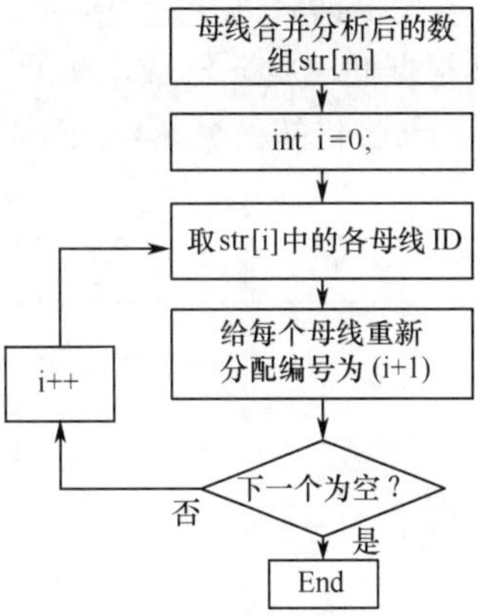

图15-32　母线重新分号流程图

15.4.5　多电站舰船电力系统变工况下拓扑结构分析

舰船整个运行周期工况众多，大体可以划分为下面几个典型工况：

（1）正常航行：指舰船满载全速航行状态；

(2) 进出港及离靠码头:指港内低速航行以及起锚时的工作状态;

(3) 停泊:指舰船停靠在码头或锚地上无作业的状态;

(4) 正常作业:指舰船装卸货物或生产作业如挖泥、拖网、拖缆、起重等作业状态;

(5) 应急:指舰船破舱或失火状态。

舰船变工况运行时主要通过开关刀闸变位改变电站中发电机投入电网数量和组合方式。因此,每次舰船变工况,相应的舰船电力系统拓扑结构也发生改变。根据 15.4.4 节中研究的开关状态对拓扑结构影响,以图 15-33 的舰船 3 电站电网接线图为例介绍网络拓扑分析流程。首先在仿真系统界面中连接 3 电站舰船电力系统图。图中,Bus 为母线元件,XL 为电缆元件,S 为开关元件,G 为发电机元件,R 为阻抗负载元件。

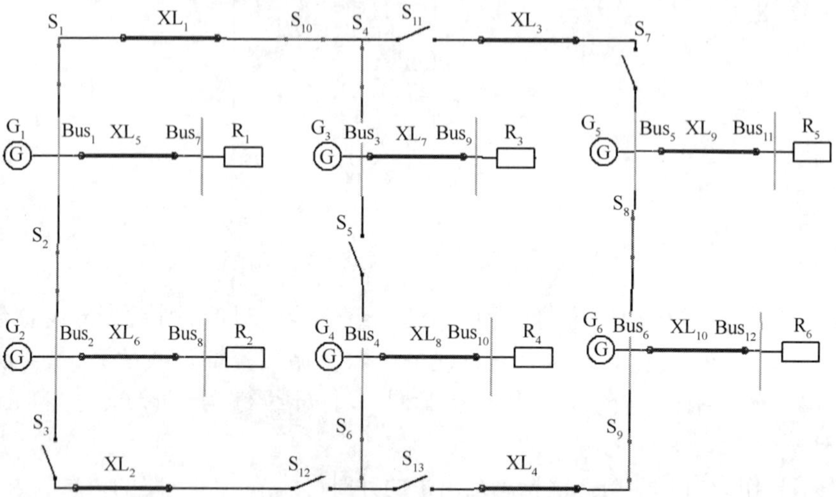

图 15-33　舰船 3 电站电力系统网络拓扑分析流程

仿真系统根据将元件链表存入数据库,并根据用户作图顺序依次为元件编号,见表 15-2。根据此 ID 编号,数据库的连接线表中将每条连线前后连接的元件名称,都转换成 ID 编号形式,供拓扑分析模块调用。

表 15-2　元件编号

元件名称	ID	元件名称	ID	元件名称	ID	元件名称	ID
Bus_1	1	G_1	36	S_1	7	S_{13}	19
Bus_2	2	G_2	37	S_2	8	XL_1	20
Bus_3	3	G_3	38	S_3	9	XL_2	21
Bus_4	4	G_4	39	S_4	10	XL_3	22
Bus_5	5	G_5	40	S_5	11	XL_4	23
Bus_6	6	G_6	41	S_6	12	XL_5	24
Bus_7	30	R_1	42	S_7	13	XL_6	25
Bus_8	31	R_2	43	S_8	14	XL_7	26
Bus_9	32	R_3	44	S_9	15	XL_8	27
Bus_{10}	33	R_4	45	S_{10}	16	XL_9	28
Bus_{11}	34	R_5	46	S_{11}	17	XL_{10}	29
Bus_{12}	35	R_6	47	S_{12}	18		

用户通过选择开关状态，在数据库中形成开关状态表，如图 15－34 所示。用于判断支路是否连入网络。拓扑分析模块根据连线链表中的 ID 数组对此系统进行初步网络拓扑分析，形成的邻接链表记录了以某个元件为起点，与之相连的所有元件。如图 15－35 所示，如表示与 1 号元件相连的元件情况为：1 ->36 ->24 ->8 ->7。根据表可知，这表示连接在母线 Bus_1 上的元件分别为发电机 G_1，电缆 XL_5，以及开关 S_1 和 S_2。

表 "switch" 中的数据，位置是...

name	state
S1	1
S2	1
S3	0
S4	1
S5	0
S6	1
S7	0
S8	1
S9	1
S10	1
S11	0
S12	0
S13	0

图 15－34　开关状态表

表 "PrinALG" 中的数据，位置...

元件ID	连接关系
1	1->36->24->8->7
2	2->37->25->9->8
3	3->38->26->11->10
4	4->39->27->12->11
5	5->14->13->40->28
6	6->41->29->14->15
7	7->20->1
8	8->2->1
9	9->21->2
10	10->3->17->16
11	11->4->3
12	12->19->18->4
13	13->5->22
14	14->5->6
15	15->6->23
16	16->10->20
17	17->22->10
18	18->12->21

图 15－35　拓扑分析——邻接链表数据表

利用母线支路分析程序，分析得到的图中所有母线节点间的支路信息以及支路开关状态，如图 15－36 所示。

通过除去开关断开的无效路径以及阻抗支路，剩下母联之路路径为

6——14——5

2——8——3

其中，元件 14 和 8 都是开关元件。将母线 6 和 5 分配一个编号，母线 2 和 3 分配一个编号，总母线数量变为 10 个。图 15－37 所示为重新分配的母线编号数据。

表 "Path1" 中的数据，位置是 "ShipSimulation" 中、 "(local)...

母线A	母线B	路径信息	连通状态
32	3	32 26 3	1
31	2	31 25 2	1
30	1	30 24 1	1
6	5	6 14 5	1
6	4	6 15 23 19 12 4	0
6	2	6 15 23 19 12 18 21 9 2	0
6	35	6 29 35	1
5	3	5 13 22 17 10 3	0
5	34	5 28 34	1
5	1	5 13 22 17 10 16 20 7 1	0
4	3	4 11 3	0
4	2	4 12 18 21 9 2	0
4	33	4 27 33	1
3	1	3 10 16 20 7 1	1
2	1	2 8 1	1

图 15－36　所有母线支路信息数据

表 "Bus" 中的数据，位置是 "S...

BusName	Bnode_ID
Bus1	1
Bus2	6
Bus3	6
Bus4	2
Bus5	7
Bus6	7
Bus7	3
Bus8	4
Bus9	5

图 15－37　重新分配的母线编号数据

15.5　图形化平台设计

1. 图形模型

由于舰船电力系统的复杂性，很难简单地用一组数学方程式将系统全面准确地描述出来，因此设计舰船电力仿真系统采用的是模块化建模方法。模块化模型研究是将舰船

电力系统基于功能分析和系统分解,用标注化的模块通过组合方式构建具有特定功能的系统的过程。将每种元件或装置作为子系统单独建模,将元件或装置的数学模型作为重要组成部分植入到相应的模块化仿真模型中。最后根据系统的网络连接情况,组合成为系统层面的数学模型。

为了顺应舰船电力系统的发展趋势,完善仿真软件的元件设备,参考目前舰船电气领域研究前沿的综合电力系统的模型结构,总结需要扩充的设备元件类型,如图15-38所示。

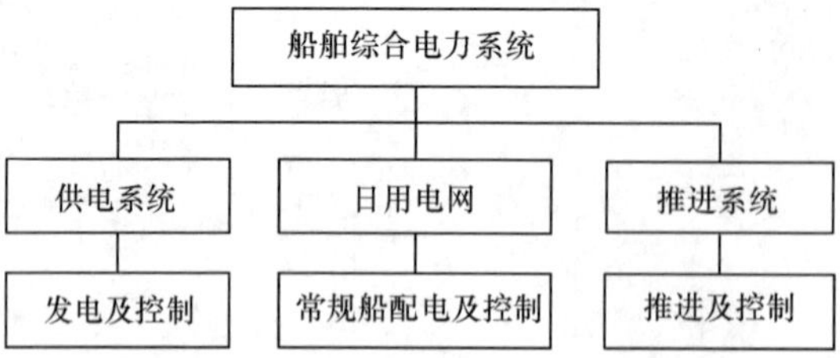

图15-38 舰船综合电力系统的模型结构

舰船电力系统元件设备主要有以下几种。

(1) 发电部分:发电部分主要由原动机带动发电机组成,代表元件有蒸汽轮机、柴油机以及同步发电机。

(2) 输配电部分:其中用于输电的主要是舰船电缆,用于配电的有母线、变压器、开关、断路器等。

(3) 用电部分:用电部分主要为舰船电力系统的功率性负载,如电灯、电动机负载和螺旋桨负载等。

(4) 常用电路元件:如电阻器、滑动电阻器、电抗器、电容器、直流电源和接地等。

(5) 变频装置:为了使舰船汽轮发电机系统仿真软件今后可适用于电力推进系统的仿真分析,又增加了变频设备元件、整流装置和逆变装置。

舰船电力系统仿真软件的元件工具栏及元件图形库如图15-39所示。

2. 图形模型建模技术

为了避免在拓扑分析功能实现时需要人为通过元件对话框输入该元件ID,以及元件每个端口需要连接的元件ID,减少用户工作量,提高仿真平台智能化程度。为了实现仿真系统对任意连接的电力系统网络接线图进行自动识别,本文为每个元件增加了鼠标识别端口功能。并加入橡皮筋技术,实现了图形平台的连线功能。这样,鼠标在进行连线功能下,就可以在图形区域找到元件端口,进而进行连线。

1) 元件图形模型端口设定

舰船电力系统仿真软件中各种类型的元件都是由元件基类派生出来的。元件基类是一个抽象的,包含电力系统元件共同属性的基础类。首先在元件基类程序中添加元件端口变量。

```
class CBase
{
public:
CBase * p1, * p2;          //端口1,2
```

```
CBase * p3, * p4;        //端口 3,4(为三端或四端口元件备用)
BOOL m_bSwitch;          //某些开关元件的开关变量
...
}
```

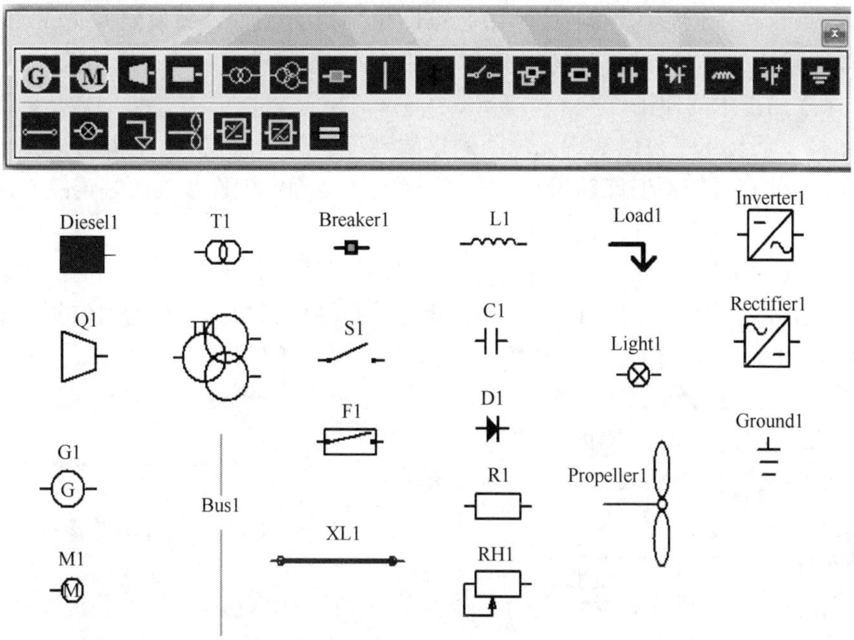

图 15 - 39　舰船电力系统仿真软件的元件工具栏及元件图形库

以电阻元件为例,利用 SetPoint 函数设定元件图形中主要点的位置,定位元件的中心点,及元件两个端口 P1,P2 与中心点的位置关系。以鼠标单击位置所在的点 PP 作为中心点作图。以中心点向两侧延伸一定距离的两点分别作为 P1 和 P2 的中心点坐标。

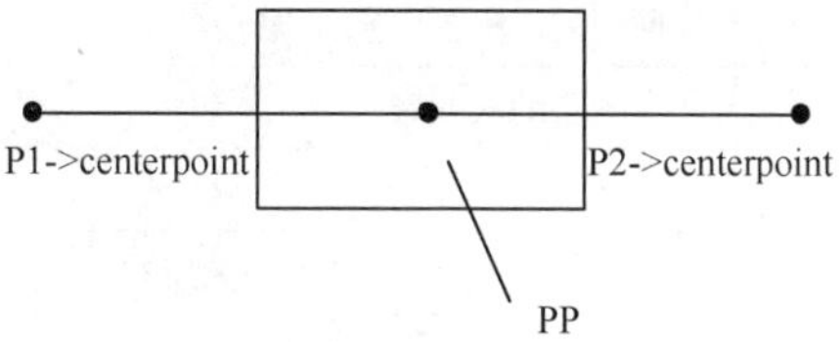

图 15 - 40　图形模型端口设定

```
void CResis::SetPoint(CPoint pp)
  {
  TextPoint = left = right = CenterPoint = pp;//元件中心点位置为鼠标当前位
                                                置点 PP。
  left = pp - CPoint(20,0);
  right = pp + CPoint(20,0);
  p1 - >CenterPoint = pp - CPoint(30,0);//端口 P1 的中心位置距离元件中心点为沿
                                          X 轴左移 30 单位。
```

```
p2->CenterPoint = pp + CPoint(30,0); //端口 P2 的中心位置距离元件中心点为
                                      沿 X 轴右移 30 单位。
RotateCell(TotalAngle);
}
```

这样,根据作图位置的不同,图形中心点即鼠标点击位置容易确定并记录,相应的端口位置随之确定。随着鼠标移动位置判断是否在端点上,进而启动连线功能。

2）橡皮筋技术的使用

使用橡皮筋技术是可以实现元件间的连线功能,与拓扑分析功能密切相关。连接线建立对象后,仿真系统不但能够识别任意一条线,还能确定该连接线两端连接着的两个元件,相应地确立了两个元件的连接关系。

橡皮筋技术引用后,在绘图功能下,鼠标识别到某元件的端口坐标时,会显现一个黑色原点,表示在当前位置可以开始画一条直线。单击鼠标确定起始位置后,随着鼠标在绘图区域的移动,直线像橡皮筋一样随着鼠标位置的变化、长短和终点都随之变化。最终,当鼠标选择的终点位置同样是一个元件的端口位置时,则连线成功,建立一个连线对象。同时它所连接的元件对象名称也存入变量 Parent1 和 Parent2 中。元件连接示意图如图 15-41 所示。

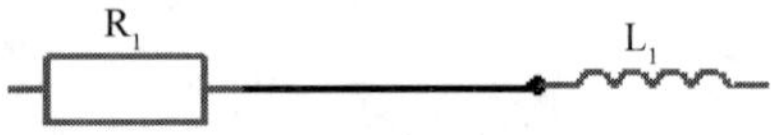

图 15-41　元件连接示意图

3）元件链表和线链表定义

为了使在图形界面中连接的电力系统网络图被计算机识别,定义了元件链表 CElist 和线链表 CLineList,用于记录用户在界面中绘制所有元件和连接线。CElist 和 CLineList 都继承于 MFC 中的常用链表类 CPtrList。

链表是一种常见的基础数据结构,是一种线性表。CPtrList 类常用的成员函数见表 15-3。

表 15-3　CPtrList 类常用的成员函数

首/尾访问	GetHead	返回列表(不能为空)的头元素
	GetTail	返回列表(不能为空)的尾元素
操作	RemoveHead	移走列表的头元素
	RemoveTail	移走列表的尾元素
	AddHead	将一个元素(或另一列表中的所有元素)增加到列表头(成为新的列表头)
	AddTail	将一个元素(或另一列表中的所有元素)增加到列表尾(成为新的列表尾)
	RemoveAll	从此列表中移走所有元素
获取/修改	GetAt	获取在给定位置的元素
	SetAt	设置在给定位置的元素
	RemoveAt	从此列表中移走给定位置的元素
插入	InsertBefore	在一个给定位置之前插入一个新元素
	InsertAfter	在一个给定位置之后插入一个新元素
搜索	Find	获取一个由指针值指定的元素的位置
状态	GetCount	返回此列表中的元素数目

由表 15-3 可知,通过链表技术可以将一系列相同属性的元素联系起来。可以对链

表元素进行获取及修改操作,还可以在指定位置插入或搜索元素等。利用链表的这些特点,将图形界面中绘制电网图的元件及连线分别用链表表示,将图形化电网转换成计算机识别的链表结构。

由于各元件类都是由基类 CBase 类派生得来的,因此各个元件对象都有相似的属性。将元件对象看成一个元素,用户在界面上每绘制一个元件,初始化该对象的同时利用 AddTail 函数将该元件加入 CElist——元件链表尾端。如果用户删除该元件,则可调用 Remove 函数将该元件删除。同理,在用户连线过程中,每连接一条连线建立一个 Cline 类的对象,每个线对象中定义两个 CBase 类型变量 Parent1 和 Parent2,分别记录该条线连接的前端元件和后端元件。把所有的连接线都存入 CLineList 链表。这样,计算机用两个链表记录了图形界面上的电网接线图的基本信息,为拓扑分析提供数据支持,图 15-42 为元件类关系图。

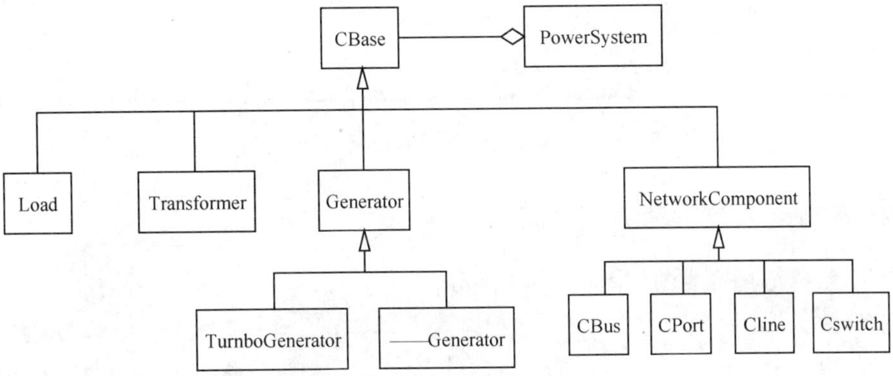

图 15-42　元件类关系图

15.6　软件说明及算例分析

15.6.1　软件主要功能界面

舰船电力系统稳态仿真分析软件主界面是具有 Windows 风格的图形用户界面,分别设有菜单栏,图形建模工具栏和仿真应用工具栏。用户可以通过界面以形象直观的方式及简单的操作建立舰船电力系统网络接线图,避免了处理复杂的仿真数据文件。用户首先需要通过输入用户名和密码连接数据库,才能进入仿真主界面。数据库服务器连接对话框如图 15-43 所示。

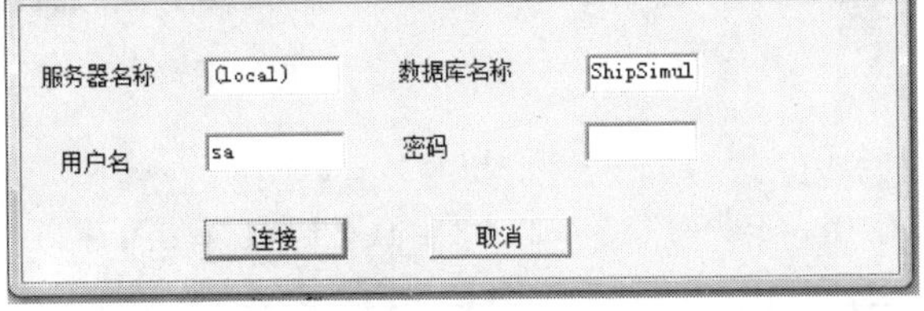

图 15-43　数据库服务器连接对话框

图 15-44 所示为舰船电力系统稳态仿真分析软件的主界面。

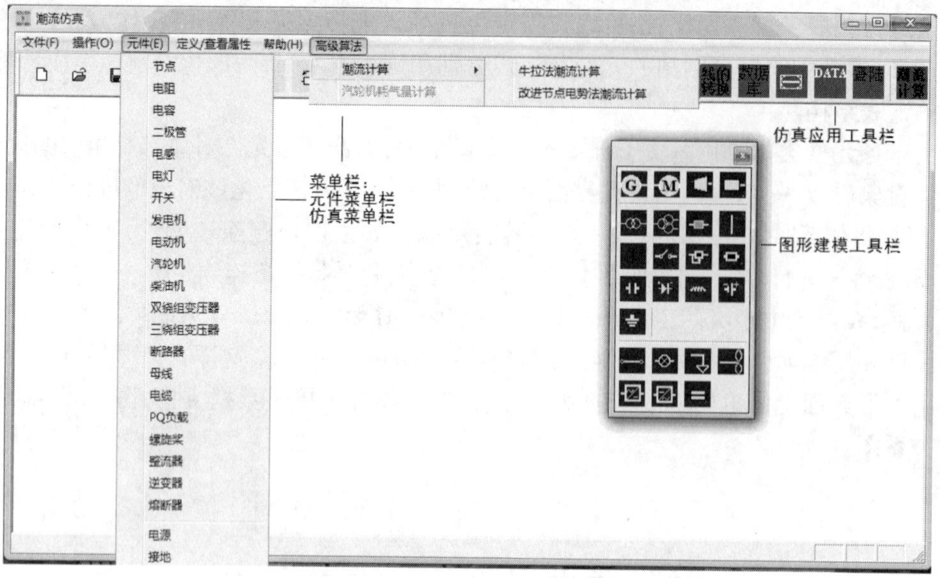

图15-44 舰船电力系统稳态仿真软件的主界面

15.6.2 5节点系统仿真算例分析

5节点系统仿真接线图如图15-45所示。

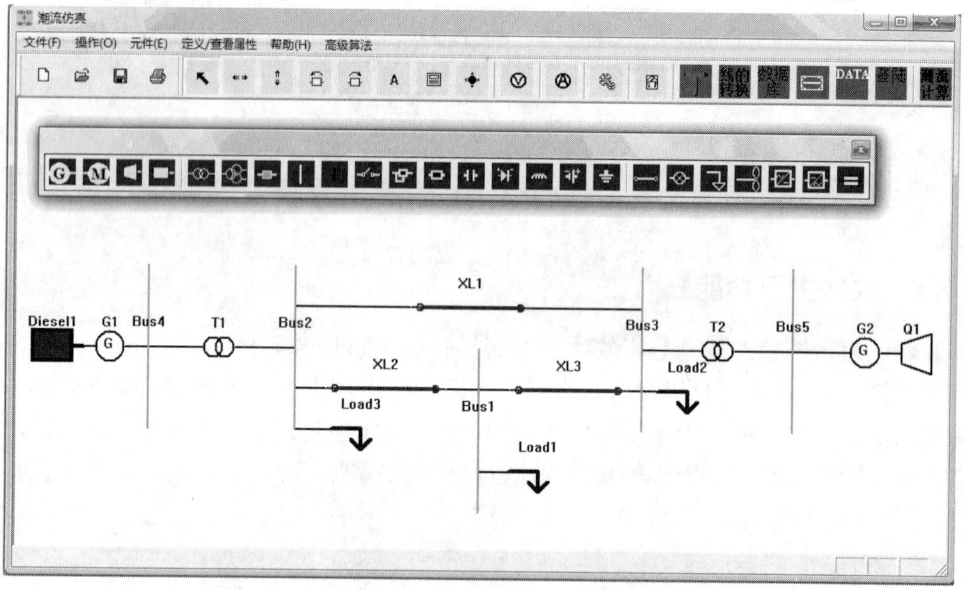

图15-45 5节点系统仿真接线图

系统参数如下(标幺值):

支路阻抗:$XL_1=0.08+j0.30$,$XL_2=0.08+j0.25$,$XL_3=0.1+j0.35$;

变压器变比:$K_{T_1}=1:1.05$,$K_{T_2}=1.05:1$;

负载功率:$S_{Load1}=2+j1$,$S_{Load2}=3.7+j1.3$,$S_{Load3}=1.6+j0.8$;

母线节点初始电压设置见表15-4。

表 15－4　母线节点初始电压设置

母线节点	1	2	3	4	5
$e^{(0)}$	1.00	1.00	1.00	1.05	1.05
$f^{(0)}$	0.00	0.00	0.00	0.00	0.00

利用牛顿法对 IEEE 5 节点系统进行潮流仿真。仿真结果如图 15－46 所示。

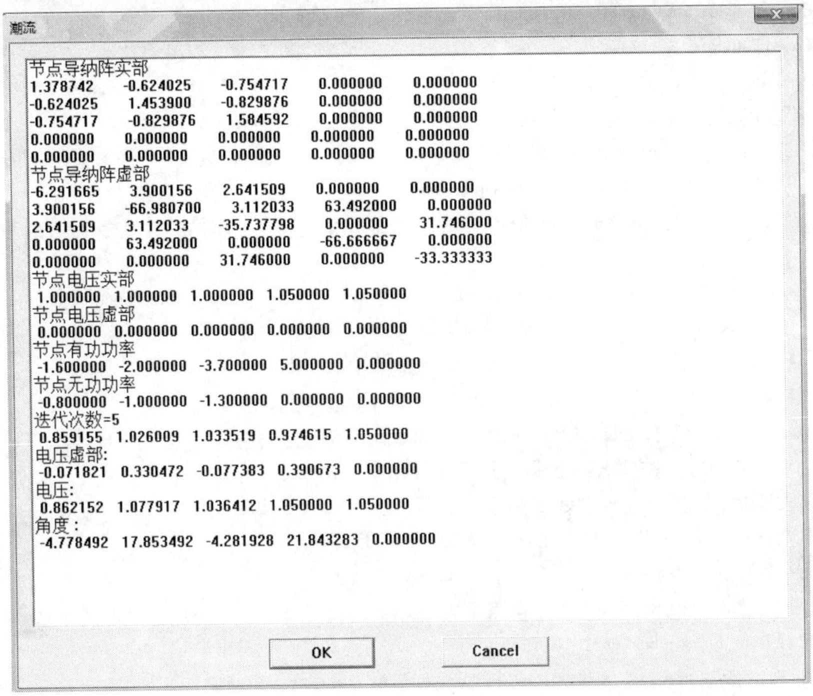

图 15－46　5 节点系统潮流仿真结果

参考文献

[1] 兰海,赵炎. 船舶电力系统短路电流计算方法研究[J]. 船电技术,2009(7).

[2] Lan Hai,Xiao Yunyun. Multi agent system optimized reconfiguration of shipboard power system[J]. Journal of Marine Science and Application,2010.

[3] Lan Hai,Li JiuFang. Power flow calculation method of large shipboard power system[J]. Journal of Marine Science and Application,2010.

[4] Lan Hai, Liang Jincheng. Research of harmonic detection and fuzzy – PID control in series active power filter. IEEE International Conference on Mechatronics and Automation,2007.

[5] 张利军,孟杰,兰海. 计及螺旋桨负载的舰船电力系统综合控制设计[J]. 控制理论与应用,2011,28(4):531 – 537.

[6] Lan Hai, Zhang Rui, Xu Binhai. Analysis and Realization of Ship Power System Simulation Function Module. The 2nd International Conference on Electrical and Control Engineering,2011,9.

[7] 管小铭. 舰船电力系统及其自动化[M]. 大连:大连海事大学出版社,1999.

[8] 章以刚. 舰船供电系统和装置[M]. 哈尔滨:哈尔滨工程大学出版社,2007.

[9] 王焕文. 舰船电力系统及自动装置[M]. 北京:科学出版社,2004.

[10] 吴忠林. 舰船交流电力系统的短路电流[M]. 北京:国防工业出版社,1983.

[11] 杨秀霞. 大型舰船电力网络故障恢复研究[D]. 武汉:海军工程大学,2004.

[12] 郭永基. 电力系统可靠性分析[M]. 北京:清华大学出版社,2003.

[13] 张平,彭戈,程智斌. 舰艇作战系统生命力评估[J]. 舰船工程研究,1998.

[14] 张利军,孟杰,兰海. 舰船电站柴油机组调速系统的鲁棒 L2 控制设计. Proceedings of the 8th World Congress on Intelligent Control and Automation,2010:1656 – 1661.

[15] 张利军,孟杰,兰海. 带有 SMES 和电力推进负载的舰船电力系统鲁棒协调控制[J]. 控制与决策,2011.

[16] 张利军,孟杰,兰海. 基于哈密顿函数方法的舰船发电机组综合协调控制[J]. 控制理论与应用,2011.

[17] 庞科旺. 舰船电力系统设计[M]. 北京:机械工业出版社,2010.

[18] 徐滨海. 舰船电力系统仿真建模及拓扑分析[D]. 哈尔滨:哈尔滨工程大学,2010.

[19] 王玉振. 广义哈密顿控制系统理论:实现、控制与应用[M]. 北京:科学出版社,2007.

[20] 马伟明. 舰船动力发展的方向——综合电力系统[J]. 上海海运学院学报,2004, 25(1):1 – 11.

[21] IEEE Recommended Practice for 1 kV to 35 kV Medium – Voltage DC Power Systems on Ships[S]. IEEE Std 1709 – 2010.

[22] Calculation of Short – circuit Currents in DC Auxiliary Installations in Power Plants and Substations[J]. IEC draft Standard, Version V4, TC73, Oct. 5, 1992.

[23] 薛士龙,叶佳玮. 船舶电力系统及其自动控制[M]. 北京:电子工业出版社,2012.

[24] 曲文秀. 船舶电力系统故障应对和生命力评估仿真研究[D]. 哈尔滨:哈尔滨工程大学,2015.